JUGEND '92

JUGEND '92

Lebenslagen, Orientierungen
und Entwicklungsperspektiven im vereinigten Deutschland

Band 1:
Gesamtdarstellung und biografische Porträts
Redaktion: Imbke Behnken, Arthur Fischer

Band 2:
Im Spiegel der Wissenschaften
Redaktion: Jürgen Zinnecker

Band 3:
Die neuen Länder: Rückblick und Perspektiven
Redaktion: Dieter Kirchhöfer, Irmgard Steiner, Dorle Zilch, Jürgen Zinnecker

Band 4:
Methodenberichte – Tabellen – Fragebogen
Redaktion: Arthur Fischer

Studie im Auftrag des Jugendwerks der Deutschen Shell,
durchgeführt von Psydata, Institut für Marktanalysen,
Sozial- und Mediaforschung GmbH, W - 6000 Frankfurt / M
und Psydata, Institut für Marktforschung und
sozialwissenschaftliche Studien GmbH, O - 1055 Berlin

JUGEND '92

Lebenslagen, Orientierungen
und Entwicklungsperspektiven im vereinigten Deutschland
Herausgegeben vom Jugendwerk der Deutschen Shell

Band 1

Gesamtdarstellung und biografische Porträts

Redaktion: Imbke Behnken, Arthur Fischer

Leske + Budrich, Opladen 1992

AutorInnen und wissenschaftliche BeraterInnen der Studie:

Helmut Apel, Universität-GH Siegen – Wolfgang Bauer, Psydata Frankfurt/M. – Jürgen Beneke, Berlin – Imbke Behnken, Universität-GH Siegen – Renate Blank, Psydata Frankfurt/M – Hanspeter Buba, Universität Bamberg – Georgios Constantinides, Universität-GH Siegen – Jürgen Eiben, Heinrich-Heine-Universität Düsseldorf – Cornelia Fischer, Psydata Frankfurt/M – Barbara Friebertshäuser, Universität-GH Siegen – Frank Früchtel, Universität Bamberg – Werner Georg, Universität-GH Siegen – Werner Gerth, Berlin – Siegfried Geyer, Justus Liebig Universität Gießen – Barbara Giessmann, Humboldt-Universität Berlin – Helga Gotschlich, Institut für zeitgeschichtliche Jugendforschung Berlin – Cordula Günther, Medienstadt Leipzig e.V. Leipzig – Jürgen Hoffmeyer-Zlotnik, ZUMA Mannheim – Sarina Keiser, Deutsches Jugendinstitut Leipzig – Dieter Kirchhöfer, Zentrum für Europäische Bildungsforschung Berlin – Hans-Ulrich Kohr, Sozialwissenschaftliches Institut der Bundeswehr München – Bärbel Kracke, Justus-Liebig-Universität Gießen – Dagmar Krebs, ZUMA Mannheim – Wolfgang Kühnel, Humboldt-Universität Berlin – Katharina Lange, Institut für zeitgeschichtliche Jugendforschung Berlin – Karl Lenz, Universität Regensburg – Bernd Lindner, Deutsches Jugendinstitut Leipzig – Hartmut Lüdtke, Philipps- Universität Marburg/L – Sigrid Metz-Göckel, Universität Dortmund – Heiner Meulemann, Heinrich-Heine-Universität Düsseldorf – Ursula Müller, Universität Bielefeld – Hildegard Maria Nickel, Humboldt-Universität Berlin – Marion Nowak, Justus-Liebig-Universität Gießen – Hans Oswald, Freie Universität Berlin – Manfred Otto, Zentrum für Europäische Bildungsforschung Berlin – Lotte Rose, Philipps-Universität Marburg/L – Ilona Schneider, Freie Universität Berlin – Michael Schumann, Universität-GH Siegen – Beate Schwarz, Justus-Liebig-Universität Gießen - Rainer K. Silbereisen, Justus-Liebig-Universität Gießen – Irmgard Steiner, Zentrum für Europäische Bildungsforschung Berlin – Eberhard Todt, Justus-Liebig Universität Gießen – Laszlo A. Vaskovics, Universität Bamberg – Meredith W. Watts, University of Wisconsin-Milwaukee – Gerhard Wenzke, Zentrum für Europäische Bildungsforschung Berlin – Dorle Zilch, Institut für zeitgeschichtliche Jugendforschung Berlin

Gesamtkonzeption und Koordination der Studie:

Arthur Fischer (Psydata, Frankfurt);
Jürgen Zinnecker (Universität-GH Siegen)

ISBN: 3-8100-1000-6

Grafische Konzeption: Spiecker Design & Werbung, Frankfurt/M
Titelfoto: Ute Schendel, Frankfurt/M
Druck und Verarbeitung: Spiegel, Ulm
Printed in Germany

Inhaltsverzeichnis

Gesamtdarstellung

Vorwort der 11. Jugendstudie

Gut zwei Jahre nach der deutschen Vereinigung legt das Jugendwerk der Deutschen Shell die erste gesamtdeutsche Jugendstudie vor.

Seit fast 40 Jahren unterstützen wir die Jugendforschung. Die politischen Veränderungen in der ehemaligen DDR und die deutsche Vereinigung haben uns veranlaßt, nach der umfassenden Jugendstudie 1985 erneut eine große Studie in Auftrag zu geben.

Wir betreten mit dieser 11. Jugendstudie in ähnlicher Weise Neuland wie mit unserer ersten Jugendstudie aus dem Jahre 1953. Wußten wir damals nichts oder nur wenig über die Nachkriegsjugend, so ist heute in beiden Teilen Deutschlands noch wenig über die Jugend im jeweils anderen Teil bekannt. Die neue Shell-Studie fragt nach, wie sich die Jugendlichen aus Ost- und Westdeutschland entwickelt haben, was sie trennt, aber auch, was sie verbindet.

Diese 11. Jugendstudie ist nicht nur die erste gesamtdeutsche Repräsentativstudie zur Jugendsituation auf wissenschaftlicher Grundlage: Sie soll auch als Basis- und Leitstudie für zukünftige Jugendstudien in einem vereinten Deutschland dienen.

Die Erkenntnisse der 9. und 10. Jugendstudie (1981 und 1985) sind konsequent weiterentwickelt worden; die „Vorgeschichte" der DDR-Jugend wurde im Fragebogen und durch Expertisen von Wissenschaftlern aus der ehemaligen DDR berücksichtigt.

Wir haben, wie es gute Tradition ist, weder auf die Fragestellung, den auszuwählenden Personenkreis, die Interviews und die Interpretation der Ergebnisse Einfluß genommen. Das Datenmaterial und die Studienergebnisse stehen allen interessierten Personen und Institutionen zur weiteren Auswertung zur Verfügung.

Das Jugendwerk der Deutschen Shell dankt Herrn Arthur Fischer und Herrn Prof. Dr. Jürgen Zinnecker sowie dem Institut Psydata und allen beteiligten Autoren und Mitarbeitern für die Erarbeitung dieser Studie.

Wir möchten mit unserem Engagement im Bereich Jugendforschung, wie auch mit der Jugendverkehrerziehung, dem zweiten Standbein des Jugendwerks, unseren Beitrag zum Gemeinwesen leisten.

Wir hoffen, daß diese neue Jugendstudie auch dazu beiträgt, Vorurteile zwischen Ost und West abzubauen und Gemeinsamkeiten zu entdecken.

Hamburg, im November 1992
Jugendwerk der Deutschen Shell

Einleitendes zur Jugendstudie 1992

Arthur Fischer
Jürgen Zinnecker

Mit diesem Band wird der Bericht über die neue Studie zur deutschen Jugend eröffnet. „Jugend '92. Lebenslagen, Orientierungen und Entwicklungsperspektiven im vereinigten Deutschland". Die Wahl des Haupttitels hat mittlerweile Tradition, ebenso wie die Namen des Sponsoren, des Verlegers, des Herstellers und der studienleitenden Autoren. 1981 erschien die erste jener Jugendstudien, die aus der Kooperation zwischen Jugendwerk der Deutschen Shell, psydata - Institut für Marktanalysen, Media- und Sozialforschung, dem Verleger Budrich (Verlag Leske + Budrich), dem Hersteller Spiecker Design und einem Team von unabhängigen Wissenschaftlern unter der Leitung von A. Fischer, W. Fuchs - der diesmal fehlt - und J. Zinnecker entsprangen. Titel der damaligen „Eröffnungsstudie": „Jugend '81. Lebensentwürfe, Alltagskulturen, Zukunftsbilder". Mitte der achtziger Jahre folgte die Studie „Jugendliche und Erwachsene '85: Generationen im Vergleich", bereits auf fünf Berichtsbände in Kassettenform erweitert. Davor und danach wurden weitere Vorstudien, Tagungsbände, wissenschaftliche Nachlesen sowie Darstellungen eigens für jugendliche Leser und Leserinnen veröffentlicht (siehe beigefügten Textkasten).

Nach Lage der Dinge handelt es sich bei der Studie „Jugend '92" um ein Geburtstagskind. Ein Jahrzehnt Berichterstattung über Jugend in einem Forschungsstil, der Objektivität und sensibles Eindenken zugleich anstrebt. Das ältere Jubiläum, drei Jahrzehnte (fast) kontinuierliche Förderung von Jugendumfragen seit 1953/54, durfte das Jugendwerk der Deutschen Shell bereits anläßlich der letzten Studie 1984/85 feiern. In diesem längeren, ebenso wie in diesem kürzeren Zeitraum sind die sogenannten Shell-Jugendstudien zu einer Art Institution geworden, nicht mehr wegzudenken aus der wissenschaftlichen und politisch-pädagogischen Kultur in Westdeutschland.

Ein Jahrzehnt Jugendstudien im Buchhandel

Jugend '81

Arthur Fischer; Ruth Ch. Fischer; Werner Fuchs; Jürgen Zinnecker (Gesamtkonzeption):
Jugend '81. Lebensentwürfe - Alltagskulturen - Zukunftsbilder.
Band 1:
Porträt einer Generation - Jugendbiographie - Zeitbewußtsein - Vorstellungen von der Zukunft - Die Gesellschaft der Altersgleichen - Das Verhältnis der Jugendlichen zu den Parteien - Mädchenwelt, Jungenwelt
Band 2:
Biographische Portraits - Bericht über 18 Explorationen - Pressespiegel - Geschichte der Studie
Band 3:
Tabellenband.
Leske + Budrich: Opladen 1982

Näherungsversuche. Eine Studie. Eine Tagung. Reaktionen
Leske + Budrich: Opladen 1983

Jugend '85

Jugendaufruf '83
Arbeitsgruppe Jugend '83 im Auftrag des Jugendwerks der Deutschen Shell:
Jugend vom Umtausch ausgeschlossen. Eine Generation stellt sich vor.
Rowohlt: Reinbek bei Hamburg 1984

Arbeitsgruppe Jugend '83 im Auftrag des Jugendwerks der Deutschen Shell:
Jugendaufruf '83. *Wanderausstellung.* Katalog zur Ausstellung. Jugendwerk der Deutschen Shell: Hamburg 1984

Arthur Fischer; Werner Fuchs; Jürgen Zinnecker (Gesamtkonzeption):
Jugendliche und Erwachsene '85. Generationen im Vergleich.
Band 1:
Biografien - Orientierungsmuster - Perspektiven
Band 2:
Freizeit und Jugendkultur
Band 3:
Jugend der fünfziger Jahre - Heute
Band 4:
Jugend in Selbstbildern
Band 5:
Arbeitsbericht und Dokumentation
Leske + Budrich: Opladen 1985

Horst Speichert:
In tausend Spiegeln. Jugendliche und Erwachsene 1985. Eine Studie wird vorgestellt.
Rowohlt: Reinbek bei Hamburg 1986

Jürgen Zinnecker:
Jugendkultur 1940 - 1985.
Leske + Budrich: Opladen 1987

Jugend '91

Schülerstudie '90
Imbke Behnken; Cordula Günther; Otmar Kabat vel Job u.a.:
Schülerstudie '90. Jugendliche im Prozeß der Vereinigung. Juventa: Weinheim und München 1991

Gleichwohl ist die Studie '91 auch ein Neuanfang und ein Schritt in ein neu zu erschließendes Untersuchungsfeld. Es handelt sich um die erste Jugendstudie in dieser Tradition, die den überlieferten Rahmen "Westdeutsche Jugend" - unwiderruflich, wie es den Anschein hat - verläßt. Das machte Umdenken nötig, und das Beschreiten neuer Forschungspfade. Die Quintessenz davon wird im folgenden skizziert.

Finanzierung, Konzeption

Im Antrag der studienleitenden Autoren an den Vorstand der Deutschen Shell auf Finanzierung der neuen Jugendstudie, der Frühjahr 1990 gestellt wurde, werden Grundsätze und Grundlinien des Neuen angesprochen. Einschlägige Passagen aus dem Papier seien deshalb an dieser Stelle zitiert.

Zielsetzungen

Im Mittelpunkt der neuen Jugendstudie Frühjahr 1991 soll die differenzierte Beschreibung des „Jungseins" und des Wandels von Jungsein im vereinten Deutschland stehen. Wie in der Vergangenheit heißt das, bewährte alte und neue Zielrichtungen der Shell-Jugendberichterstattung zu verknüpfen.

Die Shell-Jugendstudien haben in der Geschichte der Bundesrepublik seit vier Jahrzehnten die Funktion von Leit- und Basisstudien für die Medienberichterstattung über Jugend, für Jugendpolitik und Jugendforschung gewonnen. An diese Tradition gilt es anzuknüpfen: Wie ihre Vorgängerinnen will die Jugendstudie '91 ein breitangelegtes, differenziertes „Panorama" der Lebenslagen, der Lebensweisen, der Grundorientierungen sowie der Problemsituationen der jüngeren Generation zeichnen. Grundlage hierzu ist ein repräsentativer Jugendsurvey, ergänzt um qualitative Vor- und Begleitstudien. ...

Unter den Bedingungen der Vereinigung erhält die Shell-Jugendstudie eine spezifische Bedeutung: Die Jugendstudie 1991 soll als Basis- und Leitstudie für künftige Jugendstudien in einem vereinten Deutschland dienen - ihr kommt damit eine ähnliche historische Aufgabe wie seinerzeit den drei Shell-Emnid-Basisstudien aus den Jahren 1953 bis 1955 zu, die als Grundlage für eine auf Repräsentativität zielende empirische Berichterstattung über Jugend auf dem Gebiet der Bundesrepublik dienten. ...

In der Studie '91 muß die Ausgangslage der Jugend der DDR im Rahmen gesellschaftlich-staatlicher Integration und kultureller Assimilierung für künftige Untersuchungen festgehalten werden. Das bedeutet, daß auch die „Vorgeschichte" der DDR-Jugend in der Untersuchung berücksichtigt werden muß. ...

Die westdeutsche Jugenddebatte und Jugendforschung des letzten Jahrzehnts hat als einen Grundkonsens erbracht, daß es nicht (mehr) genügt, Jugend und Jugend-Wandel global, mit Hinblick auf die Gesamtgruppe der 15-24jährigen, zu beschreiben. Die verschiedenen jugendlichen Lebenslagen und Lebensweisen haben sich stark ausdifferenziert. Als eine Basis- und Leitstudie muß die Shell-Jugendstudie 1991 diese innere Differenziertheit des Jungseins heute berücksichtigen. Die Studie sollte so angelegt werden, daß sie die jugendlichen Soziallagen, Lebensstile und kulturellen Szenen in hinreichender Tiefe angemessen zu beschreiben vermag. ...

Sozialstrukturelle Ausdifferenzierung

Die Jugendphase läßt sich gegenwärtig am besten als ausgedehnte Phase des Bildungserwerbs und der Aneignung damit korrespondierender Lebensweisen beschreiben. Diese Bedeutung des Jungseins nimmt historisch zu und trägt maßgeblich auch zum Wandel dieses Lebensabschnittes und seiner Bedeutung im Lebenslauf bei. Innerhalb dieses Grundmodells entwickeln sich gegenwärtig sehr unterschiedliche und - von den sozialen Lebenschancen und -risiken her beurteilt - ungleiche Lebenslagen und Lebensweisen von Jugend, die - im typologisierenden Verfahren - im Rahmen der Jugendstudie '91 genauer beschrieben werden sollen. ...

Im Mittelpunkt der Studie steht daher die Beschreibung des in der gegenwärtigen Generation vorfindlichen Typus eines soziokulturellen und psychosozialen Bildungsmoratoriums und seiner vielfältigen Variationen. Welche Arten des Bildungsmoratoriums leben die verschiedenen sozialen Gruppen der Jüngeren; welchen lebensgeschichtlichen Sinn verbinden sie persönlich mit diesem Moratorium - und welchen versteckten Sinn können die Forscher diesen Typen von Bildungsmoratorium aufgrund statistischer Analyse entlocken?

In der Übergangsphase der Vereinigung von BRD und DDR wird besonders die Differenzierung der Jugendlagen in West- und Ostdeutschland zu analysieren sein. Leitgedanke ist hier, daß die DDR-Jugendlichen noch stärker einem historisch älteren Modell von Jugend verpflichtet sind, das Jugend als Einstiegsphase in die Erwerbsarbeit für die Mehrheit und den Erwerb von Bildungsprivilegien für eine kleine Minderheit der Jüngeren - und damit eine spannungsreiche Bipolarität - definiert. Dem entspricht ein Typus von eingeschränktem Moratorium. ...

Lebensgeschichtliche Ausdifferenzierung

Die Ausdifferenzierung geht nicht nur in die Breite sozialstruktureller und kultureller Dimensionierung und Trennung Jugendlicher, sondern auch in die lebensgeschichtliche Tiefe. Jungsein umfaßt mittlerweile die Altersgruppen der 13- bis 30jährigen, also rund eineinhalb Jahrzehnte. Das bedeutet, daß wir die verschiedenen Lebensabschnitte und Phasen, in die sich Jungsein heute ausdifferenziert hat, gleichfalls gesondert untersuchen und beschreiben müssen. Die Strukturierung sozialer Altersgruppen, sozialer Statuspassagen und gesellschaftlich induzierter „Entwicklungsetappen" ist längst nicht mehr entwicklungspsychologisches Forschungsgebiet allein, auch nicht einer interaktiv reformulierten Entwicklungspsychologie, sondern weist in Richtung von Soziologie und Sozialgeschichte (Sozialwissenschaftliche Lebenslauf- und Biografieforschung).

Eine besondere Aufgabe stellt sich für die Jugendstudie '91 darin, die in der Studie 1981 postulierte und als Forschungsgebiet angeregte Zweiteilung des Jungseins in die Jugendphase im engeren Sinne (15-19jährige) und in die Nach-Jugendphase (20-30jährige) - Postadoleszenz - empirisch auch zu untersuchen. Dem wird durch eine Erhöhung der einbezogenen Altersgrenze von 24 auf 29 empirisch Rechnung getragen. Mit der Studie 91 wird das Ziel verfolgt, die Lebensweise der „Postadoleszenz" als relativ neuartiger Lebensphase angemessen zu beschreiben und ihre Ausbreitung zu belegen.“

(Aus dem Projektantrag A. Fischer/J. Zinnecker an die Deutsche Shell. Frankfurt/M./Siegen 1990 - unveröffentlicht -)

Was folgt aus dem Konzept? Eine Konsequenz betrifft die Stichprobe. Die Zahl der Befragten wurde, abweichend von der Tradition, von 1500 auf 4000 angehoben. Das erlaubt es, die Gesamtgruppe in eine größere Zahl von bedeutsamen Untergruppen aufzuteilen. Zugleich wichen wir von der seit den fünfziger Jahren geübten Praxis der Shell Jugendstudien ab, die untere bzw. obere Altersgrenze der Befragten mit 15 und 24 zu fixieren. Als Altersspanne wurde das 13. bis 29. Lebensjahr gewählt. Damit zielten wir auf zwei biografisch und entwicklungspsychologisch interessante Übergangsphasen: Die Passage von der Kindheit in die Jugend - und die von der Jugend ins Erwachsenenalter

Eine biografische Tiefendimension erhielt die Studie durch Befragungsteile, in denen die Jugendlichen und jungen Erwachsenen sich rückerinnern sollten: an ihre Kindheit im Elternhaus, an die Schulzeit, an die verschiedenen Etappen der Jugend. Durch solche Retrospektiven lassen sich, mit methodischer Umsicht angewandt, auch im Rahmen von punktuellen Querschnittsbefragungen Hinweise auf lebensgeschichtliche Verläufe von „Normalbiografien“ oder Belastungen durch kritische Lebensereignisse gewinnen. Über die Rückerinnerungen wollten wir insbesondere die lebensgeschichtliche Verankerung der Jugend aus den neuen Bundesländern in der ehemaligen DDR zum Thema machen.

In zwei Programmpunkten dokumentiert sich ein erweiterter inhaltlich-thematischer Kanon: In der Integration von Entwicklungspsychologie und in der Analyse von Haushalts- und Familienformen junger Erwachsener. Shell-Jugendstudien sind, seit ihren Anfängen bei EMNID, pädagogisch und soziologisch ausgerichtet. Jugendliche werden als „ausgewachsene“ kleine Bürger befragt; die Tatsache, daß es sich um junge Menschen in der Entwicklung handelt, ist kein Thema. Mit dieser nicht unproblematischen Grundannahme wollten wir brechen, zumal in der ökologischen Entwicklungspsychologie mittlerweile Modelle des Aufwachsens vorliegen, die sich gut mit Fragehaltungen pädagogisch - soziologischer Jugendforschung verkoppeln lassen. Ein anderer Anstoß kam von seiten der Familienforschung, wo seit einiger Zeit die Veränderungen erörtert werden, die sich aus der Verlängerung der Jugendphase ins dritte Jahrzehnt für die sozioökonomische Ablösung vom Elternhaus sowie für den Zyklus von Familiengründung und Beginn der Elternschaft ergeben.

Traditionen

In einigen Bereichen folgt die 92er Studie Traditionslinien vorangegangener Jugendstudien. Zum bewährten Programm gehörten die wörtliche Wiederholung von Fragen aus den vorangegangenen Umfragen. Ein Satz von rund 25 Fragen verbindet sich zu Zeitreihen, die in Fünf- und Zehnjahresintervallen Wandel und Kontinuität von Jugendgenerationen dokumentieren. Die Hauptlinie bilden hier die Studien 1954 / 55 - 1964 - 1975 - 1984 - 1991. Die kürzere Zeitreihe ergibt sich aus der Traditionslinie, die Anfang der achtziger Jahre durch Psydata und die studienleitenden Autoren gestiftet wurde. Einige Fragekomplexe aus den Studien von 1981 und 1984 wurden in die neue Studie aufgenommen, wobei insbesondere die Umfrage von 1981 Pate stand. In den Bereichen Jugendkultur und Jugendbiografie sowie bei einigen Einstellungsskalen sind direkte Vergleiche zur westdeutschen Jugend am Beginn und Ausgang der achtziger Jahre möglich. Wir verweisen auf die Nachweise, die sich in den Methodenbänden zu dieser (Bd. 4) und zur 84er Studie (Bd. 5) finden.

Eine andere gute Tradition, die seit der Jugendstudie '81 gepflegt wird, besteht in der Mischung qualitativer und quantitativer methodischer Verfahren. Auch dieses Mal begleiten biografische Monografien, Pressedokumentation, Aktenanalysen, explorative Tiefeninterviews, Sammlungen freier Aufsätze, offen gestellte Interviewfragen die standardisierten Interviews der Haupterhebung. Die qualitative und dokumentarische Seite der Studie '92 ist in diesem Band 1 - durch die biografischen Interviews von „Forschungszwillingen" aus West und Ost - und in besonderem Maße in Band 3 präsent, der den Erfahrungen von Jugendlichen der neuen Bundesländer mit DDR und Nach-Wende-Zeit gewidmet ist.

Autoren und Experten

Eine Besonderheit der aktuellen Studie ist, daß ein Kreis von ausgewählten Fachkollegen und -kolleginnen in der Rolle von Experten und Autoren an ihr teilnimmt. Die Grundidee dazu stammt aus der ersten Hälfte der siebziger Jahre, der Ägide von EMNID-Studien unter Federführung des Jugend- und Freizeitforschers Viggo Graf Blücher. Verunsichert durch die damalige Studenten- und Schülerbewegung und durch die Kritik an der Jugendforschung, die seitens kritischer und marxistischer Sozialwissenschaftler formuliert wurde, lud man soziologische Jugendforscher unterschiedlicher Provenienz zur Mitarbeit ein. Allerdings endete diese mit der Entwicklung von Fragestellungen und Instrumenten.

Im Unterschied dazu luden wir Wissenschaftler aus den neuen und alten Bundesländern nicht nur zu schriftlichen Expertisen, Werkstattgesprächen und Fragebogenentwicklungen ein. Sie sollten auch als Erstautoren an der Publikation der Jugendstudie beteiligt sein. Aufs Ganze gesehen gelang das Konzept. In Band 2 und 3 der Studie finden sich die Beiträge der Wissenschaftler, die auf den Expertisen beruhen. Für Band 2 wurden Fragestellungen und Instrumente ausgewertet, die zuvor als Empfehlungen eingebracht worden waren. Band 3 basiert auf überarbeiteten Fassungen von Dokumentationen und Forschungsberichten zur Jugend in den neuen Bundesländern und der ehemaligen DDR. Die biografischen Paarporträts dieses Bandes entstanden durch die Kooperation eines eigenen Arbeitskreises von Jugend- und Biografieforschern.

Die Experten und Expertinnen werden persönlich und im Detail an den passenden Stellen in Band 1 bis 3 vorgestellt. Hier sollen nur zwei Besonderheiten des ausgewählten Kreises von Wissenschaftlern hervorgehoben werden. Es handelt sich um ausgewiesene Fachleute so unterschiedlicher Bereiche wie Jugend- und Sozialisationsforschung, Freizeit-, Lebensstilforschung, Entwicklungspsychologie, Familiensoziologie, Sozialpädagogik, Frauenforschung, Politische Sozialisation, Zeit- und Mentalitätsgeschich-

Versammlung der Berater und Autoren. Siegen im November 1990

te, Biografieforschung. Die interdisziplinäre Zusammensetzung ist Programm: In ihr soll sich der Charakter und Anspruch einer „Panoramastudie“ zur Jugendgeneration heute und zum Wandel der Adoleszenz widerspiegeln. Es bedarf keiner Frage, daß Interdisziplinarität zwar ein hehres Ziel, in der Praxis jedoch ein mühsames Geschäft ist.

Der zweite programmatische Punkt betrifft die ad-hoc-Intergration von Wissenschaftlern aus West- und Ostdeutschland aus Anlaß einer gemeinsamen Studie. Die Geschichte dieses Versuches ist in der Einleitung zu Band 3, der den Jugendlichen in den neuen Bundesländern gewidmet ist, nachgezeichnet worden. Die Kooperation hatte in diesem Fall mit unterschiedlichen Kulturen von Jugendforschung, mit unterschiedlichen beruflichen Lebenslagen der ForscherInnen und nicht zuletzt mit recht abweichenden Vorgeschichten der jeweiligen Jugendgenerationen zu kämpfen. Ein Ergebnis dieser Auseinandersetzung ist die Zweiteilung der Publikationen in einen Band, der die Vergleiche zwischen west- und ostdeutschen Jugendlichen enthält (Bd. 2), und eine gesonderte Präsentation der neuen Bundesländer und ihrer eigenen DDR-Geschichte (Bd.3).

Die Autoren der Jugendstudie '92

Ereignisgeschichte der Studie

Mai 1990

- Antrag auf Finanzierung bei der Deutschen Shell

Mai - Juni 1990

- „Schülerstudie '90" im Feld, (Vorstudie im Ruhrgebiet und in der Industrieregion Halle - Leipzig)
- Schriftliche Gruppenbefragung von rund 2500 SchülerInnen 7., 9., 11. Klassen.
  Parallel: Sammlung von rund 1900 freien Schüleraufsätzen.
  Thema: „Wie stelle ich mir meine persönliche Zukunft und meinen weiteren Lebensweg in einem vereinten Deutschland vor?"

Juni - September 1990

- 40 mehrstündige Tiefeninterviews mit je zur Hälfte jungen West- und Ostdeutschen

August - Oktober 1990

- Expertisen zu möglichen Frage- und Instrumentenbereichen der Studie

Oktober 1990

- Pressekonferenz zur Schülerstudie in Hamburg

November 1990

- Erstes Autorentreffen in Siegen. Diskussion der Expertisen

Dezember 1990

- Autorentreffen in Ostberlin. Planung von Expertisen zur DDR-Jugend.

November 1990 - Januar 1991

- Fragebogen- und Skalenentwicklung

Januar - Juni 1991

- Expertisen zur DDR-Jugend und zur Jugend in den neuen Bundesländern

März - April 1991

- Quantitative Vorerhebung im Feld. Rund 800 zwei- und mehrstündige mündliche Interviews bei 13-29jährigen, je zur Hälfte West- und Ostdeutsche (nicht-repräsentative Quotenstichprobe; standardisierte und offene Fragen)

Mai - Juni 1991

- Skalenentwicklung aufgrund der quantitativen Vorerhebung
  Fragebogenentwicklung Hauptstudie

Juli 1991

- Erstes Treffen der Autorengruppe „Biografische Fotoporträts" in Ostberlin.

Juli - August 1991

- Quantitative Haupterhebung im Feld 4005 mehr als einstündige mündliche Interviews bei 13-29jährigen, 2669 Westdeutsche und 1336 Ostdeutsche.
  (Repräsentative Quotenstichprobe; standardisierte Fragebögen)

Juli - Dezember 1991

- 20 Interviews mit 22 / 23jährigen zu den „Biografischen Fotoporträts"

September - Oktober 1991

- Datenaufbereitung Haupterhebung
  Auswertung Vorerhebung

November 1991

- Pressekonferenz in Berlin mit aktuellen Ergebnissen der Vor- und Haupterhebung

November 1991

- Zweites Autorentreffen in Siegen.
  Tabellenband zu Grundauszählungen
  - Verteilung der Datenbänder -
  Absprachen für die Auswertung

Januar 1992

- Zweites Treffen der Autorengruppe „Biografische Fotoporträts" in Ostberlin

Januar - September 1992

- Erstellen der Manuskripte zu den vier Buchbänden

Juli - Oktober 1992

- Buchproduktion

Themen und Fragen

Die zentralen Themen der aktuellen Jugendstudie lassen sich in sechs Fragebereiche unterteilen. Das Inhaltsverzeichnis von Band 2 der Buchveröffentlichung orientiert sich daran. Anhand des Fragebogens der Haupterhebung, der in Band 4 abgedruckt ist, lassen sich die wichtigen thematischen Komplexe nachvollziehen.

1. Politisch-gesellschaftliche Erfahrungen und Orientierungen

In diesem Fragebereich werden die Erfahrungen der Jüngeren mit Wende und Vereinigung angesprochen. Dazu gehören auch die Selbst- und Fremdwahrnehmung der West- und Ostdeutschen voneinander. In einigen Einstellungsskalen werden soziokulturelle Werte, die Einpassung der eigenen Person in die Gesellschaft - Anpassungsbereitschaft, Privatisierung, Selbstbehauptung -, politische Entfremdung, Einschätzung der gesellschaftlichen Zukunft thematisiert. Ferner geht es um Orientierungen und Handlungspraxen im Raum des politischen und kirchlich-religiösen Systems.

2. Jugend und Erwachsenwerden als ein Lebensabschnitt im Rahmen des Lebenslaufes

Hier geht es zum einen um die persönlichen Vorstellungen vom Jungsein und von den Wegen ins Erwachsensein, die in der heutigen Jugendgeneration vertreten sind. Was verbindet man mit „Jugend", wann und unter welchen Bedingungen geht sie zu Ende? Rückerinnernd und vorausschauend zeichnen die Befragten die Stationen und Ereignisse des Älterwerdens zwischen Kindheit und Erwachsensein nach. Solche Übergänge werden für zwei Statuspassagen analysiert: der Weg vom Kind zum Jugendlichen am Beginn und die Schritte des Erwachsenwerdens am Ende der Lebensphase Jugend. Dabei werden drei zentrale Lebensaufgaben der Jüngeren in den Blick genommen: das Hineinwachsen in das soziokulturelle Feld von Partnerschaft und Familie, die Gestaltung von Ausbildungs- und Berufsverläufen, die ins Erwerbsleben führen, und die Passage in die Welt des Konsumenten und politischen Bürgers. Themen sind ferner die zeitlichen und finanziellen Ressourcen, die heutigen Jugendlichen in alten und neuen Bundesländern für die Bewältigung ihrer biografischen Aufgaben zur Verfügung stehen. Psychologisches Pendant solcher Lebenslagen sind Zeit- und Zukunftsorientierungen und die Identitäten, die Jugendliche im Verlauf ihres Weges aufbauen. Mit diesen thematischen Schwerpunkten knüpft die Studie '92 an eine ihrer Vorgängerinnen, die Jugendstudie '81, an.

3. Entwicklungsverläufe und Entwicklungsrisiken

Die Jugendstudie '92 beschäftigt sich - erstmalig in dieser Tradition - mit Variationen des Lebensweges, die durch körperliche Entwicklungsvorgänge hervorgerufen werden. Welche Voraussetzungen und Wirkungen haben lebensgeschichtlich frühe im Vergleich zu späten Entwicklungen? Dabei geht es in erster Linie um das Zusammenspiel von erschwerenden, ungünstigen Sozialisationsbedingungen in der Familie und daraus folgenden riskanten Entwicklungsverläufen. Eine weitere Gruppe von Entwicklungsrisiken stellen kritische Lebensereignisse dar, also schwerwiegende und überraschende Eingriffe in das kindliche und jugendliche Leben wie Todesfälle, Krankheiten, Wohnortwechsel, Scheidung der Eltern, Arbeitslosigkeit in der Familie u.ä. Auch diese Vorbedingungen und Einflußgrößen für die jugendliche Gegenwart werden anhand von Rückerinnerungen erhoben.

4. Lebensstile, Kulturen und soziale Bezugsgruppen Jugendlicher

Dieser Fragebereich, der in der Überlieferung der Shell-Jugendstudien seit den sechziger Jahren zu den Herzstükken der Umfragen gehörte, knüpft an den Stand gegenwärtiger Lebensstildebatten an. Welcher „Semantik“ folgen kulturelle Vorlieben Jugendlicher, welche Gruppen lassen sich unterscheiden und wie sind Stile und Kulturen mit sozialen Lebenslagen und Ungleichheiten verknüpft? Das Spektrum der abgefragten kulturellen Vorlieben reicht von Film, Musik, Tanz, Mode, Ernährung über Freizeitaktivitäten bis hin zur Ausdifferenzierung von Interessen. Ein eigener Fragebereich ist dem Umfang und der Qualität der Beziehungen zu Gleichaltrigen gewidmet - jener Bezugspersonen also, die sozial die verschiedenen Stile des Jungseins mittragen.

5. Sozialstrukturelle Ausdifferenzierung der Jugendphase

Ein eigener Themenbereich ist den unterschiedlichen Lebenslagen sozialstruktureller Gruppen innerhalb des ausgedehnten Lebensabschnittes Jugend gewidmet. Zur Debatte stehen weibliche und männliche Ausprägung von Jugend, die Bildungsmobilität der jüngeren Generation, bezogen auf die Elterngeneration, oder die Wirkungen regionaler Differenzierung auf das Jugendleben. Neu ist die Möglichkeit, die Fortsetzung des Jungseins im Verlauf des dritten Jahrzehnts empirisch zu verfolgen. Das geschieht beispielsweise anhand der „Wohnkarrieren“ und der allgemeinen Lebenslage der jungen Erwachsenen in neuen wie alten Bundesländern.

Feldarbeit - Instrumente und Methoden

Im Textkasten zur Ereignisgeschichte der Studie (siehe weiter vorn) sind die verschiedenen Phasen der Untersuchungsarbeit im zeitlichen Ablauf zusammengestellt. Zum Verständnis der Chronologie ist es hilfreich, zwei Gruppen von empirischer Feldarbeit zu unterscheiden. Nennen wir sie Hauptstränge der Untersuchung und zugeordnete Begleituntersuchungen. Zu letzterem Typus gehört die „Schülerstudie '90“. Durch schriftliche Befragungen in Schulklassen, Sammlung freier Aufsätze zur persönlichen Zukunftserwartung von Jugendlichen sowie durch die Erfahrung von Kooperation zwischen west- und ostdeutschen Jugendforschern sollte das Terrain für eine vergleichende Jugendstudie abgesteckt werden. Ähnlich unabhängig arbeitete das Wissenschaftlerteam, das die Erfahrungen des Aufwachsens in der ehemaligen DDR und das Porträt der Wende- und Vereinigungsgeneration bearbeitete. Arbeitsgrundlagen waren hier wissenschaftliche Expertisen und Sammlungen jugendlicher Selbstzeugnisse aus den neuen Bundesländern. Auch die biografischen Monografien von „Forschungszwillingen“ aus Ost und West, die parallel zur Hauptstudie erstellt wurden, lassen sich als begleitende, vergleichsweise unabhängige Studie verstehen.

Die Hauptlinie der methodischen Arbeit ist als unmittelbare Vorbereitung und Absicherung der repräsentativen Haupterhebung anzusehen. Seit der Studie 1981 folgt diese dem gleichen dreischrittigen Ablaufschema: Qualitative Vorstudie - Quantitative Vorstudie - Quantitative Hauptstudie.

Die qualitative Vorstudie folgt dem Muster freier, explorativer Tiefeninterviews. In mehrstündigen Sitzungen werden für die Gegenwart der jugendlichen Gesprächspartner bedeutsame Themenbereiche sprachlich ausgeleuchtet, wobei auch Gesichtspunkte der Kindheits- und Jugendbiografie Berücksichtigung finden. Die auf Tonkassetten aufgezeichneten Interviews werden ganz oder teilweise abgeschrieben und auf Denk- und Sprachmuster der Interviewten hin analysiert. Solche Muster liefern Vorlagen für die Entwicklung von Einstellungsskalen, für die Auswahl von bedeutsamen Lebensereignissen u.ä. Zur Vorbereitung der Jugendstudie 92 wurden 40 solcher Interviews geführt, je zur Hälfte in den neuen und den alten Bundesländern. Die Gesprächspartner verteilten sich nach einem Quotenplan auf drei Alters-, zwei Geschlechts- und zwei Wohnorttypen.

Die quantitative Vorstudie ist als Phase der Entwicklung von Orientierungs- und Einstellungsskalen und der Erprobung von - in methodischer Hinsicht - problematischen oder neuartigen Befragungsteilen definiert. Die Interviews - von besonders erfahrenen Interviewern geführt - sind nur zum Teil standardisiert und bieten die Gelegenheit, weitere spontane Antworten und sprachlich-gedankliche Ausdrucksweisen der Jugendlichen - durch die Mitschriften der Interviewenden - zu sammeln. Da die einzelnen Interviews etwa doppelt so lang konzipiert sind wie in der Haupterhebung, können manche Fragebogenteile in der quantitativen Vorerhebung ausführlicher abgefragt werden, was ergänzende Belege bei der Interpretation der Haupterhebung liefert. In der Jugendstudie 92 wurden im Frühjahr 1991, ein halbes Jahr vor der Hauptstudie, knapp 800 Jugendliche und junge Erwachsene in rund zweistündigen Interviews befragt. Die Stichprobe wurde bundesweit nach einem bestimmten soziodemografischen Quotenschlüssel zusammengestellt. Dabei war nicht Repräsentativität, d.h. Deckungsgleichheit mit der 13-29jährigen deutschen Bevölkerung das Ziel, sondern Gleichverteilung der Befragten nach den Merkmalen: Ost- und Westdeutsche, Jungen und Mädchen, 13-16-, 17-20-, 21-29jährige, Befragte mit niedrigen, mittleren, höheren Bildungsabschlüssen. Wie im Methodenband 4 beschrieben, wurden aufgrund der Vorerhebung die verschiedenen Einstellungsskalen entwickelt, die in der Hauptstudie eingesetzt wurden.

Die Befragten

Die Haupterhebung fand Juli bis August 1991 statt. 4005 Jugendliche und junge Erwachsene im Alter zwischen 13 und 29 Jahren wurden - zumeist bei sich zu Hause, häufig auch bei den Interviewenden - mündlich befragt. Der Durchgang durch den weitgehend standardisierten Fragebogen dauerte eine Stunde und länger. Die Befragten stehen für eine bedeutend größere Zahl von altersgleichen Deutschen. Diese „Grundgesamtheit" umfaßt 18 Millionen 13-

29jährige, die Geburtsjahrgänge 1961-1978.

Um ein an die Gesamtheit angenähertes Abbild herzustellen, wurde eine Stichprobe gezogen, der über die amtliche Statistik bekannte soziodemografische Merkmale der Gesamtgruppe von 13-29jährigen zugrundelagen. Solche Merkmale waren:

- Verteilung der Wohnorte auf Bundesländer und Klassen von Gemeindegrößen;
- Verteilung nach Geburtsjahren und Geschlecht;
- Verteilung nach Bildungsabschlüssen.

Eine solche „Quotenstichprobe" hat ihre Schwachstellen, die in der einschlägigen Methodenliteratur ausgiebig diskutiert worden sind; sie hat sich in der Praxis der Umfrageforschung gleichwohl als robustes, praktizierbares Verfahren bewährt.

Die Gesamtheit der 13-29jährigen jungen Deutschen ist gegenwärtig für eine Jugendbefragung, die neue und alte Bundesländer miteinander vergleichen will, ungünstig zusammengesetzt. Die Altersgruppe der jungen Erwachsenen zwischen 25 und 29 Jahren ist zahlenmäßig zu stark besetzt - eine Folge der sogenannten geburtenstarken Jahrgänge. Ihr Anteil umfaßt allein 38 Prozent der Gesamtstichprobe, was die Zahl der befragten Jugendlichen, denen ja das Hauptinteresse gilt, zu gering werden läßt. Das andere Problem bildet der geringe Anteil der neuen Bundesländer. Da sie nur 22 Prozent der Gesamtbevölkerung repräsentieren, könnte man bei einer Stichprobengröße von 4005 nur 803 junge Ostdeutsche befragen.

Grundgesamtheiten und Teilstichproben der Hauptstudie Jugend 1991

	Alte Bundesländer	Neue Bundesländer	Gesamt
13-24jährige Geburts- Jahrgänge 1966 - 1978	Gesamt: 8,8 Millionen Repräsentative Stichprobe: n = 1947 Tatsächliche Stichprobe n = 2068 (gewichtet)	Gesamt: 2,5 Millionen Repräsentative Stichprobe: n = 553 Tatsächliche Stichprobe n = 1084 (gewichtet)	Gesamt: 11,3 Millionen Repräsentative Stichprobe: n = 2150 Tatsächliche Stichprobe n = 3152 (gewichtet)
25-29jährige Geburts- Jahrgänge 1961 - 1965	Gesamt: 5,4 Millionen Repräsentative Stichprobe: n = 1195 Tatsächliche Stichprobe n = 601 (gewichtet)	Gesamt: 1,4 Millionen Repräsentative Stichprobe: n = 310 Tatsächliche Stichprobe n = 252 (gewichtet)	Gesamt: 6,8 Millionen Repräsentative Stichprobe: n = 1505 Tatsächliche Stichprobe n = 853 (gewichtet)
13-29jährige Geburts- jahrgänge 1961 - 1978	Gesamt:14,2 Millionen Repräsentative Stichprobe: n = 3142 Tatsächliche Stichprobe n = 2669 (gewichtet)	Gesamt: 3,9 Millionen Repräsentative Stichprobe: n = 863 Tatsächliche Stichprobe n = 1336 (gewichtet)	Gesamt: 18,1 Millionen Repräsentative/ tatsächliche Stichprobe n = 4005

Wir entschlossen uns daher, die Altersgruppe der 13-24jährigen Jugendlichen und die Befragten der neuen Bundesländer häufiger zu befragen, als es ihrem Anteil in der deutschen Bevölkerung entspricht. Und zwar sollte jeweils ein Verhältnis von 2:1 zwischen West- und Ostdeutschen bzw. Jugendlichen und jungen Erwachsenen zugrundegelegt werden. Das verbessert unsere Möglichkeiten, junge West- und Ostdeutsche miteinander zu vergleichen, und es erlaubt mehr Altersdifferenzierungen innerhalb der 13-24jährigen, z.B. die Gruppen 13-16; 17-20 und 21-24 Jahre. Wenn es um Aussagen zu Gesamtgruppen geht, wie „alle jungen Deutschen", können die wirklichen Prozentanteile der Teilgruppen durch einfache Rechenoperationen wiederhergestellt werden. (Dies geschieht mittels sogenannter Wichtungsfaktoren.) In der beigefügten Vierfelder-Tafel sind die Grundgesamtheit, die „eigentliche" repräsentative Stichprobe und die wirklich gezogene Stichprobe im Überblick zusammengestellt. Innerhalb der vier Tafelfelder wurde jeweils eine die Grundgesamtheit repräsentierende Stichprobe gezogen. Bei Aussagen, die über diese Felder hinausgehen, sind „Umwichtungen" notwendig, um die realen Bevölkerungsanteile angemessen darzustellen. (Für genaue technische Informationen vgl. den Methodenband 4.)

Baupläne der Veröffentlichung

Die Erstveröffentlichung der Shell Jugendstudie erfolgt, wie in den vorangegangenen Fällen, mehrbändig im Verlag Leske + Budrich. Der vorliegende Band 1 enthält die Gesamtdarstellung der Untersuchungsergebnisse in anschaulicher Form. Angesichts der Vielzahl von Aspekten mußte allerdings eine Auswahl getroffen werden. Bemerkenswerte „highlights", die auch an die Medien weitergegeben werden, sind vorangestellt. Ein weiterer Schwerpunkt des Bandes sind die biografischen Doppelporträts von 20 Jugendlichen aus West- und Ostdeutschland.

Band 2 stellt die wichtigsten fachspezifischen Ergebnisse des Jugendsurveys dar. Hier stellen die Autoren und Autorinnen, die Fragebereiche in die Studie eingebracht haben, ihre Instrumente und Auswertungsstrategien vor.

Band 3 gibt ein intensives Bild der Jugend in den neuen Bundesländern in Analysen, Berichten, Chronologien, Bildmaterialien und Selbstzeugnissen. Neben den ostdeutschen Jugendlichen sind an diesem Band in erster Linie JugendforscherInnen aus den neuen Bundesländern beteiligt. In einem ersten Teil werden Mentalität, Lebenslage und Wandel der DDR-Jugend vor der Wende, besonders in den achtziger Jahren, dargestellt. Ein zweiter Teil dokumentiert und analysiert die Erfahrungen von ostdeutschen Kindern und Jugendlichen in Wende und Vereinigung.

Band 4 enthält eine umfangreiche Dokumentation des Datenmaterials der Haupterhebung - Grundauszählungen nach soziodemografischen Gruppen (Alter, Geschlecht, West/Ost) - sowie eine Beschreibung der Methoden und Instrumente. Zu ausgewählten Fragebereichen sind Methodenberichte eingefügt. Im Mittelpunkt steht die Deskription der Orientierungs- und Einstellungsskalen und ihrer Entwicklung.

Deutsche Jugend heute. Eine Porträtskizze

Jürgen Zinnecker

Vor einem Jahrzehnt wurde der Jugendstudie '81 das „Porträt einer Generation" vorangestellt, das einige Grundmerkmale und Entwicklungslinien von Jugend Anfang der achtziger Jahre festhielt. Anfang der neunziger Jahre möchten wir diese Skizze wiederholen. Da Jugend gegenwärtig nur als eine Gruppe im Wandel angemessen darzustellen ist, liefert uns die damalige Jugendgeneration einen willkommenen Vergleichsmaßstab. Hat sich, und in welcher Hinsicht hat sich die deutsche Jugend in den achtziger Jahren verändert? Allerdings sind wir in der Zeit direkt nach Wende und Vereinigung gehalten, ein Doppelporträt zu zeichnen, das die Eigenständigkeit von west- und ostdeutscher Jugend berücksichtigt. Das verzweifacht unsere Aufgabe, vor allem aber verkompliziert sich die Zielsetzung. Denn, wie wir zeigen werden, kann man darüber streiten, ob es Sinn macht, zwei getrennte, eigenständige Gruppenporträts anzufertigen.

Eine Warnung sei vorausgeschickt. Die Skizze überzeichnet, vereinfacht und spart feine Details aus, um Hauptlinien sichtbar werden zu lassen, die sich bei der eigenen Auswertung und bei der Lektüre der Forschungsberichte der zahlreichen Mitautoren der Jugendstudie '91 aufdrängten. Auf Zahlenwerk wird dabei ganz verzichtet. Alle Aussagen in diesem Porträt beruhen gleichwohl auf empirischen Ergebnissen. Die Skizze hat ihren Zweck erfüllt, wenn sie das Interesse der Leser und Leserinnen weckt, verbunden mit dem Wunsch, sich in diesem oder den drei weiteren Berichtsbänden selbst ein Bild zu machen. In diesem Fall mag sie als roter Faden durch die Fülle von Einzelergebnissen und statistischen Tabellen dienen.

Deutsche Jugend heute - und vor einem Jahrzehnt

Jugend '81: Politische Bewegtheit vor düsterer Zukunft

Mit Blick auf die westdeutsche Jugend fallen einige Unterschiede ins Auge, die auf einen Umschwung in der Grundstimmung der jüngeren Generation hindeuten. Die Jugendstudie '81 diagnostizierte seinerzeit - zu Recht, wie wir meinen - einen ausgeprägten Zukunftspessimismus. Die Jüngeren gaben sich düsteren Vorstellungen von der weiteren gesellschaftlichen Zukunft hin, die bis zu apokalyptischen Untergangsvisionen durch Kriege, atomare Bedrohung und Umweltkatastrophen reichten. Diese Stimmung wurde zwar von Erwachsenen geteilt, die junge Generation war aber als Avantgarde dieser Botschaft zu sehen, die zugleich an politische Handlungskonsequenzen dachte. Soziale Bewegungen aller Art standen in hohem Ansehen, und man war bereit, sich selbst zu engagieren. Es war die hohe Zeit der Grünen als

„Partei der Jugend". Träger einer solchen politisch-gesellschaftlichen Mentalität waren die sogenannten Millionenjahrgänge - jene geburtenstarken Jahrgänge in Deutschland also, die auf jeder Stufe ihrer Jugendbiografie Engpässe und Überfüllung hervorriefen: auf dem Weg durch die Schulen, eingangs der Lehre, beim Auszug aus dem Elternhaus, beim Übergang in das Erwerbsleben und in die Hochschulen (was sich gegenwärtig noch bemerkbar macht). Das bestärkte die Jüngeren im Gefühl, daß die Zukunft fehlgeleitet, wenn nicht gar zugebaut war.

Desengagierte Optimisten - Nachwuchs für welche politische Kultur?

In allen diesen Bereichen läßt sich anfangs der neunziger Jahre ein Stimmungsumschwung feststellen, der sich im Verlauf der achtziger Jahre abzeichnete. Düstere Zukunftssichten wurden verabschiedet - aber auch das damit verbundene Engagement. Zwar stehen soziale Bewegungen und unkonventionelle politische Aktionsformen wie Bürgerinitiativen oder Unterschriftenaktionen bei fast allen Jugendlichen weiterhin in hohem Ansehen. Die Befürwortung von straßenbezogenen Aktionen wie (genehmigte) Demonstrationen und Aufhalten des Verkehrs hat sogar zugenommen. Die sozialen Bewegungen haben aber an mobilisierender Kraft verloren. Als Motto könnte gelten: Soziale Bewegungen ja - aber ohne mich.

Stabil geblieben ist die Tendenz, daß der Nachwuchs für das offizielle politische System kaum zur Verfügung steht. Die politische Entfremdung ist hoch, die Politiker und Parteien genießen nur geringes Ansehen. Ein Gegentrend zeichnet sich nur bei den Jüngsten ab. Die politische Sozialisation beginnt heute in früheren Jahren als damals. Die 13-16jährigen haben entdeckt, daß sie eine eigene politische Meinung haben und vertreten dies auch öffentlich. Das neue Selbstbewußtsein äußerte sich beispielsweise bei den Demonstrationen gegen den Golfkrieg, die in erster Linie Schülerdemonstrationen waren. 1981 waren die älteren Jugendlichen - ab Beginn des dritten Lebensjahrzehnts - Träger der politischen Bewegungen.

Politische Mobilisierung oder Demobilisierung im Osten?

Wo steht die Jugend in den neuen Bundesländern? Überblickt man die politisch-gesellschaftlichen Orientierungen, so haben die jungen Ostdeutschen alles in allem genommen den „Anschluß" an die junge Generation im Westen längst gefunden. Sie äußern, als Gesamtgruppe, die gleiche Entfremdung vom politischen System, sie blicken nicht weniger optimistisch in die gesellschaftliche (und persönliche!) Zukunft. Interesse an Politik oder Sympathie und Antipathie für bestimmte politische Parteien und soziale Bewegungen sind ähnlich verteilt und polarisieren die Jüngeren auf genau die gleiche Weise. So sind jugendliche Anhänger der CDU in ganz Deutschland optimistischer gestimmt, haben mehr Vertrauen in die Erwachsenen und lehnen soziale Bewegungen eher ab, während Anhänger der Grünen „hüben wie drüben" postmaterielle Werte schätzen, skeptisch sind hinsichtlich der Ziele und Zukunft der Gesellschaft und größere Bereitschaft äußern, zur Durchsetzung ihrer eigenen Vorstellungen vielfältige politische Aktionsformen einzusetzen.

Und doch gibt es einen Unterschied, der manchmal nur wenige Prozentpunkte ausmacht, der aber gleichwohl immer auf denselben Punkt hinweist: Die ostdeutschen Jugendlichen sind politisch etwas engagierter als die westdeutschen. Das verdient festgehalten zu werden, denn es widerspricht einer verbreiteten Meinung und ist kränkend für das Selbstverständnis einer westlichen „Musterdemokratie". Im Einzelnen heißt das beispielsweise, daß die jungen Ostdeutschen sich politisch etwas interessierter zeigen, was nicht zuletzt darauf zurückzuführen ist, daß die Mädchen in den neuen Bundesländern - im Gegensatz zu denen in den alten - fast so häufig mit Politik befaßt sind wie die Jungen. Oder: Die jungen Ostdeutschen kritisieren häufiger die gegenwärtige Jugendpolitik. Oder: Sie sind der Tendenz nach häufiger bereit, sich in sozialen Bewegungen zu engagieren. Oder: Die politische Polarisierung zwischen links und rechts ist in den neuen Bundesländern etwas stärker ausgeprägt. Nimmt man die Sympathien für Grüne, Bündnis 90 und PDS zusammen, so gibt es mehr Jugendliche, die im links-progressiven (Protest-)Bereich angesiedelt sind. Oder: In den neuen Bundesländern nehmen die Jugendlichen häufiger gegen gewaltförmige Gruppen und Subkulturen wie Skinheads Stellung, wobei, im Sinne der politischen Polarisierung, auch die kleine Minderheit der Anhänger größer als im Westen ist.

Stellt sich die Frage, wo die Wurzeln für den eher höheren Grad von Politisierung in Ostdeutschland zu suchen sind. Liegen sie in der spezifischen politischen Kultur der ehemaligen DDR begründet? Also in jener besonderen und brisanten Mischung der achtziger Jahre, wo so gegensätzliche Einflüsse auf die Jugendlichen einwirkten wie staatskonforme Mobilisierung für sozialistische Kampfziele, Festhalten an Idealen des Sozialismus, privates und familienbezogenes politisches Gespräch, Aufklärung übers westdeutsche Fernsehen, mittels Kirche und Kultur geschützte Bürgerbewegungen und vor allem der Anstoß durch die Perestroika-Politik und, gegen Ende, Auflösung des osteuropäischen sozialistischen Blocksystems. Oder haben wir es eher mit Folgen der politischen Mobilisierung zu tun, die vor und nach den Ereignissen der politischen Wende 1989/1990 auch die jüngere Generation beeindruckte und aktivierte?

Wir können das hier nicht entscheiden, vermuten aber, daß beide Einflußgrößen bei der politischen Sozialisation der heutigen Jugendgeneration in Ostdeutschland eine Rolle spielten. Jedenfalls finden wir Belege für beides in der Jugendstudie '92. So ergeben beispielsweise die Rückblicke der Älteren unter den Befragten auf ihre Kindheit und frühe Jugend in der alten DDR, daß sie sich lebensgeschichtlich früher als die Gleichaltrigen, die in der alten BRD aufgewachsen sind, in der Lage fühlten, an politischen Diskussionen teilzunehmen. Für die Einflüsse der Wendezeit spricht etwa das hohe Ansehen, das Demonstrationen in den neuen Bundesländern genießen; oder der höhere Anteil derer, die von sich sagen, bereits einmal an einer sozialen Bewegung teilgenommen zu haben bzw. derer, die sich künftig eine solche Teilnahme vorstellen können. Wenn solche Erfahrungen gemacht wurden, so haben sie das Leben der Befragten mehr verändert als im Fall westdeutscher Aktivisten. Der kurzfristigen politischen Mobilisierung folgte die abrupte Demobilisierung im Vor- und Nachfeld der Vereinigung. Damit verbunden war die Enttäuschung vieler kurzfristig aufgebauter hoher Erwartungen. Vor allem in den Selbstzeugnissen wird sichtbar, wie stark die ehedem Engagierten mit der Verarbeitung dieser Enttäuschung beschäftigt sind.

Wo bleiben die Unterschiede zwischen Ost und West?

Jeder, der sich über die jüngere Generation in den neuen Bundesländern Gedanken macht, Westdeutscher wie Ostdeutscher, stellt sich die Frage, ob, wie stark und in welcher Richtung sich die „Neubürger“ von den jungen Deutschen im Westen unterscheiden. Medienmeldungen weisen auf Gefahren hin, die der Republik aus dem Osten drohen: Dort ist die jüngere Generation allem Anschein nach extremismus- und gewaltanfälliger, für okkulte Praktiken besonders aufgeschlossen. Expertenmeinungen ebenso wie der gesunde Menschenverstand sagen einem, daß die jungen Leute in der alten DDR autoritärer erzogen wurden, im Elternhaus, in der Schule und in der Kommandowirtschaft, daß ihnen privatistische Neigungen anhaften - der sprichwörtliche Rückzug der Ostdeutschen in die häuslichen Nischen -, daß sie konsumbeflissen dem westlichen Lebensstandard nachjagen, was auf materialistische, keineswegs postmaterialistische Tendenzen schließen läßt.

Um so größer ist das Erstaunen, bei den Wissenschaftlern wie bei der Öffentlichkeit, wenn in sozialwissenschaftlichen Vergleichsstudien, von denen im Verlauf der letzten zwei Jahren einige angefertigt und veröffentlicht wurden, die großen und dramatischen Unterschiede zwischen den jüngeren Generationen in den neuen und den alten Bundesländern schlichtweg ausbleiben. Sehen wir genauer hin, auf welcher Ebene sich diese Gleichheit herstellt, so sind es regelmäßig die abgefragten Einstellungen und Orientierungen zu sich, zu seinem Leben, zur Welt, zur eigenen Gesellschaft und zur Politik. Also die Meinungen und Grundüberzeugungen, die sich sprachlich ausdrücken und gegebenenfalls als Einstellungsmuster in Skalenform vermessen und berechnen lassen. In den mündlichen Interviews repräsentativer Befragungen stehen solche versprachlichten Orientierungen traditionsgemäß im Mittelpunkt des Interesses.

Wir wollen das am Beispiel unserer eigenen Studie erläutern. Welche gemeinsamen Grundorientierungen fügt die Jugendstudie 1992 dem Porträt der deutschen Jugend hinzu? Vorab sei vermerkt, daß die versammelten Wissenschaftler und Experten bei der Vorbereitung der Jugendbefragung '92 einhellig der Auffassung waren, daß wir in der gegenwärtigen Situation, kurze Zeit nach Grenzöffnung und Vereinigung, am besten daran täten, kulturvergleichend vorzugehen. Das heißt, wir unterstellen kulturelle Verschiedenheiten zwischen den beiden Jugenden in West und Ost und prüfen bei allen Fragen, ob sich die zu erwartenden Unterschiede in diesem Fragebereich auch einstellen. Sprachliche Eigenarten - Sonderentwicklungen des Deutschen in Ost und West - sind dabei in Rechnung zu stellen. Entsprechend diesem Grundsatz wurde in einer umfangreichen Vorstudie bei allen in Frage stehenden Orientierungen geprüft, ob sich die Vielzahl der Einstellungssätze bei west- und ostdeutschen Jugendlichen zu inhaltsgleichen Grundmustern zusammenfügen. Ergebnis: Sie taten es.

Einigkeit über Grundwerte und Grundsätze

Wir fühlten uns daraufhin berechtigt, den jungen West- und Ostdeutschen gleiche Einstellungsskalen vorzulegen. In der repräsentativen Studie wurde dann die zweite Übereinstimmung geprüft: Stimmen die beiden jugendlichen Bevölkerungen den jeweiligen Einstellungsbereichen gleich häufig zu, wobei auch die Unterschiede in der Intensität der Zustimmung oder Ablehnung innerhalb der Gruppen (die Streuung) zu berücksichtigen war. Bestätigung: In fast allen Fällen stellt sich Übereinstimmung zwischen West und Ost ein. Inhaltlich haben wir das an fünf Einstellungsbereichen mit insgesamt zwei Dutzend Einzelskalen überprüft.

1. Die jungen Deutschen orientieren sich nahezu an den gleichen Werten. Sie schätzen „Macht und Reichtum" (als „materialistische" Dimension) eher gering ein, halten dafür die beiden „postmaterialistischen" Wertebenen von „Freiheit, Freundschaft, Abwechslung" und „Einheit, Schönheit, Loslösung" hoch.

2. In beiden Teilen Deutschlands finden sich nahezu die gleichen zeitbezogenen Orientierungen, das heißt Zeitvorstellungen, die sich auf den Umgang mit der eigenen Lebenszeit beziehen. Die Jugendlichen sind vorwiegend gegenwarts- und zukunftsbezogen, weniger auf ihre Vergangenheit hin ausgerichtet. In ganz Deutschland finden wir die gleichen - und gleich großen - Gruppen derer, die die ihr Leben als Laufbahn planen, und derer, die süchtig nach Erfahrung von Gegenwart sind. Auch offene, ungewisse und geschlossene, sichere Zukunftsmodelle vom eigenen Leben sind westlich und östlich der ehemaligen Staatsgrenze gleich unter den Jüngeren verteilt.

3. Junge Ostdeutsche sind gleich häufig oder gleich selten bereit, sich an die vorfindlichen Lebensbedingungen anzupassen oder sich in einer Welt von Zwängen und Vorschrift selbst zu behaupten.

4. Jugendliche in Ost und West schätzen soziale Bewegungen, die sich für Frieden, Umwelt und gegen Kernkraft einsetzen, gleich hoch ein und grenzen sich gegenüber subkulturellen Minderheiten wie Skinheads, Hooligans, Grufties und Okkulte scharf ab.

5. Auch die Abgrenzung gegenüber der Erwachsenenwelt, Gefühle der öffentlichen Diskriminierung von Jugend und Hinwendung zu den Gleichaltrigen sind hüben wie drüben gleich häufig anzutreffen.

Natürlich finden wir auch „feine Unterschiede". So können junge Ostdeutsche etwas weniger mit körperbezogenen und kommerziellen Stilen wie Body Building, Jogging oder Fußball-Fans anfangen. Auch sind sie stärker an „Sicherheit und Ordnung" als materialistischen Grundwerten interessiert. Aber man muß bereits eine mikroskopische Sonde benutzen, um zu entdecken, daß sich im Westen mehr Anhänger einer hedonistischen Gegenwartsorientierung und im Osten mehr pflichtbewußte Arbeitsethiker befinden. Unterschiede innerhalb von Ost und West, gerechnet nach Alter, Geschlecht, Wohnorttyp oder Bildungsstand, fallen da mehr ins Gewicht.

Wer täuscht sich hier worüber?

Bleibt also zu fragen, wem wir trauen sollen, der publizierten Medienmeinung und unserem gesunden Menschenverstand oder dem empirisch ermittelten

Sachverhalt? Wenn wir uns nicht von vornherein auf eine der beiden Seiten schlagen, wird die Angelegenheit etwas verzwickt. Weiterhelfen kann uns eine Faustregel, die besagt: Die empirische Umfrage ist für den ökologischen Kontext der Befragten blind, jedenfalls auf ihrem statistischen Auge. Dafür sieht sie Sachverhalte ohne Voreingenommenheit oder wertenden Eifer, die unsere Wahrnehmung in Alltag und Medienöffentlichkeit charakterisieren. In den Fragebogen finden nur die sprachlich geäußerten Überzeugungen und Orientierungen der einzelnen Jugendlichen Eingang. Daß das Interview in einer renovierungsbedürftigen Wohnung stattfindet, in der charakteristische „DDR-Düfte" versammelt sind, oder daß die Befragte sich nach Art einer bestimmten westlichen Stilrichtung, bei passendem outfit, bewegt und gibt - all dies findet nicht Eingang in die Verrechnung der Ergebnisse auf der Großrechenanlage. Gerade aus solchen Zusammenschnitten von Sinneseindrücken, Personen und ihren Umwelten, beziehen wir aber unsere alltägliche Gewißheit davon, was Jugendliche diesseits und jenseits der alten und neuen Ländergrenzen unterscheidet. Und deshalb „sehen" wir mehr Unterschiede zwischen den beiden Gruppen, als die Computerauszählung dies tut. Denn dort, in der empirischen Befragung, begegnen wir ausschließlich den einzelnen Personen und deren Orientierungs- und Sprachwelt. Entkleidet von ihrer jeweiligen DDR- oder BRD-Umwelt sind die jugendlichen Persönlichkeiten, zu Gruppen zusammengefaßt, nahezu die gleichen in beiden Regionen Deutschlands.

Was die empirische Auszählung auch nicht berücksichtigt, ist die sozialpsychologische Seite der Medaille. In die Urteile über westliche und östliche Jugendliche fließen im (Medien-) Alltag unsere Gruppenzugehörigkeiten zur einen oder anderen Seite und die damit verbundenen - auf- oder abwertenden - Urteile mit ein. Das gegenwärtige Verhältnis zwischen West- und Ostdeutschen wird durch die Gruppenkonstellation von Etablierten und Außenseitern bestimmt, wobei die westliche Seite die Alteingesessenen und die östliche Seite die Neuankömmlinge repräsentieren. Die „Etablierten" haben dabei die Definitionsmacht, den „Neuen" eine Reihe von eher zweifelhaften Eigenschaften zuzuschreiben - ein fast universaler Vorgang in solchen Gruppenbeziehungen-, und die Eigenschaftszuschreibungen, die junge Ostdeutsche sich gefallen lassen müssen, sind da nur ein Beispiel eines solchen Fremdstereotyps (das durchaus auch zum Selbststereotyp werden kann). In diesem Gruppenstreit können „neutrale" Rechenmaschinen nachhaltig aufklärend wirken.

Von durchschlagender Wirkung - Die Lebenslage der jungen Ostdeutschen

Die geeinte Jugend ist unmittelbar zu Ende, wenn wir uns den Fragen zuwenden, die etwas über Lebenslagen, das alltägliche Handeln, die Lebensverläufe oder die interne soziale Gliederung von Jugend in den neuen Bundesländern aussagen.

Kulturelle Stile: Gleiche Bedeutung und ungleiche soziale Nutzung

Ein schönes Beispiel für die Gleichzeitigkeit beider Seiten des west-östlichen Doppelporträts liefern die Vorlieben und Orientierungen im Fall von Alltagskultur. Nach Art der Lebensstilforschung wurde in der Jugendstudie '92 der kulturelle

„Geschmack“ der jüngeren Generation erfragt. Ausgewählt wurden Vorlieben und Abneigungen im Bereich von Kinogenres, Musikstilen, Tanzformen, Ernährungsweisen, Modearten, Bettarrangements, Fankulturen und Freizeitaktivitäten. Zwischen West und Ost ergaben sich wiederum sehr ähnliche kulturelle Einzelprofile. Diese wurden zu übergreifenden Lebensstilen zusammengefaßt - auch auf dieser Stufe blieben sich, von feineren Differenzierungen einmal abgesehen, westliche und östliche Jugendliche gleich.

So gibt es gesamtdeutsch einen hochkulturellen Stil, bei dem die Freizeit mit ernsthaftem Konsum anerkannter Kultur verbunden ist, bevorzugt Jazz und klassische Musik gehört wird, verbunden mit diskret - zurückhaltendem Modegeschmack und Interesse an sozialen Bewegungen. Oder den familienzentrierten, an käuflicher Popularkultur ausgerichteten Geschmack, mit Vorlieben für Pop- und Discomusik, sportlich-praktische Kleidung. Gemeinsam ist beiden jugendlichen Bevölkerungen auch eine Stilrichtung, die spontan und kreativ ihr Vergnügen in der Gegenwart sucht, und das zusammen mit anderen. Dazu gehört ein auffallender, frecher Modestil. Ganz und gar unpassend ist dagegen deutsche Unterhaltungsmusik. Wir können aus diesen und weiteren gemeinsamen Stilrichtungen den Schluß ziehen, daß es so etwas wie eine kulturelle Landkarte gibt, die für die gesamte jüngere Generation als Orientierungsmarke und Wegweiser dient.

Unterschiede ergeben sich allerdings in der topografischen Verortung Einzelner bzw. jugendlicher Sozialgruppen. So ist die Vorliebe für Hochkultur etwas, das mit wachsendem Alter zunimmt; und natürlich gehört dazu ein gewisser Bildungsgrad. Und genau hier finden wir Unterschiede zwischen neuen und alten Bundesländern. Gleiche kulturelle Orte werden in Ost und West von unterschiedlichen sozialstrukturellen Gruppierungen besetzt. Um dies am Beispiel der drei kulturellen Stilrichtungen zu erläutern: In den neuen Bundesländern ist die Vorliebe für Hochkultur etwas, das eng mit dem Status als Schüler, Student und Auszubildender verknüpft ist. Bei Erwerbstätigkeit endet diese Beziehung. Im Westen gibt es einen solchen Zusammenhang nicht. Die konventionell-familienzentrierte Orientierung konzentriert sich in Ostdeutschland auf ländliche Wohngebiete, nicht jedoch im Westen. Hedonistisch-gegenwartsorientiert zu sein, ist in den neuen Bundesländern eine Spezialität von jungen Frauen, die noch in der Ausbildung sind. Im Westen wird der Stil allgemein durch höheres Bildungsniveau begünstigt. Ein charakteristisch weibliches Profil hat im Westen dagegen eine noch nicht beschriebene Stilform, die ökologisch-ganzheitlich ausgerichtet ist, verbunden mit der Herstellung einer „eigenen“ individuellen Kultur (Tagebuchschreiben u.ä.). Ein solches Ergebnis, daß dieselben Orte auf der Landkarte kultureller Stile ganz unterschiedliche sozialstrukturelle Gruppen der jugendlichen Bevölkerung anziehen können, ist hochbedeutsam für die weitere Lebensstil- und Jugendforschung. Darauf sei hier wenigstens kurz hingewiesen.

Begrenzte Ressourcen zur Bewältigung eines anderen Alltags

Die Besonderheiten der ostdeutschen Jugend treten dort sehr klar hervor, wo es um die Routinen des Alltags und darauf bezogenes Handeln geht. Hier macht sich dann bemerkbar, daß ihnen bestimmte Hilfsmittel oder „Ressourcen" fehlen, mittels derer die westlichen Jugendlichen ihre Eigenart gestalten können. Das heißt aber auch, daß es sich hier nicht um tieferliegende kulturelle Sonderentwicklungen handelt, sondern eher um Erscheinungen des Mangels und wahrscheinlich auch des gesellschaftlichen Übergangs. Je nachdem, ob und wie rasch solche Lebensumstände in den neuen Bundesländern denen der alten Republik angeglichen werden, müßten diese ostdeutschen Jugendmerkmale über kurz oder lang auch „absterben". Um ein weiteres Beispiel anzuführen: Freizeitaktivitäten und -vorlieben in den neuen Bundesländern decken sich recht weitgehend mit denen in den alten. Dort, wo Besonderheiten auftreten, lassen sie sich durchweg auf fehlende technische Ressourcen, auf einen weniger ausdifferenzierten Jugendmarkt zurückführen.

Westdeutsche in der Zeitkür - Ostdeutsche in der Pflicht

Zu den Ressourcen, die den Jugendlichen in Ostdeutschland häufiger fehlen, gehört ein Vorrat an frei verfügbarer Zeit. Die jungen Ostdeutschen sind im Vergleich zu Westdeutschen „gehetzter" in ihrer freien Zeit, werktags wie am Wochenende, im dritten Lebensjahrzehnt mehr als im zweiten. Die Wochenstunden für Erwerbsarbeit, für Gelegenheitsjobs, für Unterrichtsstunden liegen über denen im Westen. Dazu kommen mehr Arbeitsstunden für unbezahlte Eigenarbeit im eigenen Haushalt. Auch für tägliche Arbeiten wie Kochen, Waschen, Putzen benötigen die jungen Ostdeutschen länger. Das führt beispielsweise dazu, daß den jungen Ostdeutschen weniger Zeit bleibt, sich mit Gleichaltrigen zu treffen oder Veranstaltungen aller Art zu besuchen. Gerade in der Kernphase des Jungseins, zwischen 16 und 20, in der die Kontaktfreude und öffentliche Präsenz der jungen Westdeutschen ihren Höhepunkt erreichten, finden wir nichts Entsprechendes auf ostdeutscher Seite. Besonders eng ist das Zeitbudget bei jungen Frauen in Ostdeutschland, und das nicht erst im dritten Lebensjahrzehnt, in dem sie in familiale Verpflichtungen eingebunden sind.

Der beschleunigte Lebenslauf im Osten Deutschlands

Die knappere Zeitreserve, die den wöchentlichen Alltag in den neuen Bundesländern bestimmt, kehrt auf der Ebene des jugendlichen Lebenslaufes wieder. Die jungen Ostdeutschen sind durchweg gehalten, die verschiedenen Stationen der Jugendphase in rascherem Schritt zu nehmen. Das zeigt sich in mancher Hinsicht bereits ausgangs der Kindheit. In jungen Jahren lernen sie früh, sich im Haushalt nützlich und von den Eltern unabhängig zu machen. Die Beschleunigung der Übergänge gilt erst recht für das Hineinwachsen ins Erwachsenenleben. Die jungen Ostdeutschen beginnen Berufsausbildung, Erwerbstätigkeit, Heirat und Elternschaft im Schnitt um Jahre früher als die jungen Westdeutschen. Dabei gibt es weniger Aus- und Umwege, die in Westdeutschland insbesondere die jungen Männer in Anspruch nehmen. Zeitliches Timing und chronologische Abfolge der Lebensverläufe sind in Ostdeutschland deutlich stärker normiert.

Da solche Lebenslaufangaben tief in die Lebensgeschichte der heutigen Jugendlichen hineinreichen, erfahren wir rückblickend etwas über die biografische

Wirklichkeit der ehemaligen DDR. Es liegt auf der Hand, daß die junge Generation in den neuen Ländern im Begriff steht, sich an die Bedingungen des westdeutschen Ausbildungs- und Berufsmarktes anzupassen und die eigene „Normalbiografie" entsprechend umzugestalten. Dazu gehören Strategien des Lavierens und Hinauszögerns, des wiederholten Eintritts in Schülerrollen, die individuelle Laufbahnoption, das „Sich-Einrichten" und Arrangieren mit den Vorzügen und Nachteilen eines Statuserwerbs unabhängig von und vor dem Erwerbs- und Familienstatus.

Sozialstaatlich subventioniertes Jungsein oder: wer finanziert eine verlängerte Jugend in Ostdeutschland?

Stellt sich die Frage, wer eine verlängerte Jugendzeit finanzieren soll. Die ökonomischen Ressourcen fürs Jungsein sind in den neuen und alten Bundesländern durchaus andere. In Westdeutschland wird die lange Jugendzeit maßgeblich auf privater Basis finanziert, zunächst durch die Elternfamilie, im dritten Lebensjahrzehnt dann seitens der (Ehe-)Partner. Für junge Ostdeutsche ist die Herkunftsfamilie viel seltener die erste Unterhaltsquelle, auch die späteren (Ehe-)Partner spielen eine untergeordnete Rolle. Nehmen wir allein die vorwiegende Quelle für den Lebensunterhalt, so handelt es sich bei der jungen ostdeutschen Vereinigungsgeneration ab dem 17. Lebensjahr um eine vom Sozialstaat maßgeblich subventionierte Jugend. Erst in der Rolle zusätzlicher Hilfsquellen kommen in den neuen Bundesländern Eltern, Verwandte, Partner zum Zug - nicht zu vergessen, daß die jungen Ostdeutschen häufiger auf ihre Ersparnisse zurückgreifen (müssen). Mißt man die finanziellen Mittel in DM, so wird deutlich, daß sich junge West- und Ostdeutsche im zweiten Lebensjahrzehnt in ihren Geldmitteln nicht so sehr unterscheiden. Während aber im Verlauf des dritten Jahrzehntes die verfügbaren Summen in Westdeutschland sich „dynamisch" erhöhen, stagniert in Ostdeutschland das verfügbare Geld eher, jedenfalls geht die Schere auf das 30. Lebensjahr zu immer weiter auseinander.

Arbeiten vor dem eigentlichen Arbeiten

Junge Westdeutsche sind in größerem Umfang an den Rändern des regulären Erwerbssystems tätig. In allen Altersstufen zwischen 13 und 29 ergänzen sie ihre Einnahmen durch Teilzeitarbeit, zeitlich befristete Arbeitsstellen und durch Gelegenheitsjobs. Ein gewisser Höhepunkt wird zwischen dem 17. und 20. Lebensjahr erreicht. Als Tendenz läßt sich erkennen, daß die Vermischung von Lernaktivitäten in Schule und Hochschule mit Gelegenheitsarbeiten in den achtziger Jahren vorangeschritten ist. Die Jugendphase wird zunehmend „verschult", die privilegierte und von Arbeit freigestellte Rolle des Nur-Schülers und Nur-Studenten geht parallel dazu zurück. Die komplizierten Eintrittsbedingungen in die Erwerbsarbeit tragen zur Verlängerung von Jugendzeiten bei. Das an seinen Rändern „ausfransende" System der beruflichen Erwerbsarbeit schafft seinerseits aber auch Raum für eine Art Zwischenfinanzierung des Lebensabschnittes Jugend.

Die Probleme der „Übergangsgesellschaft"

Die junge Generation in den neuen Bundesländern durchlebt die Probleme der Übergangsgesellschaft - allerdings eines anders gerichteten Übergangs als der, der Lernstoff des Staatsbürgerkundeunterrichts in der alten DDR war.

Als Grundstimmung unter den Jüngeren in den neuen Bundesländern läßt sich ausmachen: Es gibt kein Zurück von Wende und Vereinigung, soll auch keines geben. Die Folgen des Wandels sind gleichwohl zwiespältig. Den Gewinnen im Politischen und Ökonomischen stehen deutliche Verluste im Sozialen und im Arbeitsbereich gegenüber. Das schließt eine optimistische Zukunftssicht, im Privaten wie Gesellschaftlichen, jedoch nicht aus. Viele junge Ostdeutsche sagen von sich, daß sie verunsichert sind, was die persönliche Zukunft anlangt, daß sie aber daran arbeiten, das Problem in den Griff zu bekommen.

Zahlreich und irritierend sind die Erfahrungen mit Ausbildungs- und Arbeitsmarkt. Das betrifft beispielsweise die eigene Arbeitslosigkeit wie die der Eltern. Die Jüngeren erleben teilweise sehr intensiv, wie die Übergangssituation das Familienleben prägt. Sie berichten über vermehrten Arbeitsstreß der Erwachsenen, über deren berufliche Zukunftsängste, über die Schwierigkeiten, die zu Hause im Fall von arbeitslosen Vätern und Müttern entstehen. Die Kommunikation in den Familien schränkt sich auf die Besprechung dieser Lebens- und Zukunftsfragen ein. Nur in den Familien, wo die Eltern von der Wende beruflich eher profitierten, kommen die neuen Möglichkeiten des Reisens und des Konsums voll zum Tragen.

Die Lage der Jüngeren unterscheidet sich erheblich von der junger Erwachsener. Probleme für die jungen Ostdeutschen beginnen im dritten Lebensjahrzehnt, am Ende der Jugend. Die unterschiedliche Lebenslage drückt sich in den Stellungnahmen der beiden Gruppen zur Vereinigung und zu den dadurch gegebenen neuen Aufgaben aus. Die Jüngeren, die noch die Schule besuchen (können) und keine Familienverpflichtungen haben, sehen mehr die Vorteile und Möglichkeiten für sich. Sie stimmen den neuen Verhältnissen häufiger zu und sehen weniger Probleme. Die Jugendlichen und jungen Erwachsenen im dritten Lebensjahrzehnt sind von der Krise des Arbeitsmarktes in den neuen Bundesländern betroffen. Die Erwerbsquote liegt deutlich unter der der Gleichaltrigen im Westen. Dafür sind sie häufiger mit Weiterbildung, Umlernen und Umschulung befaßt als die Westdeutschen. Der finanzielle Spielraum ist in diesem Lebensabschnitt eng. Die zweite Gruppe, die verstärkt Vorbehalte anmeldet und sich in ihrer Lebensplanung bedroht sieht, sind Mädchen und junge Frauen. Sie zeigen sich skeptischer als die Jungen und jungen Männer in den neuen Bundesländern, was die Gewinn- und Verlustrechnung aus Wende und Vereinigung angeht, und beurteilen ihre Zukunftsaussichten ungünstiger. Sie sehen sich in erster Linie von den negativen Folgen des Übergangs im Sozialen und Arbeitsbereich betroffen.

Die Attraktivität des größeren, westlichen Teils von Deutschland ist für junge Ostdeutsche nach wie vor groß. Das wird an der anhaltend großen Zahl von Westreisen deutlich, an der Zahl von Freunden und Verwandten, die mittlerweile im Westen leben, an dem Interesse, Westdeutsche kennenzulernen, an den positiv gefärbten Reiseberichten. Diese Nähewünsche werden von den westdeutschen Jugendlichen kaum erwidert. Die Gefahr, Deutsche zweiter Klasse zu werden, steht vielen jungen Ostdeutschen klar vor Augen.

Biografische Paarporträts - Einführung

Imbke Behnken

Mit den biografischen Paarporträts möchten wir den Leserinnen und Lesern der Shell-Jugendstudie Bilder vom Aufwachsen in Ost und in West vermitteln. Die Porträts nutzen für dieses Interesse erzählte und fotografierte Lebensgeschichten.

Durch die Bildung „biografischer Zwillinge" werden exemplarisch ausgewählte Lebenswelten und Lebensverläufe von Jugendlichen aus Ost und West in vergleichender Absicht vorgestellt.

Ausgewählte Jugendlaufbahnen im Ost-West-Vergleich

Im Rahmen der biografischen Interviews wurden 20 Jugendliche im Paarvergleich befragt. Die zehn Paare sollen für die damalige DDR und die alte BRD eine

Bandbreite unterschiedlicher Jugendlaufbahnen repräsentieren. Wir vergleichen nicht „den" typischen Jugendlichen oder „die" typische Jugendliche miteinander. Das Interesse gilt exemplarischen Lebensläufen, die uns ein stückweit in die Variationsbreite und Vielfalt jugendlichen Lebens und jugendlicher Biografien in den siebziger und achtziger Jahren innerhalb des damaligen Ost- und Westdeutschlands Einblick nehmen lassen. Der Rückgriff auf die Lebensgeschichte, die auch die Kindheit mit einschließt, verleiht den aktuellen Porträts die notwendige historische Tiefendimension. Wer heute im vereinten Deutschland jung ist, hat seine biografischen Wurzeln in der ehemaligen DDR oder der alten BRD. Die Lebensgeschichten erzählen etwas über die konkreten Personen, aber auch über die allgemeine Geschichte der beiden Gesellschaften, deren Umgang mit Jungsein, deren Jugendprobleme und Jugendpolitik, über die innere Verfaßtheit und äußere Vielfalt des Aufwachsens „hüben und drüben".

Die erzählten Laufbahnen mögen gleichzeitig dazu dienen, charakteristische jugendbezogene Institutionen und damit sozialisationsbedeutsame Umwelten in Ost und West für die Leser und Leserinnen aufzubereiten und nacherlebbar zu machen. Wir gehen davon aus, daß die Teilnahme an diesen Institutionen und Laufbahnen relativ starke Prägungen bei den Gruppen von Jugendlichen hinterlassen haben, die sich damit konfrontiert sahen. Vollständigkeit wurde bei der Zusammenstellung der „biografischen Zwillinge" nicht angestrebt, aber eine breite Varianz von solchen jugendbezogenen Lebensverläufen.

Wir entschieden uns für folgende exemplarische Lebensläufe:

Weibliche Paare:
Junge Christinnen, die sich kirchlich engagieren (evangelische Kirche);
Leistungssportlerinnen (Leichtathletik);
Studentinnen in einem männlich geprägten Studiengang (Ingenieurwissenschaften, Maschinenbau);
Junge Mütter, die ihre Kinder allein aufziehen;
Jugendliche, die „Heimkarrieren" durchliefen;
Männliche Paare:
Jugendliche, die ihren Militärdienst absolvierten (Bundeswehr, Nationale Volksarmee);
Subkulturelle Jugendliche (Skinheads);
Söhne aus den jeweiligen politischen Klassen (Diplomatensöhne);
Jugendliche am Rande der Erwerbsarbeit;
Jugendliche aus bäuerlichen Familien.

Die kontrastierende Auswahl von Institutionen, die als Sozialisationsumwelt Einfluß auf die Jugendbiografie nehmen können, sei an den Beispielen junger Christinnen und männlicher Skinheads erläutert. Im einen Fall handelt es sich um die Frage, welche Bedeutung kirchliche Gemeinde und religiöses Gruppenleben in der ehemaligen DDR oder der alten BRD für bestimmte Gruppen von Jugendlichen hatten. Im anderen Fall rücken abweichende Laufbahnmuster in informellen Gruppen, Prozesse der Straßensozialisation sowie Instanzen der sozialen Kontrolle, Polizei und Jugendstrafvollzug, die für gewaltförmige Subkulturen „zuständig" sind, in den Blickpunkt.

Die Befragten gehören gleichen Alterskohorten an, geboren 1969/70. Das entspricht einem Lebensalter von 22 oder 23 Jahren zum Zeitpunkt des Interviews (1991). Abweichungen hiervon ergaben sich durch praktische Schwierigkeiten bei der Suche von geeigneten Interviewpersonen, die ja in einem halben Dutzend von Kriterien gleich sein mußten. So ergibt sich im Ausnahmefall eine Schwankung zwischen 20 und 25 Jahren; nach Geburtsjahren gerechnet zwischen 1966 und 1971.

Diese Geburtskohorten (1969/70) wurden aus einem doppelten Motiv heraus ausgewählt. Das eine Motiv bezieht sich auf die historische Tiefendimension. Die Befragten durchlebten ihre Kindheit in den siebziger Jahren. Das entspricht politisch in der DDR dem Beginn der Honecker-Ära und in der BRD der Phase sozialliberaler Koalition unter Bundeskanzler Schmidt. In beiden Gesellschaften erweiterte sich in dieser Zeit – auf dem jeweiligen Niveau der Wirtschaftskraft – das Spektrum des privaten Konsums. Intensive Phasen des Wertewandels lassen sich im Westen in den siebziger Jahren und im Osten in den achtziger Jahren – in diesem Fall eher verdeckt – verorten. Die Jugendphase in den achtziger Jahren steht im Westen unter dem Zeichen einer christlich-liberalen Wenderegierung und im Osten unter dem Eindruck des Aufbruchs und der Krise des „realen Sozialismus" in Osteuropa.

Die andere Motivation bezieht sich darauf, daß wir die Hauptphasen der Adoleszenz in der biografischen Rückerinnerung rekonstruieren wollen. Dafür erschien der späte Zeitpunkt der Jugendphase um das 22./23. Lebensjahr geeignet, wo die zurückliegenden Jahre im Erleben noch präsent, teilweise noch andauernde Gegenwart sind, und wo die Dominanz des Erwachsenseins die Jugendphase biografisch noch nicht in den Hintergrund gedrängt hat. Zudem suchten wir nach Möglichkeit Jugendliche, die Experte, Expertin in der Laufbahn, in der wir sie ansprachen, sind. Im Idealfall sollten sie bereits InsiderIn sein, schon eine gewissen Distanz erworben, aber diese spezifische Laufbahn noch nicht beendet haben. Bezogen auf die Repräsentativerhebung, die 13- bis 29 jährige einbezieht, stehen die 22- bis 23jährigen etwa in der Mitte. (Dieser Gesichtspunkt ist eher von architektonischer Bedeutung für den Gesamtaufbau der Untersuchung.)

Die Verteilung auf männliche und weibliche Paare folgt in einigen Fällen der Logik der Sache (z.B. Militärdienst); in anderen Fällen ist die Geschlechtszugehörigkeit auch vertauscht zu denken. Hier galt nur der Grundsatz, die Vergleichbarkeit männlicher und weiblicher Jugendbiografien zu wahren. Ähnliches wie für die Verteilung auf männliche und weibliche Paare läßt sich für die Berücksichtigung des nördlichen oder südlichen Teils von Deutschland oder für die Lokalisierung in Metropole und Provinz zeigen. Einige der sozialräumlichen Plazierungen sind vorgegeben, wie die Jugend aus bäuerlichen Familien; andere folgen lediglich dem Interesse, die Vergleichbarkeit zu gewährleisten.

Das biografische Fotointerview

Für die Paarporträts wurde ein Typus von Interview eigens entwickelt: das biografische Fotointerview. Dieses Verfahren ist in der sozialwissenschaftlichen Forschung bisher (noch) wenig gebräuchlich – im Gegensatz zum biografischen Interview, das allein auf der erzählten Lebensgeschichte beruht. Fotografien werden in der Regel zur Illustration verwendet. In der 1981er Shell-Jugendstudie beispielsweise (Fuchs 1982) wurden Jugendliche in biografischen Porträts vorgestellt, auch hier dienten die integrierten Fotografien der Illustration, im Mittelpunkt stand der Text. Studien zur Verwendung von Fotografien und von Fotointerviews für qualitative Sozialforschung, die für uns Vorbildcharakter haben, finden wir in der Tradition der visuellen Anthropologie und Soziologie. Zu nennen sind hier die Arbeiten von Howard S. Becker (1981), Pierre Bourdieu (1983), John Collier (1957; 1979; 1986), Ulf Wuggenig (1991) u.a.. Die Siegener Projektgruppe „Studium und Biographie" nutzte die Methode des Fotointerviews für ihre Feldstudie zu studentischen Kulturen (Fuhs 1991).

Die Absicht der 1992er Studie ist, private Fotografien aus der eigenen Lebensgeschichte in den Mittelpunkt der Porträts zu stellen. Die Texte nehmen den Charakter von Erläuterungen des lebensgeschichtlichen Bildmaterials an. Es handelt sich also um den Versuch, biografische Interviews entlang von Fotografien zu führen. Fotografien zeigen Momentaufnahmen aus Kindheit und Jugend in einem arrangierten oder zufälligen Kontext. Die Betrachtung kann dazu beitragen, die Erinnerung zu beleben, bestimmte Details der vergangenen Situation präziser zu berichten, als dies innerhalb eines rükkerinnernden Interviews geschieht. Fotografien vermögen auch längst vergessene Erlebnisse, Ereignisse in die Erinnerung zu rufen, und sie provozieren die InterviewerInnen und die Erzählenden zu anderen Fragen, als dies im ausschließlich verbalisierenden biografischen Interview geschieht. Zugleich grenzen wir, wenn wir die Jugendlichen auffordern, Fotografien für das Gespräch auszuwählen, und wenn wir diese dann in dem Gespräch sozusagen als Leitfaden verwenden, zunächst eine Reihe von Themen aus. Fotografisch festgehalten sind ausgewählte Situationen – ausgewählt von den Eltern, die fotografierten, vom Fotografen, der in die Schule bestellt wurde usw. Das heißt, wir werden Lücken im „Foto-Leitfaden" haben, die es mit Nachfragen auszufüllen gilt. Die privaten Fotografien sind also Erzählanlaß und Erinnerungshilfe; sie strukturieren das Gespräch. Wenn zu bestimmten Bereichen keine Fotos vorhanden sind, ist zu klären, ob es sich um eine „fotografische Lücke" oder um eine „biografische Lücke" handelt.

Alle Paar-Porträts werden fotografisch in zweifacher Hinsicht präsentiert:

Erstens: Die Kindheits- und Jugendgeschichte der Befragten wird anhand des überlieferten Fotomaterials (Fotoalben usw.) rekonstruiert. Neben der Verwendung der privaten Fotografien für die lebensgeschichtliche Erzählung sind wir an der Soziologie des privaten Fotografierens in Ost und West interessiert, an den jeweiligen fotografischen Traditionen. Fragen sind beispielsweise: Welche Anlässe wurden fotografisch festgehalten? Wer hat fotografiert? Welche Haltung/Position nehmen Kinder / Jugendliche ein? Für welche Zeiträume, Situationen usw. sind Fotos vorhanden, was fehlt? Wer verwahrt die Fotos, verwaltet das persönliche Fotoalbum, schreibt Geschichten dazu? Wie werden die Fotografien verwahrt? Wer fehlt häufig auf den Familienfotos, auf Gruppenbildern? Wer besitzt keine Fotos aus früheren Jahren? Wurden Fotografien aus früheren Jahren vernichtet, aus welchem Anlaß?

Zweitens: Die Jugendlichen werden in

ihrer aktuellen Umwelt und als Personen im Zusammenhang der Interviews porträtiert (Gegenwart).

Bei der aktuellen Dokumentation geht es insbesondere um stilistische Selbstdarstellungen und persönliche Wohnumwelten. Dazu gehören auch persönliche Accessoires, die sich angesammelt haben. Vorbilder finden wir historisch in der „statuarischen Porträtfotografie" insbesondere von A. Sander (1980), in der es um eine typisierende Beschreibung sozialer Gesellschaftsgruppen über Gesichtszuschnitt, Körpergestus, Kleidung, Arbeitsgerät und persönlichem Nahraum geht. Aktuell wird die Selbstdarstellung von Personen in ihrer privaten Wohnumwelt dazu genutzt, um Lebensstile oder subkulturelle Szenen zu kennzeichnen. (Anregungen und Beispiele sind zu finden in Bourdieu 1982; Gotschlich 1990; Hoffmann 1982; Spiegel Spezial 1991; Steen 1983; Stock 1990; Zinnecker 1983; u.a.)

Für die Fotografien im Rahmen der Interviews mit Jugendlichen entwickelten wir folgende Motive:

- Jugendliche / Jugendlicher in typischer Kleidung: was mir gefällt, wie ich bin, was mich charakterisiert;
- in einer Raumumgebung, die mir gefällt: Lieblingsecke, das bin ich, meine Welt; vor einer mir bedeutsamen Wand im Zimmer.

Das Interview

Das Fotointerview im Stil eines narrativen Interviews mit Nachfragen zielte auf die Schwerpunkte: Allgemeiner Lebenslauf und spezifische Jugend-Laufbahn.

1. Allgemeiner Lebenslauf

Angestrebt wurde der Vergleich von Stationen der Normalbiografie Ost - West: Wir fragten nach Bildern der Normalbiografie, widergespiegelt in dem persönlichen Foto-Lebenslauf. Uns interessierte herauszufinden, ob es gleiche Stationen gibt; wo Unterschiede, Besonder- heiten der Kindheit oder Jugend liegen.

Mit dem Eingangsimpuls – „Erzählen Sie mir bitte Ihre Kindheit und Jugend anhand von Fotografien von Anfang an und besonders auch Ihre Entwicklung, Ihren Lebensverlauf in den Jahren, als Sie ...." – wurde eine offene Gesprächssituation angeboten. Es war nicht daran gedacht, ein narratives Interview im strengen Sinn (F. Schütze) durchzuführen. Vielmehr dachten wir an eine „natürliche", d.h. alltägliche Gesprächssituation, wenn man Fotografien betrachtet. Die Nachfragen bezogen sich vor allem auf jene Aspekte, die nicht im Foto zu sehen waren, die in der Erzählung angedeutet wurden.

2. Spezifische Jugend-Laufbahn

Die Fragen bezogen sich auf die Aspekte (je nach Laufbahn inhaltlich modifiziert):

- Eintritt in diese besondere Laufbahn: Wie ist es dazu gekommen?
- Vergleich der eigenen Laufbahn mit der anderer Gleichaltriger: Wie hat man sich erlebt?
- Beendigung: Schon erlebt? Wie erlebt? Wie durchgeführt? Geplant? Lebenslange Zugehörigkeit?
- Vergleich des Erlebens dieser Phase mit anderen Phasen im Lebenslauf: Wie stark prägt diese spezielle Laufbahn das eigene Leben?
- Etappen dieser Laufbahn: Einstiegs-

phase – Einsozialisierung; Statuspassage: Vom Anfänger, von der Anfängerin zum kompetenten Mitglied.

Fotoauswahl – Fotos aus dem persönlichen Album

Die Auswahl von privaten Fotografien hatte – laut Konzeptpapier – folgende Bereiche zu berücksichtigen:

zu 1: Allgemeiner Lebenslauf

Entwicklung in Kindheit und Jugend (Kleinkind, Schulkind/Hochphase Kindheit um 10 Jahre, Jugendliche/Jugendlicher 15/16 Jahre, 18/19 Jahre);

Statuspassagen und Institutionen (Kindergarten, Einschulung, Kommunion, Konfirmation, Jugendweihe, Schulende, Eintritt Berufsausbildung/Studium, Auszug aus Elternhaus/selbständig wohnen, Volljährigkeit, Mutterschaft/Vaterschaft, Heirat, erreichte Abschlüsse);

Kalendarische Ereignisse (Weihnachten, Geburtstag, Ferien, Fahrten, offizielle (staatliche oder schulische) Feiern);

Soziale Netzwerke, Gruppen und Freunde (Familie, Geschwister, Spielgruppe, Clique, Verein/Verband/Jugendorganisation/kirchl. Jugendgruppe, Freund/Freundin, Lebenspartner/Lebenspartnerin);

Persönliche Umwelt (Hobby/Interessen, Kinderzimmer/Jugendzimmer, Spielzeugecke, Familienwohnung, Lieblingsecken, Straße und Garten am Haus, auf dem Sportplatz);

Persönliche Fotoauswahl (Lieblingsporträts oder Lieblingsumgebung aus früheren Jahren, „sehr private" Fotos).

zu 2: Spezifische Jugend-Laufbahn

Jugendliche/Jugendlicher als Person in der Handlungsrolle;

Darstellung der Institution und ihres Milieus/Umfeldes.

Für die einzelnen Paare sollten möglichst viele vergleichbare Aufnahmen für beide genannten Schwerpunkte (allgemeiner Lebenslauf; spezifische Jugend-Laufbahn) ausgewählt werden. Z.B. Heimaufenthalt während der Kindheit, Einschulung, Familiengruppe. Daneben sollten Aufnahmen stehen, die das Besondere der Ost- bzw. Westkindheit oder -jugend darstellen. Zum Beispiel Jugendweihe – Konfirmation; junger Pionier im Ferienlager – Kind (vergleichbares Alter mit „jungem Pionier") mit Eltern am Strand in Spanien. Es galt bei der Auswahl der Typen von Fotos die Balance zu halten zwischen Gemeinsamkeiten (mit Verweis auf Unterschiede im Gemeinsamen) und jeweiligen Besonderheiten.

Erfahrungen mit der Durchführung und Auswertung von Fotointerviews

Der Durchführung der Interviews war eine längere Phase vorgeschaltet, um zueinander passende Paare von Jugendlichen zu finden. In einzelnen Fällen erwies es sich als schwierig, Jugendliche zu finden, die bereit waren, sich für eine Veröffentlichung interviewen zu lassen. Die Suchphase konnte bis zu einem Vierteljahr dauern. So zum Beispiel waren viele Versuche nötig, um eine ostdeutsche Leistungssportlerin oder einen Jugendlichen mit Erfahrung von Arbeitslosigkeit zu einem Interview zu bewegen. In Westdeutschland bereitete die Suche eines passenden Jugendlichen aus dem bäuerlichen Milieu Schwierigkeiten. Die Gruppe nutzte unterschiedliche Wege, um Kontakte zu Jugendlichen herzustellen. Als hilfreich erwiesen sich Institutionen, die beruflich mit den Jugendlichen zu tun haben (z.B. Stadtjugendpfleger; Ev. Stadtjugenddienst: Sportfunktionäre); Selbsthilfegruppen (z.B.Verband alleinerziehender Mütter); Verwandte oder Bekannte, die in der gesuchten Region beheimatet sind und vermittelnd tätig waren. In jedem Fall handelt es sich um Jugendliche, die dem Interviewer, der Interviewerin privat nicht bekannt waren, in der Regel wohnen die Jugendlichen an einem anderen Ort, in einer anderen Region.

Die Autorinnen und Autoren führten – mehrheitlich – zunächst das Interview mit dem/der Jugendlichen aus dem eigenen, vertrauten Gesellschaftssystem durch. Die Kenntnis der eigenen Gesellschaft schien uns für die Entwicklung von vergleichenden Fragestellungen günstig. Das zweite Interview wurde mit dem Blick auf das Fremde geführt: Ost-Blick auf West-Jugendliche und umgekehrt. In allen Fällen wurden die Jugendlichen zuvor über den Verlauf des Interviews informiert, über die Idee des Paarporträts u.a.. Sie wurden gebeten, zur Vorbereitung Fotografien für das Interview auszuwählen. Die Interviews dauerten zwischen zwei und sechs Stunden. Sie fanden, mit einer Ausnahme – Strafanstalt –, in der Wohnung der Jugendlichen statt.

Die meisten der befragten Jugendlichen verfügten über eine reichhaltige Auswahl von Fotografien, teils im Album verwahrt und gut beschriftet, teils ungeordnet in Pappkartons aufgehoben. In einigen Fällen fehlten für bestimmte Lebensabschnitte Bilder. Das gilt etwa für die Jugendlichen, die in einem Heim untergebracht waren. Festgehalten wurden hier vor allem offizielle Ereignisse, zum Beispiel die Jugendweihe. Nicht das alltägliche Leben sollte für die Erinnerung festgehalten werden, sondern Höhepunkte im Jugendleben, das diese Jugendlichen mit anderen Jugendlichen teilen. Das gilt weiterhin für den Jugendlichen, der in der Straftanstalt den Kontakt zu seiner Familie und zu seiner Kindheit verloren hat.

In diesen wie in anderen Situationen entwickelten die Beteiligten neue Ideen: In dem Porträt von K. Lange zur Heimkindheit finden wir „nachgestellte Fotografien". B. Fuhs und K. Lenz fragten die Jugendlichen danach, welche Fotos ihrer Meinung nach fehlen, und wie diese aussehen müßten.

Nicht in allen Fällen nahmen die Jugendlichen die ihnen angetragene „Laufbahn" als für sie wichtiges Thema an. Sie setzten eigene, ihr Leben prägende Schwerpunkte; die von uns angesprochene Laufbahn, die zur Auswahl geführt hatte, rückte in den Hintergrund.

Die vorliegenden Paarporträts sind Ergebnisse des Versuchs, Fotografien aus dem persönlichen Fotoalbum für biografische Interviews zu nutzen. Versuch insofern, als alle Beteiligten lernen mußten, Fotografien für wissenschaftliche Zwecke ernst zu nehmen und sie zu interpretieren, wie Texte in der Wissenschaft interpretiert werden. Den eingeschliffenen Blick auf ein Foto, der an der Oberfläche, an dem Dargestellten, dem ersten Eindruck haften bleibt, zu verlassen und Fragen und Interpretationen an das Bild heranzutragen, ist ungewohnt. Die Frage im Interview, die verbale Mitteilung scheinen uns gesichertere Aussagen zu machen, weil wir gelernt haben, die Aussage in einen Kontext einzuordnen und damit den Sinn zu verstehen.

Die Verarbeitung der z. T. 100-seitigen Interviewtexte und zahlreichen Fotos zu einem sechsseitigen Porträt, das sich zudem nicht so sehr an einem wissenschaftlichen als vielmehr an einem literarisch-erzählenden Stil orientieren sollte, bereitete Schwierigkeiten. Der Anspruch, die erzählte und in Fotografien abgebildete Lebensgeschichte in seinen Facetten darzustellen, die Befürchtung, mit der Kürzung und Auswahl eine inhaltlich nicht zu vertretende Vereinfachung zu bewirken, stellte sich den WissenschaftlerInnen als Problem. Ein anderer nicht eindeutig zu lösender Diskussionspunkt betraf die Frage der Gewichtung von Textpassagen und Bildern. Sollte die Auswahl zugunsten der Gemeinsamkeiten zwischen den jugendlichen Biografien oder zugunsten von Unterschiedlichkeiten vorgenommen werden? Daß diese Frage auch eine Frage der eigenen Wahrnehmung und Perspektive ist, die bereits im Interview wirksam wurde, war Konsens. Die Porträts werden diese Spannung vermitteln.

Arbeitsgruppe „Biografische Porträts": Die beteiligten Autorinnen und Autoren

Für die Fotointerviews wurde eine eigene Arbeitsgruppe innerhalb des Gesamtprojektes gebildet. Die Koordination übernahm Imbke Behnken, Universität-Gesamthochschule Siegen. Im Juli und November 1991, im Januar 1992 traf sich die Gruppe zu Vorbereitungstreffen in Siegen und in Berlin. Im Mittelpunkt der Diskussionen der ersten beiden Arbeitstreffen standen vor allem die vorgesehenen inhaltlichen Schwerpunkte – allgemeine Biografie, ausgewählte Jugendlaufbahnen – sowie die Methode des Fotointerviews. Daneben ging es um Fragen zur Auswahl der „Biografischen Zwillinge", um Vermittlung von Kontakten zu Jugendlichen oder um die Frage, welchen Stellenwert die Paarporträts im Rahmen der Studie einnehmen. Grundlage waren vorbereitete Konzeptpapiere. Der dritte workshop in Berlin befaßte sich mit Fragen zur Text-Bild-Integration im Rahmen der Erstellung des Porträts. Die Gruppe übte sich in der Interpretation von Fotografien in der Absicht, diese Quelle in der Porträt-Darstellung gleichrangig zum Text zu berücksichtigen.

Ursprünglich war geplant, auch innerhalb der beteiligten Autoren und Autorinnen jeweils Ost-West-Paare zu bilden, um die unterschiedlichen Blicke auf die andere, fremde Welt für die Interviews nutzbar zu machen. Dieses Vorhaben erwies sich als zu aufwendig und mußte fallen gelassen werden. So beschränkte sich der Ost-West-Austausch auf die gemeinsamen Treffen der Arbeitsgruppe. Beteiligt waren Autorinnen und Autoren aus Ost und aus West mit jeweils eigenem wissenschaftlichen Interesse an dem Projekt. Alle sind Expertinnen und Experten auf unterschiedlichen Gebieten qualitativer biografischer Forschung: erfahren in explorativen Tiefeninterviews, in Fotointerviews, in der Porträtfotografie oder in der Biografieforschung allgemein. Alle sind zugleich Experte und Expertin für die besondere Jugendlaufbahn, die sie für die vorliegende Studie übernommen haben.

Renate Blank, Dipl. Psych. befaßte sich in ihrer Diplomarbeit, einer psychoanalytisch orientierten empirischen Studie, mit dem Thema „Identitätssuche von Jugendlichen“. Heute freiberuflich tätig im Bereich der Markt-, Sozial- und Medienforschung u.a. für Psydata. Mitarbeit an Jugendstudien, z.B. den Shell-Jugendstudien '81, '85 und '91 oder der DLRG-Jugendstudie von 1989 mit den Arbeitsschwerpunkten: Durchführung explorativer Interviews und Erstellen von Reports über die Explorationen.

Cornelia Fischer, Dipl. Päd. nahm 1981 mit einer Untersuchung zu der Presseresonanz der damaligen Shell-Jugendstudie den ersten Kontakt zu diesem Vorhaben auf. Es folgten Studien zum Thema „Tanz“ und eine Pressedokumentation für die '85er Studie. Tätig als freie Mitarbeiterin von Psydata. Expertin in der Durchführung von Explorationen u.a. für Studien im Auftrag des Landeszentrale für politische Bildung; spezialisiert auf visuelle Darstellung von Jugendleben.

Burkhard Fuhs, Dr. phil. Volkskundler; Schwerpunkte: historische Kulturanalyse, Hochschulsozialisation. Hat sich im Rahmen der Hochschulstudie „Studium und Biographie“ (Universität-GH-Siegen) insbesondere mit der Entwicklung von Fotointerviews für die Untersuchung von Lebenswelten Studierender befaßt. Zur Zeit wissenschaftlicher Mitarbeiter in dem Projekt „Lebenslagen und Lebensformen von Kindern“ an der Universität Marburg.

Dieter Kirchhöfer, Prof. Dr. phil.; lehrte Philosophie und Erziehungswissenschaft an Universitäten der ehemaligen DDR. Schwerpunkte: Individualitätstheorie, Wertewandel. Heute tätig am Zentrum für Europäische Bildungsforschung, Berlin: gemeinsam mit West- und OstkollegInnen Studien zur Sozialisation von Schuljugend, zur Alltagsorganisation von Kindern und zum Orientierungswandel ostdeutscher Jugendlicher. Lehrtätigkeit an Universitäten in Ost- und in Westberlin.

Katharina Lange, Dr. phil. Historikerin an dem im Juli 1990 gegründeten Institut für zeitgeschichtliche Jugendforschung in Berlin. Zielsetzung des Instituts ist – für K. Lange zentrales Anliegen der eigenen Forschungsarbeit –, die Geschichte von Jugend und Jugendgenerationen der ehemaligen DDR aufzuarbeiten und die notwendigen Quellen hierzu, insbesondere das Archiv der FDJ, zu sichern. Seit Oktober 1990 Durchführung des Projektes „Heimkinder in der DDR-Kinder zweiter Klasse?“.

Karl Lenz, Dr. phil. Soziologe an der Universität Regensburg. Arbeitsschwerpunkte: Jugendforschung, soziologische Theorien und Soziologie persönlicher Beziehungen. Seit 10 Jahren Forschungen im Rahmen einer Längsschnittstudie zum Thema „Biografische Übergangsprozesse“. In diesem Zusammenhang Kontakt zu Martin, dem jungen Mann, der im Porträt vorgestellt wird und der damals, 1982, gerade 14 Jahre alt war.

Sigrid Metz-Göckel, Prof. Dr. phil. Universität Dortmund, Fachbereich Soziologie. Studien im Bereich Frauenforschung, z.B. zusammen mit U. Müller die BRIGITTE-Studie „Der Mann“, 1989. Leiterin des Hochschuldidaktischen Zentrums der Universität, wo u.a. der Schwerpunkt Frauenforschung angesiedelt ist. Arbeitet gegenwärtig in dem Bereich: Erforschung der Technik- und Naturwissenschaftspotentiale von Frauen.

Ursula Müller, Prof. Dr. phil. Universität Bielefeld, Fakultät für Soziologie, Sozialwissenschaftliche Frauenforschung. War über zwei Perioden Sprecherin der Sektion Frauenforschung in der Deutschen Gesellschaft für Soziologie. Studien zu: Sexuelle Belästigung von Frauen am Arbeitsplatz; Vereinbarkeit von Familie und Beruf; Theorie und Methodologie der Frauenforschung; Auswirkungen der veränderten Arbeitsbedingungen auf Frauenleben in der ehemaligen DDR.

Merit Pietzker, Studentin studiert Fotografie an der Hochschule für Grafik und Buchkunst in Leipzig. Arbeitsschwerpunkte in den letzten Jahren: Bilder aus Jugendszenen – Porträts von Jugendlichen und Darstellung ihres sozialen Umfeldes stehen im Mittelpunkt. Begleitete und dokumentierte Skinheads, Grufties und zur Zeit Gruppen aus der Hausbesetzerszene in Berlin.

Lotte Rose, Dr. phil. während ihrer Schulzeit Kunstturnerin. Nahm in einer biografisch angelegten Studie das Leitthema ihrer Kinder- und Jugendjahre wieder auf und untersuchte Chancen und Verluste einer solchen elitären Kinder- und Jugendwelt. Seit 1991 Ko-Leitung eines Mädchenprojektes vom Verein zur Förderung bewegungsorientierter Jugendsozialarbeit in Marburg.

Gerhard Schneider-Rose, Dipl. Päd. seit 1986 Jugendbildungsreferent im Kreis Hersfeld/Rotenburg. Zuvor Mitarbeit an einem Forschungsprojekt zur Lebenswelt von Jugendcliquen in einem Jugendzentrum. Arbeitsschwerpunkt in der Jugendarbeit u.a.: Fotografie als Medium der Bildungsarbeit; Möglichkeiten ästhetischer Selbstdarstellung von Jugendlichen.

Ilona Schneider, Dr. phil. wissenschaftliche Mitarbeiterin an der Freien Universität Berlin. In den 70er und 80er Jahren Diplomlehrerin für Chemie und Mathematik. Studium und Promotion an der Akademie der Pädagogischen Wissenschaften. Forschungsschwerpunkt – Dissertation und folgende Projekte: Religiöse Sozialisation in einer atheistischen Gesellschaft – Biografien von Kindern aus der DDR, die in christlichen Elternhäusern aufwuchsen.

Michael Schumann, Prof. Dr. phil. lehrt an der Universität-GH-Siegen Sozialpädagogik mit dem Schwerpunkt „Jugend- und Erwachsenenbildung". Projekte zu: sozialpädagogisch orientierte berufliche Bildung; rechtsextremistische Orientierungen bei Jugendlichen und kommunale Jugendhilfeplanung; Entwicklung eines sozialräumlich orientierten Jugendhilfeplanes im Verbund mit freien und öffentlichen Trägern der Jugendhilfe.

Irmgard Steiner, Dr. rer. oec. habil Bildungssoziologin an der ehemaligen Akademie der Pädagogischen Wissenschaften mit dem Schwerpunkt quantitative und qualitative Methoden. Mitarbeit an Studien zur Lebenswelt, zu sozialen Erfahrungen und zu informellen Gruppen von Schülern. Heute tätig am Zentrum für Europäische Bildungsforschung, Berlin: Schuljugend und Familie; empirische Studie zur Situation Berliner Schuljugend – Ost-West-Vergleich – im Prozeß des Zusammenwachsens.

Literatur

Becker, Howard S. (1981)
Exploring Society Photographically.
Chicago

Bourdieu, Pierre (1982)
Die feinen Unterschiede.
Kritik der gesellschaftlichen Urteilskraft.
Frankfurt/Main

Bourdieu, Pierre u.a. (1983)
Eine illegitime Kunst.
Die sozialen Gebrauchsweisen der Photographie.
Frankfurt/Main

Collier, John (1957)
Photography in Anthropology.
A Report on Two Experiments.
American Anthropologist. 59. S. 843–859

Collier, John (1979)
Visual Anthropology. In: J. Wagner (Hg.):
Images of Information.
Berverly Hills/London. S. 271–282

Fuhs, Burkhard (1991)
Fotomanual. Heft 9 der Reihe Studium und Biographie.
Universität-GH-Siegen. Eigendruck

Gotschlich, Helga (1990)
Ausstieg aus der DDR.
Junge Leute im Konflikt.
Berlin

Hoffmann, Dieter (1982)
Private Fotos als Geschichtsquelle.
In: Fotogeschichte. Beiträge zur Geschichte und Ästhetik der Fotografie. 2. Heft 6.
S.49–58

Sander, Gunter; Keller, Ulrich (Hg.) (1980)
August Sander:
Menschen des 20. Jahrhunderts.
Portraitphotographien 1892–1952.
München

Spiegel Spezial
Frühjahr 1991 (S. 96–143)

Steen, Jürgen (1983)
Fotoalbum und Lebensgeschichte.
In: Fotogeschichte. Beiträge zur Geschichte und Ästhetik der Fotografie. 3. Heft 10.
S.55–67

Stock, Manfred; Mühlberg, Phillipp (1990)
Die Szene von Innen.
Skinheads, Grufties, Heavy Metals, Punks.
Berlin (Porträts u.a. von M. Pietzker)

Wuggenig, Ulf (1991)
Die Photobefragung als projektives Verfahren. In: H. Kreutz (Hg.) (1991)
Pragmatische Analyse von Texten, Bildern und Ereignissen. Qualitative Methoden, Oral History und Feldexperimente.
Opladen. S. 109–129

Zinnecker, Jürgen (1983)
Accessoires -
Ästhetische Praxis und Jugendkultur.
In: Jugendwerk der Deutschen Shell (Hg.):
Näherungsversuche.
Jugend '81. Eine Studie. Eine Tagung.
Reaktionen. Opladen

Es ist viel mehr möglich: Ingenieurinnen

Sigrid Metz-Göckel
Ursula Müller
Merit Pietzker, Fotografin

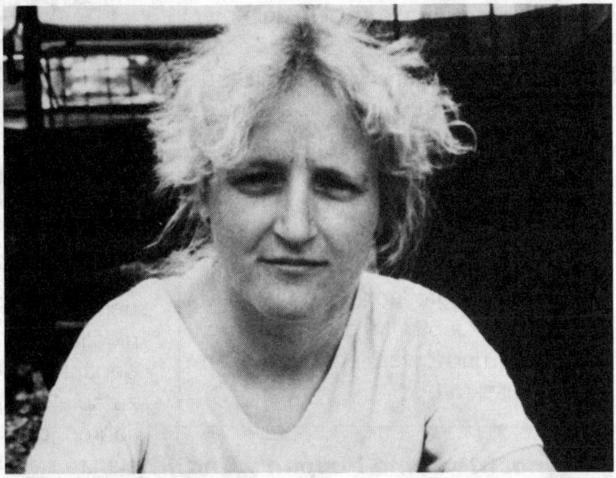

Ich wär so gern Astronautin geworden

Annette Racke: Maschinenbau-Studentin, 9. Semester in Dortmund. Geb.05.02.1968 in Waltrop Kindergarten, Grundschule, Gymnasium, Sprecherin des Mathematik-Leistungskurses, Abitur l987. Sechs Jahre Klavierunterricht. Praktikum wie die Schwester im Unternehmen, in dem der Vater beschäftigt ist. Hobbies/Sport: Tennis (ausgiebig), Surfen, Karate (mit Prüfungen), Ski. Vier Jahre ältere Schwester, Studium der Chemietechnik in Dortmund, z.Z. Promotion. Mutter: Technische Lehrerin an einer Hauptschule für Hauswirtschaft in Waltrop. Vater: Chemotechniker. Ein-Zimmerwohnung mit großer Küche und Bad. Einkommen: 500 DM pro Monat von den Eltern und Zuverdienst als studentische Hilfskraft.

„Ich mochte keine Puppen". Und doch kein Klischee

„Sie und ihre Schwester sehen ja wie zwei richtige Mädchen aus!" „Ja sicher, was denn sonst! Konnten wir ja damals noch nicht wissen, daß wir irgendwann mal Ingenieurwissenschaften studieren." „Ja, ich habe zwar nie mit Puppen gespielt, ich weiß nicht, ob das jetzt klischeehaft ist - ich habe schon lieber mit Legosteinen gespielt, aber ich glaube nicht, daß man dafür jungenhaft aussehen muß."

Sie verbringt als Heranwachsende die Zeit mit Buden- und Höhlenbauen, viel im Freien und mit Nachbarskindern, mit richtig spannenden Sachen wie Räuber und Gendarm. Mit Begeisterung hat sie Klei-

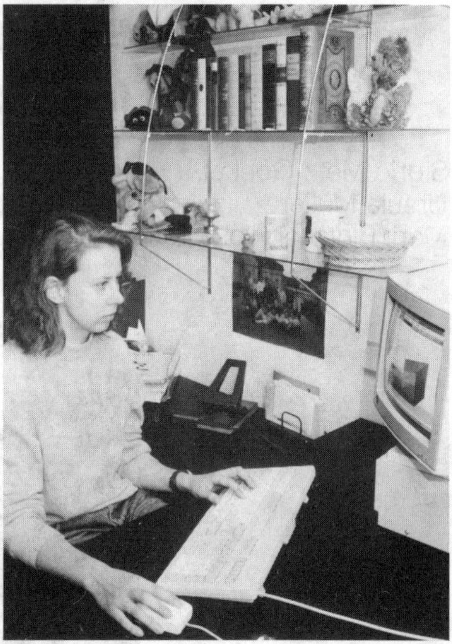

der für die Teddies, - „die fanden wir niedlicher" - auf der Kindernähmaschine genäht. Als 14jährige beginnt sie Tennis zu spielen. Die Begeisterung geht nach Jahren des Mannschaftspielens in Distanz über:„Das ging mir dann ein bißchen auf den Wecker, daß ich immer genau an dem Sonntag, an dem ich dann

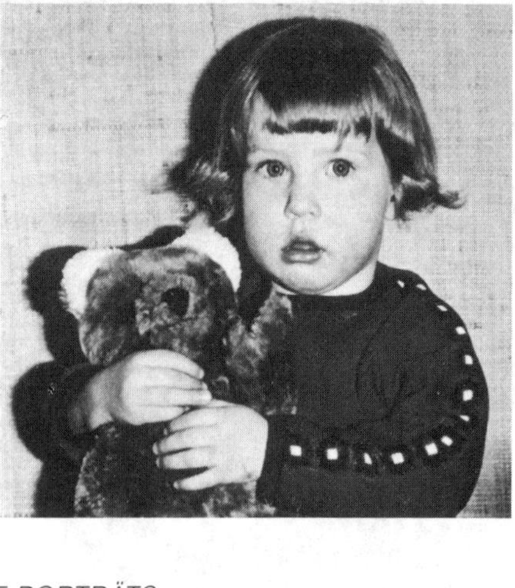

Zeit und nichts mit der Uni zu tun hatte, den ganzen Tag am Tennisplatz rumhängen mußte."

Seit 2 1/2 Jahren trainiert sie Karate. Obwohl es nicht so schnell vorangeht, findet sie das besser, weil es die Kondition und auch die Konzentration und Reaktionsfähigkeit stärkt.

Mit 18 Jahren ist sie im Elternhaus in den Keller gezogen, hatte ein eigenes Badezimmer und einen Extra-Eingang, theoretisch auch eine eigene Küche zum Kochen: „Da war ich natürlich zu faul zu."

Die Eltern: Von beidem das Beste

Die Mutter ist eine selbstbewußte Frau. Sie ist halbtags wieder arbeiten gegangen, als die Jüngste in den Kindergarten kam. „Mit den zwei Kindern war sie, glaube ich, nicht ausgelastet. Sie hatte zuviel Zeit irgendwie. Sie hat auch gesagt, daß ihr das auf die Dauer ein bißchen langweilig sei." Sie versteht sich gut mit ihrer Mutter. „Sie sagt halt, was zu machen ist. .. Sie ist das auch von der Schule her gewöhnt.

Das merkt man manchmal." Auch zum Vater hat sie eine gute Beziehung: „Ich habe ein sehr gutes Verhältnis zu meinem Vater und finde meinen Vater auch sehr nett, nur, so richtig darüber geredet, wenn irgendwie was war...." Wenn sie Liebeskummer hatte, „dann habe ich erst mit meiner Schwester darüber geredet."

Die ältere Schwester: Eine produktive Konkurrentin

„Die hatte dann manchmal nicht immer unbedingt Verständnis für die ganze Sache. Meine Schwester hatte fast nie Liebeskummer, ich hatte sehr häufig Liebeskummer. Also eigentlich habe ich immer viel mit meiner Schwester unternommen. Meinen Eltern, ja, denen wäre es lieber gewesen, wenn ich Chemie-Technik studiert hätte wie meine Schwester, weil die halt meinten, daß es da als Frau einfacher ist. Ich wollte aber nicht Chemietechnik studieren, weil das meine Schwester bereits tat. Auch war mit ein Grund, weil ich nicht immer alles nachmachen wollte. Ich muß ja nicht immer in die Fußstapfen meiner Schwester treten. Meine Schwester ist einfach dominanter. Sie ist halt die ältere Schwester. Genau wie meine Mutter: 'Du machst das, ich mach das'. Manchmal muß man ihr das abgewöhnen."

Freundeskreis: „Ich war eigentlich immer schüchtern bis ich Kontakt gefunden habe, dann ging's...."

„Ich wollte ursprünglich, so mit der 11., 12. Klasse war ich mir ziemlich sicher, Luft- und Raumfahrttechnik zu studieren. Aber dazu hätte ich nach Aachen gehen müssen. In eine ganz fremde Stadt zu gehen mit 19, ohne daß ich jemanden kenn', dahin ziehen und mich in einen großen Hörsaal setzen, wo dann hauptsächlich nur Männer sitzen, davor hatte ich einfach zuviel Schiß, muß ich ehrlich sagen. Ich meine, man hat da schnell Kontakt gefunden, weil, die kommen ja alleine auf einen zu." Das Grundstudium von Luft- und Raumfahrttechnik und Maschinenbau ist dasselbe. So wollte sie zuerst nach dem Grundstudium wechseln. Sie hat es dann nicht getan, weil sie Freunde an der Uni hat, nicht nur Maschinenbaustudenten, sondern auch aus anderen Fächern. „Vielleicht war es auch ein bißchen Feigheit." Deshalb hat sie dann im Sommer 1991 ein Auslandssemester in Limerick/Irland gemacht.

Studienfachentscheidung Maschinenbau: Keine Überraschung

Sie findet die Raumfahrt sehr interessant, „weil das irgendwie Sachen mit Forschung sind. Im Grunde genommen ist ja das Blöde daran, daß alles für die Rüstung genutzt wird, leider. Das Hauptmotiv ist die Rüstung... Von den Schülern im Mathe-Leistungskurs sind mehrere in diese Richtung gegangen, und ich würde nicht sagen, daß die großartig erstaunt waren, daß ich Maschinenbau studieren wollte...."

„Ja,.. was gefällt mir gut daran?: Also besonders gut gefällt mir, daß man bei Maschinenbau später sehr viele Chancen hat. Man kann einmal sehr viel machen in allen möglichen Sparten... Logistik, Entsorgungslogistik z.B., wo ich jetzt arbeite, oder Material-Prüftechnik. Alles mögliche oder halt wirklich Maschinenbau, Fahrzeugtechnik... Konstruktion und so was alles. Dann muß ich zugeben, die Bezahlung ist auch nicht schlecht. Das ist also noch ein Punkt, der gefällt." Sie geht von einem Einstiegsgehalt von 65000 DM jährlich aus. Als erstes würde sie sich

vom selbstverdienten Geld Kleidung kaufen, gute Klamotten, dann eine Wohnungseinrichtung. Ein neues Auto wäre nicht so schnell wichtig.

Als Frau in der Männerwelt

Im Praktikum nach dem Abitur war sie die einzige Frau und Abiturientin in der Lehrwerkstatt. Sie hat dort gefeilt, gefräst, gedreht und geschweißt. „Ich fand das gut, macht mir auch Spaß. Nur, da war ja halt dieses Problem mit den Lehrlingen, die da so eine Distanz am Anfang hatten. Die gucken einen an, aber sprechen nicht mit einem, ja, die ganze Zeit. Ich glaube, daß liegt nur daran, daß die Hemmungen haben, weil ich Abiturientin bin, in deren Augen schlauer, eingebildeter, was Besseres wär'. Ich habe dann angefangen mitzulästern über jedermann, den Meister meistens. Und dann habe ich halt auch meine Erfahrungen erzählt... Das war dann, glaube ich, ganz gut. Nachher war überhaupt kein Problem mehr. Ich meine, wenn Männer in so einer Gruppe sind, kommen die sich immer unheimlich stark vor. Am Anfang haben sie nicht so über Frauen geredet, aber nachher merkte man, daß sie das mit Absicht gemacht haben, zu provozieren, über irgendwelche Frauen: Ja gestern abend habe ich die abgeschleppt und überhaupt. Dann haben sie über Brüste geredet, über groß und klein, und die sind viel zu flach. Man sitzt dann halt die ganze Zeit da. Ich habe da nichts zu gesagt."

Als Frau im Männerstudium: „Da ist bei uns eine Orientierungsphase, in der wir auch einen Professor besucht haben. Wie halt die Studenten dastanden, alle Angst, oh Gott Professor, erster Tag an der Uni,

Schiß, keiner was gesagt. Und der: 'Sie da vorne, Sie sind hier das einzige Mädchen, warum studieren Sie Maschinenbau?' Ich ihm erzählt: 'Warum auch nicht.' Dann wollte er mich gleich für Elektrotechnik abwerben."

Studienerfahrungen

„Es gibt schon Professoren, die sich um Studenten kümmern, aber man merkt, daß wir eigentlich nur lästig sind... Ich bin dreimal durch eine Klausur gefallen, gut, daß es erst im 3.Semester war und nicht schon im ersten."

Sie bereitete sich auf Prüfungen vor, „indem ich für manche Klausuren vier Wochen angesetzt und vier Wochen durchgelernt habe.",„Der Vorteil ist, man lernt wirklich während des Studiums, sich etwas anzueignen, wovon man keine Ahnung hatte. Ich habe auch jetzt (im höheren Semester) ein paar Vorlesungen, die wirklich endlich interessant werden. Also beim Vordiplom, ehrlich, fand ich also das Ganze recht grausam. Bei Meßtechnik kommen dann halt so völlig wilde Sachen, wie man was messen kann mit irgendwelchen elektrischen Schaltungen. Und ich glaube, da können die meisten sich nichts drunter vorstellen. Es wird alles nur kurz angerissen. Es fehlt einem aber der grobe Überblick, wozu das Ganze gut ist. Dadurch fehlt auch das Interesse am Fach... Das wird eingepaukt, sicher. ... Ja, 14 Semester ist normal. Wenn ich Glück habe, schaffe ich es mit 13, ja, wahrscheinlich werd' ich doch auf 14 rutschen. Ich glaube einfach, daß wir zuviel lernen, was später nicht benutzt wird. In der Schule wurde ich immer besser, je höher ich kam. Ich weiß nicht warum... . Ich mag es, wenn ich immer einen Tick besser bin."

Lebenspläne: Zwei Kinder und Beruf

Sie möchte zwei Kinder haben. Die Frage ist, wann sie diese bekommen soll. „Besser wäre, ich hätte sie längst bekommen. Wenn ich dann fertig wäre, wäre mein Kind dann vielleicht schon vier oder so, dann wäre das einfacher gewesen. Angenommen, ich bin fertig mit 25, fange an zu arbeiten. Und wenn ich jetzt keinen Doktor mache, so hätte ich dann vielleicht schon mein Kind. So um die 30 sollte ich vielleicht nochmal ein Kind kriegen. Vielleicht wäre es einfacher, wenn man dann auch noch verheiratet wäre, damit sich ein zweiter um das Kind kümmern könnte. Also, ich würde es dann vielleicht ähnlich machen wie meine Mutter. Die Frage ist, ob ich einen Halbtagsjob in meinem Beruf finde. Kann ich mir nicht so vorstellen, deswegen könnte es problematisch werden." Ihren Lebenspartner wünscht sie sich 'gleichberechtigt'. „Wenn er mir überlegen ist, reg ich mich nur auf oder wenn die Männer so tun, daß sie das letzte Wort hätten. Andererseits kann ich es auch nicht leiden, wenn alles gemacht wird, was ich sage. Für mich bin ich selbstbewußt genug und stehe dazu, eine Frau zu sein. Bin auch sehr dafür, daß Frauen gleichberechtigt sind, sonst würde ich ja nicht Maschinenbau studieren. Man muß doch meiner Meinung nach an der Basis anfangen, daß die Frauen von vornherein emanzipiert sind, halt so aufwachsen, daß es für sie nichts Besonderes ist. Manche meinen ja wirklich noch, sie müßten den Männern alles machen, im Haushalt und so. Man muß halt das Selbstbewußtsein haben um zu sagen, ich kann es genauso, und ich zeig es dir jetzt. Und dann muß man's denen halt beweisen können."

Ich möchte eine Verpackung erfinden, die in die moderne Zeit paßt

Elke A. Geboren 1968, aufgewachsen in Berlin/Ost. Mutter: 49 Jahre, technische Assistentin für Mikrobiologie, seit einigen Jahren als Sachbearbeiterin beim Arbeitsamt in Wohnungsnähe beschäftigt. Vater: 51 Jahre, Mathematik-Studium, in einem großen Rechenzentrum als Gruppenleiter beschäftigt. Eine Schwester, vier Jahre älter, promovierte Chemikerin, verh. zwei Kinder, ganztags berufstätig. Hobbies: Knobel-Aufgaben, Volkstanz, Sprachen, Sport, spielt Gitarre. Studentensommer in Leningrad 1989, Studentenaustausch in Riga 1990, Praktikum in der Schwäbischen Alb in der Wendezeit. Abschluß des Studiums an der TU Frühjahr 1992, Fachrichtung: Maschinenbau. Spezialisierungsrichtung: Verarbeitungsmaschinenkonstruktion.

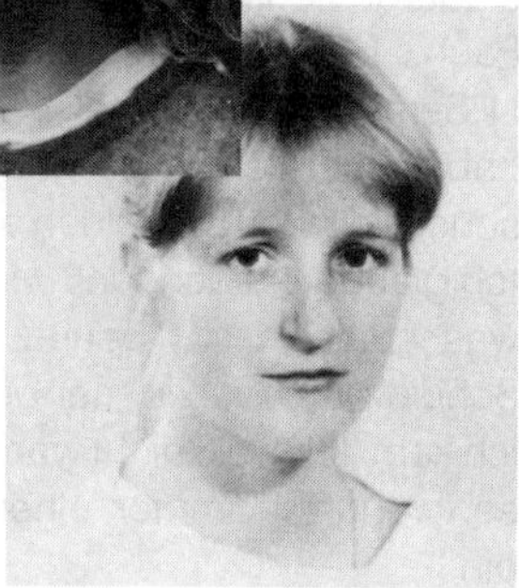

Ein sympathisches Elternhaus und eine freundliche Kindheit

„Meine Mutti hat halbtags in dem Kindergarten gearbeitet, wo wir beide waren. Sie hat uns praktisch mitbetreut. Dann war sie immer berufstätig. Das war eben selbstverständlich bei uns, daß beide Eltern arbeiten."

Als sie eingeschult wurde, bekam sie eine riesengroße Schultüte, die fast größer war als sie, und meine Schwester eine kleinere. „Wir hatten so'n Doppelstockbett. Zuerst schlief die Schwester oben und nach einiger Zeit ich. Und das habe ich schriftlich von meiner Schwester bekommen, daß ich oben schlafen kann."

Im Kindergarten hatten wir eine Erzieherin, also Kindergärtnerin, mit der muß ich wohl ziemlich oft und ziemlich intensiv geschmust haben... Wir haben gefreut, als wir uns 15 Jahre danach zufällig getroffen haben."

Die Familie hat viel gemeinsam unternommen. Im Urlaub haben sie gezeltet oder sind mit dem Boot die Flüsse entlang geschippert. Die Mutter hat einen sicheren Arbeitsplatz in der Leistungsabteilung des Arbeitsamtes, aber sie hat es aus der Sicht ihrer Tochter sehr schwer: zwischen der Not der Leute, für die sie zuständig ist, und den Anforderungen der Vorgesetzten. Sie macht viele Überstunden. Der Vater hat auch einen sicheren Arbeitsplatz, da der Betrieb floriert. Er arbeitet täglich 10 Stunden und mehr.

„Ich wünsche mir sehr, daß es meinen Eltern gut geht. Meine Schwester habe ich eigentlich auch immer sehr verehrt. Sie hat jetzt noch einen kleinen Jungen bekommen. Ihr Mann hat in Dresden Elektrotechnik studiert. Er ist als Vertreter bei einer Firma beschäftigt und oft unterwegs. Meine Schwester arbeitet im Umweltschutzbereich. Ihr dreijähriges Kind ist im Kindergarten und der Kleine in der

Krippe. Wenn die Kinder krank sind, dann betreut sie eine Frau. Die drei verstehen sich sehr gut."

Erst Russisch-Schule, dann Mathe-Schule: Da waren wir bloß sechs Mädchen

„Von der dritten bis zur achten Klasse war ich in der Russisch-Schule. Wir hatten erweiterten Russisch-Unterricht, rund fünf bis sechs Stunden in der Woche. Danach bin ich in die Mathematik-Oberschule gekommen. Das ging von der neunten bis zur zwölften Klasse. Meine Schwester war auch auf dieser Matheschule. (Es gab nur zwei Matheschulen in der ehemaligen DDR, jeweils mit vier Parallelklassen). Ich war in Mathe immer ziemlich gut. Es hat mir auch Spaß gemacht. Mein Vati hat früh versucht, uns Mathe beizubringen mit Knobelaufgaben, Puzzles und Denkaufgaben. Und das hat irgendwie funktioniert." In der Matheschule war sie mit 22 Schülern in der Klasse, davon 6 Mädchen. Für diese Schule mußte man sich bewerben und einen Leistungstest machen. Eine Rolle spielte auch die gesellschaftliche Tätigkeit. Sie hat die Schule mit Auszeichnung abgeschlossen.

Ich war Lernfunktionär

„Ich hatte Lernpatenschaften für schwächere Schüler zu organisieren, mich überhaupt zu kümmern, wenn jemand Probleme hatte... Ich hab' die nicht selbst betreut, ich hab' dafür gesorgt, daß sich die zwei in der Woche mal zusammensetzten. Und alle 14 Tage wurde über die wichtigsten Probleme gesprochen. Und sonst haben wir auch viel unternommen. Das lief vielleicht dann unter FDJ, das war aber mehr oder weniger selbst organisiert. Wir sind zusammen Schlitt-

Junge Pioniere

schuh laufen gegangen, ganz wunderbar, Schwimmen, Kino, Theater. Es hat Spaß gemacht, sich dann aber gegen Ende der Schulzeit ein bißchen verlaufen. Es war in der Schule kein Gegeneinander. Man hat ja keine Konkurrenz in den anderen gesehen. Ich kann mich jedenfalls nicht erinnern, daß ich mich etwa geärgert hätte, wenn der andere gut war und ich nicht so... In der Schule war es so, daß im Grunde eine Drei eine schlechte Note war. Also Vieren und Fünfen waren recht selten." Das lag aber vorrangig daran, daß nur relativ leistungsstarke Schüler in die Schule aufgenommen worden waren." Sie war mehrfach in Ferienlagern und immer gern in Gruppen.

In der Mathe-Schule, da war ich als Mensch ganz anders als im Studium

Unangenehme Schulerinnerungen: „Vor den Arbeiten war ich immer sehr aufgeregt, weil ich eben gut sein wollte.

Ich war damals sehr verschüchtert, hab viel geschwiegen und ließ mich leicht ärgern von den Klassenkameraden. Ich hab das immer sehr ernst genommen und leicht geweint. Dabei wollten die mich garnicht richtig ärgern. Mit dem Schlimmsten von denen war ich nach der Schule befreundet. Im Studium habe ich mir vorgenommen, in Zukunft gleich meine Meinung offen zu vertreten."

Ich singe und tanze gern

„Von der 3. bis zur 8. war ich im Chor der Schule. Wir haben hauptsächlich russische Lieder gesungen. Wir waren der Chor 'Haus des Lehrers' in Berlin. Wir haben zum Fest des sowjetischen Liedes gesungen, eine Patenschaft mit der Schule der Botschaft in Berlin gehabt und zusammen Feste veranstaltet."

„Ich tanz' unheimlich gerne, vor allem Standard-Tänze: Walzer, Cha-Cha und Volkstanz. Im Tanzkreis war ich auch mal zusammen mit jemandem aus meiner Klasse, auch in einem Fortgeschrittenen-Kurs. Mein Partner wollte das aber nicht mehr als Leistungssport weitermachen. Es ist schwer, einen neuen Partner zu finden. Beim Volkstanz werden Lieder aus allen möglichen Ländern gespielt, aus Israel, Rumänien, Schottland und anderen. Das ist mehr so wie Disco, bloß mit Volkstanz. Da kommen einfach Leute hin, die gern tanzen. Diesen Volkstanz gibt es immer noch alle zwei Wochen im Kulturhaus ... in Weißensee. Das gibt es aber auch an der TU, z.B. in der Mensa. Es spielt meist ein kleines Orchester und die Tanzgruppe tanzt vor. Das ist ein ganz tolles Gefühl, weil alle locker und lustig sind, und jeder freut sich, weil er tanzen kann. Ich hab' aber festgestellt, daß der Unterschied zwischen meiner Generation und den 4 bis 5 Jahre Jüngeren sehr groß ist. Die Jüngeren gehen eher in die normale Disco. Ich war da nur einmal in meinem ganzen Leben. Das gibt mir nicht so viel wie der Volkstanz."

Sprachen, Reisen und Studentensommer

Sie war dreimal in der Sowjetunion. Die Abschlußfahrt nach der Zwölften haben sie 1986 nach Kiew gemacht. Dann war sie im „Studentensommer" 1989 in Le-

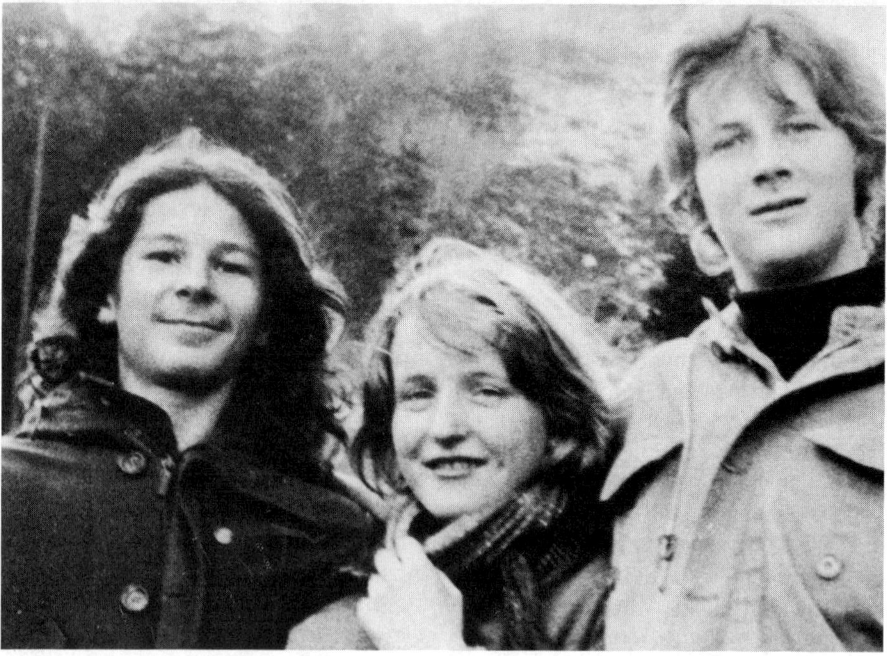

ningrad. Von dort sind sie auch nach Moskau gefahren. Sie hat dort in einem Werk gearbeitet. Davor hat sie im Studentensommer drei Wochen lang viermal einen Zaun gestrichen. In Leningrad hat sie im Maschinenwerk gearbeitet wie die anderen Arbeiter und die Erfahrung gemacht, daß sie sich schon recht gut in Russisch verständigen kann. „Also, die Arbeit war nicht besonders schön, aber die Leute haben mich interessiert." 1990 war sie in Riga, da ihr Wissenschaftsbereich Beziehungen zu der Hochschule Riga hat. „Wir waren dort und die Rigaer waren hier. Sie hat an der TU Dresden einen Fremdsprachenabschluß in Russisch gemacht."

Als Frau unter Männern:

„Ich komm' mehr mit Jungs zurecht als mit Mädchen. Ich fühl mich auch nicht beiseite gestellt, weil ich ein Mädchen bin. Die anderen (Studenten) sind auch zu mir gekommen, z.B. in Mathe. Ich hab' auch keine besondere Stellung eingenommen, weil ich ein Mädchen bin. Im Studium hab ich mich auch nicht anders behandelt gefühlt als die Jungs, in den Seminaren auch nicht. Es war nicht so, daß die Mädchen dümmer waren als die Jungs, daher haben sie sich auch gleichberechtigt gefühlt."

Der Übergang zum Studium war ganz ohne Probleme. Sie hat sich für Maschinenbau als etwas Praktisches entschieden und kam auch an die Universität ihrer Wahl. Sie hat hauptsächlich in der Lerngruppe von 12 Studierenden studiert, die konstant während des Studiums zusammenblieb. Frühjahr 1992 hat sie ihre Diplomarbeit fertiggestellt. Das Thema lautet: Strukturentwurf für eine Datenbank Verpackungsmaschinen.

Ich habe Gorbatschow eigentlich immer sehr verehrt

„Als ich in Leningrad war, hab ich im Betrieb mit jemandem gesprochen, der war von Honecker ganz begeistert. Die Leute haben dort eben nicht gesehen, daß sich was ändert. In der DDR war Gorbatschow bei den Studenten sehr angesehen, viele Studenten wären sehr einverstanden gewesen, wenn es bei uns ein bißchen demokratischer und offener zugegangen wäre. Daß man einfach sagen kann, was man denkt, ohne gleich Probleme zu bekommen." Auf die Demonstrationen während der Wendezeit hat sie distanziert reagiert, wie einige ihrer Studiengruppe. Die Gewalt hat sie abgeschreckt. Außerdem hatte sie das Gefühl, als einzelne Person wenig Einfluß auf das Geschehen haben zu können.

Heiraten: erst mit 40

Nach der Wende hat sie eine Fahrradtour durch Schottland gemacht und in der Übergangszeit ein Praktikum in der Schwäbischen Alb. Dort, in solch schöner Landschaft, möchte sie gern mal arbeiten. Davor möchte sie aber noch mal für ein halbes Jahr ins Ausland. Sie hat angefangen, Französisch zu lernen. Obwohl sie glänzende Zeugnisse hat, ist es schwer für sie, eine angemessene Arbeit zu bekommen. Sie hat sich bereits mehrfach beworben. Daß sie eine junge Frau ist, wird ihr dabei eher negativ als positiv angerechnet. Heiraten will sie erst mit 40. Kinder will sie aber vorher haben. Mit Freunden hat sie zwar nicht richtig Schwierigkeiten, aber sie trennte sich bisher nach einiger Zeit von ihnen. Sie mag es nicht, wenn sie alles bestimmt, und er alles macht, was sie will.

„Können Sie sich vorstellen, Professorin zu werden?"

„Nein, aber promovieren schon, da bin ich noch am Überlegen. Ich hab schon telefoniert bei der DFG wegen eines Promotionsstipendiums. Ich weiß aber noch nicht. Ich stell mir vor, daß es dann schwieriger wird, einen Arbeitsplatz zu bekommen, da Promovierte besser bezahlt werden als nicht Promovierte..."

„Ich habe festgestellt, daß ich seit Beginn der Schulzeit bis jetzt ziemlich ehrgeizig geworden bin. Es macht mir Spaß, erfolgreich zu sein. Und ich eben viel daransetze, um gut zu sein. Das ist auch für das Selbstwertgefühl ganz gut."

Ich lebe mit meinem Kind allein

Irmgard Steiner
Merit Pietzker, Fotografin

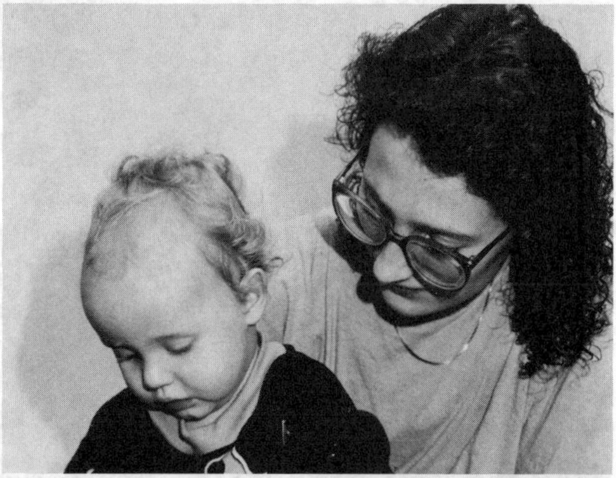

Jeanette, 1967 in Ostberlin geboren und aufgewachsen, Pharmazieingenieurin, ein Sohn von einem Jahr und drei Monaten.

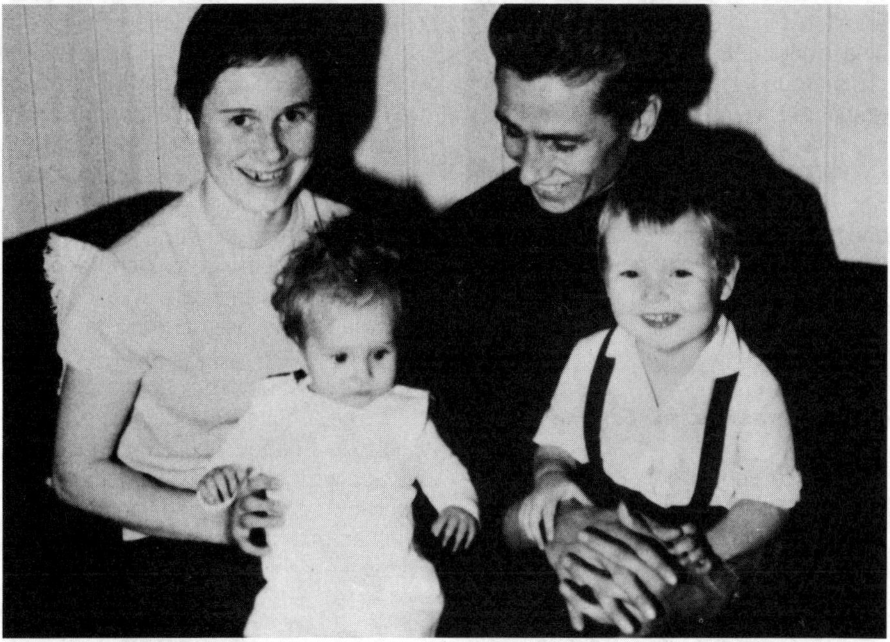

Jeanette mit Eltern und Schwester

Ich bin gern in meiner Familie

„Ich bin die Jüngere, meine Schwester ist zweieinhalb Jahre älter. Meine Eltern sind beide arbeiten gegangen, und wir haben in 'ner 3-Raum-Wohnung gewohnt. Es war – wie man sagt – so 'ne richtige, richtige intakte Familie. Da gab es nichts, was da irgendwo Probleme gemacht hätte oder wie man sagt, daß sie in Scheidung oder Streit oder so was gelebt hätten. Sie waren jung verheiratet und hatten zwei Kinder. Meine Oma hat in Genthin gewohnt, und da sind wir viel als Kinder gewesen, auch dann noch, als wir schon größer waren. Mütterlicherseits die Familie wohnt in Dresden, also Tanten und so. Wir sind da viel hingefahren. Und, wie gesagt, es war alles schön in Ordnung."

„Wir haben uns wirklich, muß ich ganz ehrlich sagen, ganz prima verstanden. Und es war auch nicht so, daß ich je unbedingt von zu Hause weg wollte. Meine Mutter hatte gesagt, Kind, wenn du irgendwelche Schwierigkeiten hast, du kannst zu jeder Zeit zurückkommen, auch wenn du da schon ausgezogen bist."

Frau G. war sehr lieb

„Erst war ich in der Krippe und dann im Kindergarten. Der Kindergarten war gar nicht weit weg von zu Hause. Es war ein schöner Kindergarten, kann ich mich entsinnen, mit 'nem großen Garten dran, mit 'nem Planschbecken und so. Also, ich bin auch recht gerne hingegangen. Wir hatten die Frau G., kann ich mich auch noch entsinnen. Das war also 'ne ganz Liebe, also ich bin da eigentlich recht gerne hingegangen. Bis auf das Müsli, das es da morgens gab, das war eklig. Ich brauchte als einzigste es nich' zu essen, ich hatte da ein Privileg."

„Wir haben da Feste gemacht. Einmal, das weiß ich, war es ein Matjroschkafest und einmal Fasching, dann kam der Weihnachtsmann. Na ja, was man denn eben noch so macht, Bastelnachmittage und so etwas alles. Also, es war eigentlich recht schön."

Schule machte mir Freude

„Auf die Schule gefreut, na klar, welches Kind macht das nicht. Das war ja alles ganz aufregend. Da haben wir denn schon im Kindergarten, immer wenn eine Gruppe verabschiedet wurde, so'ne kleine Zuckertüte gekriegt. Als wir denn aus dem Kindergarten gekommen sind, da war ein großer Baum, da war für jedes Kind so'ne kleine Schultüte dran, mit Bleistiften und Radiergummi und 'n paar Süßigkeiten."

„Na ja, wie es in der 1. Klasse so ist. Ich kann mich bloß an eins erinnern, daß ich mal aus lauter Blödsinn, mit Bleistift die ganzen Fingernägel schwarz gemalt habe, und da hab ich in Ordnung 'ne 5 gekriegt. Dann sind wir in eine neue Schule umgezogen. Das war alles ganz aufregend, weil wirklich alles neu war. Da bin ich dann geblieben bis zur 10. Klasse. Ich war auch Pionier geworden, war ganz stolz darauf. Später wurde man Thälmannpionier. Ich war ein guter durchschnittlicher Schüler, also, nicht besonders toll. Rechtschreibung hat mir arge Schwierigkeiten gemacht, noch bis heute muß ich sagen. Aber ansonsten so 2 bis 3 waren durchschnittlich meine Zensuren. Es gab auch Zeiten, wo man überhaupt nicht gerne zur Schule gegangen ist, das war so in der 7., 8. Klasse. Wo es dann auch losging mit der Bewerbung. Da hat man denn so viele Ideen. Es ging los von Kosmetikerin über ... ach, ich weiß es nicht mehr. Und meine Mutter hatte denn so'ne Vorstellung: mein Kind soll etwas werden, wo alles irgendwie sauber, trocken und warm ist, also nich' irgendwie draußen. Da hatt' ich noch die Idee Physiotherapeutin zu werden, und darum hatten wir uns dann auch ernsthaft gekümmert. Das hat nicht geklappt, weil ich im Sport 'ne 2 hatte. Und da mußte man in Sport 'ne 1 haben. Na ja, und dann sind wir, ich weiß nicht, ob das meine Mutter oder ich selber war, jedenfalls auf den Trichter mit der Apotheke gekommen, das war alles drinnen und alles ganz sau-

Jeanette mit Weihnachtsmann im Kindergarten

Jeanette bei der Einschulung

Jeanette als Azubi

ber. Darauf haben wir uns dann auch gestürzt. Ich habe dann Apothekenfacharbeiter nach dem Abschluß der 10. Klasse gelernt."

Berufliche Entwicklung

„Also, die Ausbildung war immer 'n paar Tage in der Apotheke arbeiten und dann 'n paar Tage Schule. Ich habe zwei Jahre gelernt. Also mit lernen, das war ja nicht so mein Ding. Das hat mir nicht so gelegen, das ganze Theoretische. Da bin ich grad so mit 'ner 4 durchgekommen. Aber praktisch habe ich mit 1 abgeschlossen, das hat mir unheimlich viel Spaß gemacht, Salben zusammenrühren und alles sowas. Nach der Abschlußprüfung habe ich dann ungefähr zweieinhalb Jahre als Apothekenfacharbeiterin gearbeitet."

„Das hat mir eigentlich unheimlich viel Spaß gemacht. Ich kannte die Leute, und wir waren eigentlich 'ne dufte Truppe, wie man das unter Frauen so sein kann. Hat man einer was erzählt, hat man es aus der anderen Ecke wieder ganz anders gehört und so. Das war schon so, aber ansonsten hat mir das unheimlich viel Spaß gemacht, da zu arbeiten. Im Februar '87 hab ich 'n Angebot gekriegt, im Ministerium für Gesundheitswesen zu arbeiten."

„Im September '87 bin ich an die Fachschule für Pharmazie nach Leipzig gegangen. Dort war alles ganz toll; aber erstmal von zu Hause weg, das war ganz fürchterlich. Ich war die ersten Male drauf und dran, zu Hause zu bleiben, weil dieses Internat, wo wir gewohnt haben, war alles so düster, man kannte die Leute nicht. Man kam eben mit vier wildfremden Leuten in ein Zimmer. Man mußte sich eben recht und schlecht zusammenfinden. Aber man hat sich denn zusammengerauft, und dann wurde eben auch noch alles ganz toll."

„Wir haben im Studium unheimlich viel unternommen. Also wir sind dann, weiß der Geier, in sämtliche Studentenklubs gerannt und zur Disco und ins Kino. Auch mit den Leuten, manchmal is' das ja so, daß man dann nach 'nem halben Jahr merkt, man versteht sich zwar mit demjenigen gut, aber nicht mit dem anderen und so. Und da sind wir eigentlich das einzige Zimmer gewesen, was in der ganzen Zeit nicht auseinandergezogen ist. Im Studium selber, also was wir so an Lehrfächern hatten, war nicht so meine Stärke. Also ich muß sagen, daß ich mich sehr anstrengen mußte, um mit 3 abzuschließen. Na ja, es fällt mir nicht schwer, aber es fällt mir auch nicht leicht zu lernen. Aber man half sich im Zimmer. Sie haben mit mir zusammen gelernt, und sie haben eben auch geguckt, daß ich was mache."

„Nach dem Studium bin ich denn wieder nach Berlin gekommen, hab dann auch wieder bei meinen Eltern gewohnt, und wieder in meiner alten Apotheke gearbeitet."

Mein Kind – mein Leben

„Zur Messe '89 habe ich den Vater von Alexander kennengelernt. Ich war ganz doll verliebt. Und bin dann also ab September '89 recht oft in Leipzig geblieben. Jan hatte in Leipzig 'ne eigene Wohnung, und da war ich dann logischerweise immer. Wir haben dann alles zusammen unternommen."

„Wir haben uns recht früh, das fing Weihnachten rum an, über Kinder unterhalten, weil wir uns ganz dufte verstanden haben. Es gab schon Probleme, Richtung politische Sachen. Wir haben uns zwar offen darüber unterhalten, aber da kamen wir beide nie unter einen Hut. Aber wie es so ist, jung verliebt, da denkt man, das wiegt alles nicht so schwer, das steckt man weg. Und dann hatten wir uns über Kinder unterhalten und fanden die Idee eigentlich recht toll. Na ja, mir ging es zu schnell, wenn man bedenkt, nach 'nem halben Jahr schon, aber es war eben alles ganz schau."

„Am 20. April habe ich dann erfahren, daß ich schwanger bin. Ich wollte eigentlich in Berlin bleiben. Ich wollte für mich alleine sein und wollte es erstmal für mich allein verarbeiten. Und dann hat er gesagt: komm mal. Ich bin dann nach Leip-

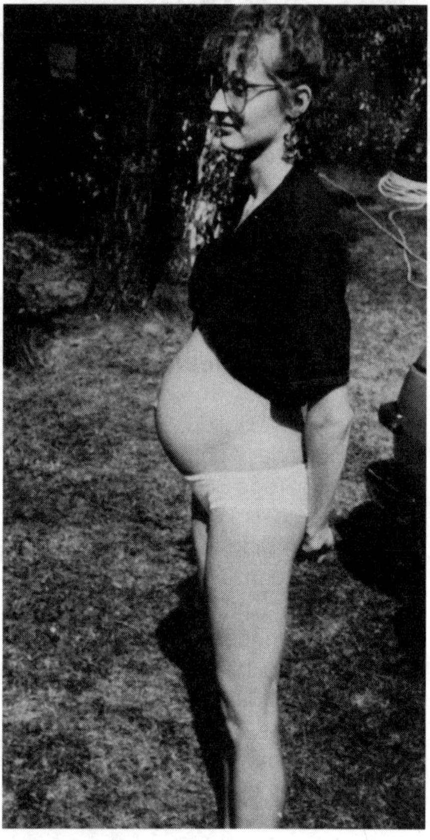

Jeanette ist schwanger

zig gefahren, da gab's riesigen Krach, also ganz fürchterlich. Und von dem Zeitpunkt an war uns eigentlich klar, daß es nicht so funktioniert."

„Meine Eltern hatten mir ja Tür und Tor offen gelassen, und es fiel damals auch nicht ein Wort irgendwie, daß sie gesagt haben, Kind, kannst du nicht mal überlegen, was du machst. Sie haben, kommentarlos möcht' ich auch nicht sagen, aber sie haben es eben akzeptiert, was da passiert ist. Meine Eltern haben dann ihr Schlafzimmer geräumt. Es war größer als mein Zimmer. Später habe ich eine eigene Wohnung bekommen."

„Wenn man schwanger ist, hat man ja eh immer so'ne Phasen. Einmal, da ist man so psychologisch überhaupt nicht gut drauf, und dann hat man mal 'ne Phase, wo man alles ganz toll findet. Da war ich also zum ersten Ultraschall, da war ich ganz happy. Und dann ein anderer Tag, da konnte ich mich fragen: 'n Kind, schaffst du es überhaupt? Mußte es denn jetzt sein, du bist noch so jung. Und wenn nun mit dem Kind etwas ist. Also, es ging immer hin und her – von himmelhochjauchzend bis zu Tode betrübt. Obwohl ich an 'ne Abtreibung nie ernsthaft gedacht habe. Der Fakt war da, und damit mußte ich jetzt fertig werden, so war das."

„Meine persönliche Meinung ist trotzdem, der Paragraph muß weg. Also unsere Fristenregelung war gut. Und ich finde sie erhaltenswert. Vor allen Dingen, wenn ich mir dann immer diese Diskussion im Fernsehen angucke, wenn 55-, 60jährige Männer sitzen und über Frauen entscheiden, über das Wohl und Wehe von Frauen und Kindern, da geht mir das Messer in der Tasche auf. Die können sich in die Lage von schwangeren Frauen gar nicht 'reinversetzen. Ich kann das sagen, es ist wirklich ein Kampf, den man mit sich ausficht. Und wenn sich dann manche gegen ein Kind entscheiden, dann hat das schwerwiegende Gründe."

„Jetzt lebe ich mit Alexander in meiner Wohnung. Seit er ein Jahr ist, gehe ich wieder arbeiten. Das ist natürlich 'ne ganz große Umstellung. Also 4.30 Uhr aufstehen und dann hier heizen, dem Kleinen Frühstück machen. Dann die Arbeit in der Apotheke, die nun ganz anders ist, als ich sie gelernt habe. Durch die Wende nun ist das alles ganz anders. Man muß sich unheimlich konzentrieren, weil es jetzt so vieles gibt, mit vielen verschiedenen Stärken, denn muß man gucken, ob auf dem Rezept alles drauf ist. Es ist recht anstrengend, und man hat wenig Zeit für Freunde und anderes."

„Unsere Apotheke wird geschlossen, und ich muß mir eine neue Arbeit suchen. Das ist schwierig, da ich den Spätdienst ablehnen mußte. Man muß mindestens drei- bis zweimal die Woche Spätdienst machen, da der Betrieb abends ist, wenn die Leute von der Arbeit kommen. Auf Grund dessen wurde ich abgelehnt und auch, daß ich natürlich recht oft ausfalle wegen Krankheit. Ich war also nicht vermittelbar, was ich verstehe, was sollen sie sich eine einstellen, bei der sie damit rechnen müssen, daß sie mindestens 'n Viertel von der Zeit nicht da ist. Aber andererseits, für mich war es natürlich belemmert. Aber jetzt habe ich eine Frau, die bei Spätdienst und Krankheit den Kleinen betreut."

„Ich bin eigentlich ein ganz großer Familienmensch. Aber heiraten, wie soll man da 'rankommen oder so. Tagsüber arbeiten gehen und dann mit dem Kind hier nach Hause, und dann ist man eben halt hier. Also ist ganz selten, daß ich mal wegkomme und wenn, dann am Wochenende, daß ich denn eben den Kleinen bei meinen Eltern lasse oder bei meiner Schwester. So daß es also zur Zeit recht mau aussieht. Ich fühle mich da überhaupt nicht bei wohl, weil ich eigentlich nicht allein sein kann. Aber ich habe mich damit abgefunden. Notgedrungener Weise und soweit alles seine normalen Bahnen geht, komme ich auch klar. Aber wenn irgendetwas ist – wie gerade in der letzten Woche –, daß Alexander plötzlich sonnabends hohes Fieber kriegt. Wenn dann keiner da ist, da bin ich dann fertig. Also, weil man sich dann auch Sorgen macht, holste jetzt einen Arzt oder holste keinen, wie machste das jetzt richtig. Wenn dann einer hier wäre, der zwar auch keine Ahnung hat, aber mit dem man wenigstens reden könnte ...“

Steffi, 1966 geboren, lebt seit 1986 in Westberlin, Sekretärin, ein Sohn von zehn Monaten.

Steffi mit ihrem Sohn

Meine Familie und ich

„Als ich klein war, bis ich in die 4. Klasse gekommen bin, sind wir eigentlich permanent umgezogen, beruflich bedingt von meinem Vater her. Der ist bei einem amerikanischen Computerkonzern und wurde meistens versetzt. Immer so alle zwei Jahre, so in dem Dreh. Also immer wieder neue Freunde."

„Meine Mutter war zu Hause. Ich habe noch zwei jüngere Schwestern. Mein Vater war sehr selten zu Hause, der war immer unterwegs. Meine Mutter, also manchmal alle drei Kinder unterm Arm zum Flughafen, Koffer ausgetauscht und dann geht's wieder weg. Mein Vater, meinen Vater kenne ich also nur arbeitenderweise, auch heute noch."

„Also zu meiner Mutter habe ich ein ganz tolles Verhältnis, eigentlich immer gehabt. Im Laufe der Jahre ist das eigentlich noch viel inniger geworden. Aber zu meinem Vater habe ich schon immer ein distanziertes Verhältnis gehabt, und das wird sich auch nie ändern."

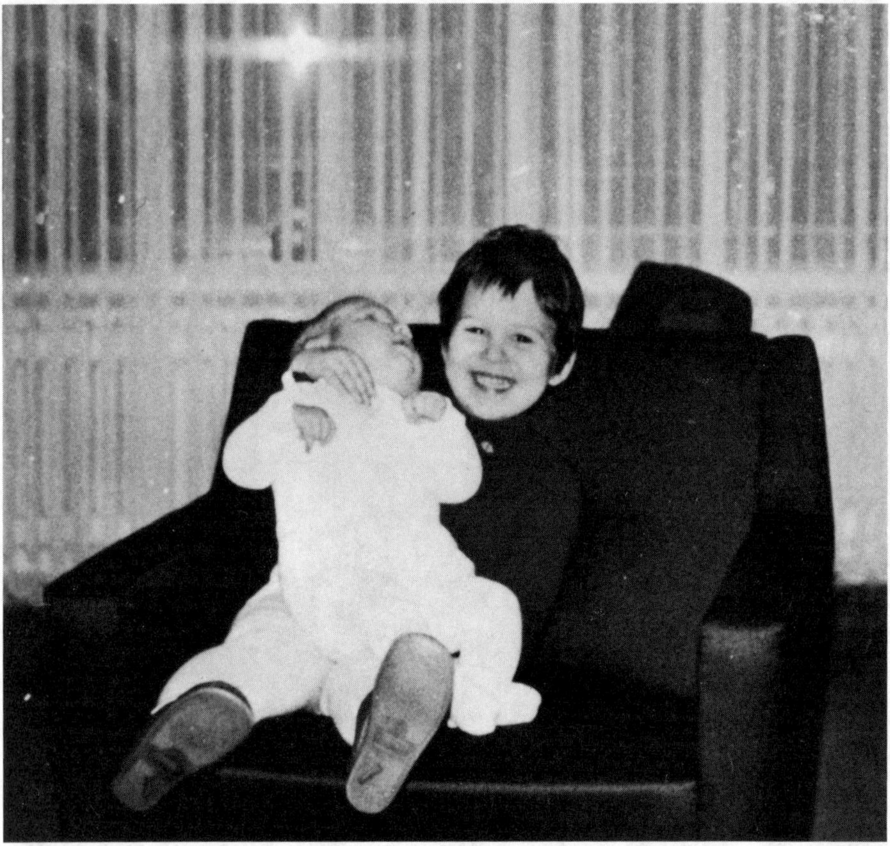

Steffi mit Schwester

Freunde habe ich immer gehabt

„Ich war erst im Kindergarten bei Nonnen. Und danach bin ich dann mit 5 Jahren in die Vorschule gekommen für ein Jahr. In den Kindergarten bin ich eigentlich immer ganz gern gegangen, weil ich dort Freunde hatte. Ich weiß noch, da muß ich so vier gewesen sein, da hatte ich so'n Busenfreund. Der ging mit mir zusammen in den Kindergarten, und wir sind morgens auch immer zusammen losgestiefelt. Wenn ich jemand irgendwo kannte, da bin ich da gerne hingegangen. Aber ich bin nie irgendwo gerne hingegangen, wo ich dann alleingelassen wurde und niemanden kannte. Das mag ich heut noch nicht. Ich hatte immer Glück, daß wir in einer Gegend wohnten, wo es viele Kinder in meinem Alter gab. Und so konnten wir dann auch immer zusammen spielen. Ist heute nicht mehr so, man sieht hier heute kaum noch Kinder draußen spielen. Ich hatte also immer Glück, daß wir immer mehr in einer dörflichen Umgebung gewohnt haben. Ich hatte eigentlich immer ziemlich viele Freunde, ich war eigentlich immer unterwegs."

In der Schule

„Also die Schule habe ich immer gehaßt, was heißt gehaßt, ich habe immer Angst davor gehabt. Das läßt sich ganz einfach erklären, weil bei uns zu Hause

Steffi in der ersten Klasse

immer ein furchtbarer Stunk war, wenn jemand mit schlechten Zensuren heimgekommen ist. Ob das jetzt ich war oder meine Schwestern, also da ist man schon besser in Deckung gegangen. Und deswegen bin ich nie gern zur Schule gegangen. Nachher zum Schluß habe ich schlechte Noten so gut es ging unterschlagen. Das große Erwachen kam dann meistens erst mit dem Zeugnis."

„In der Hauptschule habe ich ein schlechtes Verhältnis zu meinen Klassenkameraden gehabt. Da hatte ich meine Freundin Melanie, die habe ich heute noch, und wir waren also die Streber. Wir haben uns wirklich bemüht, immer gute Noten zu schreiben. Also ein bißchen waren meine Freundin und ich auch Rivalinnen. Wer bringt das Diktat mit den wenigsten Fehlern usw. Und irgendwann, so in der 7. Klasse, waren wir es irgendwie leid, immer so die Streber zu sein, und da haben wir uns dann so'n bißchen zu den anderen gesellt. Und da ging die Leistungskurve rapide runter. Ich weiß noch, ich habe immer einen Notendurchschnitt von 2 gehabt. Und dann auf einmal runter auf 3,4. Meine Mutter sagte: "Ja, und mit dem übernächsten Zeugnis, da mußt du dich bewerben. Was meinst du denn, was du kriegst als Job, wenn du so'n schlechtes Zeugnis hast? Und du weißt ganz genau, Hauptschüler nimmt doch so gut wie keiner." Womit sie ja auch recht hatte. Und dann habe ich so'n richtigen Lernwahn bekommen. Der wurde ausgelöst durch eine Fernsehserie. Die hieß "Tod eines Schülers". Ja, und irgendwie hab ich dann wirklich einen ganz tollen Hauptschulabschluß hingelegt. Ich glaub' 1,4 war der Notendurchschnitt auf dem Gesamtzeugnis. Dann bin ich mit Widerwillen auf die Handelsschule gegangen."

Stefanie im Büro

Ich hätte gern was Kreatives gemacht

„Ich hätte gerne eine Schneiderlehre gemacht oder irgendwas Kreatives mit Mode, Kosmetik. Ich habe mir auch gern selbst etwas genäht, aus alten Bettlaken von meiner Mutter. Es hat funktioniert und hat mir auch gepaßt und wurde hinterher mit Batikfarbe eingefärbt. Ich habe dann auch in der Schule, anstatt Matheaufgaben zu lösen, Klamotten entworfen. Die Lehrer haben das mitbekommen und auch versucht, meinen Eltern das klar zu machen, aber vergeblich."

„Ich kam also zur Handelsschule. Ich habe also Fachrechnen, Buchführung, Englisch, besonders Deutsch, Schreibmaschine, Stenografie und so gelernt. Darauf baut nun mal das Sekretärinnenfach auf. Ich wollte nie ins Büro, aber heute kann ich mir nichts anderes mehr vorstellen. Das ist jetzt mein Beruf, den ich sehr mag, aber es hat lange gedauert. Bin allerdings an der Handelsschule mit Glanz und Gloria durchgefallen. Und habe dann bei den Schottglaswerken – ehemals Jenaer Glas – eine zweijährige Lehre als Bürogehilfin gemacht. Nach dem Abschluß wurde ich als Sekretärin übernommen bei Schott. Genau ein Jahr habe ich als Abteilungsleitersekretärin gearbeitet. Und bin dann mit 20 Jahren nach Berlin gekommen. Jetzt bin ich Sekretärin

Stefanie mit ihrem Sohn

beim VDI (Verein Deutscher Ingenieure), im Moment halbtags. Ab September hoffe ich für 30 Stunden. Dann werde ich weiter sehen. Also volltags, glaube ich, das schaffe ich nicht mit dem Kind."

Bastian und meine Zukunft

„Ja, also mit dem Vater, das war eine mehr oder weniger kürzere Sache. Ich war ja selbst ganz überrascht von der Schwangerschaft. Der Vater sagte: „Nee, ich bin das nicht gewesen." Er hat das gleich von Anfang an abgestritten. Ich habe auch versucht, mit ihm zu reden. Ich habe ihm Briefe geschrieben, ich habe Telefonate geführt. Wie sich nachher 'rausstellte, war alles für die Katz'. Na ja gut, ich wußte von Anfang an, daß ich mit Basti allein sein werde. Ich habe auch lange überlegt, ob ich das Kind kriegen soll. Alle haben sie mir abgeraten. Meine Freundinnen: „Um Gottes Willen, du kannst das Kind nicht kriegen, überleg mal, dann kannste keine teuren Klamotten mehr kaufen, da kannste nicht mehr nächtelang um die Häuser ziehen." Na gut, klar, das sind alles so Sachen, die kann man halt nicht mehr. Also weggehen ist wirklich nicht möglich, weil ich keinen habe, der auf Basti aufpaßt. Es bieten sich zwar genug Leute an, die passen dann auch mal auf ihn auf. Und wenn ich dann hinterher frage, na wie war er denn, erzählen sie mir, der hat ja so gebrüllt, ich bin nicht mehr mit ihm fertig geworden. Dann kalkulieren die Leute nicht mit ein, daß das Kind irgendwann auch mal 'ne frische Windel braucht und auch nicht immer dasitzt und lacht. Das kann nämlich ganz schnell in das Gegenteil umkippen. Und deswegen, bevor ich dann also ein schlechtes Gewissen habe, der Basti hat jetzt den ganzen Abend denen die Ohren voll gebrüllt, die nehmen den jetzt sowieso nicht mehr, da bleibe ich lieber gleich zu Hause. Ich meine, ich vermisse es nicht. Bin früher viel um die Häuser gezogen, nächtelang weggewesen, manchmal bis mittags und so. Ja gut, da gewöhnt man sich dran, daß man das nicht mehr machen kann. Ich kann's mir heute auch nicht mehr vorstellen, daß ich da nächtelang um die Häuser bin."

„Meine Mutter hat das mit dem Kind eigentlich sehr gefaßt aufgenommen. Also die ist nicht ausgeflippt oder so. Als ich ihr gesagt habe, du wirst Oma, meinte sie: „Soll ich mich jetzt darüber freuen, oder was?" Habe ich gesagt: „Ja, es wäre angebracht." Sie sagte: „Das muß ich erstmal verdauen. Ich ruf' dich die Tage mal an." Na, und irgendwann rief sie dann mal an und fragte, wie ich mir das jetzt denke, wie das jetzt weiterlaufen soll. Meine Mutter ist einen Tag nach der Geburt von dem Kleinen gekommen und ist 11 Tage hier geblieben. Sie hat sich extra Urlaub genommen. Sie hat meine ganze Bude auf den Kopf gestellt, alles saubergemacht und ganz süß hergerichtet mit Blümchen und Kerzenständer, ganz lieb alles gemacht. Der einzige, der quergeschossen hat, ist mein Vater gewesen. Aber das hat sich wohl mittlerweile auch gelegt."

„Schwierigkeiten, ja, Schwierigkeiten gibt's so in dem Sinne nicht. Das sind immer so Momente, wo dann wirklich alles auf einen einstürzt. Das sind dann Kleinigkeiten, die schiefgehen. Und man denkt, Scheiße, was hast du da bloß angerichtet, warum mußtest du dir so ein blödes Gör anschaffen, und solltest du ihn nicht lieber doch weggeben, vielleicht ist es doch besser für dich. Solche Situationen habe ich wirklich öfter mal. Aber wirklich, das Allerschlimmste ist, nachts nicht schlafen zu können. Oder wenn er krank ist. Ich meine, ich muß ihn auskurieren, damit er wieder auf dem Damm ist und wieder in die Kita gehen kann, damit ich endlich wieder auf der Arbeit erscheinen kann. Also in dem Moment ist es egal, wie es mir geht, Hauptsache er ist wieder auf dem Posten. Und das sind dann halt wirklich so Sachen, wo man selbst irgendwie ganz in den Hintergrund tritt. Ich muß mich auch finanziell einschränken. Natürlich dadurch, daß ich halbtags arbeite, seit Basti acht Wochen alt ist, verdient man natürlich bedeutend weniger. Das ist also auch eine Sache, die mir schwerfällt. Ich habe mich nie einschränken müssen."

„Dann kommen auch Gedanken an die Zukunft. Wie wird das sein, wenn er in die Schule geht. Und wenn du dann nicht zu Hause bist, geht er dann überhaupt in die Schule, und was machst du, wenn er die Schule schwänzt. Man macht sich wirklich Gedanken über ungelegte Eier. Oder mein Gott, wie sollst du das nur alles finanzieren, die Schulbücher, und dann kommen Klassenfahrten und wieder ein neuer Zeichenblock. Oder Kindergeburtstage, da geben sie sich ja heute nicht mehr mit Topfschlagen oder so zufrieden. Früher, ich weiß noch, gab es Radiergummi und ein kleines Blöckchen. Und heute, da erwarten sie eine halbe Barbiepuppenausstattung."

„Gegenüber meiner Arbeit habe ich immer ein schlechtes Gewissen, wenn ich wegen dem Kleinen zu Hause bleiben muß. Ich weiß ja noch, als ich noch kein Kind hatte, wenn ich Kolleginnen hatte, die anriefen, mein Kind ist krank, da habe ich gedacht: schon wieder das Kind krank. Na gut, ich mein', das werden sie jetzt auch denken, ist logisch. Aber eigentlich wichtiger ist, daß ich das Gefühl habe, ich werde nicht für voll genommen in meinem Job. Dadurch, daß ich jetzt nur halbtags da bin. Ich merke, ich muß meinen Kollegen Informationen regelrecht aus der Nase ziehen. Ich kriege wirklich alles nur am Rande mit. Und es hält auch keiner für nötig, mir irgendwelche neuen Sachen zu erklären. Wenn ich etwas falsch mache, dann wird gesagt, hast du das denn nicht gewußt, na das ist doch schon seit Wochen so. Das kriegt man dann immer zu hören. So nach dem Motto, kümmere dich doch selber darum, wie du zu deinen Informationen kommst."

„Ich gehe arbeiten, um Geld nach Hause zu bringen. Die Karriere habe ich mir aus dem Kopf geschlagen. Das hatte ich mal vor, und hatte es auch eigentlich ganz gut im Griff. Aber das ist vorbei. Ich habe wirklich Angst, daß ich mich dann um Basti zu wenig kümmern kann."

„Ich habe so zeitig wieder angefangen

Alexander und Sebastian

zu arbeiten, da ich von etwas leben muß. Von den 600 Mark Erziehungsgeld, also das müßte mir mal jemand vormachen. Und zum Sozialamt bin ich deshalb nicht gegangen, weil ich keine Lust habe, wegen jedem Paar Schuhe, was das Kind neu braucht, Beweise zu bringen. Das ist mir einfach zu blöde. Und wenn man sich in dem Sozialwesen nicht wirklich auskennt und sagt, okay, das und das steht mir zu, dann kriegt man wirklich nur das Allernötigste. Ich geh' lieber für mein Geld arbeiten, muß keinem Rechenschaft ablegen. Wenn's Geld weg ist, dann ist es weg, und das geht dann kein Sozialamt etwas an."

„Das Allerschärfste ist, mein Erziehungsgeld haben sie mir auch gleich gekürzt, weil ich natürlich so viel verdiene. Als Alleinerziehende hat man zuviel, um unterstützt zu werden, aber zu wenig, um ganz toll über die Runden kommen zu können. Das ist halt wirklich so, da beißt sich echt die Katze in den Schwanz."

„Von möchten kann gar keine Rede sein. Aber ich kann's mir nicht vorstellen, daß ich 'nen Mann kennenlerne, in den ich mich so richtig verliebe. Ich hatte mich zwischenzeitlich mal wieder, leider etwas sehr einseitig verliebt. Da bin ich wieder so enttäuscht worden, da hab ich gedacht, Mensch, komm' jetzt ist Sense."

Alleinbleiben mit Basti?

„Und das Alleinleben hat ja auch Vorteile. Ich komme abends nach Hause, und es kommt kein Mann, der nörgelig ist, der fragt, was gibt's heute Abend zu essen. Ich muß keinem die Hemden bügeln und mit dem Haushaltsgeld leben. Ich kann wirklich selbst entscheiden. Und das ist irgendwie 'ne Sache, die genieß' ich. Und vielleicht hätte ich dann auch 'n bißchen Angst, daß ich mich dann nicht mehr so um Basti kümmere. Daß dann irgendwie, die Liebe, die ich ihm jetzt gebe, die muß er ja dann teilen und daß dann Basti zu kurz kommt."

„Na ja, das einzige, was man halt nicht darf als alleinerziehende Mutter, jammern. Ich würde nie meinen Freundinnen gegenüber zugeben, wenn es mir so richtig schlecht geht, weil, was schon da war, der Spruch kommt: Na, das hättest du dir doch schon vorher ausrechnen können oder du hat es ja nicht anders gewollt. Ich meine, ich erwarte hier keine große Anerkennung, was ich leiste, das weiß ich selber. Erwarte auch kein Mutterverdienstkreuz oder so. Aber so'n bißchen Anerkennung, das wird immer alles so'n bißchen abgetan. So nach dem Motto, bist ja sowieso selber Schuld."

Bei einem Treffen zum Abschluß der Arbeit an den Porträts stellten Steffi und Jeanette viel Gleiches, aber auch Unterschiedliches in ihren Biographien fest. Und ihre Kinder spielten sehr schön miteinander.

Junge Christinnen: Mein Glaube ist mir wichtig

Ilona Schneider

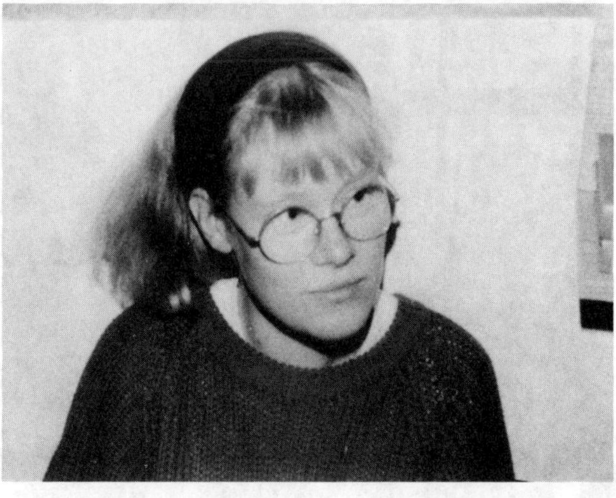

"Später habe ich mich über die Kompromisse geärgert!"
- Cornelia G. -

Cornelia stammt aus einem evangelischen Elternhaus. Ihr Großvater väterlicherseits war u.a. in Berlin als Pfarrer tätig.

Obwohl in Berlin geboren, fühlt sich Cornelia nicht als Berlinerin: „Ich bin aber mit Herz und Seele Norddeutsche. Meine Eltern sind auch aus dem Norden; aber sie haben noch studiert als ich am 1.9.1969 geboren wurde. Sie haben in Rostock Medizin studiert, und deshalb habe ich die ersten vier Jahre bei meinen Großeltern in Berlin gewohnt."

„Das ist meine Mutti. Meine Eltern kamen jeden Freitag. Das Wochenende waren sie dann immer da. Wenn meine Eltern kamen, hat meine Oma sich völlig zurückgezogen."

„Meine Großeltern hatten einen kleinen Bungalow in Binz. Wir haben dort eigentlich jedes Jahr, auch als ich noch klein war, Urlaub gemacht. ... Mein Vater hat uns eine Reckstange und 'ne Schaukel gebaut."

Als Cornelia drei Jahre alt war, brachte sie ihre Oma bis zum Mittag in den Kindergarten der Gemeinde: „Ich bin dann ein Jahr in den Kindergarten gegangen, damit ich mich daran gewöhne. Aber das war nicht so gut. Ich hab' mich im Kindergarten nie wohl gefühlt, auch später in Bergen nicht."

Im September 1973, Cornelias Eltern hatten ihr Studium beendet, zog die Familie nach Bergen um. Hier mußte sie ganztags den Kindergarten besuchen, weil ihre Eltern im Bergener Krankenhaus als Ärzte arbeiteten: „Meine Mutter mußte mich immer ganz früh hinbringen, weil sie schon um 7 Uhr, glaube ich, anfangen mußte mit der Arbeit. Es war im Prinzip 'ne Quälerei. Wir sind zu Fuß dahin so 'ne Viertelstunde gelaufen. ... Im Frühjahr 1974 sind wir in ein Neubaugebiet gezogen. Da wohnten wir dann in einem ganz frischen Neubaugebiet, kein Grün, nichts."

Zu ihrem 6. Geburtstag bekam Cornelia ein Fahrrad geschenkt:

„Hier war 'n Spielplatz und da haben wir viel rumgetobt. Aber es war öde im Prinzip. ... Aber da waren eben ganz viele

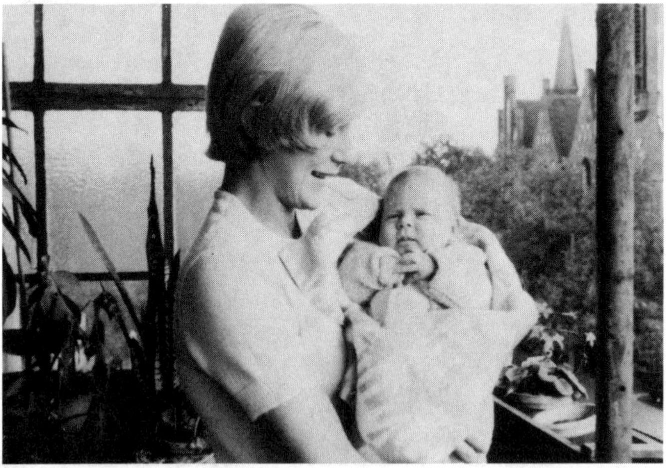

Cornelia mit Mutter

Kinder, weil da viele junge Familien hinzogen. Und wir haben viel zusammen gemacht, sind Fahrrad gefahren, haben Versteck gespielt, Ballspiele und so. ...

Cornelia auf der Schaukel

Cornelia mit Fahrrad

Höhlen haben wir uns im Sommer gebaut unter den Balkons mit Decken. ... Auf dem Spielplatz habe ich auch viel geturnt."

Am 1.9.1976 wurde Cornelia eingeschult: „Es war 'n bißchen aufregend. Aber es waren noch ein paar dabei aus dem Kindergarten, die ich kannte und deshalb ging das ... Meine erste Lehrerin hat der ganzen Klasse das Flötespielen beigebracht, so die Grundbegriffe. Das fand ich sehr schön. Sie war auch sonst eine sehr gute Lehrerin."

Die Eltern von Cornelia pflegten die christlichen Bräuche und Traditionen. Ein Tischgebet vor dem Essen war selbstverständlich. Die Kinder wurden abends mit einem Gebet und einem Schlaflied zu Bett gebracht. Am Sonntag gingen sie manchmal in den Kindergottesdienst. Zu bestimmten Anlässen besuchte die Familie gemeinsam den Gottesdienst, so zum Erntedankfest, 1. Advent, zu Weihnachten, Ostern und Pfingsten.

„Als wir alle groß genug waren, sind wir Heiligabend um 15.00 Uhr in die Kirche gegangen. Und wir haben auch der Reihe nach alle irgendwann mal ein Krippenspiel mitgemacht; zwei-, dreimal jeder. Nach dem Gottesdienst haben wir meist Kaffee getrunken. Das ist auch immer noch so. Dann haben wir Kinder ein Programm gemacht. Das hatten wir vorher geübt: Flöte gespielt, Gedichte aufgesagt und auch was gesungen. Anschließend war Bescherung. Und so seit fünf, sechs Jahren gehe ich um 22 Uhr zu einer Abendandacht. Das ist eigentlich immer sehr schön so nach dem Trubel."

Ihrer christlichen Überzeugung gemäß meldeten Cornelias Eltern ihre Tochter zu Beginn des ersten Schuljahres auch zur Christenlehre an. Das war für Cornelia anfänglich durchaus nicht unproblematisch:

„Na, ich hab' das nie gerne gesagt, daß ich zur Christenlehre gehe. Ich hatte immer Skrupel, weil - na im Prinzip durch die Reaktion der Umwelt, weil öfter jemand fragte: Ach ja, und du gehst zur Christenlehre? Oder eine Lehrerin hat auch mal gesagt, als es darum ging, Arbeitsgemeinschaften oder Nachmittagsbeschäftigungen anzusagen: Nee, nee! Das zählt nicht!"

Viele Mitschüler konnten damals damit größtenteils nichts anfangen. So richtig gehänselt oder komisch reagiert haben sie bei mir nicht. Aber mir war eben bekannt, daß es andere machen."

Cornelia in der 3. bzw. 10. Klasse: An-

Weihnachten in Bergen

Cornelia als Pionier

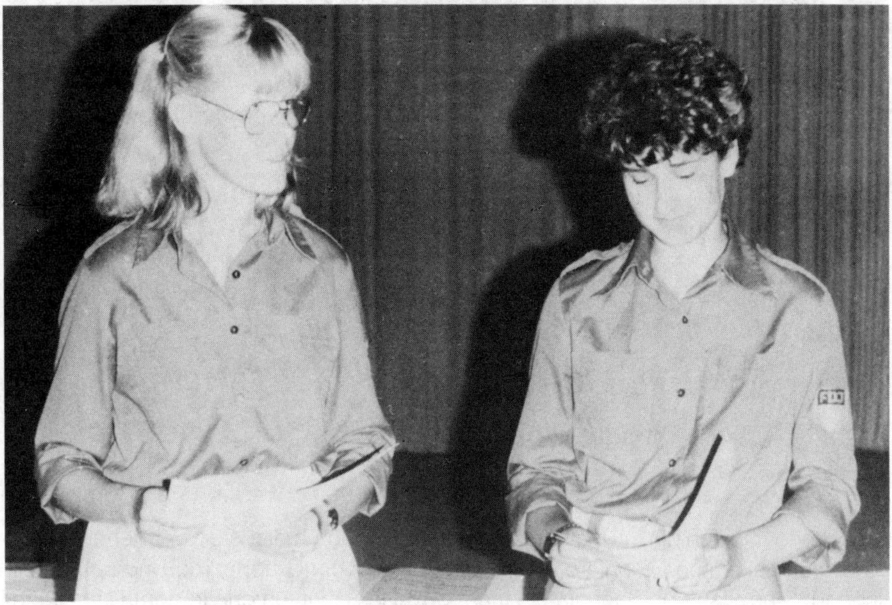

Cornelia vor der Klasse in FDJ-Kleidung

läßlich der Zeugnisausgabe erscheinen die Pioniere in Pionierkleidung und die FDJ-ler im 'Blauhemd'.

„Ich war auch in den Pionieren - das haben meine Eltern entschieden. Aber das hätte ich wahrscheinlich auch nicht verkraftet, wenn alle und ich nicht. Da bin ich damals eigentlich noch nicht zähne-

Jugendweihe und Konfirmation

Zivilverteidigungslehrgang 1986

knirschend rein. Ich bin mit meinen Eltern so übereingekommen, Pioniere, FDJ und Jugendweihe, das sind Sachen, die man als Kompromiß machen muß, wenn man studieren möchte. ... Bei den Pionieren, da war ich meist stellvertretende Vorsitzende vom Gruppenrat. Und später teilweise Schriftführerin in der FDJ-Leitung, auch mal Stellvertreter. Aber an der Penne ging das nicht mehr. Wer einer christ-

Bremer Gruppe

lichen Jugendgruppe angehörte, kam nicht in die FDJ-Leitung."

Ohne große Familienfeier nahm Cornelia im März 1984 an der Jugendweihe teil. Richtig gefeiert wurde ihre Konfirmation, die im gleichen Jahr zu Pfingsten stattfand.

„Also Konfirmation, das war im Prinzip so der Abschluß in der Entwicklung, die die Eltern ein bißchen gesteuert haben. Und dann kam die JG-Zeit (Junge Gemeinde). Das hat mich gleich irgendwie so wahnsinnig beeindruckt, die Atmosphäre da. Eben auch offen und frei über alles reden und der Umgang miteinander. Das war total neu! Meine Freizeit habe ich dann hauptsächlich in der JG verbracht. ... Ja, in der 9. Klasse bin ich zum ersten Mal zu 'ner Rüstzeit gefahren: Silvesterrüste. Fünf Tage in einem kleinen Dorf in der Nähe von Prenzlau. Das war mein Einstieg in die Jugendarbeit. Und da hab' ich erst bewußt angefangen, mich mit dem Glauben auseinanderzusetzen und damit kamen dann auch Zweifel und Fragen. ... Ich hab' mich auch in letzter Zeit damit beschäftigt: Gott ist für mich in erster Linie ein inneres Gewissen und die Jesusfigur verkörpert für mich gelebte Liebe. Es gibt für mich einfach zu viele Zufälle. Der Kirche selbst stehe ich aber mittlerweile skeptisch gegenüber, der Institution Kirche. Ich denke mir, der Glaube ist etwas anderes, und der ist mir wichtig."

Seit 1978 war die Wehrerziehung der Schüler auch im Stundenplan der Schule verankert. Die Mädchen mußten in der 9. und 10.Klasse an einem Zivilverteidigungslehrgang teilnehmen:

„Wir haben vor allem Erste Hilfe gemacht, aber eben auch militärische Exerzierungen und - was weiß ich - Geländeausbildung: durch's Gelände robben, Gasmasken aufsetzen. Und das alles in Uniform! In der 9. und 10. Klasse hat mich das gar nicht angewidert, die ZV. Und im Prinzip konnte man es ja auch nicht ablehnen. Teilweise war's eben auch ein Gaudi. Und man hat's mitgemacht."

Von 1986 bis 1988 besucht Cornelia die Erweiterte Oberschule in Bergen: „Nachher in der Pennezeit habe ich voll dazu gestanden, daß ich zur Kirche ging und da engagiert war. Da habe ich mir auch vorgenommen, im praktischen Jahr, im Prinzip zum Studium, trete ich irgendwann aus der FDJ aus. Ich wollte dann die Konsequenzen voll auf mich nehmen, obwohl ich da ja dann alles in der Tasche hatte. Und ich hab' mich geärgert über die Kompromisse."

„Unsere JG hat sich seit 1986 mit 'ner Bremer Jugendgruppe getroffen. Bremen war die Patenkirche von Rügen. Diese Treffen machten einem auf traurige Weise wieder die Grenzen bewußt, gerade wenn man jemanden gut fand aus der Gruppe oder so. Und seitdem hatte ich eigentlich immer recht große Angst. Wir wußten im Prinzip später, daß wir sicher nicht alleine waren, wenn wir uns mit denen getroffen haben, daß einer von „Horch und Guck" dabei war. Ich bekam so richtige Angst vor der Stasi. Noch vor der Demo am 4. November 1989 hatte ich Angst. Ich hab' gedacht: Wenn die dich holen und irgendwas von dir wissen wollen, das stehst du nicht durch."

Nach dem Abitur absolvierte Cornelia 1988/89 ein praktisches Jahr in einer Bergener Apotheke. Im September 1989 begann sie an der Berliner Humboldt-Universität ein Pharmaziestudium. Sie wurde Mitglied der Evangelischen Studentengemeinde (ESG).

„Die ersten drei Semester war ich recht aktiv. Im dritten Semester wurde ich als Vertrauensstudentin gewählt. Aber im letzten Semester war ich so gut wie gar nicht da. Jetzt will ich aber wieder regelmäßig gehen."

In ihrer Freizeit ist Cornelia selten allein. Aus dem schüchternen Mädchen ist eine selbstbewußt wirkende junge Frau geworden:

„Ich treffe mich mit sehr vielen Freunden. Und ich hab' auch jetzt, wahrscheinlich jetzt gerade, verschiedene Freundeskreise, wo ich manchmal denke, das läßt sich gar nicht miteinander verbinden. Wir sind so ein ganz guter Kern beim Studium, der einiges zusammen macht. Dann von der ESG die Leute und ein bißchen auch vom Sport. Vor allem aber noch der alte JG-Stamm in Bergen und andere Leute von der Jugendarbeit auf Rügen. Wir treffen uns alle zwei, drei Monate."

Vergangenheit in der DDR und Zukunft in einem vereinigten Deutschland stimmen Cornelia nachdenklich:

„Ich wollte gern, daß die Grenze fällt. Aber ich hab' nicht daran geglaubt, daß das so schnell geschieht. ... Die Wahl am 18.März 1990 hat mich sehr aufgeregt: daß die Leute schon wieder so blind sind und nur hinter dem Geld herrennen. ... Viele Leute sagen jetzt: Ich bin stolz, ein Deutscher zu sein. Das find' ich überhaupt nicht. Ich schäme mich für die Leute, die die Ausländer raus haben wollen und da aufmischen und prügeln. ... Ja und auch dieses Gefälle zwischen reich und arm. Die Reichen werden immer reicher und sind immer weniger bereit, was abzugeben. ... Ich bin sehr froh darüber, daß man nicht mehr eingesperrt ist und jetzt die Freiheit hat, reisen zu können. Ich bin sehr froh, daß man sich nicht mehr jedes Wort überlegen muß. ... Aber diese materielle Einstellung, das Haben-Haben-Wollen. Und auch dieses Argument, jetzt müssen die Deutschen erst mal an sich denken. Das macht mich total fertig. ... Ich hab' in letzter Zeit manchmal so gedacht, wenn vieles so weitergeht in Deutschland, dann wandere ich aus - nach Skandinavien."

Cornelia G.

1969	geb. am 01.09. in Berlin-Köpenick, ev. Taufe
1972	Besuch eines evangelischen Kindergartens in Berlin
1973	Umzug nach Bergen/Rügen
1974	Geburt des Bruders
1973/76	Besuch eines staatlichen Kindergartens in Bergen
1976	Einschulung am 01.09. Eintritt in die Pionierorganisation „Ernst Thälmann" Geburt der Schwester
1976/82	Besuch der Christenlehre
1978	Schulwechsel
1979/85	privater Klavierunterricht
1982/83	Vorkonfirmandenunterricht
1983/84	Konfirmandenunterricht
1983	Eintritt in die FDJ
1984	Jugendweihe im März; Konfirmation im Mai; Eintritt in die Junge Gemeinde
1986	Abschluß der 10. Klasse
1986/88	Besuch der Erweiterten Oberschule in Bergen; Abitur
1987/88	Mitwirkung in einer kirchlichen Band (Gesang)
1988/89	praktisches Jahr in der Bergener Apotheke
1989	Pharmaziestudium an der Humboldt-Universität zu Berlin; Mitglied der Evangelischen Studentengemeinde

November 1991: Cornelia in ihrer Berliner Studentenwohnung.

„Mein Weg in die Evangelische Jugend" - Ulrike K.-

Ulrike wurde im Januar 1970 als erstes Kind ihrer Eltern in Frankfurt am Main geboren. Kurz vor ihrer Geburt gab die Mutter ihren Beruf als Apothekerin auf. Der Vater war zu dieser Zeit als Rechtsanwalt tätig.

„Das bin ich mit meiner Mutter. Meine Eltern haben sich evangelisch trauen lassen, was gar nicht so selbstverständlich war, da mein Vater der katholischen Kirche angehört. Auf Wunsch meines Vaters wurde ich mit zwei Monaten katholisch getauft."

Bald nach Ulrikes Taufe kehrte die Familie der Großstadt den Rücken und zog nach Talheim, einer Kleinstadt in der Nähe von Heilbronn, in ein Dreifamilienhaus. Ulrikes Mutter blieb zu Hause, um die Tochter zu betreuen.

1972 wurde Ulrikes Schwester geboren. Ab diesem Zeitpunkt fuhr die Familie auch jedes Jahr in den Urlaub, mal nach Italien, Frankreich, Österreich oder Norddeutschland.

1974: Urlaub an der französischen Atlantikküste in Les Sables d'Olonne: „Da bin ich vier. Ich war schon immer eine Wasserratte!"

Als Urike dreieinhalb Jahre alt war, brachte ihre Mutter sie in den Kindergarten. Sie mußte um 9.00 Uhr da sein und vor dem Mittagessen wieder abgeholt werden:

„Ich denke, es ist nur gut für Kinder, wenn sie in den Kindergarten gehen, schon allein der Gruppenerfahrung wegen. Aber ich habe an diese Zeit nur wenige Erinnerungen. Ich weiß nur, daß ich Probleme mit der Kindergärtnerin hatte."

1974 zog die Familie nach Messel, einer Kleinstadt zwischen Frankfurt am Main und Darmstadt. Ihr Vater hatte in Darmstadt eine Stelle im Öffentlichen Dienst angenommen.

„In Messel gab es sogar einen Bauernhof, bei dem wir unsere Milch holten. In unserer Straße dort wohnten total viele Kinder. Irgendwann haben sich die Väter von zwei benachbarten Häusern zusammengetan, um für die Kinder eine Sandkiste zu bauen. Der Erfolg war, daß sich häufig die Kinder der gesamten Straße darin tummelten. Überhaupt war ich viel draußen. Wir haben z.B. mit Strichen Wohnungen auf den Asphalt gemalt und dann Famile gespielt. Das war total lustig!"

Als Ulrike älter wurde, schloß sie sich den Streifzügen der Kinder in die umliegenden Wiesen und Felder an:

„Und da gab es auch Sachen, die eigentlich tabu waren - wie z.B. das Äpfelklauen in einem alten, verlassenen Obst-

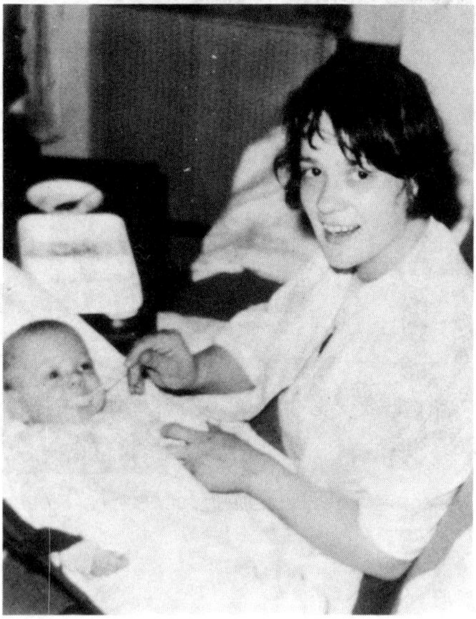

Ulrike mit Mutter

Urlaub an der Atlantikküste

Ulrike im Messeler Kindergarten

garten. Ich bin gerne auf Bäume geklettert, was vielleicht für ein Mädchen untypisch ist. Zu Hause spielte ich auch mal mit Puppen, und ansonsten waren meine Schwester und ich stolze Besitzer einer riesigen Tonne mit Matschbox-Autos und Bauklötzern."

1976 wurde Ulrike in die Grundschule von Messel eingeschult:

„Das erste halbe Jahr hatten wir eine Lehrerin, mit der ich nicht klar kam. Aber die ist dann gegangen. Dann bekamen

Flötespielen unterm Weihnachtsbaum

wir eine ganz tolle junge Lehrerin, und die Schule machte wieder Spaß."

In Messel besuchten wir auch zwei- oder dreimal einen katholischen Familiengottesdienst, was damals erst im Kommen war. Und abends haben wir immer zusammen gebetet."

„Weihnachten haben wir nach dem Kaffeetrinken den Familiengottesdienst besucht. Danach gab es immer schlesische Weißwurst. Zu uns kam das Christkind und nicht der Weihnachtsmann. Das Warten war immer sehr spannend bis das Christkind „vorbeiflog" und die Geschenke brachte. Vor dem Auspacken der Geschenke wurden Lieder zur Schallplatte gesungen und später wurde auch Blockflöte gespielt. Mit fünfzehn Jahren habe ich die erste Christvesper mitgestaltet. Auch heute beteilige ich mich immer noch an den Vorbereitungen."

1978 trennten sich Ulrikes Eltern; ihr Vater zog nach Gießen und die Mutter mit den beiden Töchtern nach Wetzlar. Hier arbeitet Frau K. wieder halbtags als Apothekerin.

„Ich wurde von meinem Vater mit viel Druck erzogen. Manche Leute behaupteten, daß ich wesentlich lockerer und freier geworden bin, nachdem mein Vater ausgezogen ist."

In der ersten und zweiten Klasse hatte Ulrike in der Schule am katholischen Religionsunterricht teilgenommen:

„Als die anderen katholischen Kinder zur Erstkommunion gingen, habe ich nicht daran teilgenommen, da ich später selbst zwischen den beiden Kirchen entscheiden sollte. Meine Eltern haben versucht, mich so zu erziehen, daß ich beides kennenlernte. Nach der Trennung meiner Eltern übernahm meine Mutter die christliche Erziehung, die mit dem Einverständnis beider Elternteile evangelisch erfolgte. Ab der dritten Klasse habe ich dann am evangelischen Religionsunterricht teilgenommen. Das war überhaupt kein Problem."

Der Schulwechsel von Messel nach Wetzlar hatte Ulrike keine Probleme bereitet. Sie kam in Wetzlar an eine Modellschule, in der die Kinder schon mit fünf Jahren eingeschult wurden. Diese Schule hatte einen begrünten Schulhof, und es gab auch einen Spielplatz.

„Es gab jedes Jahr eine Faschingsparty in der Klasse, was super war, denn der Unterricht fiel aus. Einmal war ich mit mei-

1979: Ulrike als gestiefelter Kater

nen Eltern sogar beim Rosenmontagsumzug in Mainz."

1979 bekam Frau K. das Angebot, in Hannover eine Apotheke zu pachten, und so zogen Mutter und Töchter wieder um:

„Dort bin ich noch ein halbes Jahr in die Grundschule gegangen. Das war ziemlich ätzend, weil wir in ein anderes Bundesland gewechselt waren. So hatte ich z. B. in Mathe ein Thema zweimal und ein anderes dafür gar nicht. Irgendwann hat mir dann mal meine Oma das schriftliche Teilen und Malnehmen beigebracht."

Nach der Grundschule besuchte Ulrike zwei Jahre die Orientierungsstufe:

„In der Orientierungsstufe hatte ich eine Lehrerin, mit der ich überhaupt nicht klar kam. Sie hat mir das Leben ein Stück weit zur Hölle gemacht. Ich hatte eine Lese-Rechtschreibschwäche, und diese Lehrerin sagte, ich könne mich auf den Kopf stellen, ich würde trotzdem keine Gymnasialempfehlung bekommen."

1982 wechselte Ulrike an ein Mädchengymnasium:

„Jedem, dem ich erzählte, daß ich auf eine Mädchenschule gehe, der schlug die Hände über dem Kopf zusammen und fragte: Wie konntest du nur? Aber auch heute noch stehe ich zu dieser Entscheidung und meine, daß es gut für mich war. Dadurch, daß in der Klasse nur Mädchen waren, wurde der Stoff gerade in den naturwissenschaftlichen Fächern verständlicher vermittelt. So haben auch Mädchen eine Chance, später in den naturwissenschaftlichen Bereich zu gehen."

1984: Ulrike wird konfirmiert.

JUKIMOB-Einsatz

Nach der Trennung von seiner Frau hat Herr K. seine Töchter regelmäßig besucht:

„Er ist immer mit uns ins Grüne gefahren, z.B. in den Deister oder in die Heide. Später gab es dann immer mehr Konflikte, weil er meinte, uns unbedingt erziehen zu müssen. Diese Meinung teilten meine Schwester und ich überhaupt nicht. Irgendwann hatten wir keinen Bock mehr, uns ein ganzes Wochenende lang unserem Vater widmen zu müssen. Wir konnten ja nichts mehr mit unseren Freunden machen. Die Besuche wurden dann weniger."

„Mit zehn bin ich zu uns in die Gemeinde gekommen und habe erst den Kindergottsdienst und eine Kindergruppe besucht. Mit zwölf bin ich dann zum Konfirmandenunterricht gegangen. Ich habe das nicht aus Prestige gemacht oder weil man bei der Konfirmation tierisch viel Kohle bekommt, - in meiner Familie wird schon aus Prinzip kein Geld verschenkt - sondern weil ich schon ziemlich überzeugt von dem Ganzen war."

„Ich denke, daß auch der Pastor meinen weiteren kirchlichen Weg entscheidend beeinfllußt hat. Er hat viele Übungen zur Selbsterfahrung mit uns gemacht. Auch haben wir uns über unsere Vorstellungen von Gott ausgetauscht und darüber gesprochen, in welchen Situationen Menschen beten. Dadurch, daß der Pastor noch ziemlich jung war, wußte er, was Jugendlichen gefällt und daß man sie auch ernstnehmen muß. Nach der Konfirmation bin ich dann in eine Jugendgrup-

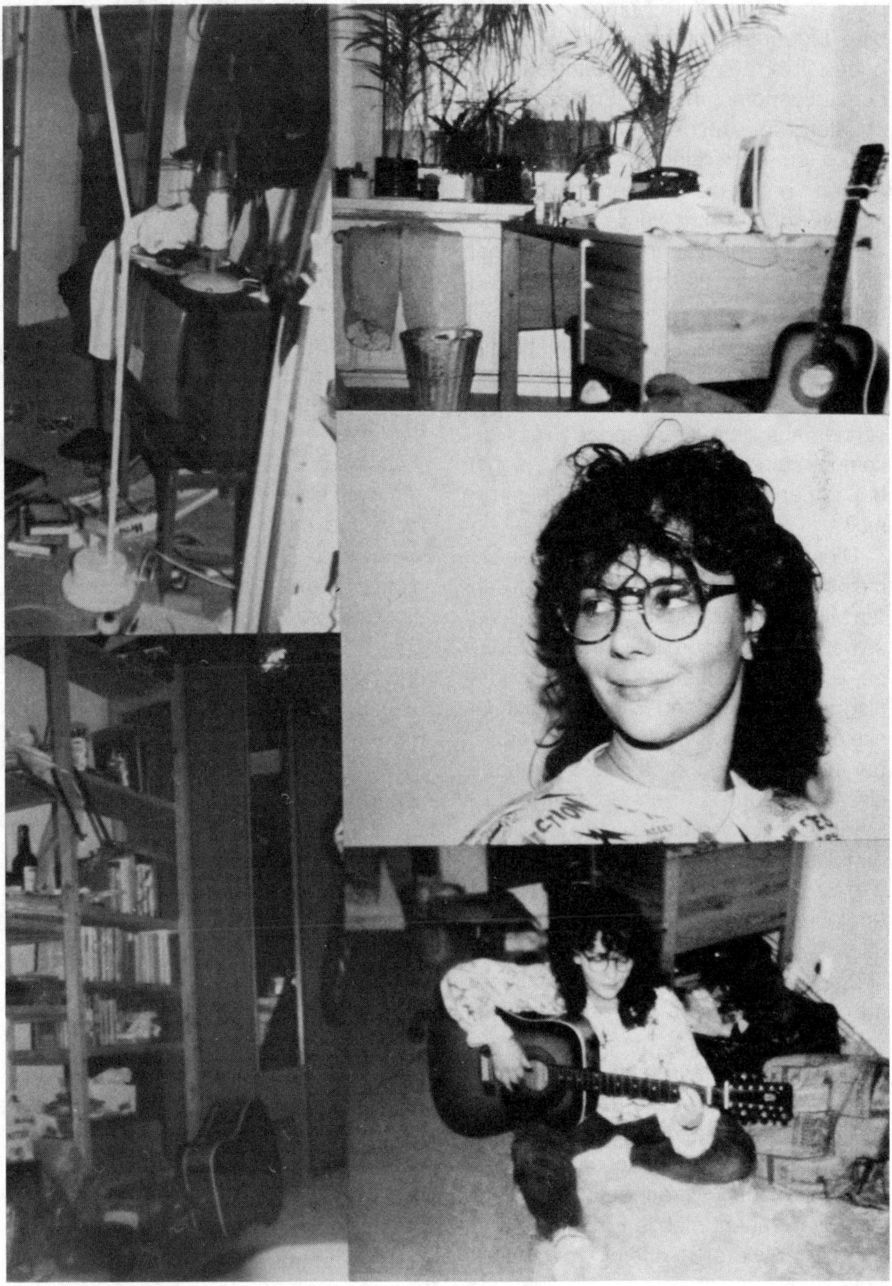

1992: Ulrike in ihrer Wohngemeinschaft

pe gegangen und im Sommer auch auf eine Jugendfreizeit gefahren. Außerdem habe ich am Flöten- und Gitarrenunterricht teilgenommen. Und ich habe in der Theatergruppe mitgespielt. - So bin ich da in die Gemeinde reingewachsen, weil ich gemerkt habe, die nehmen mich ernst!" Kurz vor dem Abitur wurde Ulrike an der Wirbelsäule operiert. In dieser kritischen Situation war ihr die christliche Überzeugung ein innerer Halt:

„Ich denke schon, daß ich meine Kraft auch ein Stück weit aus meinem Glauben geschöpft habe, da ich verhältnismäßig schnell aus dem Krankenhaus raus gekommen bin. Außerdem hatte ich Angst, daß ich anschließend im Rollstuhl sitzen muß."

Ulrike engagiert sich stark in der Gemeindejugendarbeit. Sie ist seit acht Jahren Mitglied einer Jugendgruppe und war selbst über vier Jahre Leiterin einer Gruppe. Zur Zeit leitet sie eine offene Tischtennisgruppe. Insbesondere macht sich Ulrike auf kirchenpolitischem Weg stark für die Interessen der Kinder und Jugendlichen. Sie wurde in den Gemeinde- und Stadtjugendkonvent und in die Landesjugendkammer Niedersachsens gewählt:

„Wir haben eine Resolution zu den Streichungen von Geldern im Jugendbereich in der Stadt Hannover erstellt. Auch ansonsten versuchen wir, mit Aktionen auf die Situation von Kindern und Jugendlichen aufmerksam zu machen.

Besonders gefährdet ist das JUgend- und KInderMOBil, ein gemeinsames Projekt der Evangelischen Jugend zusammen mit dem Verband Christlicher Pfadfinderinnen und Pfadfinder (VCP). Das JUKIMOB macht mobile Kinder- und Jugendarbeit in drei Stadtteilen, in denen es keine Angebote für diese Altersgruppen gibt. Dieses Projekt liegt mir sehr am Herzen, weil ich es mit aufgebaut habe."

Nach dem Abitur 1989 absolvierte Ulrike ein halbes Jahr Praktikum im Evangelischen Stadtjugenddienst als Zulassungsvoraussetzung für ein religionspädagogisches Studium und anschließend noch ein Praktikum in einer alternativen Kleinkindergruppe.

Da Ulrike keinen Studienplatz für Religionspädagogik bekam, entschied sie sich, Lehramt an Sonderschulen für Verhaltensauffällige und Lernbehinderte zu studieren:

„Mir liegen diese Kinder sehr am Herzen, weil ich mich in ihre Lage versetzen kann und mich ein Stück weit in ihnen wiederfinde. Der „normale" Schulalltag ist nichts für mich. Bei dreißig Kindern in einer Klasse ist pädagogisches Arbeiten unter solchen Umständen unmöglich, und reines „Stoffreinpauken" ist nicht mein Ding. Bei acht verhaltensauffälligen Kindern in einer Klasse ist pädagogisches Handeln dagegen durchaus möglich; doch es ist auch ein hartes Brot!"

1978 besuchte Ulrike als Schülerin mit der Klasse das erste Mal Ost-Berlin.

Erst 1990, nach dem Fall der Mauer, war sie das zweite Mal im Osten. Sie traf sich in Leipzig mit Christinnen und Christen: „Wir waren auch beim Friedensgebet und der anschließenden Montagsdemo. Es war alles sehr beeindruckend. Doch haben mir die vielen Deutschlandfahnen und nationalen Sprüche Angst gemacht. Mit so etwas kann ich nur sehr schwer umgehen. Aber ich finde es gut, daß Deutschland wieder ein Land ist, trotz der verschiedenen Probleme, die die Einheit mit sich gebracht hat."

Heimzeit

Katharina Lange

Jana

Hier also wohnte sie: in Gera-Lusan, einem Neubaustadtteil im Stil der 70er Jahre. Es machte Spaß, mit Jana durch die Straßen zu bummeln. Die sonst trostlosen Silos verloren mit den Erinnerungen Janas ihre Anonymität. Endlich sind wir in der kleinen, gemütlichen Neubauwohnung angelangt, die Jana mit ihrem erheblich älteren Freund teilt. Im Moment verbringt Jana hier einen Großteil ihrer Zeit – mehr notgedrungen – denn nach einem Jahr „0-Stunden-Kurzarbeit“ ist sie gerade offiziell arbeitslos geworden. Ihre Fotoalben interessieren mich. Sie erzählen vom Lebensweg eines Mädchens in der DDR – einen nicht ganz typischen Weg. Denn Jana hat 4 Jahre im Kinderheim verbracht. Gerade aus dieser Zeit fehlen Bilder. Wir entschließen uns, nachträglich zu fotografieren, was für sie wichtig war. Jana beginnt zu erzählen:

Und da hab ich se gefragt, ob ich nich och Mutti sagen kann

„Meine Eltern ham sich scheiden lassen, und meine Mutter, die hat es Erziehungsrecht nicht bekommen. Mein Vater, der war bei der Fahne, und somit mußte ich ins Heim. Und meine große Schwester is zu meiner Oma nach Reichenbach gekommen. Ich bin damals mit nem halben Jahr ins Heim gekommen, nach Crimmitschau. Und sie (Janas Oma väterlicherseits) hat mich dann rausgeholt, wo ich zwei Jahre alt war, weil ich jedesmal, wenn sie mich wieder hingebracht hat nachem Urlaub, bin ich krank geworden. Und da wollt se halt, daß ich wieder rauskomme ausem Heim, weil ich das nicht ausgehalten hab drinne, ich war immer kränklich.“

Zu ihrer Oma hatte Jana ein inniges Verhältnis: „Sie hat mich früher zum Kinnergarten gebracht, und da ham se alle Mutti gesagt. Und da hab ich se gefragt, ob ich nich och Mutti sagen kann. Und da sacht se 'ja'. – Probleme gabs deswegen nich, weil ich jetzt keen Vater oder irgendwas hatte, das hat überhaupt keenen angestoßen. Im Gegenteil, meine Mutter hat sich immer gefreut, also meine Mutti, wenn jetze Kinner zu Besuch warn aus der Klasse. Hat nie was dagegen gehabt, hatt mer sehr viel Freiheiten gehabt.“

Janas Mutti arbeitete damals in einer Wäscherei bei der Wismut. Ihr Einkommen war gering. „Die hat nebenbei noch gemacht. Im Friseurladen hat se saubergemacht.“ Trotz bescheidener Verhältnisse las Mutti der Jana jeden Wunsch von den Augen ab. Befragt nach Geburtstagsgeschenken, schwärmt Jana: „Also, da hat sie lieber auf irgendwas verzichtet, aber hat mir immer was geschenkt. Und immer das, was ich mir gewünscht hab.“

„Dieses Bild, das ist bei meinem Onkel im Garten aufgenommen, in Trebnitz. Da

Kinderheim "Willy Schneider" in Gera-Lusan

sieht man mich und meine Mutti. Dort verbrachten wir viel Freizeit in dem Garten, weils eben schön war dort. Du hast frische Luft gehabt, nich immer diesen Mief aus der Stadt."

1975 wurde Jana eingeschult. In der ersten Klasse wurde sie auch Pionier: „Den Tag konnt ich kaum erwarten, Pionier zu werden. Das war mein größter Stolz. Zumindest Jungpionier. Ich bin dann och viel zum Timurtrupp gegangen, hab alten Leuten Kohlen hochgetragen, hab viel mit geholfen, jetze, wenn se nicht mehr so konnten. Da sin mer hingegangen, ham nachmittags geklingelt, ham e bissel aufgewaschen, sind einkaufen gewesen – ebend was en Pionier machen muß." Pioniernachmittage „gab's sehr viele. Da sin mer öfters mal weggegangen oder wir saßen dann da und ham gebastelt. So nachdem was grad anlag, wie Weihnachten. Da ham mer bunte Scheiben gebastelt und so Friedenstauben und alles so'n Zeug. Also, es war schön – Jungpionier."

Befragt nach ihrer Kindheit antwortet Jana ganz bestimmt: „Die war schön. Schöner wie jetzt alles. Erinnere mich och gerne zurück."

Bist neu gewesen ...

Im Februar 1983 stirbt die Mutti. Für Jana wurde dieses Ereignis nicht nur gravierend, was ihren weiteren Weg anbetraf. Es ist für sie noch heute die schlimmste Erinnerung ihres Lebens. Nur der Gedanke daran treibt ihr die Tränen in die Augen. Mit erstickender Stimme bekennt sie: „War ja dann ne Person, die ich gerne hatte." Noch nicht 14jährig, wurde Jana vor die Wahl gestellt, ins Heim oder zu ihrem Vater zu gehen. „Und da hab ich gesagt, da geh ich lieber ins Heim, wie daß ich zu meinem Vater geh. Na ja, und am 3.3. bin ich dann nach Lusan ins Heim gekommen."

Das Kinderheim am Rande Lusans untergliederte sich in drei Abteilungen: Vorschule, Schule und Jugendabteil. Ihre ersten Tage in der Abteilung Schule schildert Jana so: „Das war erst ma ganz angenehm, weil de immer warmes Wasser hattest, und brauchteste keene Kohlen mehr tragen. Das war also immer warm in dem Haus. Aber am Anfang war's doch ziemlich schwer jetze. Bist neu gewesen, erst ma ham se dich alle angekuckt und wollten nun wissen, wer de bist und warum de im Heim bist und – also das Eingliedern in die Gruppe ist mir am Anfang sehr schwer gefallen. Weil of enmal so viele Kinder da warn, so viele Menschen. Und das war ich nich gewohnt. Drei Mann warn wir am Anfang drinne in so nem Zweerzimmer, weil ich zu viel war in der Gruppe. Bis zum Sommer dann – im Sommer hatt ich dann mein Zimmer gekriegt, mit noch jemandem zusammen, da hatt ich mich dann och mit der Zeit eingelebt. Aber jedesmal die geregelten Essenszeiten, und dann Hausaufgabenzeit, dann um zehn Nachtruhe gewesen. Das war bei mir früher nich – damals kam grade Dallas, wo ich zu Hause war, da war ich noch kleen gewesen, und da bin ich halt um sechs ins Bett gegangen und dreiviertel zehne hat mich meine Mutti dann geweckt zum Dallas kucken bis halb elf, und dann bin ich halb elf wieder ins Bett. Das konnt ich ja nun im Heim nicht mehr machen, da gabs ja keen ARD, ZDF und so was. Da gab's bloß das Erste und Zweete von uns. Das war schon en bissel belastend. Genauso jeden Montag diese Kamerastunde. Mußt mer jeden Montag 'Aktuelle Kamera' kucken, ne halbe Stunde lang, und danach wurde das ausgewertet. Ich meine, manches hat mich zwar interessiert, aber es gab auch vieles, was dich nicht interessiert hat in der Kamera."

Ja, viel bestimmen konntst de da nich

Im Kinderheim „Willy Schneider" waren Zwei- und Dreibettzimmer durch lange Flure verbunden. „Da sin mer immer abends gerannt, wenn de Nachtwache – wenn der Erzieher dann weg war, ham mer abends unser Jogging gemacht im Flur." Auch ein großer Aufenthaltsraum gehörte zu jedem Flur, „mit ner Anbauwand, ner Couchgarnitur, nem ordentlichen großen Tisch. Sonst hattste immer bloß die Vier-Mann-Tische gehabt. Blumen warn drinne, Pflanzen." Am Abend wurde er immer zugeschlossen. „Weil Nachtruhe war, da stand der Fernseher drinne und das Radio, und da durft mer dann nich mehr rein." Das war so „halb zehn, dann nach dem ersten Film, kannste sagen. Und dann sind de Erzieher nochmal rumgegangen und ham in jedes Zimmer gekuckt, und dann ham se 'Gute Nacht' gesagt und ham zugeschlossen und sind gegangen. Die Küche war auch immer of, aber da war nie was da. Außer nachmittags, gab's Kuchen. Dann abends um sechs gab's Abendbrot. Da sin mer alle runter in 'n Speisesaal gegangen und ham dort gemeinsam Abendbrot gegessen, alle Mann – außer ebend de Vorschule und de Jugendlichen, die ham oben gegessen. Wir sind runter in 'n Speisesaal, und da hatte jeder seinen Platz gehabt, wo er sitzt. Und wehe, der saß ma woanders, da gab 's Ärger. Da hat jeder zwei Scheiben Brot gekriegt, so en kleenes Stück Butter und so en bissel Wurst, von jeder Sorte eene Scheibe – immer dasselbe: Leberkäse, Bierschinken, Salami."

„Mein Zimmer war nich so eingerichtet

Jana wollte auch im Heim sie selbst bleiben.

wie alle andren Zimmer. Dadurch, daß das vorher Erzieherzimmer war und erst im Sommer, das halbe Jahr später, nachdem ich reingekommen bin ins Heim, als Jugendzimmer, als Aufenthaltsraum für en bis zwee Personen, umgebaut wurde, konnt ich dann meine Phantasie selber 'n bißchen walten lassen. Das war dann eben halt en ganz besondres Zimmer. Die Wände voller Bilder. Alles voll, hast gar keene Tapete mehr gesehen." Über die Erzieher berichtet Jana: „Manchmal ham se doch en bißchen gemeckert, weil ja das nu nich die Regel war. Aber irgendwie ham mer uns durchgesetzt. Wir durften 's dann so lassen, wie mer 's hatten."

Auf einen geregelten Tagesablauf wurde im Kinderheim Gera-Lusan geachtet. Da unterschied sich das Jugendabteil kaum von den Schülern. „Ja, viel bestimmen konntst de da nich. Du bist jetzt um viere von der Lehre gekommen, hast dein Zimmer sauber gemacht. Dann gab 's Abendbrot um sechs, dann haste deine Ämter gemacht. Da haste noch en Film gekuckt, und dann war Nachtruhe. – Montags wurde immer festgelegt, wer jetze was macht, wie Waschraum, Toilette, Gang, Papierkörbe, Küche, Gruppenraum. Du konntest schon en bißchen mitreden. Aber wenn de jetze zu oft gesagt hast, du willst Papierkorb machen, das ging och nich. Also mußtest jede Woche was andres machen, weil es sollte ja jeder mal jedes Amt machen. Dein Zimmer mußteste jeden Tag ofräumen, egal ob de Lust hattest oder nich. Und sonnabends gab 's dann meistens Schrankkontrolle. Und wenn was nich gestimmt hat, ham se de Klamotten rausgeschmissen. Da mußtest' nochmal zusammenlegen."

„Wir hatten och so ab und zu ma Disco in der Woche. Dann gab 's auch so noch Gruppenveranstaltungen. Grade wir Jugendlichen, wir hatten ja unsren eignen Jugendklub damals gehabt im Heim. Da war ma jemand da, der hat Gitarre gespielt. Wie er heißt, weeß ich nich mehr. Na ja – ab und zu war 's schön." ... „Bei den Jugendlichen mußt mer dann die Wäsche selber waschen. Und einmal in der Woche sollte gekocht werden. Das is aber wieder eingeschlafen. Ich meine, was willste jetzt für 16 Mann kochen, wo de dann zu Hause vielleicht bloß zu zweet oder zu dritt bist."

Gemerkt hast des nicht, daß de jetze in' Kreis der Erwachsenen aufgenommen bist

Anfang März kam Jana ins Kinderheim. Kurz darauf, im April, feierte sie Jugendweihe. „Ich hab mich nich so auf de Jugendweihe gefreut wie damals of das Pionierwerden. Ja, weil das – Jugendweihe, ich weeß nich – erstma war's im Heim gewesen. Bist früh ofgestanden, hast dich angezogen, bist dann losgefahren in de Stadt rein, ins ‚Haus der deutsch-sowjetischen Freundschaft' auf 'm Markt. Da haste nun dein Buch gekriecht, ich weeß nich mehr, was für ens das war. Na ja, auf jeden Fall, da sin mer dann wieder hoch ins Heim gegangen, nachdem de Feierlichkeit zu Ende war, da war meine Tante und mein Onkel mitgewesen. Und von den anderen Kindern eben och de Familienangehörigen, die se noch hatten. Da wurden vorm Heim noch ' paar Bilder geschossen von der Jugendweihe.

Und dann ging 's runter in 'n Speisesaal. Da hat jeder en Glas Wein gekriecht, und da wurden dann die Geschenke vom Heim überreicht, was de dir eben gewünscht hattest. Ob 's Abendbrot oder irgendwas gab, da kann ich mich nich

Jana (rechts) mit einer Freundin aus dem Heim zur Jugendweihe

mehr so dran erinnern. Auf jeden Fall – danach war Schluß. Und dann ham mer noch ma, en Wochenende später, bei meiner Tante nachgefeiert. Da hab ich eben dann meine Freunde, Bekannte alle eingeladen."

„Die Lehrer ham uns dann gefragt, ob se uns mit ‚Sie' oder ‚Du' ansprechen sollen, da ham mer gesagt, mit ‚Du', weil das hat uns nich intressiert. Genauso im Heim. Da ham mer och gesagt, mit ‚Du'. Warst ja nun schon viele Jahre mit den Leuten zusammengewesen, warum sollst de 'n da jetz of enmal mit ‚Sie' ansprechen lassen. Das is Quatsch. Aber so, daß sich groß was verändert hat ... Ich meine, dann kam die Bewerbungszeit für die Schule, 9. Klasse dann. Da hat sich das Heim och mit drum gekümmert. Aber ansonsten groß was verändert – kann ich nich sagen. Gemerkt hast des nich, daß de jetze Jugendweihe hattest und in 'n Kreis der Erwachsenen aufgenommen bist. Überhaupt nicht. Gekichert ham mer immer noch so viel wie früher."

Das Jugendweihekostüm „hat damals meine Mutti noch anfertigen lassen, zu Lebzeiten. Da sin mer damals zur Damenmaßschneiderin gegangen, mit Samtstoff und so en ganz dünnen Stoff – da haste wirklich alles durchgesehn. Und da hat se für mich ne Bluse anfertigen lassen, ne Weste und en Rock. Ja also ich meine, ich bin nicht der Typ, der jetzte so aufgetakelt rumläuft, mit Samtrock und so 'n Spitzenblüschen. A, das gefällt mir überhaupt nich. Ich zieh lieber ein T-Shirt und 'n paar Jeans an. Genauso die Locken, die Dauerwelle ... Das is dann alles bissel komisch gewesen, das paßt nich zu mir, find ich."

Das sollte en Versuchsobjekt sein, unsre Klasse

In der 9. und 10. Klasse besuchte Jana eine spezielle Heimklasse, die gerade zu ihrer Zeit eingerichtet wurde. Eine Wiederholung dieses Projekts fand nicht statt. „Das sollte en Versuchsobjekt sein, unsre Klasse. Ob sich das rentiert, ob das überhaupt geht, nur ne totale Heimklasse. Ich mein, für de Erzieher, für 's Heim war's jetze praktisch. Wenn jetz was los war in der Schule, glei anrufen, ,'s is wieder das und das'. Wenn jetz Elternabend war, hat sich halt der Lehrer bei uns oben im Heim mit 'm Erzieher getroffen. Und ham sich dort unterhalten. Das war ebend nicht so, daß se in der Schule antanzen mußten."

Jana empfand diese Heimklasse als belastend: „Dadurch, daß de jetze mit den Leuten, die de im Heim hattest, in der Schule wieder zusammengestoßen bist. Du hattst die gleichen Probleme, die de im Heim hattest, in der Schule. Haste dich mit eener aus 'm Heim gestritten, is das Thema in der Schule weitergegangen. Konnten se ja bloß sagen, ,ach, de Heimkinder. Ach, de Heimkinder sin wieder da' oder ,ach, de Heimkinder sin heute wieder frech'. Na ja, das war nich so schön."

Wie froh war Jana, als sie die Zehnte beendet hatte: „Endlich mein Abschlußzeugnis, endlich Arbeiten gehn, keene Schule mehr sehn." Zunächst war Jana unschlüssig, was sie werden sollte: „Und da hab ich mich mit jemandem unterhalten, und der hat gesagt, ,bewirb dich bei der Elektronik. Erstensmal verdienste gut und machst zwar Leistung, aber ...'. Na ja, der hat mich da reingebracht, sozusagen. Und da hab ich mich dann als Anlagentechniker beworben."

In ihrem späteren Arbeitskollektiv fühlte sich Jana wohl. Nach der „Wende" wurde ihr Betrieb geschlossen. Nach ihren Zukunftsaussichten befragt, antwortet sie: „Na ja, ich wollte immer zur Polizei gehn. Dadurch, daß ich ne Lehre hab, jetz sowieso arbeitslos bin, denk ich, daß ich das vielleicht eher realisieren könnte wie damals. Wo ich Arbeit hatte, da hab ich gedacht, gut, jetz haste Arbeit, jetz brauchstes nich. Aber heute – ich weeß nich, was ich machen soll – das wär nun des Naheliegenste, was ich machen würde gerne: zur Polizei gehn."

Das gab och so manchmal Ärger

In Kinderheimen ist das Rauchen weit verbreitet. Jana bestätigt: „Jeder hat geraucht. Und du wolltest keene Ausnahme sein und hast halt dann och mitgeraucht. Weil – wo ich reingekommen bin, die meisten Mädels, die ham geraucht, genauso wie die Jungs." Wir sind „entweder untern Balkon gekrochen oder ham uns hinterm Haus in der Ecke of ne Treppe gesetzt und ham dort heimlich geraucht. Durfte uns ja zu der Zeit, wenn de noch keene 16 warst, keiner erwischen. Immer drei, vier Mann warn mitgewesen. Da unten ham mer dann viel rumgekaspert und rumgealbert.

Je nachdem – wenn 's jetzt Krach gab, sin mer rausgegangen und ham eene gerocht und ham uns über de Erzieher ofgeregt, was die wieder für nen Quatsch erzählen. Na ja, wir warn ja immer der Meinung, die sehn jetzt Dinge ganz anders wie wir." Auch unter den Jugendlichen konnten Spannungen eskalieren. „Dann gab's welche, die warn sehr falsch, die ham dich ausgehorcht und ham drof

Die Raucherecke auf der Treppe. Fotografiert im Oktober 1991

gewartet, dir das mal irgendwann vorzuhalten. „Dann gab 's och welche, die warn sehr of Prügelei aus." In ihrer Zimmergenossin fand Jana eine Freundin. Da hatte "sich dann rausgestellt, daß se eben Kumpel is und daß de ebend dich viel mit ihr unterhalten kannst, über Probleme und alles. Sie is nich schwätzerisch. Sie behält das ebend für sich, was de ihr anvertraut hast."

Problematisch war es mit Freunden von außerhalb: „Die konnten bis zur Pforte, sich anmelden, und dann mußten se warten. Und dann sin mer mit denen wieder raus aus em Heimgelände. Und abends konnt'n se überhaupt nich her. Da hat de Nachtwache gleich de Polizei geholt. Die warn oft da."

Ich wollte irgendwas machen, was mir Spaß macht

Jana betrieb während ihrer Heimzeit begeistert Sport. „Das war in der 7. Klasse damals. In der Schule haste so AG's vorgestellt bekommen. Geräteturnen, Schwimmen, und da war eben Schießen dabei. Und ich wollte schon immer ma zum Schießen gehn. Und da ham se ge-

sagt, machste Pistole. Und da hab 'ch 'n bißchen of Pistole probiert. Und da hab ich dann och 'n paar Erfolge gesehn. Und da hab 'ch gesagt, so, jetzt machste weiter, weil 's sehr schön war."

Jana, befragt nach ihren wichtigsten Erfolgen: „Der allerwichtigste, den ich hatte, war der Spartakiadesieg. Dann kamen die DDR-Meisterschaften und dann die Pokale. DDR-Meisterschaften hab ich grad eenmal den ersten Platz, ansonsten immer ma den zweeten und 'n dritten. Aber warst immer mit untern Siegern gewesen. Und das hat mir eigentlich schon gefallen, wenn ich jetzt überhaupt ne Medaille hatte, überhaupt 'n Platz gekriegt hab. Und da haste dann mehrfach nur trainiert, und die Schule war en bissel weiter hinten. Und wenn mer im Sommer Trainingslager ham, da sin dann och noch welche aus anderen Städten gekommen. Das war ne lustige Zeit. – Im Heim hattste ja nich viel. Und jeden Tag jetze irgendwo in de Kneipe rennen und bloß Bier trinken, war ich nich der Typ. Ich wollte irgendwas machen, was mir Spaß macht. Das hatt ich ja nun vor der Heimzeit schon angefangen und hab das dann weitergeführt in der Heimzeit."

Am schwersten war für mich zu kochen und einkaufen zu gehn

Kinder in Heimen der DDR wurden im allgemeinen mit ihrem 18. Geburtstag entlassen. Auch Jana erhielt eine Wohnung über ihr Jugendamt. „Da ich 18 geworden bin, ham se sich so entschieden, daß ich ne Wohnung krieg, wenn ich 18 bin. 3000 Mark hab ich noch gekriecht, fürs Einräumen, Tapezieren, alles. Sin och drofgegangen." Dennoch wollte Jana nicht entlassen werden. Beinahe ein Jahr konnte sie länger bleiben: „Ich war einfach noch nich so weit. Ich meine, du hattest die ganze Zeit, die ganzen Jahre Trubel um dich gehabt, Hektik, 'n Haufen Leute. Und dann of enmal alleene in so ne Wohnung ziehn, das war nichts. Von heute of morgen, das konnt ich nich. Wenn Heimfahrten warn, ham se mir och 'n Urlaubsschein gegeben, damit ich wenigstens am Wochenende mich schon langsam daran gewöhne, daß ich schon ein bißchen in der Wohnung wohn. Aber das war nich das richtche für mich, so alleene." Jana blieb nicht lange alleine. Im Restaurant traf sie IHN. „En Monat, nachdem ich entlassen war, hab ich den Mann ebend kennengelernt, bei dem ich jetz mit wohn. Und eines Tages hat er dann gesagt, ‚du wäschst jeden Tag deine Schlüpfer und deine Strümpfe hier aus, bring doch einfach ma 'n paar Sachen mit'. Und dann, enes Tages, hab ich dann mit hier gewohnt."

Fast fünf Jahre lebt Jana jetzt mit ihrem Freund zusammen. Sie erinnert sich: „Am schwersten war für mich zu kochen und einkaufen zu gehn. Das kanntest du ja früher nich. Da war ja immer alles da. Also mußteste dann selber in de Kaufhalle gehn, mußtest das holn, was de eben brauchtest. Das war schwer. Ansonsten ging 's."

Katharina

Ich war neugierig auf den Odenwald und seine Menschen. Auf mein Klingeln öffnete mir die Hausherrin des schönen Fachwerkhauses mitten in Lindenfels. Sie geleitete mich zu ihrem Sohn und dessen Freundin Katharina, die sich das Dachgeschoß zu einer geräumigen, modernen Wohnung ausgebaut hatten. Beide erzählten mir nicht nur von ihrem Leben, sondern schlossen mich für wenige Tage ganz natürlich mit ein. Bilder aus ihrem Leben finden sich viele.

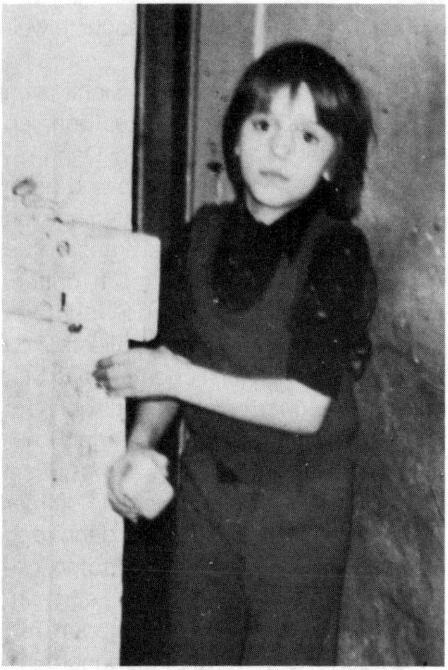

"Da hab isch grad Zigaretten geholt für mein Vatter. Der hat also geraucht, meine Mutter net, nur mein Vatter halt. Da sind mer meist Zigaretten holen gegangen, entweder isch oder mein großer Bruder. War grad gegenüber en Zigarettenautomat, das weiß isch noch."

Was halt normal ist so, wenn man daheim wohnt

„Da war isch die zweitälteste. Vier waren jünger wie isch. Mein Bruder war 11 Monate älter wie isch. Mit dem hab ich misch net so gut verstanden, wir ham uns auch öfter mal geprügelt. Wir ham aber auch zusamme gespielt, im Hof dann daheim oder halt in der Wohnung mit de Bauklötz. Meistens halt im Hof, wenn schönes Wetter war, mit 'm Ball. Oder war neben dran so ein altes Haus, das hätte abgerissen werden solle. Da ham mer meistens Verstecke drin gespielt, wo 's uns nicht erlaubt war. – In Dieburg hab ich 10 oder 11 Jahre ungefähr gewohnt. Es hat auch Spaß gemacht so. Wir ham uns auch so vertragen, wir Geschwister. Und da sind mer auch spazieren gegange all zusammen. Und da sin mer halt zusamme einkaufen gegange, was halt normal ist so, wenn man daheim wohnt."

Hier "sieht man die Familie, wo ich bloß halbe drauf bin offn Bild. Und meine eine kleine Schwester fehlt. Da war se vielleicht auch noch nicht auf der Welt. Da sind halt meine anderen drei Brüder drauf, meine Mutter und meine eine Schwester."

Katharinas Mutter blieb zu Hause: „Die hat ja auf uns Kinder aufpassen müsse, hat immer Essen kochen müsse und so. Vatter ging halt arbeiten als Bauhelfer. Mehr weiß isch auch nischt." „Und isch weiß auch noch, da ham mer unterm Küchentisch geraucht, mein großer Bruder und isch. Da warn wer schon sechs oder sieben. Na ham mer 's halt mal ausprobieren müssen. Und einmal – weiß isch noch – da hat mein Vatter mein Bruder erwischt gehabt. Und zwar warn mer da in der Schule. Mein Vatter ist mit dem Fahrrad vorbeigefahren, rein zufällig. Und da hat mein Vatter mein Bruder gesehen mit der Schokoladezigarette halt in der Hand. Na richtig geraucht hatt' mer auch noch net, hatten bloß mal so probiert gehabt unterm Küchetisch so. Und wo mein Bruder dann heimgekommen ist, hat mein Vatter zu ihm gesagt, ‚hast du geraucht?' Hat er gemeint, nein, er raucht net. Und wollt mein Vatter halt net glauben, hat er gesagt, ‚du hast jetzt die Zigarette da von mir.' Mein Bruder wollts nicht rauche, da hat er ne Ohrfeige gekriegt."

Bestraft wurden die Kinder öfter: „Ja, am Anfang, wie mer noch kleiner warn, vielleicht so vier oder so, da gab 's schon immer Ohrfeigen oder auf den Hintern drauf. Dann hat mein Vatter aber eingesehen, daß es nix bringt eigentlich. Da ham mer dann entweder in die Ecke gestand für ne halbe Stund oder da mußt mer halt still am Tisch hocken. Das hat halt dann eher was gebracht. Und da hat er also Ruhe gehabt, meine Mutter hat auch die Ruhe gehabt."

Obwohl Katharina von einer glücklichen Zeit daheim sprach, blieb nur wenig davon in ihrem Gedächtnis haften. Es sind Splitter, an die sie sich erinnert: „Naja, wir ham im Zimmer geschlafen zu viert. Wo die anderen zwee waren, das weiß isch jetzt nicht mehr, die zwei kleineren." Auch vom Tag ihrer Schuleinführung weiß sie nichts zu berichten. Eingeschult wurde sie „1972 in Dieburg, in die Grundschule. Da ging 's eigentlich auch ganz gut. Und die Schule war net weit entfernt."

Am Anfang, wo mer ins Heim gekomme sind

Im Sommer 1976 wurden die sechs Kinder ins Heim nach Fürth im Odenwald eingewiesen. Der Vater war verstorben. „Das hab ich mal rein zufällig so mitgekriegt. Das hatt ich noch net so richtig kapiert damals. Da war isch elf. Da ist unsere Mutter am Anfang noch gekomme, uns besuchen. Da hat se uns halt auch erzählt, daß unser Vatter gestorben ist, daß mer für immer halt dort bleibe müssen und so. Und irgendwann ham mer 's halt dann verstande, daß mer halt dort bleibe müßten."

Die Mutter konnte die Kinder nicht nehmen: „Sie hätt uns ja alle sechs verpflegen müssen so. Und das Jugendamt hat das auch glaube net zugelassen, so viel isch weiß. Weil – die kam dann später, drei Jahre später, selber in ein Heim, weil die – nehm isch an – für sich selber nicht mehr richtig sorgen konnte."

„Und wo mer dann im Heim angekomme sind, sind mer en bissel begutachtet worden von den andern Kindern so. Mer sind dann in so nem Raum gewesen, der sich Tiefkeller nannte, und da saßen mer halt da auf der Bank und wurd mer erst mal geduscht und angezogen. Und da hab'n mer ein Zimmer zugeteilt bekommen und sind dann in bestimmten Gruppen aufgeteilt worden. Und zwo kleinere Schwestern, die sind zu den kleinen Kindern gekommen, und die zwo Brüder, die mittleren, die sind dann zu den mittleren gekommen in den Tiefkeller. Und mein Bruder und ich, wir sind dann zu den größeren gekommen."

Die Verbindung zwischen den Geschwistern lockerte sich zunächst. „Mein Bruder, der war ja in derselbe Gruppe wie isch. Aber großen Kontakt hatten mer ei-

Kinderheim "Purzel" in Fürth/Odenwald (Stammhaus)

gentlich weniger. Weil – er hat halt andere Freunde da in der Gruppe dann gehabt. Und meine andern vier Geschwister – ab und zu hab isch sie halt gesehn, aber daß mer noch zusammen gespielt hätten oder so ..."

„Am Anfang, wo mer ins Heim gekomme sind, so, einmal weiß isch noch, da bin ich in de Schule gegangen, war ich of em Schulweg, of enmal sind da grad zwo gekomme vom Heim und ham mich halt verprügelt. Und, das war eigentlich ziemlich gang und gebe, daß mer uns oft geprügelt hatten. Es is so gewesen, wer do neu gekommen is. Später, wo ich schon etwas größer war und 's is halt en Neuer dazugekomme, den ham mer au erst mal am Anfang verprügelt. Das war irgendwie so bei uns. Zwar net immer, aber wie 's eim halt grad gepaßt hat, wer 's halt grad war. Na später, wo mer dann halt älter warn, da ham mer uns halt nimmer geprügelt."

Und da durft'n mer halt auch net so sagen, a isch hab jetzt keine Lust

„So fuffzig Kinder bestimmt, würde isch sagen, warn mer im Kinderheim. Na man hat halt gesagt bekomme, mit wem man ungefähr zusammenschläft in de Räume, bei den größeren dann halt nicht mehr. Also Posters oder so was durft mer halt scho an die Wand kleben. Hat keiner was gesagt. Mit de Klamotten halt, mit de Kleider, wars halt so: da hatt' mer extra für die Schule Klamotten, Kleider gehabt, und wenn ma rausgegangen is zum Spielen, hatt' ma Umziehkleider gehabt, extra zum Spielen. Die Kleider hat ma eigentlich vorgeschrieben gekriegt, was man anziehn müßte für de Schule und nachmittags halt auch. Hat ma für die Schule halt öfters im Sommer auch Röcke anziehn müssen. Da war noch eine vom Kinderheim, die war bei mir in der Klasse. Die hat eigentlich auch net gerne Röcke angezogen. Da ham mer uns als kurze Hosen mitgenommen im Schulranzen heimlich und ham se of der Treppe angezogen und den Rock in die Schultasche und sind dann in de Schule mit de kurze Hose."

Katharina erzählt vom Alltag im Kinderheim:

„Sind halt von der Schule gekomme, da gab 's ne feste Zeit, wo man gegessen hat halt. Und nach 'm Essen hatt mer dann die Hausaufgaben mache dürfen oder müssen mehr oder weniger. Und danach durfte man rausgehen zum Spielen. Gab 's den Hof halt draußen zum Spiele, es gab 'n riesigen Rasen, aber da durfte ma halt nicht drauf am Anfang. Sind mer halt

Katharina 1984

manchmal auch draufgegangen, haben Fußball gespielt. Da wurde halt gemotzt. Und dann gab 's weiter oben, of 'm Heimgelände aber noch, 'n Spielplatz und so ne Hütte halt, ne größere. Konnt ma a so drin spielen, in der Hütte. Dann gab 's dann noch so 'n Platz, da konnt ma Rollschuh druf fahrn oder Fahrrad druf fahrn und so ... Man durfte a weggehen, wenn ma wollte." Abendbrotzeit war „um sechse oder sieben. 's kamm immer drauf an. Weil – wenn mer im Schwimmbad warn, da ham mer uns Abendbrot immer mitgenomme." Das Essen „war immer ausreichend. Gut ist halt Geschmackssache. Es gab halt meistens dasselbe jede Woche."

1979/80 wechselte Katharina in ihre erste Außenwohngruppe. Zwei wurden damals in Fürth eröffnet, weil – wie sie selbst schildert: „Im Kinderheim dann zu wenig Platz war eigentlich. Wir waren zu viele Kinder und wurden halt immer mehr. Und da sind dann die Außenwohngruppen aufgemacht worden. Eine für Mädchen und halt eine für Jungs. Warn aber in dieselbe Straße. Da hattn ma halt a wieder einzeln oder zwo Zimmer gehabt. Und da hat ma eigentlich 'n bissel mehr Freiheiten gehabt wie im Kinderheim. In der erste Wohngruppe, wo mer dann gekommen sind mit vierzehn Jahren, da ham mer dann auch selber waschen müsse. Und kochen – die Erzieher ham 's einem dann au gezeigt."

Fernseher waren zwar überall präsent in den Aufenthaltsräumen, aber für Katharina war er damals nicht so wichtig. „Zu meiner Zeit ham mer net so oft Fernsehn geguckt. Wir durften zwar, aber wir wollten gar net so oft gucken. Sind dann lieber spazierengegange oder halt irgendwas gespielt oder Musik gehört oder was gelesen. Grad zu dieser Zeit hab ich dann a für die Lehre üben müsse, hat ma halt a net so viel Zeit gehabt."

Isch bin eigentlich gar net gern in die Kirch gegangen

„Da war isch zur Kommunion gegangen mit meinen Brüdern. Der kleine Bruder, der is halt vier Jahre jünger wie isch gewesen. Und der is halt mit zur Kommunion gegangen, weil mein großer Bruder und isch, wir hätten nun mal mit neun Jahren zur Kommunion gehen solle. Aber der Pfarrer (in Dieburg) hatte uns ange-

"Da bin halt isch auf 'm Bild mit meinem größeren Bruder und mit meinem kleinen Bruder."

guckt, hat gefragt, wie alt wer sind. Habn mer gemeint, neun und acht oder so. Und da hat der Pfarrer einfach gesagt, ne, wir wären noch zu klein von der Größe her. Da sind mer halt dann in Fürth zur Kommunion gegange, und da war isch ja schon elf, fast zwölf. Und zur Kommunion geht ma ja eigentlich mit neun oder zehn. Aber isch hatte dann die richtige Größe von den Neunjährigen. Hab halt gut dazu gepaßt. Das Heim hat halt dafür gesorgt, daß man da zur Kommunion geht. ... Die Mädchen, die mußten halt Kleider anziehn, da sind mer halt auch net gefragt worden, hat ma halt en Kleid hingelegt bekomme. Wenn 's gepaßt hat, o.k. Wenn net, hat ma en andres gekriegt." Und „so 'n Kranz of 'm Kopf noch, was mer eigentlich auch net gefalle hatte. Aber wenn isch das Bild jetzt angucke, gefällt 's mir ganz gut. Vormittags um elf – oder nachmittags –,isch weiß es net, sind mer halt zur Kommunion gegangen. Und später sind mer zum Fotograf gegangen, sind dann die Bilder gemacht worden. Und dann is ma wieder ins Heim gegange. Da war halt dann Kaffee und Kuchen aufgebaut, und die Kerzen standen da. Da wurden dann nochmal schnell Bilder gemacht von den Mädchen und von den Jungs, wo zur Kommunion gegangen sind. Und da hatt mer hier noch 'n Raum gehabt, da lagen dann die Geschenke für die, wo zur Kommunion gegangen sind, drin. Isch bin eigentlich gar net gern in die Kirch gegangen, weil – mir wars da zu langweilig in der Kirche. Zur Kommunion hat ma halt in die Kirche gehen solle vorher. Aber wir habn halt oft a geschwänzt. Beichten hab isch a ganz vergessen. Isch hatt a nit viel zu beichten. Hab isch mir gedacht, isch brauch a net hinzugehen."

Äh – die sind ja vom Heim

Mit ihrer Aufnahme in das Kinderheim „Purzel" begann Katharina 1976 an der Gesamtschule in Fürth zu lernen. In der 10. Klasse wechselte sie an die Hauptschule in Mörlenbach, wo sie den Realschulabschluß erhielt.

„Am Anfang wars en bissel blöd in der Schule halt. Wo isch den ersten Tag in die Schule gekommen war, weiß isch noch, da war isch ja mitten in der fünften Klasse reingekomme. Da hatten die halt schon Englisch gehabt ab der dritte Klasse in Fürth. Und wir ham meist ab der fünfte Klasse Englisch gekriegt. Und da bin isch halt gefragt wurde, ab der wievielten Klasse isch Englisch hatte. Da hab isch halt gesagt, ‚ab der fünften Klasse erst'. Da habn se halt alle gelacht, äh – wir sind ja in der fünfte Klasse. Und die hatten scho seit der dritten Klasse, und da bin isch halt a nicht so mitgekomme. Und da hat 's mehr oder weniger gehießen, ‚äh – die sind ja vom Heim' und so, ‚mit denen gebn mer uns net ab, die klauen und sind frech' und so. Aber dann, so in der neunte Klasse, in der zehnte Klasse halt erst recht, da bin isch ganz gut mit denen zurechtgekomme."

Katharina erhielt eine Ausbildung als Chemikantin.

„Wollt isch eigentlich gar net lernen, Chemikantin. Weil – isch wollt Chemielaborantin werden, weil mir die Chemie in der Schule dann eigentlich ziemlich viel Spaß gemacht hatt. Und da hab isch mich als Chemielaborantin beworben. Aber die wollten mich alle net." Eine Erzieherin vermittelte Katharina schließlich die Lehrstelle als Chemikantin.

Viel blah-blah gemacht

Im Kinderheim „Purzel" arbeitete ein Heimpsychologe: „Am Anfang gings ja mit dem Steffen. Wo mer dann älter warn, hat er halt gemeint, er könnt uns da erzähln, was ma eigentlich net mehr so geglaubt hatte. – Irgendwie hat der 'n Knacks abgehabt, tät isch sagen. Isch konnt ihn halt a net so gut leiden. Wo mer dann in den Außenwohngruppen warn, is er einmal in der Woche zu uns gekomme abends. Da habn mer uns halt so unterhalten. Was ma halt angestellt hatte, wenn ma was angestellt hatte. Daß das halt net mehr vorkommen sollte und dann halt mit 'm Rauchen und mit 'm Trinken. Und daß ma halt mitten in der Nacht nit mehr aus dem Fenster steigen sollte, um wegzugehen."

Die wirklichen Probleme der Jugendlichen bekam der Psychologe nicht zu hören. „Na eigentlich habn mer 's dann weniger mitgeteilt, weil – pff – den hat ma ja net so oft gesehn. Den hat ma halt einmal in der Woche gesehn. Was soll man mit dem über 'n Freund oder so erzähln, den er sowieso net kennt und so. Wenn, dann is ma vielleicht mal zu ner Erzieherin gegangen, aber meistens halt au net. Hat ma vielleicht mit älteren Mädchen oder so da drüber gesproche, über de Jungs, zu denen ma halt bessere Beziehungen oder so hatte."

Geli und Evi hießen Katharinas Freundinnen im Heim, denen sie sich anvertrauen konnte. Der Umgang mit Freunden außerhalb des Heims war unkompliziert: „In der Wohngruppe hattn mer schon Freunde so. Is ma halt abends au weggegangen, durft mer a weggehn. Und in der Woch – kam halt immer drauf an, wie alt ma war, vom Gesetz her – durft ma halt bis zehn Uhr weggehn, manche bis um Neun halt bloß. Und hat au keiner was gesagt. Da sind mer halt weggegangen und sind halt abends wiedergekomme."

Aufs Zimmer durften die Freunde auch. Nur – übernachten sollten sie eigentlich nicht. „Mein Freund hat scho manchmal da geschlafen. Da hat eigentlich keiner von de Erziehern gesagt. Am Anfang habn se als en bissel blöd geguckt. Na, da ham mer als gesagt, naja, der is da eingeschlafen und so. ‚Paß auf, daß 's Auto net genau vor der Haustür steht', hat's dann als gehießen. Aber ansonsten halt nix."

's war halt ne Abwechslung

„Vom Heim aus sind mer jedes Jahr in 'n Skiurlaub gefahrn ab 78 dann. Und dann ham mer halt auch Skirennen veranstaltet, Mädchen und Jungs immer getrennt. War isch halt von de Mädchen immer gleich die Beste. Dann später gab 's in Fürth ein Fußballverein, für Damen is dann einer eröffnet worden. Da bin isch halt a dazugegangen. Hab isch halt mitgespielt. 's war halt ne Abwechslung. Und halt auch danach, nach 'm Training, da saß mer halt erst noch zusamme, ham was getrunke, ham erzählt und so. War halt einfach schön."

„Ja, dann war isch halt in verschiedenen Vereine beim Fußball, weil der in Fürth hat ruck zuck wieder zugemacht gehabt. Und die Mädchen sind halt net lang dabeigeblieben. Trotzdem hat 's ja a große Spaß gemacht. Zwischendrin hab isch noch die Lehre halt gemacht, hatt' isch kein große Interesse für Fußball zu spiele, weil isch halt viel lerne mußte. Dann war isch in Heppenheim bei de ‚Sportfreunde' gewesen. Das war die höchste Klasse zu dieser Zeit. Da war isch eigentlich au ganz gut gewesen. Hatt' isch auch mein' Stammplatz gehabt." Nach einem Bänderriß vor drei Jahren mußte Katharina den Fußball aufgeben. „Im Sommer sind mer halt oft Schwimme gegangen. Auch als Kinder schon. Da das damals schon Spaß gemacht hatte, hatt' isch dann a so vom Schwimmen her 'n bissel weitergemacht. Dann gab's dann auch mal Abzeichen, wo ma mache konnte: Fahrtenschwimmer, Jugendschwimmer, dann noch de Rettungsschwimmer. Hab isch dann a noch gemacht bis Silber. Jetzt geh isch halt so nebenher noch 'n bissel Schwimmen, ab und zu. Und jetzt, da isch au kein Fußball mehr spiele konnte, hab isch mir gedacht, irgendwie sportlich betätigen – aber isch wußte net genau was und wo. Hab isch mir gedacht, na fang' mer halt mal an mit Schießen. Hab isch halt durch nen Bekannte gehört, der geht Schießen. Hab isch 's halt a mal probiert. Und 's hat mir dann eigentlich Spaß gemacht."

Zusammen mit Klaus

Katharina verließ gegen Ende ihres 3. Lehrjahrs, 1986, ihre letzte Außenwohngruppe in Birkenau und bezog gemeinsam mit einem Freund eine Wohnung in Fürth. Gewöhnlich werden die Jugendlichen auch in der neuen Wohnung bis zur Vollendung des 3. Lehrjahrs betreut. „Kimmt halt auf den Jugendlichen drauf an. Da wird dann auch noch nach der Lehre betreut. Oder man kann auch in de Wohngruppe noch gehn. Manche sin noch in de Wohngruppe gegange dann. Habn sich mit dene unterhalten dort. Sind dann abends noch dort geblieben. Sind wieder heimgegange, am nächsten Tag wiedergekomme und halt jeden Tag wieder dort gewesen. So bis nach der Lehre konnte man dort bleiben."

Als Katharina nach langer Suche eine Wohnung gefunden hatte, wurden alle weiteren Kosten vom Jugendamt übernommen. „Und isch hab mein ganzes Lehrgeld, wo isch damals verdient hatte, ans Jugendamt abgegeben und hab bloß Taschengeld dafür eigentlich gekriegt. Im Monat 115 Mark, und dann kam noch Kleidergeld dazu, Friseurgeld und so was. Und die ham dann die Wohnung bezahlt. Ham Benzingeld bezahlt – zu der Zeit hatt isch scho 'n Auto – oder hätten dann die Buskarten bezahlt zur Arbeitsstelle. Und Essensgeld ham se bezahlt. Die ham halt alles bezahlt, wo ma so nebenher dann gebraucht hat."

Bis auf ihren älteren Bruder hat Katharina zu allen Geschwistern noch Verbindung. Die 17jährige Schwester Anneliese, die heute in derselben Wohngruppe

Damen-Fußball FC-Fürth 1983

Fotomontage, Dezember 1991

in Birkenau lebt, in der auch Katharina zwei Jahre verbrachte, besucht sie regelmäßig in ihrer Lindenfelser Wohnung, wo sie oft gemeinsam die „Bilder von früher" betrachten.

Seit einem Jahr lebt Katharina nun bei Klaus, mit dem sie sich eine gemeinsame Zukunft ausmalt. Befragt, wie sie am liebsten fotografiert sein möchte, antwortete sie: „Zusammen mit Klaus."

Mädchen machen Karriere – Geschichten aus dem Leistungssport

Lotte Rose
Gerhard Schneider-Rose

Katrin 1991

Linda 1991

Katrin und Linda, beide fast genauso alt, erfolgreiche 400-m-Sprinterinnen, weit voneinander entfernt aufgewachsen in unterschiedlichen familiären Milieus und politischen Systemen, mit verschiedenen Lebensstilen und Idealen, als Athletinnen groß geworden in zwei konkurrierenden Sportverbänden, dann demselben Kader angehörend. Sie wissen voneinander, doch mehr nicht.

Katrins Medaillen im Wohnzimmerschrank und Lindas Medaillen an der Pinnwand im Wohnungsflur

Katrin in der Kinderkrippe (4. von links)

Katrin 1970

„Danach war natürlich ein Artikel von mir in der Zeitung." - Katrins Geschichte

Katrin wird im Februar 1969 in Arnstadt, einer thüringischen Kreisstadt geboren. Ihre Mutter ist 21 Jahre alt und Kinderkrankenschwester, ihr Vater ist Betriebselektriker. Bald muß er zur Armee. Die Familie lebt zunächst in einem Zimmer in der Wohnung der Eltern der Mutter, bis sie schließlich eine eigene Wohnung findet. Katrin wird katholisch getauft; später wird sie auch samstags an einer katholischen Kindergartengruppe teilnehmen.

Von Verwandten im Westen bekommt sie ein Dirndlkleid geschenkt: „Das ist das Lieblingsfoto meines Vaters gewesen, das hat er immer mitgehabt. Meine Mutti erzählt, die Leute haben sich in der Stadt umgedreht: „Nee, das Kleidchen ist nicht von hier", und haben immer hinterhergeguckt. Wir haben's auch 'ne Weile aufgehoben. Ich hab' gesagt, das Kleid, das kriegt mein Kind auch mal an."

Katrin ist eineinhalb Jahre alt, als die Mutter wieder mitverdienen muß. Sie arbeitet halbtags in derselben Kinderkrippe, in der auch Katrin untergebracht ist - eine problematische Situation: „Meine Mutter durfte sich um kein anderes Kind kümmern. Es war meine Mutter, wieso kümmert sie sich um ein anderes Kind. Für ein Kind ist das schwierig zu verstehen.“ 1972 kommt Katrin in den Kindergarten: „In manchen Kinderkrippen gibt es einen Zuckertütenbaum. Das ist halt der Übergang, daß die Kinder das wahrnehmen. Für die bedeutet das, ich komm' jetzt in den Kindergarten, ich bin 'ne Große.“

Besonders schöne Erinnerungen hat Katrin an die Weihnachtsfeste: „Wir hatten immer ein ganz traditionelles Essen. Das kam von meinem Opa aus Schlesien, Biersoße. Das wird mit Doppelkaramelbier, jetzt Malzbier, gemacht und dreierlei

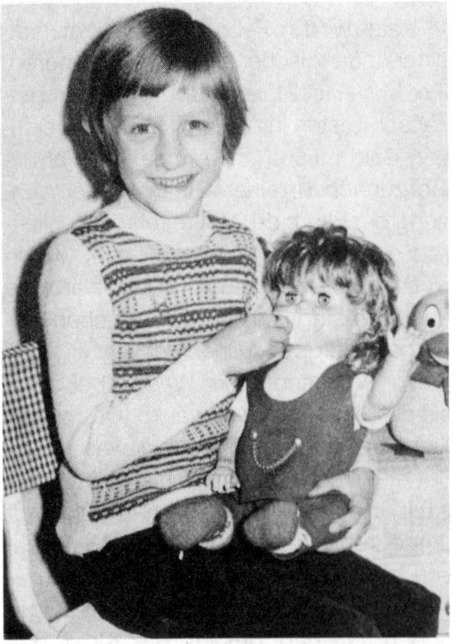

Katrin im Kindergarten

Katrins Kommunion 1978

Würsten, Weißwürste, Bratwürste und Bockwürste, die wurden da drin gekocht. Dazu gab's Salzkartoffeln und Sauerkraut. Sobald der Duft durchzog durchs Haus, da wußte man, jetzt ist Weihnachten.“

1974 kann die Familie in eine neue Wohnung in einem Neubaublock ziehen. Hier hat Katrin nun ein eigenes Kinderzimmer. 1975 wird Katrin eingeschult: „Das war jetzt wieder ein wichtiger Abschnitt, jetzt geh' ich in die Schule.“ Katrin will nicht den Schulhort besuchen, der Sohn einer anderen Mutter ebenfalls nicht. Beide Mütter arrangieren ihre Arbeitszeiten so, daß wechselweise jeweils eine nachmittags beide Kinder betreuen kann. Später geht Katrin nach der Schule zu ihren Großeltern.

Katrin wird Mitglied der Pioniere. Sie erinnert sich, wie sie voller Stolz zu besonderen Anlässen ihr Pionierhalstuch getragen hat: „Pionier zu sein, das war ja nun was. Jeden Mittwoch war Gruppennachmittag. Da gab's keine Hausaufgaben auf. Da gab's ein Pionierhaus, wo man hingegangen ist, Bastelnachmittage, Malzirkel, man konnte sich vieles aussuchen. War 'ne schöne Zeit. Man wurde halt beschäftigt. Das Kind stand nicht auf der Straße."

1978 geht Katrin zur Kommunion: „Das Kleid hatte ich von meiner Patentante aus Wuppertal. Da gehörte noch ein Felljäckchen dazu. Und mit der Kerze war ich natürlich die absolute Ausnahme, die anderen hatten alle diese glatten Kerzen, die es von unserer Kirche gab, und ich hatte so eine schön verzierte."

In der Grundschulzeit lassen sich die Eltern scheiden, doch der Vater findet lange keine eigene Wohnung: „Ich habe viel mitgekriegt. Das war eine schreckli-

Urlaub mit einer Freundin der Mutter (rechts Katrin, daneben Katrins Mutter)

che Zeit." Katrin bleibt bei der Mutter: „Die Ader ging zu meiner Mutter. Einen Vater kann man ersetzen, aber keine Mutter. Ich glaub' da ist was wahres dran."

Sie ist in dieser Zeit krank und dünn. Im 4. Schuljahr fährt sie deshalb zu einer Kinderkur, in der sie sich sehr wohlfühlt. Drei Jahre später darf sie noch einmal mit. Sie wird Vorsitzende des Kindergruppenrats im Kurheim und nimmt vier Kilo zu:

Abschlußfoto 7. Klasse 1982 (Katrin letzte Reihe rechts außen)

„Da hat uns der Teufel geritten, sechs, sieben Scheiben Brot gegessen, weil's geschmeckt hat, man war unter Leuten. War schön. Ich wär' noch ein drittes Mal hingefahren."

In Urlaub wird jedes Jahr gefahren. Wenn die Familie keinen Ferienplatz über den Betrieb erhält, zieht sie mit dem eigenen Zelt los. Auch nach der Scheidung machen Katrin und ihre Mutter Urlaube - mal allein, mal mit Freundinnen der Mutter, die ebenfalls alleinstehend und mit Kindern sind. Manchmal fährt Katrin auch noch mit ihren Großeltern weg. Wanderungen sind ein beliebtes Freizeitvergnügen: „Ich bin gerne wandern gegangen, grad mit Oma und Opa, das war immer schön, Stullen mitgenommen, was zu trinken, unterwegs auf'ne Bank gesetzt."

In ihrer Schulklasse fühlt sich Katrin nicht wohl. Dies bessert sich erst, als sie durch die Einrichtung einer zusätzlichen Klasse zu neuen Mitschülern kommt. Im Haus hat sie einige Zeit eine Freundin, in den letzten Schuljahren in Arnstadt ist sie viel mit einer Klassenkameradin zusammen, mit der sie auch Sport treibt.

1983 geht Katrin zur Jugendweihe: „Das war ein entscheidender Abschnitt in der Schulzeit. Man ist in den Kreis der Erwachsenen aufgenommen worden. Ab da haben uns die Lehrer mit Sie angesprochen, das heißt, wir haben dann gesagt, wir wollen weiter, daß sie uns duzen."

In der 5. Klasse beginnt Katrin mit dem Laufsport. Man hat ihr gesagt, sie wäre dafür talentiert. Zweimal pro Woche ist Übungsstunde in der Betriebssportgemeinschaft, zusätzlich dreht sie noch allein ihre Runden. 1984 hat sie ihre ersten „großen" Siege bei der Bezirksspartakiade über 200-m, 400-m und im Siebenkampf - ein besonderer Triumpf, weil sie als Läuferin einer Betriebssportgemeinschaft sämtliche Athletinnen aus der Kinder- und Jugendsportschule (KJS) schlägt: „Danach war natürlich ein Artikel von mir in der Zeitung, damit ging's dann langsam los, daß die Artikel kamen." Ihr Großvater hat sie alle gesammelt. Katrin soll in die KJS nach Erfurt wechseln, doch sie will noch die 10. Klasse zu Hause beenden. 1985 siegt sie bei der „Kleinen" DDR-Meisterschaft, der Meisterschaft ausschließlich für Betriebssportler.

Zum neuen Schuljahr zieht sie in die Erfurter KJS. Ihrer Mutter fällt die Trennung schwer: „Wir haben lange alleine gelebt, irgendwie ist das Verhältnis wie Freundinnen, nicht wie Mutter-Tochter." Oft fährt Katrin nach Hause. Zweimal am Tag wird trainiert, dazwischen Unterricht. Katrin hat Verletzungen, denkt an Rücktritt: „Da hab' ich mich gefragt, wieso machst du das eigentlich, zum Höhepunkt bist du sowieso verletzt oder krank. Ich hab zwischendurch schon so oft für mich gedacht, du hast eigentlich keine Lust mehr. Aber dann hab' ich mich wieder aufgerappelt." Nach drei erfolglosen Jahren gewinnt sie 1989 die 400-m bei den DDR-Hallenmeisterschaften, und sie klettert in der Weltbestenliste auf den 15. Platz. 1990 wird sie noch einmal DDR-Meisterin in der Halle, doch dann plagen sie wieder Verletzungen. Als der Zusammenschluß der beiden deutschen Sportverbände erfolgt, hat sie ein „eigenartiges" Gefühl. Ein Foto von ihrem letzten Auftritt im Trikot der DDR-Nationalmannschaft hat sie als Erinnerung behalten. Auch das Jahr 1991 verläuft wegen eines gestörten Energiestoffwechsels unbeständig. Sie wird trotzdem 2. bei den Deutschen Hallenmeisterschaften und läuft mit der 4x400-m Staffel Weltrekord.

Wie es weiter gehen soll, ist offen. Die

Jugendweihe 1983 (Katrin 5. von rechts)

Katrin (links) im Trainingslager in Bulgarien

gesundheitlichen Probleme sind groß, doch es fällt schwer aufzuhören: „Irgendwie hängt man doch dran." Seit zwei Jahren wohnt sie mit ihrem Freund, einem ehemaligen Leistungssportler, in einer kleinen Wohnung zusammen. Die berufliche Unklarheit belastet sie. Nach dem Abitur 1988 - in der KJS dauert die Oberstufenzeit drei Jahre - hat sie ein Studium für Grundschulpädagogik in Nordhausen begonnen, das als Heimstudium organisiert war, um besser trainieren zu können. Doch der Ausbildungsgang wurde nach zwei Jahren aufgelöst. Katrin steht ohne Abschluß da. Zur Zeit arbeitet sie als Büroaushilfskraft in einem Erfurter Ministerium. Die gehobene Beamtenlaufbahn will sie einschlagen: „Ich hoffe, daß das klappt. Irgendwann will man ja auch mal was in der Hand haben. Ich werd' 23. Irgendwann denkt man ja auch an andere Sachen ...."

Lindas Taufe

„Ich sollte immer schnell selbständig werden." – Lindas Geschichte

Ihre Mutter ist 20 Jahre alt und studiert, ihr Vater ist aus Zaire und studiert auch, als Linda im April 1969 in Wuppertal geboren wird: „Ich glaube, meine Mutter hat damals schon ein bißchen Streß gekriegt in ihrer Familie, aber letztlich ist es akzeptiert worden." Linda wird katholisch getauft und lebt das erste Jahr bei einer Pflegefamilie. Die Eltern besuchen ihr Kind oft, das damit „doppelte Eltern" hat, wie es Linda ausdrückt. Noch heute hat Linda ein herzliches Verhältnis zu ihrer Pflegemutter. Mit zwei Jahren kommt Linda in einen Tageskindergarten.

1972 zieht die Familie nach Erlangen, weil der Vater dort eine Stelle als Elektroingenieur erhalten hat. Die Mutter macht ihr Referendariat als Grundschullehrerin. Linda besucht ein Kinderhaus: „Das war kein richtiges antiautoritäres Kinderhaus, aber so ein bißchen. Da war's schön. Jedes Elternteil hat einmal in der Woche mit uns was unternommen. Ein Vater war Biologe, der hatte so Platten mit Agar-Agar, und wir durften da drauf fassen und gucken, was da für Kulturen entstehen."

1975 erhält Lindas Vater eine Stelle in Kinshasa in Zaire. Dort kommt Linda in die belgische Schule. Obwohl nur französisch gesprochen wird, ist Linda bald die Beste der Klasse: „Ich konnte lesen und schreiben, bevor ich in die Schule gekommen bin. Da hatte meine Mutter schon vorgesorgt. Da brauchte ich mich nur noch auf Französisch konzentrieren." Die Mutter arbeitet im deutschen Kindergarten. Freunde sind nur schwer zu finden. Regelmäßig kommt man zu Besuchen nach Deutschland. Als Achtjährige fliegt Linda allein zum Weihnachtsfest zu ihrer Tante nach Deutschland.

Linda auf dem Balkon der Wohnung in Erlangen

Im Frühjahr 1978 kehrt die Mutter, die ein Kind erwartet, mit Linda nach Wuppertal zurück - ohne Vater. „Es hieß immer erst, er würde nachkommen, aber dann kam er doch nicht. Ein bißchen ist man ja dran gewöhnt, daß der Vater nicht da ist." Heute besteht kaum noch Kontakt. Linda kommt in die 4. Klasse, wo sie nun erhebliche Probleme hat, weil sie nur französisch schreiben kann. Anschluß zu Freundinnen findet sie jedoch schnell. Einen sehr engen Kontakt hat sie in dieser Zeit zu ihrer Kusine: „Meine Kusine und ich waren Einzelkinder und da war das *die* Freundschaft, die Ersatzschwestern, so in der Art."

Im Sommer 1978 wird Lindas Bruder Felix geboren. Die Mutter hat eine halbe Stelle als Lehrerin. Felix wird von einer Tagesmutter betreut. 1979 wechselt Linda auf das katholische Gymnasium. Linda glaubt, daß ihre Mutter nicht zufällig diese Schule ausgewählt hat: „Weil die Schule eine klare Linie hatte, nicht aus Glaubensgründen. Daß ich mich danach entscheiden kann, was ich überhaupt will. Auch als Angebot vielleicht."

Lesen wird zu einer Lieblingsbeschäftigung. Ein Bild von ihrem 11. Geburtstag

Linda in der 2. Klasse der belgischen Schule in Zaire (1. Reihe, 4. von rechts)

Linda mit ihrer Mutter und Bruder Felix 1979

zeigt Linda mit einem Buch in der Hand hinter ihrem Geburtstagstisch, der fast nur Bücher enthält, darunter ein Buch mit Konzentrationsspielen, ein Fremdsprachen-Wörterbuch, eine Biographie von Helen Keller, ein Geschichtsbuch. Linda lernt Blockflöte, nur äußerst selten muß sie sich um den kleinen Bruder kümmern. Mit einigen Mitschülerinnen schließt sie sich der KSJ (Katholische Studierende Jugend) an. Weihnachten 1981 findet der erste „richtige“ Familien-Urlaub in Tunesien statt. Immer wieder finden sich in den Alben Fotos von Urlauben und Ausflügen, die Lindas Familie, oft in Begleitung von Bekannten und Freunden, unternimmt.

1984 beschließt Linda mit ihrer Freundin, in einen Sportverein zu gehen, „um sich mal ein bißchen zu bewegen“. Die Tanzstunde fällt auch in diese Zeit: „War schön, mir hat das gefallen. Die ganze Klasse ist gegangen. Naja, war ganz spannend ... so zu tanzen, wer mit wem und wie und wo. Zwei Kurse habe ich gemacht.“

1985 beginnt die Oberstufenzeit im Kurssystem. Linda hat sich in ihrer Klasse wohlgefühlt. Ihr erster Freund ist ein Mitschüler. Dieser Klassenverband lebt im Kurssystem noch weiter bis über die Schulzeit hinaus: „Jetzt verzweigt's sich langsam immer mehr. Aber der Bezugs-

Linda beim Tanzstunden-Abschlußball 1984

punkt Wuppertal ist immer noch da. Irgendwie versucht man, es zu regeln. Ich glaube, das wird erst schlimmer, wenn alle einen Beruf haben und wirklich weg ziehen. Dann ist es ganz aus." Vor allem zu drei Freundinnen hat sie noch regen Kontakt.

Im Sport geht es schnell aufwärts. Linda wird Mitglied des Landeskaders. Zwei- bis dreimal pro Woche trainiert sie. Nachdem sie sich im Herbst 1985 auf die 400-m-Strecke spezialisiert hat, wird sie gleich bei den folgenden Deutschen Jugendmeisterschaften in der Halle 2. über 400-m. Im Sommer 1986 wird sie Deutsche Jugendmeisterin. Mutter, Bruder, Pflegemutter und Freundinnen sind zu diesem Wettkampf mitgefahren - aber nur, weil er in der Nähe von Wuppertal stattfand, betont Linda.

Zur nächsten Saison wechselt Linda wegen der besseren Trainingsbedingungen nach Leverkusen. „Meine Tante war dabei der treibende Punkt. Die meinte, ich müßte. Die hat das eingefädelt. Sie hat früher auch Leichtathletik gemacht." Dreimal pro Woche fährt Linda nun nach der Schule mit dem Zug zum Training nach Leverkusen. Die schulischen Anforderungen erledigt sie ohne viel Aufwand, trotzdem sind ihre Noten immer gut. Mathematik und Chemie hat sie als Leistungskurse belegt, Deutsch und Geschichte als weitere Abiturfächer. 1987 feiert sie ihren bisher größten sportlichen Triumph. Bei der Junioren-Europameisterschaft gewinnt sie über 400-m die Bronzemedaille und mit der Staffel die Silbermedaille.

1988 macht Linda das Abitur. Im Frühjahr fährt die Klasse noch gemeinsam zu Exerzitien in ein Kloster. „War aber nicht sehr klösterlich bei uns." Der letzte Schultag ist turbulent: „Da wird ja immer die Schule auf den Kopf gestellt. Da freut sich schon der Rest der Schule drauf, hoffentlich machen die Abiturienten was anständiges, damit wir den ganzen Tag frei haben. Wir haben schon am Abend vorher eine Fete gemacht und dann noch in der Schule übernachtet."

Linda nimmt an der Junioren-WM in Kanada teil, doch „sportlich war's nicht sehr erfolgreich". Im Herbst 1988 beginnt sie, Betriebswirtschaftslehre zu studieren. Ein Sonderantrag des Leichtathletikverbandes sichert ihr Köln als Studienort. Sie hat inzwischen ein eigenes Auto, und bald bezieht sie eine kleine 1-Zimmer-Wohnung in Köln. Die Wochenenden verbringt sie in Wuppertal. Sie fühlt sich wohl in ihrer Familie, hängt zärtlich an ihrem Bruder. „Natürlich gab es Konflikte mit meiner Mutter, aber ich denk', ich habe eine ziemlich gute Beziehung zu ihr. Sie war eigentlich immer da, von der Zeit her, nur nicht so klammernd, auch nicht so bestimmend. Ich sollte immer schnell selbständig werden."

Der Wechsel in die Erwachsenenklasse ist ein tiefgreifender sportlicher Karriere-Einschnitt, da die Konkurrenz hier wesentlich leistungsstärker ist. Auch der Zusammenschluß mit den ehemaligen DDR -Athletinnen verschärft die Situation: „Wir haben immer gedacht, hoffentlich machen sie's jetzt doch noch nicht." Linda trainiert nun fünfmal pro Woche.

Ihr Studium betreibt Linda „gleichwertig" neben dem Sport, und so kann sie im 7. Semster bereits ihre Diplomarbeit beginnen. Auch zu weiten Reisen mit ihrem Freund findet sie noch Zeit: „Man kann den Sport sehr engstirnig machen, immer um acht ins Bett gehen und solche Dinge, man kann's aber auch lockerer sehen. Deswegen fang' ich nicht an, immer einen drauf zu machen, das Bedürfnis habe ich auch gar nicht so sehr. Ich erlebe auch

Abschlußfoto der 10. Klasse (Linda 4. von rechts)

Linda wird nach ihrem Erfolg bei den Junioren-Europameisterschaft 1987 von ihrem Verein zu Hause empfangen

Die siegreiche Vereinsstaffel

gerade viel durch den Sport. Ich glaub', das formt einen." 1991 wird Linda 4. bei den Deutschen Meisterschaften über 400-m. Neun Trainingseinheiten pro Woche absolviert sie mittlerweile, Olympia 1992 lockt.

Und ihr weiteres Leben? „Ich glaub', das ergibt sich. Wenn ich jetzt plötzlich total gut bin im Sport, dann werde ich das anders machen als wenn ich mich verletze. Und wenn ich einen Superjob kriege, ist das was anderes als wenn ich arbeitslos auf der Straße sitze. So Unwägbarkeiten. Da gucke ich dann, was kommt."

Angekommen in der eigenen Familie – Biographien mit Militär

Karl Lenz
Burkhard Fuhs, Fotograf

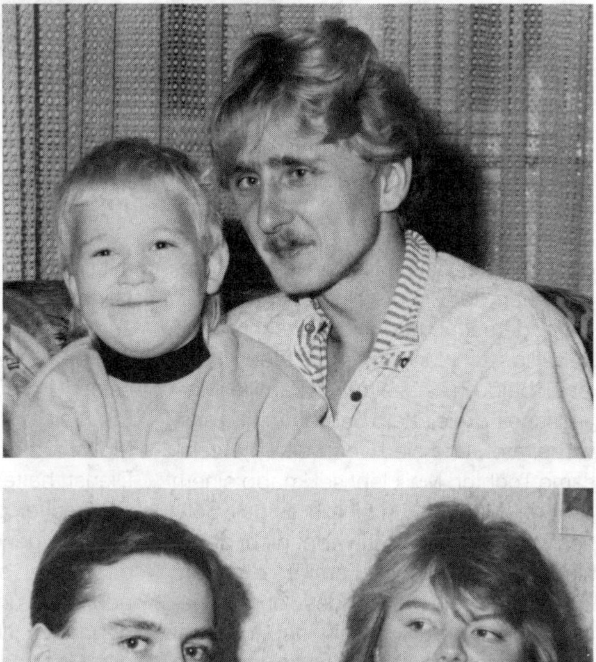

Martin inmitten seiner Weihnachtsgeschenke, darunter ein Schlitten, den jetzt seine Tochter bekommen hat

Martin und Maik sind beide Jahrgang 1967, der eine ist in der BRD und der andere in der DDR aufgewachsen. Großgeworden sind beide in einer Familie, in der der Vater beim Militär war. Beide haben nach der Schule eine Facharbeiterlehre gemacht und sich anschließend freiwillig zum Militär verpflichtet. Heute leben beide in einer eigenen Familie. Martin ist seit dreieinhalb Jahren mit Sabine verheiratet, und sie haben eine gemeinsame Tochter. Maik lebt sei knapp einem Jahr mit Manuela und ihren beiden Söhnen zusammen, was ihn aber nicht daran hindert, dies als „seine Familie" zu sehen. Für Martin soll die Bundeswehr ein lebenslanger Beruf werden, dagegen hat Maik die Nationale Volksarmee - oder wie er sie nennt, die „Armee" - von vornherein nur als zeitlich begrenzte Episode geplant. Aber nicht nur hierin unterscheiden sie sich, ihrer beider Wege zur eigenen Familie weisen trotz ähnlicher Rahmenbedingungen und mancher gemeinsamer Elemente deutliche Unterschiede auf, die in den beiden biographischen Porträts aufgezeigt werden sollen.

Von der Familie zur Metal-Clique und zurück

Aufgewachsen ist Martin zusammen mit seiner nur wenig jüngeren Schwester, seine zweite Schwester folgte als „Nachzügler" erst mit einem Abstand von neun Jahren. Er sei, so erinnert sich Martin, bei seiner Urgroßmutter „mit groß geworden". Bis in die ersten Grundschuljahre ist seine Mutter nahezu jeden Tag, wenn der Vater Dienst hatte, mit den Kindern zu ihrer Großmutter gegangen, wo sie selbst als Kind aufgewachsen ist. Sie haben dort gegessen, sind auch nachmittags dort geblieben und erst abends wieder heimgegangen. Noch bestens kann er sich an den Hinterhof bei seiner Uroma erinnern, da war immer „so eine richtige Stimmung". Auch mit seiner Uroma selbst hat er viel unternommen, ist mit ihr spazieren- und einkaufen gegangen, seine Uroma war immer da, hatte immer Zeit. Ihr Tod war für ihn ein „einschneidendes Erlebnis", „da hab ich lang und viel geweint".

Aus seiner Kindheit berichtet Martin zahlreiche Kontakte mit Verwandten, die fast ausschließlich aus der mütterlichen Verwandtschaftslinie stammen. Engstens mit der Verwandtschaft sind in seiner Erinnerung die Weihnachtsfeiern verknüpft, die immer einen festen Ablauf hatten. Schon am Vorabend war das Wohnzimmer für ihn und seine Schwester tabu. Am nächsten Tag folgten dann drei Bescherungen, zunächst bei den Großeltern mit den ganzen Geschwistern seiner Mutter, dann nach dem Abendbrot zu Hause, und schließlich noch bei seiner Urgroßmutter. Die wichtigste Bescherung, meint Martin, war die zu Hause mit den Eltern, die schönste die bei seiner Urgroßmutter. Bei ihr war immer so eine „heimelige Wärme"; aus ihrer Holzofenfeuerung und in ihrer Wohnung habe es immer so gut gerochen, „so richtig nach Weihnachten". Als Kind waren es die Geschenke, die man mit Weihnachten verband. Nicht so sehr die Sachen zum Anziehen, die es auch gab, sondern die Spannung und das Interesse konzentrierte sich auf die zahlreichen Spielsachen, die er von den Eltern und den anderen Verwandten bekam. Am liebsten hat Martin als Kind mit seinen Matchbox-Autos gespielt, von denen er eine stattliche Zahl hatte und die es nicht nur an Weihnachten oder zum Geburtstag gegeben hat, sondern auch mal zwischendurch. Sein Lieblingsauto war ein Flughafenfeuerwehrauto, ein großer Vierachser mit schwenkbarer Löschkanone, richtigen Schläuchen und Profilreifen, die im Sand deutliche Spuren hinterließen.

Bis etwa im Alter von 10 Jahren war Martin mit seinen Eltern in den Sommermonaten fast jedes Wochenende und auch unter der Woche, wenn der Vater Urlaub hatte, an einem in der Gegend liegenden Weiher. Dort hatte die Marine-Kameradschaft, in der sein Großvater aktiv war, ein großes Stück Wiese gepachtet, die von mehreren Familien als privater

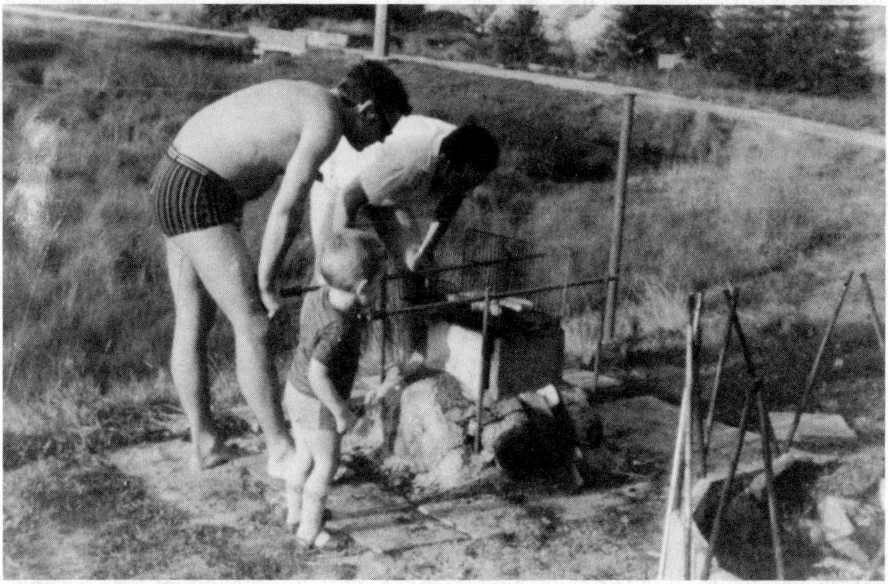

Martin mit seinem Vater und Onkel auf dem privaten Campingplatz

Campingplatz genutzt wurde. Mehrmals spricht Martin von einer „wunderbaren Zeit", die er dort verlebt hat, und Sabine ergänzt, daß auch ihre Schwiegereltern immer noch von dieser Zeit da draußen schwärmen. Wenn es dunkel war, saß man mit den Erwachsenen am großen Lagerfeuer. Da immer mehrere Kinder anwesend waren, boten sich tagsüber reichhaltige Gelegenheiten für Unternehmungen; sie spielten gemeinsam an einem großen Sandhügel, sind in den naheliegenden Wald „strawanzen gegangen" oder machten Streiche. Für Martin bot sich durch diesen privaten Campingplatz die Möglichkeit, mit Gleichaltrigen etwas unternehmen zu können, zugleich aber die Eltern in seiner Reichweite und ihren schützenden Rückhalt zu haben, was ihm um so wichtiger war, da er sehr an seinen Eltern hing und als Kind eher ängstlich war.

Auf die Schule hat sich Martin, der keinen Kindergarten besuchte, gefreut; er „war richtig neugierig und wollte auch viel lernen". Nach der sechsten Klasse ist er in die Realschule übergewechselt und hat sich dann, da er in der siebten Klasse in Mathematik Schwierigkeiten hatte, ab der achten Klasse für den wirtschaftlichen Zweig entschieden. Eine Entscheidung, die sich im nachhinein als falsch erwiesen habe, da er in naturwissenschaftlichen Fächern immer die guten Noten, dagegen in den wirtschaftlichen Fächern immer zu kämpfen hatte. Vor allem interessierte er sich auch immer mehr für Technik. Martin war zwar viel mit anderen Kindern zusammen, sei es auf dem privaten Campingplatz oder im Hof, aber bis in die Realschule hatte er keinen festen Freund. Dies ändert sich in der achten Klasse, als er Thomas, den Bruder seiner jetzigen Ehefrau, kennenlernt. Thomas wird für die nächsten Jahre zu seinem besten Freund. Über Thomas kommt er in das Jugendzentrum, lernt dort die Heavy Metal-Musik kennen und gewinnt Anschluß an eine Metal-Clique, die sich dort gebildet hat. Martin beschreibt seine erste Begegnung mit Heavy Metal und zugleich seinen ersten Besuch im Jugendzentrum: Er hat den Thomas unterwegs getroffen und ihn auf dem Fahrrad mitgenommen. „Da hab ich gesagt, 'ja, und was läuft jetzt da', 'ja, da ist Disko unten, und da spielen sie gute Musik, und da kann man richtig schön ausflippen', 'ja, könnte ich mit reinschauen'. Da hab ich mein Rad abgestellt und hab mit reingeschaut (...) und Musik gefällt mir gut, die Leut auch. Und später, 'was machen die da vorne, was machen die auf der Tanzfläche', 'ne?, sieht gut aus, ne?, macht Spaß'. Und dann hat der Rhythmus auch noch so gepaßt und die Musik, und dann war ich halt auch ein, zwei Stunden drin und dann bin ich wieder heimgefahren." Von da an ist Martin häufiger ins Jugendzentrum, und Heavy Metal wird zu seiner Musik. Bald darauf hat er sich seine erste LP, „Run to the Hills" von Iron Maiden gekauft, der dann viele folgten.

Damals wurde jeden Samstagabend im Jugendzentrum fast ausschließlich Heavy Metal gespielt. Martin schloß sich mit Thomas der Arbeitsgruppe Samstagsdisko an, die sich überwiegend aus der Metal-Clique zusammensetzte, er übernahm den Ausschank und nach und nach auch die Position des Diskjockeys. Ein typisches Foto aus dieser Zeit, das er nicht besitzt, müßte für Martin folgendermaßen aussehen: „Auf alle Fälle Thomas und ich müssen drauf sein, in unseren schönen Klamotten. (...) Lederjacke, dann die alten, ausgewaschenen Jeans, dann hier vom Bund die alten Knobelbecher oder hochhackige Stiefel oder Cowboystiefel oder was mit hohen Schäften, dann irgendwelche T-Shirts (...), dann die alten Patronengurte, also aus Patronen- MG-Gurte, einen Gürtel draus gemacht, immer eine Zigarette in der Hand oder eine Bierflasche in der Hand und immer gut aufgelegt." Mit seinen Kumpels trifft er sich jeden Tag, so bald nach der Schule, wie es geht, sie „hängen rum", „machen einen drauf". Viel sind sie im Jugendzentrum, nicht nur am Samstag, sondern immer, wenn es offen hat. Beliebt wird auch ein „Stammlokal", aber es fehlt noch das Geld, um öfters dort hinzugehen. Häufig treffen sie sich in der schönen Jahreszeit auch im Freien und feiern nächtliche „Parties", immer verbunden mit einigen Flaschen Bier. Nicht nur macht Martin jetzt nur noch wenig mit seinen Eltern, es kommt auch zu Spannungen und Auseinandersetzungen, vor allem mit seinem Vater. Zwar hält sich Martin schon weitgehend an bestimmte Grenzen, aber vereinzelte Übertretungen sind dennoch nahezu unausweichlich. Es wird ab und zu doch später als erlaubt und vereinbart, oder er bleibt unangemeldet über Nacht weg, und seine Eltern wettern auch gegen das ständige „Saufen". Unter dem zeitintensiven Cliquenleben leiden auch seine Schulleistungen, und in der neunten Klasse bleibt er dann hängen. In diese Zeit fällt seine erste heterosexuelle Freundschaft, die für ihn seine „große Liebe" ist. Auseinandergegangen ist die Beziehung, weil er seine Freundin mit einem anderen Mädchen „betrogen" hat; das Vertrauen, das zwischen ihnen vorher bestand, war damit auf einen Schlag weg. „Das war einer meiner größten Fehler", die Freundschaft hätte noch einige Zeit fortbestehen können.

Nach dem Ausrutscher in der Neunten ging es in der Schule wieder aufwärts, und er hat dann die Realschule „relativ gut rumgebracht". Seine Lehrstellensuche fällt anfangs der 80er Jahre in eine Zeit, in der es sehr schwierig war, einen Ausbildungsplatz zu bekommen. Für ihn stand fest, daß nur etwas Technisches in Frage kommt. Er schreibt viele Bewerbungen und bekommt schließlich mit Unterstützung seines Vaters eine Lehrstelle als Kfz-Mechaniker, was für ihn den Vorteil hat, daß man dann seine eigenen Fahrzeuge selbst reparieren kann. Aber zugleich ist er schon fest entschlossen, daß dies nicht sein Beruf werden soll, sondern daß er sich nach der Lehre bei der Bundeswehr verpflichtet und wie sein Vater Berufssoldat werden will. Sein Vater habe ihn keineswegs zur Bundeswehr gedrängt, aber sicherlich, so meint Martin, habe er ihn als Vorbild beeinflußt. Zusätzlich kommt hinzu, daß auch andere Verwandte militärische Berufserfahrungen haben und für viele seiner Kumpels die Bundeswehr die erste berufliche Option ist.

Im ersten Lehrjahr kommen dann er und Sabine zusammen. Beide hatten vorher ein Verhältnis wie „Bruder und Schwester". Die Initiative zu einer festen Beziehung ging - wie schon bei seiner ersten Beziehung - von der Partnerin aus. „Irgendwie", erzählt Sabine, „hab ich den Spleen gehabt, ich muß jetzt den Martin kriegen". Sabine ergreift einen direkten Weg: „Ich bin mit dem Martin rausgegangen und da hab ich gesagt, 'Martin, wie sieht's denn aus, brauchst du 'ne Freundin?', da sagt er: 'wen?', da hab ich gesagt, 'na, mich'." Martin hatte zunächst Bedenken, ob es gut gehe, da sie eher wie Geschwister zueinander waren, und vor allem befürchtete er, daß, wenn es zwischen ihnen aus ist, dies auch einen Bruch mit seinem besten Freund bedeuten würde. Sabine zerstreute diese Bedenken und Martin willigte ein, „naja, müssen wir's halt probieren". An Martin faszinierte sie, daß er ihr erster Freund war, der „nicht nach meiner Pfeife getanzt hat". Mitterweile beklagt sie, daß sie bei ihm zu oft zurückstecken muß, da es für Martin, was er auch nicht bestreitet, immer nur seine Meinung gibt.

Sabine hat fast jedes Wochenende und oft auch unter der Woche bei Martin übernachtet. Auf die Dauer wird es Martin in der elterlichen Wohnung zu Hause zu eng, da sich später auch der Freund seiner Schwester als Dauergast einquartierte. Etwa in der Mitte seines dritten Lehrjahres sind sie dann in eine eigene Wohnung gezogen, die sein Vater ihnen in der Nachbarschaft besorgt hat. In der Anfangszeit ihrer Beziehung waren die beiden noch viel mit den Kumpels aus der Metal-Clique zusammen. Aber etwa ab dem Zeitpunkt, als sie eine eigene Wohnung hatten, ist das dann im Sande verlaufen. Völlig auseinandergebrochen ist Martins enge Freundschaft mit Thomas, der „mordsmäßig zum Schlucken" angefangen hat und auch solo geblieben ist. Rückblickend bewertet Martin die gemeinsam durchlebte Phase als „eine spitzenmäßige Zeit", die er gebraucht habe, um sich auszutoben und auszuleben. Er bedauert jedoch nicht, daß es vorbei ist. Das war damals möglich, in diesem Alter, heute wäre das für ihn unvorstellbar. Martin meint, er sei „ruhiger" geworden, und dadurch hat er auch die Voraussetzung geschaffen zu einer Renormalisierung seines Verhältnisses zu den Eltern. Gemeinsam mit Sabine hat Martin ab dieser Zeit verstärkt seine Familie wiederentdeckt und fand Gefallen am Miteinander im Familienverband. „Nachdem das dann mit der Clique auseinanderging, da war ich mit meinen Eltern ab und zu weg. Erstmal draußen von der Kaserne her, wenn mal Fasching war oder ein Ball oder so etwas, dann bin ich wieder öfters zu meinem Onkel hintergefahren mit meinen Eltern, in den Garten raus, und da war es ab und zu viel besser, als wenn mein Kumpel mitgewesen wäre. (...) Ich habe gesehen, daß das echt viel mehr Spaß macht."

Vor seinem Wechsel zur Bundeswehr hat sich Martin intensiv mit seinem Vater beraten, was er dort mache solle. Da er Mittlere Reife und eine Lehre hatte, brachte er die Voraussetzung mit, etwas Anspruchsvolleres bei der Bundeswehr zu machen. Auch wollte Martin nicht in seiner Heimatstadt bleiben. Er weiß nicht mehr, wer von beiden es war, auf alle Fälle sind sie dann auf die Heeresflieger gekommen. Da er nach der Lehre nicht übernommen wurde, war er für die Übergangszeit arbeitslos, „bis dann am 1. Oktober endlich der große Augenblick da war, daß ich zur Bundeswehr konnte". Nach der Grundausbildung ist er an seinen gewünschten Standort gekommen. Sabine ist zunächst in der gemeinsamen Wohnung in ihrer Heimatstadt geblieben, auch nachdem sie geheiratet hatten. Erst kurz nach der Geburt ihrer Tochter haben sie eine neue Wohnung an seinem Standort bezogen. Die ersten zwei Jahre seiner Bundeswehrzeit waren sie nur am Wochenende zusammen, was aber auch seither schon mehrmals für längere Zeiträume der Fall war, da er viel auf Lehrgängen ist.

Martin, der sich zunächst für vier Jahre verpflichtete und später auf 12 Jahre verlängerte, hat seine Entscheidung, zur Bundeswehr zu gehen und die Heeres-

Martin mit anderen Soldaten vor einem Hubschrauber, für dessen technische Wartung sie zuständig sind

flieger zu wählen, bislang „noch keine Minute" bereut. Anders als noch in der Lehre ist es ihm nicht schwer gefallen, sich in der Bundeswehr einzuordnen. Er wußte, was von ihm verlangt wird, und hat sich von Anfang an danach gerichtet. Zugleich wußte er auch, daß so manches, was er sich vorher leisten konnte, jetzt nicht mehr möglich sein würde. Seine anfangs eher abenteuerliche Grundhaltung ist mittlerweile einer realistischen Sichtweise gewichen. Er sieht die Bundeswehr „in erster Linie irgendwie eben wie die Feuerwehr als Beruf, man ist da, wenn man gebraucht wird". Am meisten fasziniert ihn bei seiner Tätigkeit das Fliegen und dann auch die Verantwortung, die er für andere hat. Eine angenehmer Nebenaspekt ist auch die viele Freizeit, die er hat als Ausgleich für die Überstunden, die durch den Flugbetrieb reichlich anfallen. Auch kann ihm die Bundeswehr eine Arbeitsplatzsicherheit und feste Aufstiegschancen bieten, die er für sich in der freien Wirtschaft nirgends erkennen kann, was die Bundeswehr für ihn konkurrenzlos attraktiv macht und weshalb er die Übernahme als Berufssoldat anstrebt und so bald wie möglich erreichen will.

Nach Ende der Grundausbildung haben Martin und Sabine sich zu Weihnachten verlobt. Martin erzählt, daß der Anstoß dazu von seiner Mutter ausgegangen ist, die meinte, sie seien schon lange genug zusammen, um „was Festes daraus zu machen". Sabine korrigiert Martin, indem sie betont, auch sie wollte es, und zwar weil er immer sagte, daß er nicht so schnell heiraten wolle. Anschließend ging dann alles sehr rasch: Martin ließ sich von seinen Eltern überzeugen, daß man günstiger wegkomme, wenn man verheiratet

Hochzeitsbild aufgenommen nach dem Standesamt

ist. Zwei Monate später standen sie dann vor dem Standesamt. Aus finanziellen Gründen haben sie die kirchliche Trauung aufgeschoben und auf Vorschlag seiner Mutter auf den 1. Oktober gelegt, dem Hochzeitstag seiner Eltern. Wie schon sein Vater hat Martin in Uniform geheiratet. Dies hatte für ihn vor allem praktische Gründe: wieso solle er sich einen Anzug kaufen, den er sonst nie trage, da er immer nur Jeans anhat. Auch spricht für ihn nichts dagegen, in Uniform zu heiraten. Das Heiraten war für beide eine bloße Formalität, dadurch habe sich nichts weiter verändert. Einschneidender dagegen erlebte Martin das Zusammenziehen, weil man sich da viel stärker aneinander anpassen müsse.

Beide wollten auch schon in jungen Jahren Kinder, weil es besser sei, wenn Kinder junge Eltern haben, da kann man sich besser „reindenken". Sabine wurde auch bald schwanger, und kurz nach dem ersten (kirchlichen) Hochzeitstag wurde ihre Tochter, Jacqueline, geboren. Beide möchten auf alle Fälle ein zweites Kind, Sabine - mit größerem zeitlichen Abstand - auch ein drittes. In der Kindererziehung orientiert sich Martin daran, wie er selbst erzogen wurde. „Ich bin eigent-

Die junge Familie auf dem Wohnzimmersofa, aufgenommen beim Interview

lich recht gut erzogen worden (...). Ich hab auch meine Freiheiten gekriegt, die haben mir alles beigebracht, was ich wissen mußte erst einmal, die haben mir den guten Umgangston beigebracht." Bei seinen Kindern wird es „im großen und ganzen auch so ablaufen. Ich werd den Kindern (...) ihre Freiheiten lassen, wenn sie dann zu weit über die Stränge schlagen, dann werde ich halt mal einschreiten müssen."

Von der Junggesellenzeit mit vielen Hobbies zur Familie

Aufgewachsen ist Maik in einer Neubausiedlung gleich bei der Kaserne, in der der Vater als Offizier arbeitete. Er ist „naturverbunden aufgewachsen", da die Siedlung, bestehend aus drei Blöcken, einige Kilometer entfernt von der nächsten Stadt lag. Hinter der Siedlung erstreckte sich ein großer Wald, in dem er mit seiner älteren Schwester, seinem jüngeren Bruder und auch mit anderen Kindern aus der Siedlung viel spielte. Schon als Kind lernte er viel über die Natur, ein Interesse, das er auch später beibehielt und das auch heute noch in seinem intensiv betriebenen Hobby, Blumen zu züchten, fortlebt. Mit seinem Vater durfte er mit in die Kaserne, konnte mal in einem Hubschrauber mitfliegen oder in einem Armeeauto mitfahren, wodurch auch schon früh ein anderer Interessenstrang grundgelegt wurde, der für Technik.

Maik nennt sich selbst ein „typisches Oma-Kind", die ersten Lebensjahre ist er, da seine Mutter berufstätig war, bei seiner Oma mütterlicherseits groß geworden, die in der nächstliegenden Stadt wohnte. Auch nachdem seine Mutter ihn wie auch

Maik (rechts) mit seiner Mutter, seiner Schwester und seinem Bruder im Wald

seine Geschwister mit in den Kindergarten nahm, in dem sie arbeitete, war er noch viel bei seiner Oma. Auch heute steht er noch in regelmäßigem Kontakt zu ihr. Er besucht sie mit den Kindern, worüber sie sich immer sehr freut, da er von seinen Geschwistern der einzige ist, der Familie hat. Zu anderen Verwandten hatte Maik in der Kindheit kaum Kontakt, sein Vater pflegte seine Verwandtschaftsbeziehungen nicht, und die Geschwister seiner Mutter lebten alle „drüben".

Eng verknüpft mit der Einschulung ist seine Erinnerung an die Zuckertüte, die fast so groß war wie er. Bis zur Hälfte war sie mit Zeitungspapier ausgestopft, oben drauf hatten die Eltern Spielsachen gepackt, von denen sie wußten, daß er sich darüber freut. Dabei war ein Igelmann in Tiroler Tracht, mit dem er viel gespielt hat. Für ihn war dies der Igel aus dem Märchen „Der Hase und der Igel". Er hatte sich eine Märchenfigur gewünscht, andere gab es damals nicht. Gern und lang gespielt hat er auch mit einem Baukasten, der aus Metallteilchen und Schrauben zum Zusammenbauen bestand. Seinen ersten Baukasten hat er noch vor Schulbeginn bekommen, und seine Eltern haben immer wieder weitere Teile hinzugekauft. Später dann hat er angefangen, an richtigen technischen Gegenständen rumzubasteln. Als Kind gab es zu Weihnachten von den Eltern auch Spielzeug, überwiegend aber bestanden die Geschenke aus Sachen zum Anziehen. Er habe als Kind noch „Freude an kleinen Dingen" gehabt, aber er sieht bei ihrem „Großen" mit fünf Jahren, daß die Kinder heute immer mehr Spielsachen und auch immer mehr Wünsche haben, aber so richtig spielen könnten sie eigentlich nicht mehr.

Mit Beginn des zweiten Schuljahres fand für Maik ein Wohnorts- und Schulwechsel statt. Sie zogen in eine größere Stadt, in der Maik auch heute noch lebt. Grund war der berufliche Wechsel seines Vaters von der Armee zum Wehrkreiskommando. In die neue Klasse reinzukommen, ist Maik nicht leichtgefallen. In der alten Klasse hat er sich wohlgefühlt, die Kinder habe er schon aus der Vorschule gekannt. Zu der neuen Klasse habe er zuerst ein „schüchternes Verhältnis" gehabt, da er nicht „kontaktfreudig" sei. Erst nach und nach ist es dann besser geworden. Während seiner Schulzeit und auch anschließend hat Maik viel gelesen, Auslandsreportagen, über Ausgrabungen, Tierbücher und Bücher über technische Sachen, z.B. über Physik, aber vor allem über Chemie. In den höheren Schulklassen hat er die Arbeitsgemeinschaft für Chemie als Zusatzangebot über den Unterrichtsstoff hinaus besucht; auch war er „Chemie-Hilfe" und hatte für den Unterricht Experimente vorzubereiten und anschließend wieder alles sauber zu machen.

Diesem Interessensschwerpunkt folgend wollte er Laborant lernen und über die Erwachsenenqualifikation die Voraussetzung für das Studium der Laboratoriumschemie erwerben. Sein Plan wurde aber gleich am Anfang durchkreuzt, da er keine Stelle als Laborant bekommen hat. Seine Noten in Deutsch und in den Fremdsprachen waren nicht gut genug, und außerdem wurde ihm mitgeteilt, daß fürs Labor überwiegend junge Frauen genommen werden. Damit es wenigstens die gleiche Richtung blieb, hat er dann eine Lehre als Facharbeiter für chemische Produktion begonnen. Er hat sich dann dennoch um einen Studienplatz für Laboratoriumschemie beworben, wurde aber wegen falscher Berufsrichtung abgelehnt. Dadurch ließ er sich aber noch nicht entmutigen, sondern wollte sich in der Armeezeit erneut bewerben, was er auch tat. Seine Überlegung war, daß viele der Frauen, die eine Stelle im Labor bekommen haben, nur einen Beruf, sich aber nicht weiterqualifizieren wollten, und dadurch eventuell doch noch ein Studienplatz frei werden könnte. Und eine dreijährige Armeezeit hatte er sowieso fest eingeplant, da es immer geheißen hat, drei Jahre Armee mußt du machen, dann kriegst du gleich anschließend einen Studienplatz. Aber auch in der Armeezeit wurde er erneut abgelehnt, und ein verwandtes Studium wollte er nicht machen. Da man nach dem Studium sowieso weniger verdient hat als ein normaler Arbeiter, hat er nach dieser zweiten Ablehnung seine Studiumspläne endgültig aufgegeben.

Maik machte zunächst seine Lehrzeit fertig, die er wegen seiner freiwilligen Verpflichtung verkürzen konnte. Im Mai 1986 begann dann seine Armeezeit, neben seinen damals noch vorhandenen Studienhoffnungen war ein weiterer Grund für seine Verpflichtung, daß er als „Dreijähriger" deutlich mehr Geld bekam. Ansonsten hatte er wenig Interesse an der Armee. „Weil ich hab das gesehen, Vater dauernd außer Haus, und ich hab gesehen, ja, die müssen dort strammstehen und das geht alles wie nach der Pfeife tanzen so, und das war eigentlich nie meine Welt gewesen so. (...) Irgendwie so ein Herrschertyp oder sowas bin ich ja nicht." Gehofft hatte er aber, daß er für sein technisches Interesse bei der Armee Anschauungsmaterial fände. Da bei der Armee immer alles so geheim gehalten werde, müsse es wenigstens dort moderne Technik geben, was sich aber nicht bewahrheitete, da er es nur mit uralten Panzern zu tun gehabt hätte, die gerade noch fahren und schießen konnten.

Nach einem halben Jahr Unteroffiziersschule wurde Maik Unteroffizier und Kommandant einer Panzerbesatzung. Während der drei Jahre lebte er in der Kaserne, wobei die Unteroffiziere den Vorteil hatten, ein Zimmer nur mit vier Mann zu haben. Im Vergleich zu den anderen Soldaten hatte er einige Privilegien, er hatte die Ausgangskarte unter seinen Fittichen und konnte auch in Zivil rausgehen. Er klagt, daß von oben immer vermittelt wurde, daß man als Hauptfeldwebel - sein höchster Dienstgrad - etwas Besseres sei und auf die Untergebenen „herabblicken" müsse, wogegen er sich aber verwahrt habe. Anders als die Offiziere, die abends nach Hause gingen, war er „vierundzwanzig Stunden mit den Leuten dort zusammen und letzten Endes muß ich mit den Leuten auskommen". Auch wollte er seinen Untergebenen nach Beendigung der Militärzeit, wenn man sich auf der Straße trifft, „in die Augen blicken können". Er fühlte sich zwischen zwei Stühlen und habe immer versucht, bei seinen Untergebenen Einsicht zu vermitteln, „wir müssen's machen, und ich hab gesagt, wenn ihr eure Arbeit macht, dann wißt ihr, euch geht's gut, ihr kriegt auch mal Ausgang und dann geb ich die Karte und so, und machen wir uns das Leben nicht gegenseitig schwer". Maik hat auch mal ein Auge zugedrückt, nicht eingeschritten ist er gegen die Maßbänder, die für die letzten hundertfünfzig Tage bei der Armee angefertigt wurden, obwohl sie offiziell als Wehrkraftzersetzung galten. Im Gegenteil, er habe dann auch selbst eines gehabt, da es eine „schöne Tradition" ist, „und vor allem ist ja auch nichts dabei, wenn man jeden Tag abschneidet und so, man ist ja froh, wenn man's hinter sich hat". Verboten war es auch, auf der Bude zu fotografieren, dennoch ist sich Maik sicher, daß fast jeder solche Fotos besitzt. Verboten war auch Alkohol, dennoch fand man Wege, welchen hereinzuschmuggeln, um z.B. den Anschnitt des Maßbandes oder den Abschied zu feiern. Sich weiter zu verpflichten, stand für ihn völlig außer Betracht. Auch die Bundeswehr konnte ihn jetzt nicht locken, obwohl zwischen beiden Armeen ein „himmelweiter Unterschied" besteht. Im Vergleich zu seinen Erfahrungen sei die Bundeswehr, wie er jetzt über seinen Bruder mitbekommt, „fast wie Urlaub". Aber für ihn sei dies einfach „nicht die Richtung, wie ich mir eigentlich so den Beruf vorstelle".

Anschließend ist Maik wieder in die Brigade gekommen, in der er gelernt hatte und mit der er während der ganzen Zeit in Kontakt stand. Bald nach der Wiedervereinigung wurde das Werk dann von einem großen westdeutschen Chemieunternehmen übernommen, und er verspricht sich von der eingeleiteten Modernisierung des Werkes, daß seine Arbeit weniger gefährlich wird und auch der Umfang der körperlichen Arbeit deutlich abnimmt. Maik möchte in diesem Betrieb bleiben und ist bestrebt, die Aufstiegschancen, die sich dort bieten, zu nutzen. Nach der Armeeentlassung wollte Maik unbedingt eine eigene Wohnung, da er mit seinem Vater immer weniger zurechtgekommen ist. Ein ausgesprochen gutes Verhältnis zu seinem Vater hatte er noch nie. Er nennt seinen Vater „rechthaberisch" und „zynisch", der eigentlich mit niemandem auskomme. In der Armeezeit habe sich ihr Verhältnis weiter verschlechtert; als Grund führt Maik an, daß sein Vater „neidisch" war, daß er in 25 Jahren nur zwei Dienstgrade aufgestiegen ist, was Maik in drei Jahren geschafft hatte. Nachdem er in der Armeezeit nur

Maik und ein Kumpel aus der Armee, dessen Entlassung sie auf ihrem gemeinsamen Zimmer feiern

ab und zu mal bei den Eltern geschlafen hatte, wollte er jetzt unbedingt auf eigenen Füßen stehen. Er ist Woche für Woche auf das Wohnungsamt gelaufen, um eine Einraumwohnung zu bekommen. Er hat geklagt, „den Asozialen hier gebt ihr 'ne Wohnung (...), und einen normalen Menschen, der bloß seine Pflichten erfüllt und zur Armee geht sogar drei Jahre und täglich arbeitet und früh auf Arbeit geht, für die macht ihr gar nichts". Im Herbst 1989 hat er dann endlich eine Wohnung zugeteilt bekommen, allerdings eine „Bruchbude", die er aber mit einem Kumpel herrichtete.

Nach der Armee, und vor allem dann in der eigenen Wohnung, führte Maik „ein typisches Junggesellenleben". Er sei in der Stadt rumgegondelt, habe viel gelesen und technische Sachen gemacht. Auch hat er sich im Jugendclub verstärkt engagiert, in den er schon in seiner Armeezeit rein ist. Sein Hauptbeweggrund war, daß es in seiner Heimatstadt nur zwei Diskotheken gab, und wenn man abends hinkam, waren die Karten schon weg. Und da er bei der Armee war, kannte er auch niemanden, der ihm eine Karte besorgt oder beiseite gelegt hätte. Wer aber im Club war, der kam rein. Die Mitglieder machten Einlaß, Garderobe und Bar. Zum festen Programm des Jugendclubs gehörten neben den üblichen Abenden auch eine Weihnachtsfeier mit Weihnachtsmann. Außerdem konnten die Mitglieder bei der Gestaltung ihre Ideen verwirklichen, was Maik sehr entgegenkam. Aus Langeweile beim Dienststehen hatte er begonnen zu malen, was für ihn zu einem neuen Hobby wurde. Für den Jugendclub fertigte er ein großflächiges Gemälde an, auf dem er Diana auf der Jagd darstellte. Er habe das Motiv vorgeschlagen, weil ihm die antike Malerei gut gefällt, und die Mehrheit der Leute im Club fand es auch schön.

Maik vor seinem Gemälde, das er für den Jugendclub angefertigt hat

Maik, der vor Manuela noch keine Freundin hatte, erzählt, er wurde „richtig auf alte Art und Weise verkuppelt", und zwar durch Manuelas Mutter. Begonnen hat alles am Tag der Währungsunion. Schon in der Lehrzeit und jetzt nach der

Armee ist er häufig in ein Café gegangen. „Als Junggeselle, nichts zu tun gehabt weiter, keine Verpflichtungen, und da bin ich öfters mal durch die Stadt gegangen (...), in der Woche bestimmt zwei-, dreimal dort reingegangen, Kaffee getrunken." Am Tag der Währungsunion hat Manuelas Mutter, die dort arbeitete, ihn angesprochen, ob er nicht für sie zum Geldwechseln gehen könne. Dies tat er, und als er wiederkam, fragte sie ihn, ob er kurz Zeit hätte. Er dachte, daß er etwas tragen helfen sollte, und folgte ihr auf den Hof. „Da sagt sie dann, 'junger Mann, haben sie eine Freundin?', und 'sie kommen immer alleine her' (...). Da hab ich gesagt, 'ne, eigentlich nicht'. (...) Da hab ich gesagt, 'ich komm gerne her eigentlich Kaffee trinken, weil ich Langeweile hab'. Und hat sie gesagt, 'naja, wollen sie lieber zu uns zum Kaffee kommen, ich hab, wir wohnen draußen im Garten im Sommer über mit meinem Mann, und ich hab eine Tochter. Und die Tochter ist geschieden, hat schon eine schwere Enttäuschung hinter sich. Und da hat sie aber noch nicht gesagt mit den zwei Kindern."

Er hat die Einladung für den kommenden Sonntag angenommen und hat sich für diesen Anlaß chic gemacht. „Neue Schuhe gekauft, neue Hose noch gekauft, war sowieso fällig, und da dachte ich, ach, zu der Gelegenheit kann man das gleich anziehen". Dort angekommen wurde er davon überrascht, daß die Tochter bereits zwei Kinder hat. Sie unterhielten sich, und er wurde zu einem Gartenfest eingeladen, das wenig später stattfand. Aber schon vorher hat Maik Manuela in ihrer Wohnung besucht: sie sprachen über einen Warenhauskatalog, den Maik hatte, und er versprach, ihr diesen vorbeizubringen, was er umgehend machte. Sie redeten, schauten Fernsehen, tranken Kaffee, und als er sie gegen neun Uhr wieder verlassen wollte, war die Haustür versperrt, und Manuela hatte kurz vorher den Haustürschlüssel verloren. Maik versuchte alles, die Tür zu öffnen, was aber nicht gelang. Um bei Nachbarn zu klingen, war es mittlerweile schon zu spät. Manuela bot an, er könne ja hier schlafen, was er aber nicht wollte. Maik brachte die Nacht schließlich in der Küche zu und las einen Schmöker. „Ich weiß nicht, wie ein anderer reagiert hätte, der hätte vielleicht gesagt, 'ach, ich leg mich da irgendwie hin' und hätte da irgendwas angefangen. Bloß ich hab mir gesagt, 'ach, das bringt nichts, wenn man da gleich', was lange währt, wird gut, so

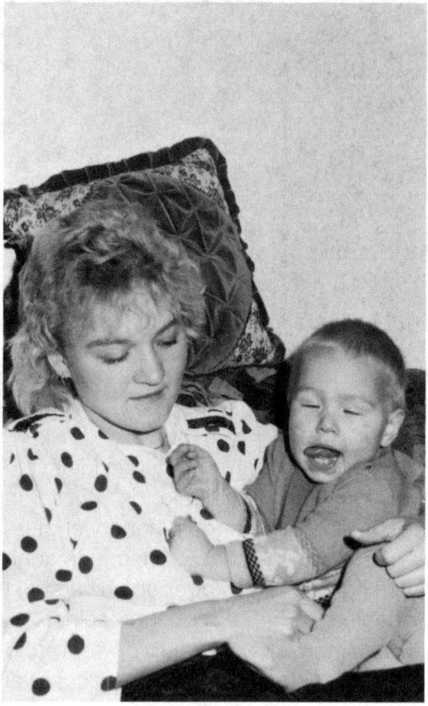

Manuela und der „Kleine", aufgenommen beim Interview

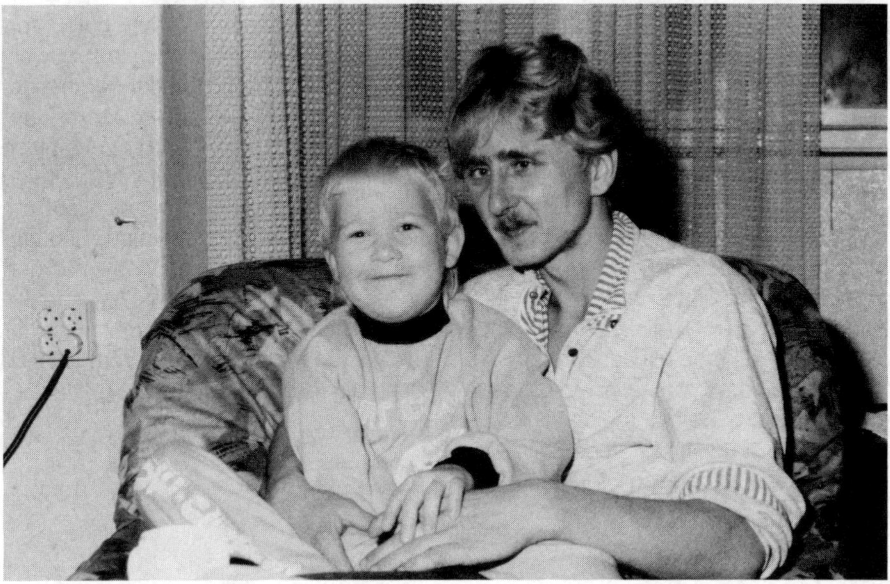

Maik und der „Große“, aufgenommen beim Interview

ungefähr hab ich mir gedacht. Da hab ich gedacht, das bringt auch nichts und ich will's auch nicht. (...) Da ich sowieso immer ein bißchen schüchtern noch war, da hat sich das eigentlich so ergeben gehabt."

Die beiden waren dann auf dem Gartenfest, Maik besuchte Manuela immer wieder, und langsam kamen sich die beiden schließlich auch näher. Die erste Zeit hat Maik seine eigene Wohnung noch behalten, aber zunehmend war er dort nur noch zum Schlafen. Gegen Ende des Jahres ist er dann endgültig bei Manuela und den Kindern eingezogen. Von den beiden Kindern wird er akzeptiert, und sie hören auf ihn. Im Umgang mit den beiden Kindern kommt ihm entgegen, daß seine Eltern einen „Nachzügler" hatten, der elf Jahre jünger ist als er. Viele seiner Kumpels meinten, er sei „bekloppt", daß er „Manuela mit den zwei Kindern genommen hat". „Und da hab ich gesagt, 'naja, das ist ja nicht nur Geldsache irgendwie'. Ist klar, als Junggeselle da spart man ein bißchen mehr ein, man kann auch viele Sachen machen, die man als, naja, wenn man halt Familie hat, nicht machen kann. Da hab ich gesagt, darauf verzichte ich, da kommen ja auch ein paar andere Werte dazu, die man hat."

Seit Maik mit Manuela zusammen ist, hat er im Jugendclub aufgehört. Das gehe nicht gut, wenn man die Frau und die Kinder immer alleine zu Hause läßt. Seither waren sie einmal zu zweit dort, aber dort wird jetzt eine „miese Musik" gespielt. Maik bevorzugt „so richtig normale deutsche Schlager", zu denen man tanzen kann. Mit Tanzen meint er Standardtänze, „weil das gibt mir nichts, wenn ich dort so rumhüpfe und so Verrenkungen mach, ich sag immer, rumhüpfe wie ein Affe, das bringt nichts". Auch mit seinen meisten Hobbies muß Maik jetzt zurückstecken, wegen der Familie und vor allem, da das junge Paar zusammen mit Manuelas Eltern ein Haus gekauft hat und er seine freie Zeit hauptsächlich darauf verwendet, das Haus zu renovieren. Seit dem Hauskauf wohnt die Mutter von Manuela mit in ihrer Wohnung, da die alten Hausbesitzer in die Wohnung der Eltern von Manuela eingezogen sind. Manuelas Vater kommt nur, wenn er Urlaub hat, die andere Zeit arbeitet er auf einer großen Baustelle in der Ukraine. In das Haus werden beide Paare mit den Kindern einziehen, Maik und Manuela wollen dann auch heiraten. Heirat, meint Maik, sei doch „ein bißchen mehr Sicherheit". Manuela findet Maik besonders liebenswert, wenn sie mit den Kindern zusammen ist. Angetan ist er auch von dem guten Verhältnis, das sie zu ihren Eltern hat, obwohl das gar nicht ihre richtigen Eltern sind. „Das Verhältnis, das sie zu ihrem Vater und zu ihren Eltern hat, das ist eigentlich auch ganz beachtlich, weil ich das von meinen Eltern eigentlich gar nicht so richtig kenne. Ich konnte zwar auch zu meiner Mutter gehen und so, mit Problemen und so, aber direkt so, irgendwas hat gefehlt." Manuelas Verhältnis zu ihrem Vater ist für ihn Vorbild für sein eigenes Verhältnis zu den beiden Kindern.

---

1) Neben dem aktuellen Interview habe ich Martin bereits 1983 und 1988 interviewt. Diese früheren Interviews sind in die Erstellung des Porträts miteingegangen.

"Skinpower Germany: mein Leben ist aufregender"

Cornelia Fischer

Interview - Nein Danke

Wenn er an Interviews denkt, hat das für BENITO (20) - in Westberlin aufgewachsen, danach in Hannover und zur Zeit in der Jugendstrafanstalt Hameln „wohnhaft“ - sofort einen unangenehmen Beigeschmack. „Die führen ein Gespräch mit einer ganzen Gruppe, schneiden alles zusammen und den Dümmsten suchen sie sich dann raus und führen ihn vor.“

Noch skeptischer ist DENNIS aus Dresden, ebenfalls Jahrgang 1971. Er bleibt auch während unseres Gesprächs, zur Zeit der blutigen Auseinandersetzungen im benachbarten Hoyerswerda Ende September 1991, zurückhaltend, vorsichtig und stellenweise geradewegs wortkarg.

Zwei wie Pat und Patachon

Vom Äußeren her sind beide völlig verschieden. DENNIS, Skinhead Ost: Ein kräftiger, stattlicher Typ, der allein durch seine Größe schon etwas darstellt. Ein Mann wie ein Hüne, aber mit durchaus sanften, weichen Zügen. Als er vor mir steht, mich mit schlaffem Händedruck begrüßt und fast schon verlegen zu Boden blickt, wirkt er eher schüchtern. Keineswegs der typische Skin, so wie ich ihn mir vorgestellt hatte. Sein Kumpel Ron und die anderen, die mitgekommen sind, um mich zu begutachten - sozusagen der letzte Check, ob das Gespräch in Ordnung geht - entsprechen schon eher dem landläufigen Bild: Kahlköpfig, grüne Bomberjacke, Knobelbecher, unansehnliche Messerverletzungen.

Ganz anders BENITO, Skinhead West. Klein, schmal und quirlig, mit leicht südländischem Einschlag (sein Vater war Perser) steht er beim ersten Gespräch im Dienstzimmer der zuständigen Sozialarbeiterin vor mir. Er ist ohnehin nicht jemand, der auf den Kopf gefallen ist. Beim Interview im Januar 1992 belebt er zugegebenermaßen mit seinen gewitzten Bemerkungen die trübe, kahlsterile Atmosphäre des offiziellen Besucherzimmers der Jugendstrafanstalt.

„die wissen noch nicht mal, daß Einstein ein Jude war....“

Skinheads aus der ehemaligen DDR kennt BENITO nicht, aber er hält auch nichts von den Kumpels aus dem Osten. „Da rennen so 30 Vollidioten aus Leipzig oder Dresden, die in ihrem Leben vielleicht 2 oder 3 Ausländer auf einem Haufen gesehen haben und hauen Asylantenheime kaputt, zünden kleine Kinder an und finden das noch toll. Die haben überhaupt keine Ahnung. Viele wissen noch nicht mal, wann Hitler geboren ist und wann der 2. Weltkrieg angefangen hat. Kurzum: Sie sind in ihrem ganzen Denken langsam.“

Unterschiede zwischen Ost und West macht DENNIS aus Dresden nicht. Bei dem neuen Konsumdenken, wo jeder sich selbst der nächste ist, zählt für ihn Zusammenhalt und Kameradschaft mehr denn je. „Vorbildlich hat sich der Rainer (Sonntag) verhalten. Das war ein echter Kumpel. Der war so menschlich und hat mir auch geholfen, als ich aus dem Knast kam. Der war zwar viel älter als wir, aber den hat jeder von uns geachtet.“

Viele Gemeinsamkeiten

Der eine Ost, der andere West: DENNIS und BENITO haben einen unterschiedlichen Lebenslauf hinter sich, aber dennoch gibt es bei ihnen mehr Gemeinsamkeiten als beide vermuten. Die Eltern von DENNIS ließen sich scheiden. Der jüngere Bruder blieb bei der Mutter, er selbst wuchs beim Vater auf und ging ab und zu mit in dessen Stammkneipe „Grüner Heinrich". Dort lernte er auch - gerade 13 Jahre alt - Ron kennen, der einer der ersten war, die mit Glatze herumliefen.

"Und für irgendwas mußte man sich da entscheiden: Gruftie, Punk oder Skin, weil das war ja so die Sturm- und Drangzeit bei den Jungs." Dennis entschied sich für Skin. Das gefiel ihm einfach am besten. Er kann es nicht verstehen, daß ein Deutscher, der auf sein Land stolz ist, gleich als Faschist beschimpft wird, während Ausländer ihren Nationalstolz pflegen. „Ich bin eigentlich ziemlich deutsch erzogen worden, also von Grund auf gegen Ausländer und für arbeiten gehen und so. Das entsprach am ehesten meinen Idealen." Nach der 10. Klasse fing Dennis eine Lehre als Dreher an. Er konnte sie aber nicht beenden, da er wegen Körperverletzung in Untersuchungshaft kam. „Nach 10, 15 Flaschen Bier geht die Randale richtig los. Meistens haben wir uns mit Negern und Punks angelegt, weil die sowieso da waren. Das war eigentlich keine politische Richtung. Dabeisein war für mich alles."

„Im Kindergarten war ich schon, aber in die Kinderkrippe mußte ich nie. Ich hatte eigentlich ein sehr gutes Elternhaus. Ich durfte alles und habe immer alles gekriegt. Wir haben auf dem Hof Cowboy und Indianer gespielt, mein Bruder und ich waren auch viel auf dem Spielplatz, aber sonst war hier nichts los."

„Nachdem ich nicht auf die Kinder- und Jugendsportschule durfte, wäre ich gerne Friseur geworden.
Ich habe meinen ganzen Kumpels die Haare geschnitten. Ich habe mich verschiedentlich beworben und bin dem ziemlich lange hinterhergerannt, allerdings ohne Erfolg."

Dennis, Skinhead Ost... ...Ein ständiges Auf und Ab

„Mein Vater hat auch gesagt, komm mir lieber so heim wie der Ron als womöglich noch mit Hahnenkamm. Da hab ich mir lieber ne Glatze schneiden lassen."

„Zwischendurch hatte ich immer wieder lange Haare, aber selten. Denn mit Glatze fällt man überall auf und ist immer gleich der erste, den sie kriegen. Dann gibt es aber wieder Momente, wo man einfach zeigen muß, daß man eine Glatze ist. Jetzt hab ich mir die Haare wieder wachsen lassen, weil meine Freundin hat mich vor die Wahl gestellt, entweder Glatze oder sie, weil die will nicht so mit mir auf der Straße rumlaufen. Da hab ich mir die Haare jetzt erst mal wachsen lassen, aber wenn Schluß ist, habe ich sofort wieder eine Glatze. Das erinnert mich eben auch an die Zeit von früher, die ich wesentlich besser als jetzt fand."

Auch BENITOS Eltern sind geschieden. Er wuchs zunächst bei der Mutter auf. Als er jedoch mit 12 Jahren nächtelang wegblieb und sich nichts mehr sagen ließ, wurde er in den Zug nach Hannover gesetzt und zum Vater geschickt, der später das Sorgerecht bekam.

Nach 3 Monaten fuhr er zurück nach Berlin und hat durch Fürsprache seiner Oma in Wohngemeinschaften und Jugendwohnheimen gewohnt. Der Aufenthalt in den Einrichtungen des Jugendamtes war nie von langer Dauer, da er ständig beim Klauen erwischt wurde. Benito kann sich an diese Zeit nur noch sehr verschwommen erinnern, da er die meiste Zeit besoffen mit den Punkern auf dem Kudamm rumhing. „Als ich bei den Punks war, habe ich nicht an Politik gedacht. Wir haben halt rumrandaliert und was man so macht, wenn man besoffen ist. Das fand ich toll." Als Benito nicht mehr wußte, wohin, ging er 1987 zu seinem Vater nach

Benito, Skinhead West...
HIER WAR DIE WELT NOCH IN ORDNUNG

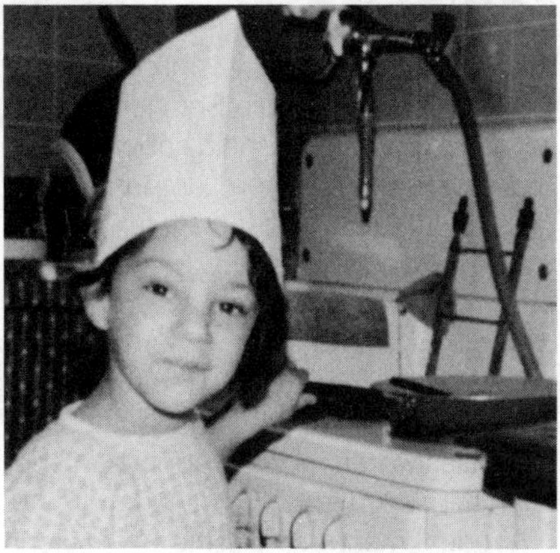

„Als Kind habe ich viel Fußball auf der Straße gespielt. Meist mit den Nachbarskindern. Ich war ein paar Mal in Vereinen, aber da habe ich es nie lange ausgehalten. Ansonsten habe ich die meiste Zeit mit Mutter und Schwester verbracht. Ich hatte einen richtigen Sonntagspapi. Mit dem haben wir dann Monopoly und Mensch ärgere Dich nicht gespielt. Vor dem Herd habe ich immer schon gerne gestanden."

Benito, Skinhead West... ALLE TAGE WIEDER

„Hier im Knast gibt es zwar auch einen Betrieb, wo Elektroteile zusammengesteckt werden, aber die Arbeit habe ich verloren, weil ich lustlos war und keinen Bock auf irgendetwas hatte. Jetzt bin ich in der Küche als Spüler. Das ist eigentlich ganz gut, nur daß ich um 7 Uhr anfangen muß, ist Mist."

Hannover zurück. Mit den Punks dort ist er nicht klar gekommen. Das waren zu große Weltverbesserer. „Alles war für die ein Nazi, die haben sich wohl selbst nicht gemocht. Da waren die Berliner wesentlich besser drauf." Deshalb haben ihm die Skins, die er durch einen Kumpel kennengelernt hat, schon besser gefallen. „Die waren sauber, nicht so verdreckt und alle in meinem Alter. Mit denen konnte ich wenigstens was anfangen. Wir haben getrunken, sind zum Fußball gegangen und in der Innenstadt haben wir rumgeprügelt." Das waren meist Gruppenschlägereien mit Türken und Punkern.

Wegen mehrerer Delikte - meistens Körperverletzung - wurde Benito inhaftiert. Seit 1989 sitzt er in der Jugendstrafanstalt Hameln wegen Körperverletzung mit Todesfolge.

Action statt Langeweile

Sport war das einzige Hobby von DENNIS. Die Schule hat ihn nach vier Jahren maßlos gelangweilt. Sein Interesse an Geschichte erlosch, als er merkte, daß nicht die eigene Meinung gefragt war, sondern immer nur das gut benotet wurde, was man offiziell hören wollte. „In Staatsbürgerkunde mußte man Sachen erzählen, die man nicht unbedingt erzählen wollte ..... Bei der Jugendweihe mußten wir dann auch einen Eid oder so ein Scheißgelöbnis leisten, dem Staat treu zu dienen."

DENNIS war immer schon mit Älteren zusammen. Früher beim Fußball, später bei den Skins. Dort war er sogar der Jüngste und konnte Gleichaltrige mit seinen „Räuberpistolen" beeindrucken. „Das war irgendwie so ein Geltungsbedürfnis" meint er, lehnt sich selbstzufrieden in seinen braunen Kunstledersessel zurück und blickt auf das gerahmte Foto mit Rainer Sonntag und anderen Skinheadgrößen, das in der altdeutschen Schrankwand zwischen Biergläsern und Plüschtieren seinen festen Platz hat. „Na ja, das war halt auch was Neues und die anderen haben schon zu mir hochgeschaut. Für die galt ich als Held, wenn ich von Schlägereien berichtete. Obwohl ich in der ersten Zeit wirklich nur dabeistand und maßlos übertrieben habe. Aber das war damals schon ein Mordsgefühl: Zu sagen, hey ich war dabei, ich habe Randale gemacht." Später hat er dann kräftig mitgemischt. Am Wochenende nach Discobesuch und entsprechendem Alkoholkonsum ging es zur Sache. Vorrangiges Angriffsziel waren Ausländer, speziell solche, mit denen man sich körperlich messen konnte. „So Fidschies (=Vietnamesen) und so haben wir normalerweise in Ruhe gelassen. Das waren keine echten Gegner. Da war ich mit 13 schon besser gebaut als die." Was ihn an Ausländern stört, kann Dennis gar nicht so genau sagen. „Eben, daß sie Ausländer sind, ist schon ein Grund. Es ist fast schon eine Art Sport, in die Stadt zu fahren und "ein paar Neger klatschen". Einfach so, just for fun oder aus völlig banalen Gründen. Er berichtet, wie sie sich letztens zu 6 Mann mit zwei Negern angelegt haben. "Da war die Kirsche (=Mädchen) mit und wir hatten alle schon was getrunken und der gefiel so die Jeansjacke, die der Neger anhatte. Und da habe ich dem nen paar auf's Maul gehauen und der andere Kumpel hat dem die Jacke ausgezogen und hat die der Kirsche gegeben." Für so etwas riskiert er dann auch, mal wieder hinter Gittern zu verschwinden. Wo er allerdings richtig in Wut gerät, ist, „wenn da nen Neger mit ner weißen Kirsche ankommt. Die hatten früher eben immer har-

Dennis, Skinhead Ost...
FUßBALL WAR MEIN LEBEN

„Ich habe mit vier Jahren angefangen, Fußball zu spielen. Weil ich so gut war, durfte ich dann immer mit den Älteren auf dem Platz mitspielen. Später habe ich in der Bezirksklasse gespielt. Ich war der beste Fußballer meiner Altersgruppe im Bezirk Dresden. Als ich 13 Jahre war, sollte ich auf die Kinder- und Jugendsportschule Leipzig, aber wegen meiner schulischen Leistungen, vor allem in Staatsbürgerkunde und Betragen, wurde mir das verwehrt. Ich habe mich immer schon gerne gekeilt und so und Lehrer belegt (=beschimpft). Heute bedaure ich das sehr, weil man damit eben richtig Kohle machen kann. Ich spiele nur noch so zum Spaß mit den Kumpels."

Dennis, Skinhead Ost...
NUR NOCH ALS ROWDY AKTIV

„Heute interessieren mich mehr die Hooligans als der Fußball. Im Stadion bin ich noch Fan von Dynamo, aber draußen habe ich dann Lust, mich zu prügeln. Früher war alles viel einfacher, da gab es Prügelwiesen und da sind die Bullen nie hingekommen, da hatten sie selbst zuviel Schiß. Jetzt bei der Bundesliga ist das alles anders. Da muß man durch 'nen Haufen Polizei und die Chance, verhaftet zu werden, ist viel größer."

te Währung und konnten sich da eben bestimmte Mädels leisten und wir nie. Und das hat sich dann so aufgebaut und gerade jetzt, so nach den Wahlen hier, Krise und Scheiß und so, da steigert sich das eigentlich immer mehr." Es ist nicht bei den Negern geblieben, wegen denen die ersten von ihnen in den Knast gewandert sind und was „es galt zu rächen". Hinzu kommen Türken, Jugoslawen, Hütchenspieler und Drogenhändler, die ihre Aggressionen steigern. „Auch daß sie den Rainer umgebracht haben" wird seine Konsequenzen nach sich ziehen. Daß er selbst mal schwerere Verletzungen davon tragen könnte, scheint ihn nicht weiter zu beunruhigen. Bisher kam er mit Nasenbluten, kleinen Messerstichen und mal etwas Glas am Auge davon. Seine Freundin ist ängstlicher, „aber der muß ich nicht gerade auf die Nase binden, daß ich losziehe und Randale mache. Da haben wir halt mal ein Treffen ohne die Mädels", meint er augenzwinkernd.

BENITOS Schulzeit verlief reichlich chaotisch. Normal waren lediglich die Grundschuljahre. Danach aber wechselte er die Schulen wie andere Leute die Hemden: Gymnasium, Realschule, Gesamtschule, Berufsvorbereitungsjahr und Volkshochschule, um wenigstens einen Hauptschulabschluß zu machen. Ein erneuter Versuch auf der Realschule schlug fehl, aber schließlich gelang ihm doch noch ein Hauptschulabschluß. Komplikationen gab es hauptsächlich wegen seiner Trunksucht, durch die er von den Schulen verwiesen wurde. Dabei wollte er unbedingt das Abitur machen, um studieren zu können und einen Job zu finden, „bei dem man nicht soviel arbeiten muß. Eben irgendwo am Schreibtisch, nur mit dem Kopf und nicht schwer körperlich. Meine Hände sind nicht für's Arbeiten geeignet." Er hat noch keine Ahnung, was er einmal beruflich machen könnte. Spezielle Hobbies und Interessen hat er im Grunde keine. Früher waren es eine zeitlang Fußball und Judo, Sportarten, die er sich heute lieber vor dem Bildschirm ansieht. Musik hat er ebenfalls gehört oder mit mehreren Videos angeschaut, hauptsächlich Horror- oder Actionfilme. „Dabei haben wir gesoffen wie ein Loch - das war's dann."

Ansonsten verspürte er eine unendliche Langeweile. Die Berliner Punks mit Haaren in allen schillernden Tönen brachten im wahrsten Sinne des Wortes Farbe in das tägliche Einerlei. Das war eine willkommene Abwechslung, die Spaß brachte. „Da war es auch nicht mehr langweilig." Nach dem Irokesenschnitt folgte 1988 die Glatze, doch der Spaß mit den Skins in Hannover blieb der gleiche.

Das Verhältnis zum Vater, der mit Modeschmuck und Accessoires handelte und kaum zu Hause war, beschreibt Benito als sehr gut: „Der hat mich so ziemlich machen lassen, was ich wollte." Sein Tagesablauf sah normalerweise so aus: Nach dem Aufstehen ist er mit dem Hund herausgegangen, er war viel mit seiner Freundin zusammen und „die ganzen Leute kamen zu mir oder wir sind dorthin. Und dann wurde immer reichlich gekippt oder Randale gemacht. Das hat mir Spaß gemacht. Ich fand's dufte. Da war immer reichlich was los und es war nie langweilig."

In der Jugendstrafanstalt liest BENITO sehr viel, vor allem Geschichtliches. Ihn

Benito, Skinhead West...
AUF DEN HUND GEKOMMEN

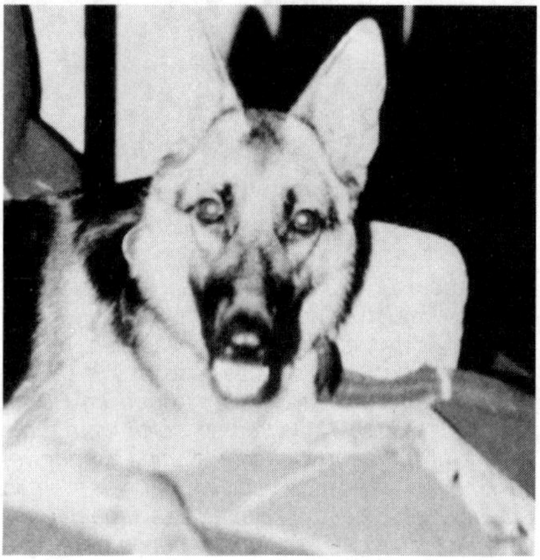

„Speedy habe ich als ganz kleinen Hund von einem Bauern gekauft. Im Bezirk konnte man ja nicht mehr so gut allein rumlaufen, wegen der Türken und so. Und mit Hund ging das. Die haben alle Angst vor Hunden gehabt, auch wenn der so klein war. Und das fand ich gut. Als ich schon im Knast war, ist Speedy vor ein Auto gelaufen und leider tot."

haben immer schon historische „Sachen", Kriegsbücher und vor allem Romane über die Mafia und die ganzen Clans beeindruckt. „Hier in Deutschland

„Ich wurde angeklagt und da ich keine Kumpels verpfeife, habe ich 10 Monate gekriegt. Ich habe den Kopf für einen Typen hingehalten, der mir nicht mal einen Brief oder eine Karte geschrieben hat. An den Ehrenkodex bei den Skins hält sich heute sowieso kaum noch einer. Ich würde so was auch zwar wieder machen, aber nur noch für einen sehr guten Kumpel und nicht für einen, den ich kaum kenne."

kriminell zu sein ist beschissen. Selbst die Kriminellen scheißen sich alle gegenseitig an, da gibt es keinen Zusammenhalt. Auch unter Skins ist es so. Es sind einfach zuviele Kinder dabei. Ich habe gelesen, daß es in anderen Ländern mit der Ehre ganz anders ist. Die würden sich nie gegenseitig anschmieren. Deutschland ist kaputt gegangen, wir haben überhaupt keine Kultur mehr."

Von Politik, so wie sie heute betrieben wird, hält BENITO nichts. „Die ganze Demokratie ist Schwachsinn, das ist doch ein Hohn. Jedenfalls bei dem Volk hier. Daß sie Leute, die keine Ahnung haben, regieren lassen. Genauso wenig will ich mich aber zum Kasper machen und irgendwelche Phrasen nachdreschen, die alte Opas vorgelabert haben." Letztlich seien es immer die jungen Leute mit Glatze, die in den Knast wandern, und nicht die gesetzten Herren mit Seitenscheitel. Hitler war für ihn ein Döskopp, da haben ihm die Strasserbrüder schon mehr imponiert oder Franco und insbesondere Mussolini, „der die ganzen Perversionen nicht mitgemacht hat, aber trotzdem wußte, wo es lang geht."

„Aber eigentlich bin ich nur patriotisch", meint er. „Ich mag mein Land und mag nicht, wie es kaputtgemacht wird. Ich mag auch nicht die Leute, die das Dritte Reich wieder haben wollen." Auf der anderen Seite kann er nicht verstehen, daß Amerikaner, die Hiroshima bombardiert haben, sich offen zu ihrem Land bekennen dürfen, während Deutsche, die einen Nationalstolz äußern, gleich als Nazis bezeichnet werden. Er ist z.B. stolz darauf, wie sich die Deutschen nach dem

Benito, Skinhead West...ABGESTEMPELT

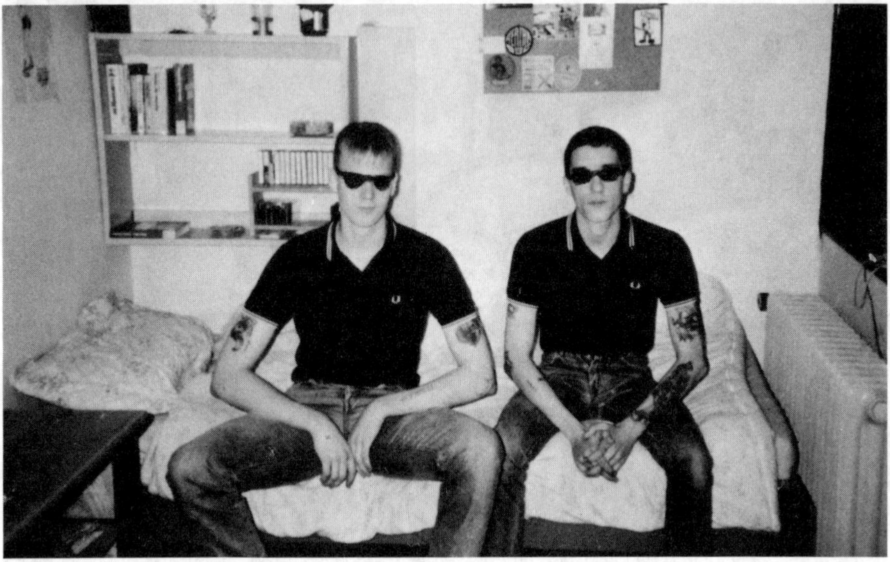

„Am Anfang war es komisch, mit anderen Straftätern zusammenzukommen, aber inzwischen komme ich mit allen irgendwie klar. Manche Beamte hier sind extreme Skinhasser. Meine Post wurde eine ganze Zeitlang extra kontrolliert. Die haben alle Poster und so beschlagnahmt. Ich mußte Bilder von der Wand abmachen, so von der Nationalen Front und so, das wäre wegen der Demokratie. Die machen alles so aus Lust und Laune. Weil sie angeblich Drogen in meiner Urinprobe gefunden haben wollen, haben sie mir eine Zeitland Urlaub und Freigang gestrichen. Man ist hier halt auf die Kumpels von draußen angewiesen, aber nach 3 Jahren kommt halt nicht mehr viel. Die Freunde kommen nicht, weil sie halt polizeilich überprüft werden."

Krieg wieder hochgearbeitet haben. Was ihm weniger gefällt sind u.a. Spießertum, Gartenzwerge, die Abschiebung alter Menschen in Verwahranstalten, der Zuzug von zigtausenden Ausländern, die sich kriminell betätigen und keine wirklich politisch Verfolgten sind, der Strafvollzug und die Kriminalisierung Jugendlicher.

"Die müßten mehr für die Jugend anbieten, nicht nur so Alibisachen, und aufhören, sie zu kriminalisieren. Skins werden in den Zeitungen gleichgestellt mit Einbrechern. Warum verbieten sie denn Skinkonzerte? Da muß man ja zu den Parteileuten gehen. Die lassen uns immer rein. Punkkonzerte gibt es an jeder Ecke. Durch Verbote erreichen die gar nichts. Je mehr sie verbieten, umso stärker sind wir geworden."

Wie weiter?

Seit Rainer Sonntag tot ist, hat sich hier einiges geändert, bedauert DENNIS. Damals gab es regelmäßige Kameradschaftsabende. Sie haben sich Kriegsfilme angeschaut, Bücher von „'richtigen' Historikern, wie David Irving gelesen, Bier dabei getrunken und darüber gequatscht." Er selbst hat keinerlei parteipolitische Ambitionen, seine Rolle könnte allenfalls Untergrundarbeit sein. Einer wie der Rainer mit seiner Nationalen Liste wäre schon eher jemand gewesen, der sa-

„Meine Eltern wohnten nur ein paar Minuten von hier entfernt, aber da war noch alles Altbau. Hier in der Nähe ist auch die Kneipe "Grüner Heinrich", wo alles anfing."

lonfähig ist. „So mit Schlips und Kragen und auch von der älteren Generation geachtet." Dennis hat zwar zur Zeit einen Job beim Garten- und Landschaftsbau - wie lange noch, ist ungewiß. „Daß genügend Arbeitsplätze geschaffen wurden, vieles erneuert wurde, Autobahnen gebaut wurden, auf denen wir heute noch fahren und daß die Deutschen was zu sagen hatten in der Welt", beeindruckt Dennis am Nationalsozialismus. Er war nie einer, der das alte DDR-Regime befürwortete, aber genauso wenig gefällt ihm die heutige Politik. Seine Wunschvorstellung: „So was wie der Nationalsozialismus. Aber eben nen bißchen anders, also ohne Kriegsvorbereitung und so."

Was die Zukunft bringt, steht in den Sternen. Trautes Heim, Glück allein, Lehrstelle als Friseur, weiter auf dem Bau malochen, Randale machen - es ist alles drin.

Ohne seine Hilfe hätte ich selbst mit Kompaß kaum aus dieser riesigen Trabantenstadt vom Ausmaß einer mittleren Kleinstadt herausgefunden. Hier gleicht ein Hochhaus dem anderen, lieblos in Plattenbauweise in die Landschaft gestellt. Ohne Rücksicht auf die Menschen, die in dieser Einöde von Wohnsilos, Brachland, dem Gemisch aus asphaltierten Straßen, Schlammwegen, dem kleinen Einkaufzentrum und einem Pommeswagen leben müssen.

Benito, Skinhead West...
FÜR DAS LEBEN GEZEICHNET

„Die Tätowierung auf der Stirn habe ich im Suff gemacht. Das sollte ein Kreuz werden . Die anderen Tätowierungen, eine Schlange, ein Löwe und so was, wurden später in einem Studio gemacht. Ich fand das schön, seit ich 13 war. Alle hatten das, und ich wollte das auch haben. Hier im Knast könnte ich mich auch tätowieren lassen, aber die machen das nicht so toll. Als erstes, wenn ich draußen bin, will ich mich ganz tätowieren lassen, so mit Drachen und Totenköpfen. In einem professionellen Studio kostet ein Unterarm schon so 300 Mark."

Benito, Skinhead West...

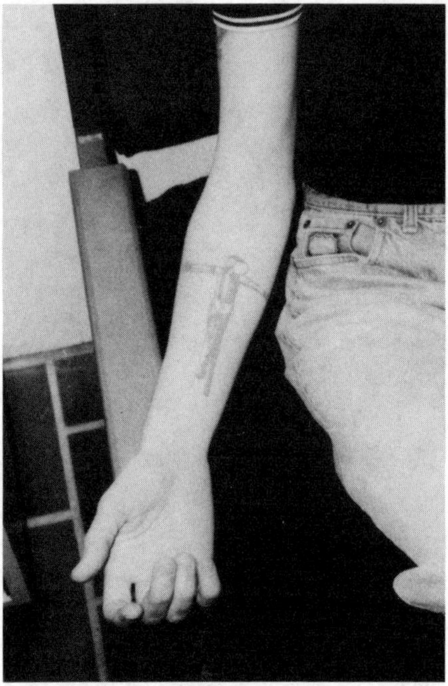

„Das ist ein Skinhead am Kreuz. Das war eigentlich mal eine Vorlage für ein Plattencover. Es sollte zeigen, daß wir immer für alles verantwortlich gemacht werden. So nach dem Motto: Alle Skins sind Psychopathen."

Gorbitz - nur 20 Autominuten von der Dresdner Innenstadt entfernt - eine ganz andere Welt. Man ist froh, sie verlassen zu können.

Nach seiner Entlassung muß BENITO auf alle Fälle nach Berlin zu seiner Mutter zurück. Der Vater ist 1990 gestorben. Wenn er an die Beerdigung denkt, spürt er noch jetzt diese ohnmächtige Wut, als er in Ketten neben der Verwandtschaft stehen mußte. „Die linke Hand in der Tasche, die rechte Hand mit dem Fuß zusammengekettet bin ich zum Grab gehumpelt. Zwei Polizisten dabei. Da hab ich mich ganz schön beschissen gefühlt."

Seine jüngere Schwester war auch bei der Beerdigung, aber mit ihr hat er nicht viel gemeinsam. „Die ist so poppermäßig drauf, hat einen Neger zum Freund und mag alles, was ich nicht mag." Da bedeutet ihm seine 71-jährige Oma schon wesentlich mehr. Mit ihr versteht er sich - auch im Gegensatz zu seiner Mutter, einer 42-jährigen Versicherungskauffrau, die immer irgendwie komisch und mißtrauisch war - deutlich besser. „Meine Oma ist so gutmütig und verständnisvoll.

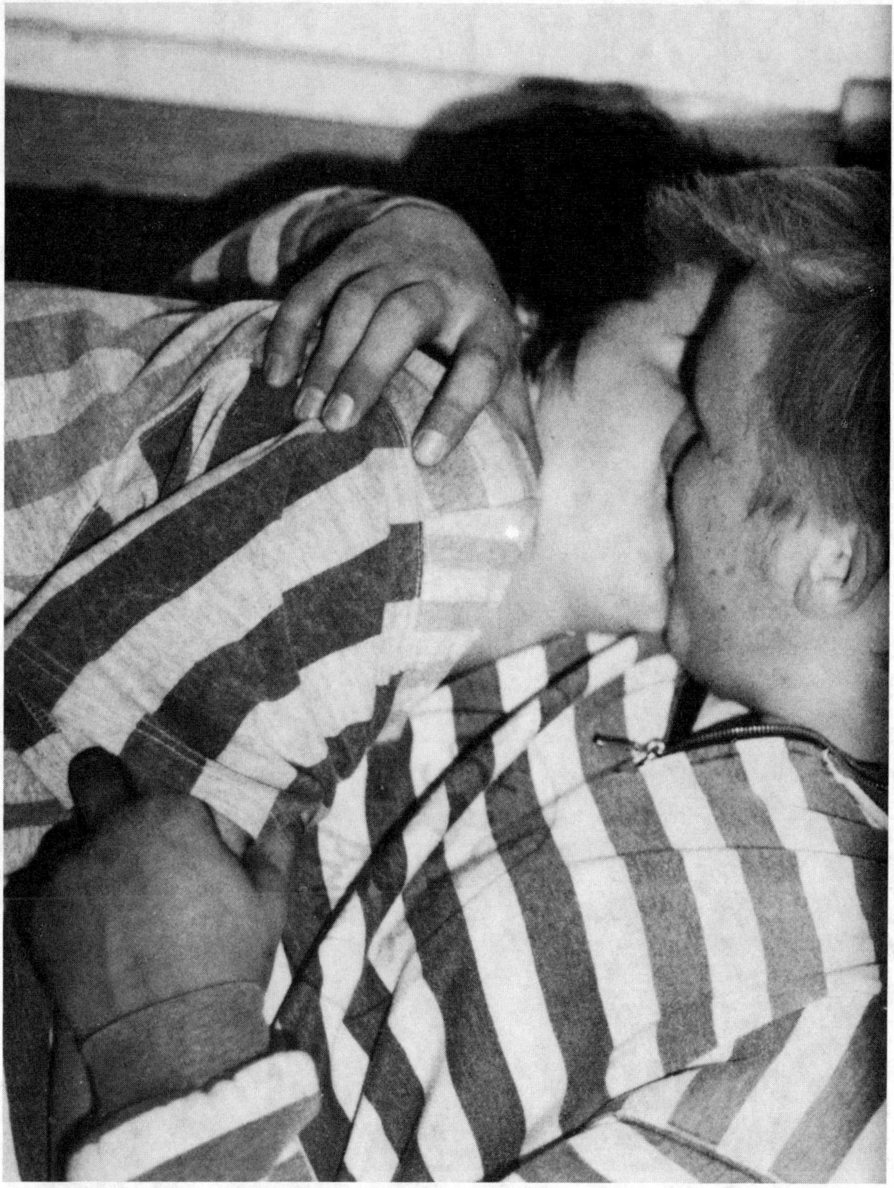

„Meine Kirsche (=Freundin) ist mir das Liebste, was ich hab. Von mir aus könnte ich sofort heiraten. Ich will auf jeden Fall einmal eine Familie und zwei Kinder haben. Irgendwann wird mal Schluß sein mit Randale, da bin ich dann zu alt dafür. Aber wenn das Innere noch nicht zur Ruhe gekommen ist, wird halt ab und zu noch mal einer aufgeklatscht."

Benito, Skinhead West... AUS DEN AUGEN, AUS DEM SINN.

„Hier drin hat sich das ganze Leben verändert. Man kann sich die Freiheit garnicht mehr so vorstellen. Besuch habe ich nicht viel. Meine Mutter war '89 das letzte Mal da. Wir haben nur noch Briefkontakt, so auf der Ebene, wie es mir geht und wann ich rauskomme. Die wollte garnicht wissen, weshalb ich eigentlich einsitze. Sie hat sicher gedacht, da es etwas Unappetitliches war. Die denkt, der wird's schon verdient haben, aber trotzdem könnte die Mutter zu einem halten."

„Viele Sachen gefallen mir bei den Skins einfach gut, z.B. die Musik, der Zusammenhalt, die Feten, die Sauferei, eben das ganze Miteinander. Aber so Sachen, wie z.B. Asylantenheime überfallen, mag ich nicht. Die sollen sich Gegner auf der Straße suchen und nicht kleine Kinder anzünden. Wenn ich rauskomme weiß ich noch nicht, inwieweit ich mich da überhaupt wieder mitreißen lasse. Wenn ich wieder als Skin losziehe, bin ich in ein paar Monaten wieder drin, da kann ich gleich hier auf dem Parkplatz sitzenbleiben."

Sie sieht alles nicht so eng und macht nicht soviel Aufhebens davon, was ich getan habe.

BENITO hat keine Ahnung, wie sein Leben weitergeht, wenn er wieder draußen ist. Er weiß nur, daß er weitertrinken wird. „Mir gefällt das Trinken. Ich kann mir gar nicht vorstellen, nichts zu trinken. Hier konnte ich zwangsweise nichts trinken, aber draußen am Kiosk." Er hat keine Angst, eines Tages Alkoholiker zu werden, solange es bei Bier bleibt. Er trinkt, weil er sonst nichts mit sich anzufangen weiß: „Ich trinke aus Langeweile. Dann bin ich betäubt und denke nicht über alles nach."

Jenseits von Afrika - Diplomatensöhne in Bonn und Berlin

Dieter Kirchhöfer
Merit Pietzker, Fotografin

Roman (Berlin) - In Afrika war für mich die Schule das Prägendste ...

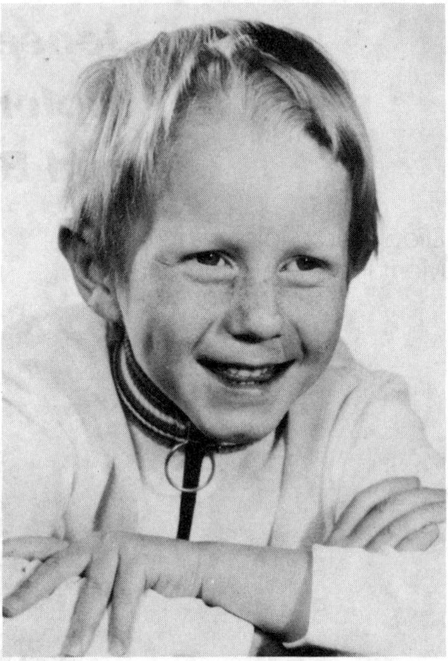

„Als mein Vater als Botschafter in Kinshasa eingesetzt wurde, wurde ich in die Schule der Botschaft eingeschult. Die Einschulung war für mich etwas Neues, und ich glaube, daß es das auch war, was einen vergessen ließ, wo man gerade hergekommen war. Denn ich kann mich nicht erinnern, daß ich gedanklich irgendetwas vermißt habe. In der Schule in Kinshasa waren nicht viele Kinder. In meiner Klassenstufe war ich mit einer Schülerin in einer Klasse allein. Die Lehrerin hat zeitweise sieben Kinder aus verschiedenen Klassenstufen unterrichtet. Ich habe im Nachhinein gestaunt, daß das möglich war."

„In der 5. Klasse mußte ich dann wie-

Roman mit Ali

der in der DDR unterrichtet werden. Eine andere Möglichkeit gab es nicht, es sei denn, man hätte dort im Ausland eine sowjetische Schule gehabt. Übrigens war ich vor zwei Jahren noch einmal im Kongo, als ich meine Eltern in Brazzaville besuchte. Ich habe mir in Kinshasa angeschaut, wo ich in die Schule gegangen bin. Die Schule war auf alle Fälle das Prägendste meiner Kindheit in Afrika. Meine Mutter arbeitete damals in der Botschaft als Sekretärin, ja, ganz normal als Sekretärin, weil das auch ihr Beruf war."

„Was ich in Afrika bei meinem letzten Besuch kennengelernt habe, war eigentlich die Großstadt nach afrikanischen Verhältnissen. Das war nicht das, was man von Afrika als Klischee kennt, was in den Fernsehfilmen abgebildet wird. Das stimmte hinten und vorne nicht. Und von der Schönheit der Natur kriegt man wirklich nur etwas mit, wenn man die Länder erkundet. Ich fand es schade, daß ich nicht mehr gesehen habe. Wenn ich da noch mal hinfahren darf, dann möchte ich Südafrika oder Namibia sehen. Zaire an sich ist auch ein schönes Land, aber es ist nicht so touristisch erschlossen. Man hat so als Europäer sicher Schwierigkeiten, in Afrika klarzukommen. Erstens ist man Weißer, in einem Land, wo Unterschiede, Klassenunterschiede herrschen, die man hier in Europa nicht kennt. Es gibt ganz Reiche, und es gibt ganz Arme. Als ich jetzt noch einmal im Kongo war, habe ich es wieder erleben müssen, daß man als Weißer dort etwas Besonderes ist, weil man eine andere Hautfarbe hat und einen gewissen Status darstellt. Nur weil man weiß ist, wird von einem sowohl in guter wie auch in schlechter Hinsicht etwas Besonderes erwartet. Ich habe selbst von

„Es ist nicht gut, wenn die Kinder nicht bei den Eltern sind."

der schwarzen Seite her keine Vorurteile erlebt, und ich habe auch mit Kindern von dort gespielt. Das war normal für mich, nichts Besonderes, das habe ich nicht so empfunden. Aber meine Eltern haben mir auch von dem Haß erzählt, der bei den Unruhen im Kongo gegen die Weißen, besonders gegen die Belgier, aufbrach. Es gab allerdings auch kaum Kontakt zu Einheimischen, und damit war auch die zweite Schwierigkeit verbunden, die Verständigung. Da war ich nun im französischsprachigen Ausland und kann keine Fremdsprache."

In unserer Familie wurde nur von Politik geredet ...

„Im Unterschied zu meinen älteren Geschwistern, die längere Zeit im Internat gewesen sind, habe ich immer bei meinen Eltern gelebt. Nur in der 5. Klasse bin ich für ein halbes Jahr ins Internat gekommen, weil vorgesehen war, daß meine Eltern gleich wieder ins Ausland gehen sollten. Ich muß sagen, es war ein schlechtes halbes Jahr, ich habe mich da echt nicht wohlgefühlt. Das hat sich einerseits seelisch so gezeigt, daß ich ziemlich ruhig wurde und mich mit den Kindern nicht so gut verstand. Das äußerte sich andererseits auch darin, daß ich in den schulischen Leistungen schnell abfiel. Ich halte heute überhaupt nichts mehr davon, Kinder ins Internat zu geben. Es ist nicht gut, wenn die Kinder nicht bei den Eltern sind."

„In unserer Familie wurde nur von Politik geredet, das ist manchmal unmöglich gewesen. Immer, wenn irgendwelche Familienfeste waren, sind wir irgendwann dabei gelandet. Heute muß ich sagen, finde ich das ziemlich gut, wenn man über so etwas redet. Das kam davon, daß mein Vater diesen Beruf hatte. Eine kritische Distanz im ideologischen Sinne ist bei mir erst aufgekommen, als ich mein Abitur gemacht habe. Da ging ich mit meinen Eltern in einigen Dingen nicht mehr konform. Im Nachhinein betrachtet resultierte das daraus, daß man oft, wenn man in der DDR in einem Ministerium gearbeitet hat, irgendwelche Normalitäten, wie sie in der DDR existierten, nicht mitbekommen hat, obwohl wir immer in ganz normalen Verhältnissen gelebt haben."

„In dem Maße waren meine Eltern überhaupt nicht von der Realität entfernt. Aber in einigen Punkten, so z. B. über innere Probleme, haben wir uns gestritten. Wenn damals einer über die Grenze abgehauen ist, konnten sie das nicht verstehen, das ging nicht in ihren Kopf, und bei mir ging nicht rein, daß sie das nicht verstehen können. Für mich war das ab einer bestimmten Altersstufe normal, daß jemand so etwas will. Da wir, mein Vater und ich, in gewissem Maße auf unseren Standpunkten verharrten, konnten wir dann auch nicht weiter diskutieren. Aber ernste Differenzen in dem Sinne gab es nicht. Die gab es nur in den Diskussionen, und die haben wir nicht so weit getrieben, daß man nicht mehr in den vier gemeinsamen Wänden leben konnte."

Es war meine Entscheidung

„Heutzutage würde ich mich natürlich nicht mehr freiwillig für drei Jahre verpflichten, schon rein aus pazifistischen Gründen nicht. Aber damals war das für mich etwas ganz Normales. Es wurde in einem gewissen Maße erwartet, weniger von meinen Eltern, sondern vom Umkreis, von der Schule. Trotzdem, es war meine Entscheidung. Meine Eltern haben mir nicht irgendwie zugeraten. Ich habe nicht irgendwie groß drüber nachgedacht, und ich kannte auch keine Leute, die mir andere Erfahrungen über ihre Armeezeit hätten vermitteln können. Ich war bei den Luftstreitkräften, bei den Raketen. Raussuchen konnte man sich das nicht. Wir waren damals auf der Unteroffiziersschule in der Nähe von Leipzig. Am Ende der Ausbildung konnten wir einen Wunsch äußern, wohin wir gerne gehen möchten. Da sagte man als Berliner natürlich Berlin. Psychische Probleme gab es vor allem im ersten halben Jahr der Ausbildung, weil es wirklich ein psychologischer Drill war. Vielleicht haben es die Leute nicht bewußt so machen wollen, aber es hat auf mich so gewirkt. Es war einfach für mich ein bißchen grotesk. Man wurde in gewissem Maße für dumm gehalten, und das vertrage ich nicht. Am stärksten habe ich das auf dieser Unteroffiziersschule empfunden. Da wußte ich sofort, daß ich einen Fehler gemacht habe, aber rückgängig machen, das wollte ich mir nicht antun. Das Extremum war der Dienst im Bunker, in einer besser ausgebauten Unterstellung. Es gab Zeiten, wo wir 14 Tage oder drei Wochen im Bunker gelebt haben, rund um die Uhr, von jeglichem Tageslicht abgeschlossen. Wir waren im Diensthabenden System, das gibt 'nen Knacks. Man ist da nicht mehr normal, wenn man nach drei Wochen rauskommt. Das war für viele dort ein unheimlicher Stress. Zudem wurde dann auch noch von einem verlangt, diszipliniert zu sein, um eine positive Note zu bekommen."

Roman mit seinen Schulkameraden in der vormilitärischen Ausbildung

Ich hätte lieber gearbeitet ...

„Nach der Armee hatte ich nicht den Ehrgeiz, gleich wieder zu studieren, obwohl wir vorimmatrikuliert waren und ich auch schon die spätere Hochschule Ilmenau kannte. Ich hätte lieber irgendwie gearbeitet, das wäre mir lieber gewesen. Man hatte wirklich drei Jahre lang brachgelegen. Ich muß eigentlich immer was machen, auf Trab sein. Also, ich habe das Studium angefangen, und nach einem halben Jahr wußte ich, daß ich das gerade nicht machen will. Das Studium hieß ‚Technische Kybernetik und Automatisierungstechnik'. In einer Elektronikschule

„Hier studiere ich das, was ich gerne studieren will."

Freundeskreis aus der Armee: „Das ist wirklich ein herzliches Verhältnis."

war das Studium natürlich auf Elektrotechnik/Elektronik orientiert. Aber gerade das Elektronikstudium machte mir wenig Spaß. Und so reichte auch der Wille nicht, der notwendig gewesen wäre, mir das reinzupauken. Da war halt auch der Ehrgeiz weg. Dies ist eine Zeit, der ich nicht nachtraure, und wenn ich zwei Jahre länger studiere, was soll's. Hier studiere ich das, was ich gern studieren will. Ich mußte mich allerdings an der TU neu bewerben. Ich habe jetzt eine Vordiplomphase mit vier Semestern. Die ist locker, und ich habe damit keine Schwierigkeiten. Es wird hier zwar anders gelehrt und auf einem Niveau angefangen, bei dem man sich, wenn man schon mal studiert hat, echt wundert, aber man steigert sich unheimlich. Es ist ganz gut so, daß es so gemacht wird. In Ilmenau war alles sehr gut organisiert, das ist auf der einen Seite gut gewesen. Auf der anderen Seite kann ich jetzt mein Studium selbst zusammenmischen. Das konnte ich in Ilmenau nicht, da habe ich das gemacht, was im Stundenplan stand. Ich wußte, das muß ich machen. Die jetzige Umstellung fällt mir aber nicht schwer."

„Der Umbruch selbst war für mich nur von Vorteil, ich sage, wie es ist. Ich kann mein Leben jetzt so gestalten, wie ich es will. Für meine Eltern sieht das ganz anders aus. Das ist ganz klar, und für viele andere auch. Aber für den Großteil der Studenten glaube ich, daß es gut war."

„Ich habe schon vor der Wende, in der Zeit des Abiturs, gelernt, Tatsachen, nein nicht Tatsachen, sondern absolute Behauptungen, die man in den Raum stellt, anzuzweifeln. Das ist heute noch stärker ausgeprägt. Ich glaube, es ist gut so, wenn man fast alles anzweifelt. Nein, mit dem Bruch an sich bin ich recht gut klargekommen. Für mich jedenfalls gibt es zur Zeit nichts, was mich bedrohen würde, und es gibt eigentlich nichts, wovor ich mich fürchten würde. Es wäre mir allerdings unangenehm, wenn man mal einen Job gelernt oder studiert hat und dieses Wissen nirgendwo innerhalb eines Berufes anwenden kann. Da hoffe ich nur, daß ich mein Studium bald abschließen werde. Aber es gibt jetzt eine materielle Abhängigkeit, die wir früher als Studenten in der DDR nicht hatten. Finanziell bin ich früher klargekommen und hatte nicht solche Sorgen. In einem gewissen Maße fühle ich mich stärker materiell abhängig als vorher. Zur Zeit habe ich jetzt Bafög, und zwar 670 Mark, davon bleibt mir dann an Fixem ungefähr 400."

Wenn ich meine Freunde mitnehmen könnte ....

„Mein Freundeskreis führt zu meiner Schulzeit in der POS zurück. Auf der EOS erweiterte er sich kaum, das ist bezeichnend, aber das ist nun mal so. Nur mit einem, der hier in der Nähe wohnt, habe ich mich ziemlich gut verstanden. Mit dem bin ich immer noch zusammen, der ist jetzt auch an der TU, also optimal. Dann habe ich einen Freundeskreis aus der Armeezeit, mit dem man sich noch einmal, vielleicht auch zweimal im Jahr trifft. Das ist ein wirklich herzliches Verhältnis. Nicht irgendwie, weil man die Zeiten gemeinsam erlebt hat, sondern weil man sich gut leiden kann. Ja, und dann die Freunde aus der Ilmenauer Zeit. Das ist das einzige, was ich an Ilmenau vermisse. Wir treffen uns noch regelmäßig, Weihnachten, Silvester sind wir gemeinsam weggefahren. Wenn ich eine heile Welt finden würde, meine Kumpel, also meine Freunde mitnehmen könnte, aber wo gibt es denn das?"

Roman, 1992

Es gibt nicht viele Alternativen

„In der Schule war ich bei den Pionieren oder FDJ immer in einer Leitung. Das kam hauptsächlich dadurch zustande, daß man mir die Aufgaben antrug, weil ich ein sehr guter Schüler war. Ich erklärte mich auch dazu bereit, weil ich es für mich normal fand und nicht daran zweifelte, daß ich es kann. Aber Spaß hat es nicht gemacht. Ich habe darüber in der Abiturzeit viel diskutiert. Ich konnte es nicht verstehen, warum das unbedingt Leute machen wollten, die es eigentlich gar nicht gerne machen wollten und nur aus Gründen eines Studienplatzes oder einer guten Beurteilung wegen solche Funktionen übernahmen. Das habe ich nicht verstanden. Heute gehöre ich zu keiner politischen Gruppierung mehr. Aber wenn ich überhaupt zu einer gehören würde, dann auf alle Fälle zu einer, die links liegt, das ist klar, da brauche ich nicht viel darüber nachzudenken. Dabei hat jedes Schema ‚Links – Rechts' auch Grenzen. Ich stelle mir eine politische Aktivität vor allem im Bereich der unmittelbaren Lebensbereiche des einzelnen vor, nicht auf der Ebene eines Parlamentes. Das Wohlbefinden des einzelnen in seinem Umfeld zu verbessern, das könnte eine Aufgabe sein."

„Was die Zukunft angeht, interessiert mich, wie die Philosophen dieser jetzigen Gesellschaft ihre, d.h. unsere Zukunft erklären wollen, wie sie das chaotische System rechtfertigen wollen, bei dem keiner etwas vorhersagen kann. Auf alle Fälle wird es nicht besser, meine ich. Ich glaube, daß es durch den Wegfall des anderen deutschen Staates sozial nicht mehr so gut in der BRD laufen wird wie es vorher gelaufen ist. Vergleicht man z. B. den Lebensstandard in Großbritannien und in der Bundesrepublik, so muß man sich auch fragen, warum es sich die englische Lobby leisten konnte, so unsozial mit ihren Werktätigen umzugehen. Das konnten sie in der BRD nicht, und da ist für mich der Hauptgrund die DDR. Ich mache mir keine Illusion, daß sich in nächster Zeit eine bessere Gesellschaft herausbildet, als sie jetzt existiert und als die, die wir in der sozialistischen DDR hatten. Solange viele Menschen so materiell geprägt sind und so lange dieser Neid existiert, gibt es nicht viele Alternativen. Die Möglichkeit, heute eine Alternative überhaupt aufzustellen, vielleicht eine kommunistische im ursprünglichen Sinne, oder damit zu rechnen, besteht nicht."

Christian (Bonn) – Der Respekt ist schon verblüffend ...

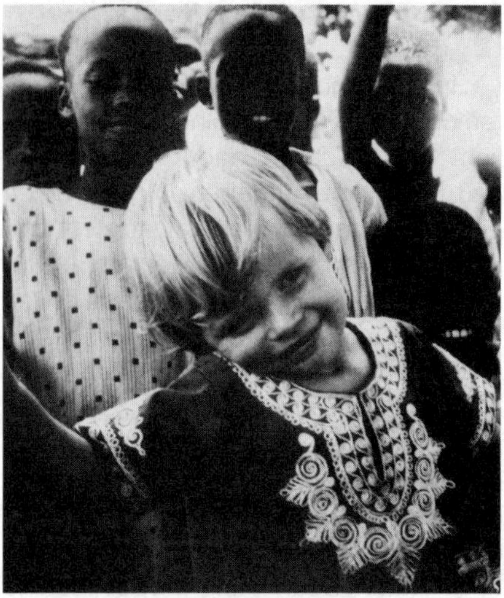

„Ich bin schon als einjähriges Kind nach Afrika gekommen, nach Nigeria. Meine Mutter konnte sich den ganzen Tag um uns Kinder kümmern. Sie hatte nach unserer Geburt aufgehört, im Bankwesen zu arbeiten. Eine Einheimische half ihr bei der Kinderbetreuung, sie war so etwas wie eine Pflegemutter. Ich habe sie wohl sehr gemocht. Meine Eltern jedenfalls erzählten mir, ich hätte sie heiraten wollen. Wir hatten auch noch einen Koch und einen Gärtner, mit dem wir Mensch-Ärger-Dich-Nicht gespielt haben. Der hatte einen gezinkten Würfel und konnte immer Sechsen würfeln. An ein gemeinsames Spielen mit den Kindern der Einheimischen kann ich mich nicht erinnern."

„Die sozialen Unterschiede empfindet man sehr stark, gerade wenn man in der Residenz mit Pool und Park wohnt. Wenn man ins Land fährt und die Armut sieht, merkt man sie ganz deutlich und auch den Respekt, den die Schwarzen gegenüber den Weißen entgegenbringen. Der Respekt ist schon verblüffend. Ich weiß

„Die sozialen Unterschiede empfindet man sehr stark, gerade wenn man in der Residenz mit Pool wohnt."

auch nicht, ob sich die Leute Gedanken darüber machen, warum sie Respekt haben. Ich nehme an, daß sie glauben, wir helfen ihnen und daß grundsätzlich alle weißen Leute ihnen helfen wollen. Vielleicht meinen sie auch, daß sie von uns profitieren können, weil wir ihnen ja auch direkt Geld geben, indem wir ihnen ihre Schnitzereien abkaufen. Aber es werden sich sicher nur wenige, und am wenigsten die aus der unteren Bevölkerungsschicht darüber Gedanken machen, ob die Industrieländer die dritte Welt ausnutzen."

„Nach Nigeria sind wir wieder nach Deutschland zurückgekehrt. Ich habe dort nur das erste Schuljahr verbracht und bin mit der Familie nach Malaysia gezogen, das war 1976. Das zweite bis vierte Schuljahr war ich auf einer englischen Privatschule. Englisch hatte ich bruchstückhaft in Nigeria gelernt. Ich weiß noch, daß ich am ersten Tage geheult habe, als ich in die Schule mußte, ich konnte da kein Wort Englisch mehr herausbringen. Die Privatschule war typisch britisch, mit Uniform, die man tragen mußte. In den Klassen waren von der Größenordnung her 20–30 Leute. Es gab aber nicht nur die Klassen 1–13, sondern auch z. B. bei Klasse 5 die Stufen A, B und C. Bei A waren dann die besseren und bei C die schlechteren Schüler. Ich war damals sehr gut in der Schule, das weiß ich noch von den Zeugnissen her. Ich bin gern dahin gegangen, weil ich dort viele Freunde gefunden habe, andere Diplomatenkinder und auch Inder und Chinesen. In Malaysia war ich noch nicht wieder, aber in Malawi. Zweimal im Jahr kriege ich den Flug vom Auswärtigen Amt erstattet, das versuche ich natürlich auszunutzen. Wir waren das 6. oder 7. Mal da und haben viele Reisen in den Süden und den Norden gemacht und haben von dem Land und den Leuten unheimlich viel kennengelernt."

„Wir haben ein sehr harmonisches Familienleben gehabt."

Wir haben ein sehr harmonisches Familienleben gehabt.

„Nach Malaysia haben wir zehn Jahre in Buschhoven gelebt, die längste Zeit an einem Ort mit meinen Eltern. Dort bin ich aufgewachsen, mit zehn Jahren hingekommen und mit 18 Jahren von dort in die Wohnung meiner Eltern in Bonn eingezogen. Mein Vater hat das bewußt so angestrebt, denn die zehn Jahre nach Malaysia in Deutschland sind eigentlich ungewöhnlich lang, normalerweise wird man nach 3 Jahren, spätestens 4 Jahren wieder ins Ausland versetzt. Meine Eltern wollten sicherstellen, daß wir das Abitur in Deutschland machen. Die Trennung von meinen Eltern war am Anfang ungewöhnlich. Es kam zu dieser Zeit viel auf einmal auf mich zu. Ich war mit der Schule, dem Abitur fertig, mußte zur Bundeswehr, meine Eltern gingen ins Ausland, mein Bruder und ich hatten zum ersten Male einen eigenen Hausstand, das war schon eine Umstellung."

„Wir haben in dieser Zeit in Buschhoven ein sehr harmonisches Familienleben gehabt. Mein Vater hat mit uns regelmäßig sonntags ein Brettspiel gespielt. Selbst jetzt spielen wir noch. Als wir am Jahresende zwei Wochen bei meinen Eltern in Malawi waren, haben wir fast jeden Abend Doppelkopf gespielt. Ich bin in Buschhoven damals regelmäßig und gern in die Kirche gegangen, ohne daß meine Eltern mir gesagt hätten, ich solle die Kirche besuchen. Ich weiß nicht, was mich angezogen hat. Aber es war auch das Gefühl, wenn ich nicht gehe, ist es schlecht. Es war einfach so, daß ich, wenn ich in der Kirche war, mich danach wirklich gut gefühlt habe. Das hat dann irgendwann mit 16 Jahren nachgelassen. Ich gehe, wenn es hoch kommt, jetzt noch Weihnachten und Ostern in die Messe."

„Eine Diplomatentradition haben wir eigentlich nicht in der Familie. Eine andere haben wir vielleicht. Mein Urgroßvater war bei der Marine, mein Opa und auch mein Bruder waren dabei. Heute sieht mein Bruder das als Tradition. In unserer Familie gibt es keine Diplomaten unter den Vorfahren, und ob ich einmal den Weg meines Vaters einschlage, ist ungewiß. Wirtschaftsingenieurwesen ist offen, ich habe es auch deshalb gewählt, weil ich mich damit nicht allzusehr spezialisiere."

Ich bereue nicht, daß ich mich so entschieden habe ...

„Ich habe mich für zwei Jahre zur Bundeswehr verpflichtet, es waren damals 15 Monate Pflicht, heute sind es nur noch 12. Wenn ich heute noch einmal die Wahl hätte zwischen 12 Monaten und zwei Jahren, würde ich sicher die 12 Monate machen. Ich bin zwar überzeugt davon, daß mein Vater nicht begeistert gewesen wäre, wenn ich verweigert hätte, aber er hat mir das nie irgendwie aufgedrängt. Dann hat man natürlich entscheidende Vorteile: Erstens finanziell, das ist ein sehr großer Unterschied. Als Wehrdienstleistender bekommt man 300 Mark, und ich habe knapp zweitausend Mark monatlich gehabt. Der zweite Vorteil ist der, daß, wenn man sich verpflichtet, sich aussuchen kann, was man machen will. Ich habe versucht, das Beste daraus zu machen, und das war die integrierte Verwendung in der NATO. Das war wirklich eine gute Sache, weil man eine gute Ausbildung erhalten hat, z. B. drei Monate nur Englischunterricht. Das hat mir wirklich etwas gebracht. Den Grundwehrdienst mußte allerdings jeder machen, da kam keiner

dran vorbei, aber es war auch entsprechend locker. Nun gut, es gab auch eine Übung, da waren wir drei Tage im Feld, das war hart, und da ging es einem schon dreckig. Dann habe ich Stabsdienst gehabt, am Computer Briefe für Offiziere schreiben. Ich bin als Obergefreiter ausgeschieden, etwas anderes war in der integrierten Verwendung bei zwei Jahren nicht möglich. Aber ich wollte in der Hinsicht auch nichts erreichen. Ich wollte einen Job haben, der halbwegs vernünftig, der nicht zu anspruchslos und der nicht zu militärisch ist. Ich hätte nicht verweigern wollen, und ich denke schon, daß die Bundeswehrzeit irgendwie sinnvoll ist."

Ja, ich möchte mein Studium zügig durchziehen ...

„Es stimmt zwar irgendwo, daß ich rationell denke und mir den nächsten Schritt gut überlege. Aber ich bin eigentlich nicht so zielstrebig, daß ich weit vorausplane. Nach meinem Abitur wußte ich z. B. überhaupt nicht, was ich machen will. Erst ganz zum Schluß der Bundeswehrzeit habe ich mich dann für Wirtschaftsingenieurwesen entschieden. Ich muß sagen, daß das genau das Richtige war. Nach dem Vordiplom habe ich die Absicht, die Universität zu wechseln. Deswegen möchte ich das Grundstudium in Siegen möglichst schnell durchziehen. Im Sommer könnte ich dann schon nach Hamburg wechseln. Nach Hamburg deshalb, weil einem die Stadt sehr viel bietet. Zum anderen aber auch, weil ich denke, daß ein Wechsel eine Herausforderung ist. Gerade im Hauptstudium ist es so, daß man schon die ersten Kontakte zu Firmen knüpft, und es kann durchaus sein, daß man interessante Firmen kennenlernt, bei denen man später bleibt oder von denen man gefragt ist."

„Ein Auslandsstudium wäre denkbar, aber es würde auch aufhalten. Ich würde nicht so schnell vorankommen, als wenn ich in Deutschland bleibe. Später, im Beruf, würde ich gern ins Ausland gehen, weil es mich interessiert, und weil mir Ausland eigentlich immer Spaß gemacht hat. Man muß deshalb nicht ins Auswärtige Amt gehen, sondern kann natürlich auch, was bei Wirtschaftsingenieurwesen auch wahrscheinlicher ist, über die Industrie Auslandstätigkeit übernehmen. Ich weiß gar nicht, ob mir die Beamtenlaufbahn überhaupt liegt, ob ich nicht vielleicht lieber irgendwie in der Firma oder als freier Unternehmer leben möchte. Ich

Christian, 1992

habe doch noch alle Möglichkeiten, und noch habe ich mich bisher nicht festgelegt. So habe ich es eigentlich immer gemacht und bin damit auch immer gut gefahren."

„Seitdem ich studiere, kommen viele meiner Interessengebiete zu kurz. Seit meinem 7. Lebensjahr spiele ich Klavier, und das mache ich auch heute noch sehr gern. Ich würde am liebsten jeden Tag spielen, aber da habe ich jetzt in Siegen keine Möglichkeit mehr. Dann interessiert mich Sport, ich spiele z. B. Tennis und habe in Malawi angefangen, Golf zu spielen, was dort gut möglich ist, weil es preiswert ist. Dann fahre ich im Winter gern Ski, und auch Fußball habe ich gespielt. Aber ich habe einfach nicht mehr die Zeit, weil ich in der Woche vor allem lerne. Das Lernen ist für die Studentenschaft in Siegen charakteristisch, weil Siegen keine attraktive Stadt ist und die meisten Studenten am Wochenende nach Hause fahren. Mit dem Geld komme ich eigentlich gut zurecht, ich bekomme von meinem Vater tausend Mark monatlich, davon gehen 450,– DM für die Wohnung ab. Durch die Bundeswehrzeit habe ich außerdem meine eigenen Ersparnisse."

„Zur Zeit habe ich eine feste Freundin ..."

Meine besten Freunde kommen eigentlich aus der Schule ...

„Zu meinen Freunden zähle ich Leute, mit denen ich mich gern und häufig treffe. Wahrscheinlich kann man Freundschaft gar nicht so deutlich durch Kriterien festlegen. Ich meine, das sind einfach die Leute, mit denen ich gut zurechtkomme. Meine besten Freunde kommen eigentlich aus der Schulzeit. Das gemeinsame Lernen, die Lehrer, die Feten, das verbindet. Jetzt, z. B. während der Bundeswehrzeit, habe ich auch viele Leute kennengelernt. Es ist aber nur einer, bei dem ich sagen würde, das ist mein Freund. Eigentlich ist das wenig bei den vielen Leuten, die man kennengelernt hat."

„Zur Zeit habe ich eine feste Freundin, mit der ich jetzt knapp ein Jahr zusammen bin. Sie studiert Architektur. Ich kann es mir durchaus vorstellen, daß ich eines Tages heiraten werde. Aber ich bin eigentlich auch sicher, daß ich das nicht vor Abschluß meines Studiums tun werde."

Irgendwie muß man sich einordnen ...

„Ich bin bei den Jungliberalen politisch aktiv, aus meiner Sicht in der politischen Mitte. Dort bin ich auch im Rahmen der liberalen Hochschulgruppe an unserer Universität tätig. Ins Studentenparlament bin ich jetzt gerade gewählt worden. Ich wollte mich engagieren und in die Politik hineinriechen, sie kennenlernen, wobei sich Politik immer sehr hochtrabend anhört. Die Hochschulpolitik, das sind einfache Themen. Ich meine, irgendwie muß man sich einordnen, wenn man politisch aktiv werden will, und dann wählt man eben die Richtung, die einem am nächsten liegt. Es ist einfach so, daß ich mit den liberalen Grundsätzen übereinstimme. Zudem hat jeder aus den Medien bestimmte Leitfiguren, die auch eine politische Richtung geben. Mir gefällt Genscher. Mag sein, daß auch mein Vater mich unbewußt beeinflußt hat, aber entscheidend sind die inhaltlichen Ideen. Solch ein Grundsatz ist die größtmögliche Freiheit jedes einzelnen, natürlich im begrenzten Rahmen der Menschenrechte und gesellschaftlicher Normen. Das befürworte ich, und da steht auch die Wirtschaft dahinter. Wir haben hier die soziale Marktwirtschaft in Deutschland, und das halte ich für ein gutes System. Die politischen Zukunftsaussichten in Deutschland sind eigentlich sehr gut. Längerfristig gesehen auf jeden Fall. Auch rein wirtschaftlich betrachtet. Ich denke schon, daß das Zusammenwachsen und der soziale Ausgleich zwischen Ost- und Westdeutschland stattfinden werden. Ich denke auch, daß Europa eine große Zukunft hat. Viele Fragen sind nur im europäischen Rahmen lösbar, vor allem, wenn jetzt auch Osteuropa einbezogen wird. Es ist natürlich immer die Frage, inwieweit ich das beurteilen kann. Ich kann nicht mit Sicherheit sagen, ob das gut gehen wird. Man kann sich nur nach den Äußerungen der Politiker richten oder nach dem, was in der Zeitung, den Medien kommt. Was die globale Entwicklung angeht, Furcht habe ich da eigentlich nicht. Sicher, ich habe schon Bedenken, z. B. beim Bevölkerungswachstum oder bei AIDS, aber die würde ich nicht als Furcht bezeichnen. Furcht ist immer etwas sehr Direktes. Ich würde sagen, die Überbevölkerung der Erde wird für mich nicht mehr spürbar werden. Das soll jetzt nicht heißen, nach mir die Sintflut, nach diesem Motto lebe ich nicht."

Übergangsverläufe: Ende der Jugendzeit?

Michael Schumann
Burkhard Fuhs, Fotograf

Übergang in Arbeit und Beruf
Jens B.: Umorientierung

Block an Block reihen sich die Gebäude gleichförmig aneinander in Halle-Neustadt. Wir müssen lange suchen in den endlosen Häuserzeilen, bis wir die richtige Hausnummer gefunden haben und Jens uns die Tür öffnet. Zum Interview empfängt er uns mit seiner Freundin Iris. Beide leben in der Wohnung von Iris Eltern, die in den Westen gezogen sind. Alles ist unverändert: die Couchgarnitur, die Blumentapete, die Schrankwand. Eine Wohnung wie tausende von anderen, die von den Anwohnern der Trabantenstadt ironisch „Arbeiterschließfächer" genannt werden. Jens ist arbeitslos, seit ihn vor einem halben Jahr der Betrieb entließ, in dem er als Instandhaltungsmechaniker gearbeitet hatte. Die meiste Zeit verbringt er in der ihm fremden Wohnung in Gesellschaft eines kleinen weißen Albino-Kaninchens und zweier Mäuse, wenn Iris ihrer Arbeit als Krankenschwester nachgeht.

Der Beginn des Weges

Jens sagt über seine Kindheit, sie sei nicht direkt schlecht gewesen, aber „mit meinen Eltern kam's mir halt irgendwie vor, zu wenig unternommen zu haben...". Fotos aus der Kindheit zeigen ihn manchmal mit der sieben Jahre älteren Schwester beim Spiel, nicht aber mit seinen Eltern. Diese werden nur sichtbar auf Bildern, wo der Vater seine Familie dem Betrachter präsentiert, oder auf Bildern von Spaziergängen, die zu den wenigen gemeinsamen Unternehmungen der Familie gehören:

Auf einem Foto sehen wir Jens bei einem Spaziergang mit der Mutter. Auf der Rückseite des Fotos ist vermerkt:

Herbst 1977 Rabeninsel. Jens ist sieben Jahre alt. Von einem erhöhten Standpunkt aus fotografiert der Vater Mutter und Sohn. Der schmale Weg, auf dem sich beide in Pose gestellt haben, führt direkt auf den in der Mitte stehenden Betrachter zu. Rechts und links dicht bewachsener Boden, der das gesamte Bild ausfüllt und ihm etwas erdbezogenes und bodenständiges verleiht. Der siebenjährige Jens steht in der Mitte des Bildes mit weiten Schlaghosen, dickem Anorak und einem Wanderrucksack ausgestattet, ordentlich hinpostiert. Hinter ihm die Mutter, mit ernstem Gesicht, den Rücken des Kindes deckend, als wollte sie ihn ins Leben schicken.

Anders stellt sich der Blick der Mutter auf Vater und Sohn dem Betrachter dar: er zeigt die beiden aus einer von unten nach oben gehenden Perspektive vor einer Wasserfläche und offenem Himmel. Der Blick geht in die Weite, ist nicht an den Boden geheftet. Im Mittelpunkt der Vater, in korrekter selbstbewußter Haltung, mit ernster Miene in die Kamera blickend. Neben ihm, mit den Armen unsicher in der Luft rudernd, Jens. Beide auf unsicherem Grund, scheinbar bodenlos auf dem Wasser schwebend, nebeneinander.

„Hier krieg' ich gemeckert"

Jens wächst in Rosengarten Halle-Süd auf, wo die Familie in der Parterrewohnung eines Häuserblocks lebt. Spielraum für die Kinder ist wenig vorhanden. In der Wohnung nicht, in der Jens eine Spielecke im Wohnzimmer eingerichtet bekommt, und auch nicht draußen vor dem Haus, wo der ordnungsliebende Vater damit beschäftigt ist, Rosenbeete in den Vorgärten anzulegen und den Ort mit Seilen abzusperren, „damit die Kinder ja nicht abkürzen können". In der Erinnerung Jens, scheint der alternde Vater mit sich selbst, dem Vorgarten und der Ordnung im Haus, in welchem er eine Art Funktionärsstellung innehatte, mehr beschäftigt als mit seinen Kindern:

„... wenn ich jetzt so zurückblicke ... war ja auch ziemlich viel Knatsch zwischen meinem Vater und mir und meiner Schwester ... der wird jetzt bald siebzig und der ist schon'n bißchen älter und hat das nicht mehr so janz mitjekriegt. Zum Beispiel war ich immer traurig darüber, ich konnte nie mit dem .... der hat mir nie irgendwie das Fahrradfahren beijebracht, weil er schon zu alt war."

Die Distanz des Vaters findet sich auf den Familienfotos wieder. So z.B. in folgender Szene, die sich wieder auf einem gemeinsamen Spaziergang abgespielt hat: der Vater im Vordergrund, in strenger Haltung, den linken Arm erhoben, mit dem Zeigefinger auf Jens deutend, der in regungsloser Haltung die Schelte des Vaters abwartet, stumm und trotzig, wie versteinert am Rande des Weges stehend. Sein Blick ist auf die Mutter gerichtet, die den Fotoapparat im Augenblick der Schelte auslöst und durch ihren distanzierten Blick die Strafe verdoppelt: Spaziergang im Mai 1977, „hier krieg' ich

gemeckert“ steht als Eintrag im Fotoalbum neben dem Bild.

Spielräume

Szenenwechsel: Ein Hinterhof in Coswig, gemütliches Beisammensitzen im Sommer 1976. In den Ferien besucht Jens die auf dem Lande wohnende Oma. Ein Kontrasterlebnis zu den Ordnungsprinzipien seines Elternhauses: Improvisierte Scheunen, Ställe, Holzzäune, ein „Plumpsklo“, Tisch und Stühle bilden den Hinterhof aus gestampftem Boden, auf dem die Spielsachen von Jens herumliegen, ohne Ordnung, zufällig, wie es das kindliche Spiel bedingt: ein Roller, den er gerade hingefahren und auf den Boden geschmissen hat, ein Ball, Omas Krücke, von nackten Füßen gehalten.

Ein Raum mit lebendiger Atmosphäre, der sich für die Aneignung durch kindliches Spiel anbietet, der aber auch den Erwachsenen - in einer Arbeitspause - Ruhe und Erholung bietet: Oma und Tante in Arbeitskitteln, den nackten Ellbogen auf den Tisch gestützt, am rechten Rand der Onkel in einer Tasse rührend. In der Mitte Jens, auf einem kleinen improvisierten, aus Kantholz gezimmerten Stuhl sitzend. Der Sechsjährige nimmt teil an der Runde der Erwachsenen, nicht präsentiert wie auf den Familienfotos, sondern integriert und mit seinem Spiel beschäftigt. Jens weiß von Opa und Oma Geschichten zu erzählen. Von Opa stammt eine Familienlegende, die für das spätere Leben Jens, Bedeutung zu haben scheint: „Opa hat nicht mitjemacht bei dem bösen Krieg“, erzählt man in der Familie. Er war Antifaschist im Dritten Reich und wurde später dafür zum ABVler (Abschnittsbevollmächtigter, eine „undankbare“ Aufgabe) ausgestattet mit ei-

nem „Dienstmofa" - wie Jens hervorhebt - obwohl der „keiner Fliege was zuleide tun konnte".

Der kleine Funktionär

In seiner Schulzeit durchläuft Jens die üblichen Stufen: erst das blaue Halstuch der Jungen Pioniere, dann das rote Tuch und das FDJ-Hemd. Jens fühlt sich größer („das hat schon gefetzt"), auch wenn das Tragen des FDJ-Hemdes von ihm als Pflicht erlebt wird, der er sich gerne entzieht, indem er auf der Straße das Hemd unter einem Pullover versteckt. Am Schulunterricht interessiert Jens Biologie, weniger Mathematik und Chemie. Auch Deutsch findet der Elfjährige interessant, aber „mehr so Erzählungen und Geschichten, die'n bißchen Sinn hatten ... und nicht irgend so'n Manifest oder irgendwas ...". Auch Geschichte, besonders wenn es um den Ersten oder Zweiten Parteitag geht, „was die da so erzählt haben, was sie da für Richtlinien aufgestellt haben ...", findet Jens langweilig. Ein Foto aus dem Jahre 1984 zeigt Jens im Alter von 14 Jahren. Mit den anderen seines Jahrgangs geht er zur Jugendweihe. Ein „offizielles" Foto, welches die staatliche Initiation in Erwachsenenstatus und gesellschaftliche Verantwortung dokumentiert: die Gesichter der Jugendlichen spiegeln den Ernst des großen Augenblicks wider. Gespannte Aufmerksamkeit und Erwartung, ein Schuß Skepsis und eine öffentlich zur Schau gestellte Korrektheit. Jens sticht heraus aus der Reihe der Jungstaatsbürger, mit dicker Hornbrille, dunklem Cordanzug und schwarzer Krawatte. Er schaut seriöser und ernster als alle seine Altersgenossen, den Mund fest geschlossen und den Blick nach vorn gerichtet, das Ebenbild eines

korrekten jungen Mannes am Beginn seines Weges in gesellschaftliche Verantwortung. Das Abbild eines staatlichen Jugendideals: der kleine Funktionär.

Ausbruchsversuche

Zwei Schnappschüsse aus den Jahren 1986/87 markieren einen neuen Lebensabschnitt, den Einstieg in Ausbildung und Beruf. Aus dem jungen Funktionär ist ein motziger Jugendlicher geworden. Jens beginnt, aus der Enge seines Elternhauses auszubrechen und mit einem Lebensstil zu experimentieren, der den herrschenden Ordnungsprinzipien von Staat und Familie zuwiderläuft: Röhrenjeans, Lederstiefel, Jeansjacke, lange Haare, dunkle Brille, - und ein Udo-Lindenberg-Hut, tief in die Stirn gedrückt. Der erhobene Kopf, das leicht nach vorn geschobene Kinn und die breite Beinstellung drücken Überlegenheit, Selbstbewußtsein und ein wenig Arroganz aus. In dieser Zeit hört Jens Udo Linderbergs deutsche Rockmusik, auch die verbotenen Lieder und Platten, die ohne Hüllen auf dunklen Kanälen aus dem Westen eingeschleust werden. Der Vater gerät außer Kontrolle, wenn Jens zu Hause den

„Sonderzug nach Pankow“ ganz laut aufdreht, bei geöffneten Fenstern, - steht doch der gute Ruf der Familie auf dem Spiel. Das Foto zeigt den Siebzehnjährigen irgendwo zwischen Häusern in der Straßenöffentlichkeit. Der provozierende Stil wird am eigenen Körper inszeniert und öffentlich bis an die Grenzen demonstriert. Mit seinem Freund Bernd zusammen trampt Jens nach Berlin. In einem Kaufhaus finden sie silberne Sowjetsterne, die sie sich an den Hut stecken. Sie brauchen keine fünf Meter weiterlaufen, da werden sie angesprochen: „Guten Abend! Deutsche Volkspolizei, ihre Personalien bitte!“:

„... Aus Protest sind wir in den Palast der Republik mit dem Ding rein und ins SED-Gebäude, haben uns in die Vorhalle jesetzt, und da saßen die anderen alle, haben 'Club' jeraucht und wir haben unsere 'Karo' ausjepackt, was hier die Billigzigaretten gewesen sind, so'n Mark sechzig 20 Stück ... die waren möglichst stark und haben auch jestuncken wie'ne Sau!“

Berufsausbildung

Es ist die Zeit des Übergangs von der Schule in den Beruf. Jens lernt den Beruf des Instandhaltungsmechanikers, allerdings nicht aufgrund eigener Option (er selber hat sich beruflich damals „sowieso um nichts gekümmert“), sondern durch Vermittlung des Vaters, der ihn auf diesen Beruf „n bissl hinjestachelt hat“. In einem chemischen Großbetrieb bei Halle lernt Jens Maschinen warten, Fahrzeuge reparieren und - wie für staatswirtschaftliche Betriebe verallgemeinerbar - die betrieblichen Ressourcen privat nutzen:

„... wir haben öfter mal'n bißchen dummes Zeug gemacht, aber das waren auch meistens die Wartezeiten, weil irgendwas fehlte, 'n Teil oder so und das kam dann halt manchmal erst 'ne Woche später an ... und da hat man meistens seine Arbeit so'n bißchen rausjezögert, weil man sowieso wußte, es steht nichts an, was zu reparieren ist oder so ... und dann hat man so'n bißchen seinen Privatkram jemacht ...“

Jens lernt die innerbetriebliche Hierarchie durchschauen, in welcher sich eine weitreichende Durchstaatlichung und Politisierung von Ausbildung und Beruf ausdrücken. Die Person des Meisters, der den Spitznamen 'Dohle' trägt und der - obgleich laut Jens unqualifiziert - in der Abteilung das „Sagen“ hat, wird für Jens zum Schlüsselerlebnis. Als Meister Dohle eines Tages kurz vor der Wende in einem unbeobachteten Augenblick das Radio zertrümmert, mit dem die Ausbildungsgruppe NDR hört, ist er endgültig von den Jugendlichen als „Stalinist“ ausgemacht und bekommt ihren Widerstand zu spüren: kurze Zeit später klebt überall in der Werkstatt das Logo der westlichen Bananenfirma Dole ein deutlicher Hinweis auf die Person des Meisters.

Es ist für Jens erstaunlich, daß sich nach der Wende an Hierarchie und Arbeitsverständnis wenig geändert hat. Als er - nach einjähriger Zivildienstzeit im Anschluß an seine Lehre - in den Betrieb zurückkommt, findet er die gleichen Leute und auch den Meister 'Dohle' wieder. Nur das Arbeitsklima hat sich mit wachsender Angst vor Arbeitslosigkeit verändert:

„Die Leute da, früher waren die viel lustiger und lockerer oder so und wo ich dann wiederkam ... wie umjedreht sind se jerannt! Von dem 'Elektrohägar' hab ich das nie gesehen, daß der mal jerannt ist bei uns im Betrieb. Da is er immer schön so lang jeschlendert. Der rannte und fuhr Stapler und machte das bloß, damit jeder sieht, er ist der fähigste Mann im Betrieb und er würde jebraucht, daß sie ihn nicht rausschmeißen ..."

Auch in arbeitstechnischer Hinsicht gibt es Veränderungen: Jens sieht sich einem neuen Stand der technologischen Entwicklung konfrontiert, der auch neue Anforderungen an die Qualifikation mit sich bringt. Wenn es um die Wartung der neuen Maschinen und Fahrzeuge geht, haben die anderen einen Vorsprung, den er nach der langen Zivildienstzeit nicht so schnell aufholen kann. Mit der Einführung neuer Technologien ist auch ein Rationalisierungseffekt verbunden: neue Maschinen müssen nicht so häufig gewartet werden wie der veraltete Maschinenpark vor der Wende. Viele Mitarbeiter aus der Abteilung 'Instandhaltung' werden entlassen, unter ihnen auch Jens. Nach drei Wochen Beschäftigung wird er auf Kurzarbeit gesetzt, nach sieben Monaten endgültig gekündigt.

Arbeitslosigkeit

Am Anfang war es noch „lustig", morgens im Bett zu liegen, wenn andere zur Arbeit gehen mußten. Dann wurde es schon schwieriger. Nach sieben Monaten Arbeitslosigkeit fühlt sich Jens „voll auf den Hund jekommen":

„... sieben Monate auf Kurzarbeit. Ich mach' Selbstgespräche! Ich habe angefangen zu kochen und Staub zu wischen ... die erste Zeit danach ... aber ich kann nicht jeden Tag dasselbe machen, Staub wischen, die andere Wand und so ... die waren schon blöd die sieben Monate hier ... dann hab ich auch 'ne Zeitlang ziemlich viel Bier jeschlurft, öfter mal'n Schnäpschen und so ... war alles so blöd, Wäsche waschen und abwaschen und Essen machen, wie so'ne Hausfrau ..."

Mit dem Verlust der Arbeit geht der Verlust des sozialen Netzes einher, in das Jens bislang eingebunden war. Die mit der Wende verbundene Abwanderungsbewegung von Ost nach West reißt Löcher in das soziale Netz von Freundschaften und Cliquen. Viele der auf Fotografien abgebildeten Freunde sind in den Westen „abgehauen". Andere sind nicht mehr wiederzuerkennen, tragen plötzlich „janz schniecke Klamotten" und „kennen einen nicht mehr, weil sie jetzt die große Kohle verdienen wollen":

„Wie Vertreter sehen die jetzt alle aus, weiß auch nicht, janz komisch ist das! Kommt man sich manchmal vor wie aus der Art jeschlagen oder so. Früher sind se alle so rumjerannt und ich renne heute noch so rum wie die früher ..."

Die Wende und die mit ihr entstehenden sozialen wie politischen Umwälzungen schaffen auch für die Jugendszenen vor Ort neue Voraussetzungen und Organisationsmuster: was sich unter den Bedingungen des alten Regimes an jugendkulturellen und oppositionellen Strukturen entwickeln konnte, zerfällt rasch angesichts des in Gang gekommenen Modernisierungswandels und der mit ihm verbundenen neuen Anforderungen an individuelle Orientierung und Leistungsbereitschaft. Auf der anderen Seite bilden sich neue Jugendszenen, in denen sich die Modernisierungsopfer organisieren und ihrem bedrückenden Lebensgefühl Ausdruck und - vor allem - tatkräftigen Nachdruck verleihen. Jens erlebt einen doppelten Enteignungsprozess im Verlust der Arbeit und der Freunde. Er reagiert mit Verunsicherung und sozialem Rückzug. Er verläßt nur noch selten die Wohnung, um ins Cafe 'Fusch' zu gehen, einem Alternativcafe in der Innenstadt, wo noch eine Leninbüste „rumsteht" und

ein Stalinbild an der Wand hängt und im Klo die Kacheln von den Wänden platzen („eben alles fusch"). Seit das Cafe zweimal von organisierten rechten Banden überfallen wurde und Jens selbst unliebsame Bekanntschaft mit Gewalttätigen machen mußte, für die er mit seinen langen Haaren schnell als „Linker" auszumachen ist, bleibt er lieber zu Hause. Die Einschüchterung durch die politische Wende und die damit verbundene gesellschaftliche Umwälzung tut ihre Wirkung. Jens kann die jugendkulturelle Provokation, das vorsichtige Experimentieren mit jugendkulturellen Stilen angesichts zerfallender Autoritäten nicht mehr fortsetzen. Apathie und Rückzug machen sich bemerkbar.

Umorientierung

Zum Zeitpunkt des Interviews weiß Jens noch nicht, wie es weitergeht. In Zeiten der Krise werden alte (Über-)Lebensmuster reaktiviert: wie auf dem Bild seiner Kindheit, wo er vom Vater „gemeckert kriegt", harrt er aus und wartet, bis das Unheil vorübergeht. ... Doch es gibt auch gute Erfahrungen. Da ist einmal Iris, seine Freundin, mit der er seit längerem zusammenlebt. Iris hat ihre Ausbildung als Krankenschwester abgeschlossen. Sie kann in die langen Diskussionen um Beruf und Perspektiven 'Realität' bringen und Jens damit einen Teil der nötigen Orientierung vermitteln. Und da sind auch noch Jens positive Erfahrungen aus der Zivildienstzeit. Hier lernte er nicht nur eine andere Berufskultur („helfende“ Berufe) kennen, sondern durfte zum erstenmal auch selbständig, alleinverantwortlich arbeiten. Kurz nach der Wende erschließt sich ihm eine neue Berufswelt, die ihn auf den Fotos dieser Zeit sehr lebendig erscheinen läßt.

Ein Foto zeigt Jens inmitten eines bunt gestalteten Raumes, der dem Zivildienstleistenden als Ruheraum diente. Anders als in seiner Lindenberg-Zeit geht die jugendkulturelle Inszenierung in den Wohnraum, bleibt nicht mehr nur körperbezogen. Ein Prozeß der Aneignung neuer sozialer Räume, der jetzt allerdings zum Stehen gekommen ist und der sich nicht einfach auf die Ebene einer neuen beruflichen Orientierung transformieren läßt. So sehr der Wunsch dominiert, künftig einmal mit Menschen, nicht mehr mit Maschinen zu arbeiten (vielleicht mit behinderten Kindern), so sehr ist Jens blokkiert, wenn es darum geht, erste konkrete Schritte in diese Richtung zu unternehmen. Zu groß ist gegenwärtig noch die Kränkung über die erlittenen Verluste, zu groß auch die Angst vor erneuter Kränkung, wenn es heißt umzuschulen und sich noch einmal auf die Schulbank zu setzen, oder wenn sich am Ende herausstellen sollte, daß der neue Beruf wieder eine Sackgasse ist. Lauter offene Fragen, auf die es keine schnellen Antworten geben kann. Fragen, die deutlich machen, daß Jens - bis er Antworten gefunden hat - sein unfreiwillig aufgezwungenes Jugendmoratorium weiter durchstehen muß.

Henry K.: Nach eigenen Regeln spielen

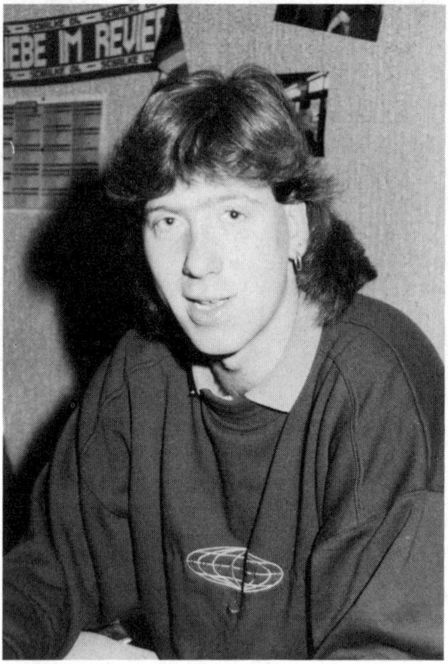

Wenn man den Raum von Henry betritt, gewöhnt sich das Auge nur langsam an die vielen Gegenstände, die dicht im Zimmer lagern, an Wänden hängen, sich auf Tisch und Schränken stapeln: 10 Turnschuhe zum Beispiel, am Boden paarweise zu Gruppen geordnet, bereit zum Einsatz. An den Wänden Fußballinsignien. Schalke, immer wieder Schalke und 'Westham Utd.' auf einem Schal quer über der Wand. Darunter bunte Eintrittskarten von Fußballstadien, mit Stecknadeln an die Wand geheftet. Am Schrank ein Plakat: Alf im Fußballdress mit Baseballschläger und der Aufschrift: „Fußballrandale? Man gönnt sich ja sonst nichts", rechts davon Fotos, auf denen alles in Bewegung ist, Polizisten, Jugendliche, breitbeinig mit erhobenen Armen in drohender Haltung, bereit zu Flucht oder Angriff.

Henry, 23 Jahre,ist Fußball-Hooligan. Jedes Wochenende ist er unterwegs in den großen Fußballstadien, Schalke, Köln, München, Brüssel... Fußball ist das zentrale Element in Henrys Leben. Wie ein roter Faden zieht es sich durch seine Biographie und prägt alles, was sonst noch läuft, Familie, Schule, Freundschaften, Berufsausbildung und Arbeit. Überall gilt das Hooligan-Motto: nach eigenen Regeln spielen wollen.

Schule: „alle geköpft...“

Henry kommt aus einer fußballbegeisterten Familie. Der Vater, ein gelernter Betriebsschlosser, war selbst aktiver Fußballer in der zweiten Regionalliga, bis er wegen einer schweren Krankheit den Fußball aufgeben mußte. Henry sagt von ihm: „Ja, der war einer vom alten Schlag, immer nur arbeiten, arbeiten, arbeiten...“ Trotz dieser Distanz zur „veralteten“ Lebensorientierung des Vaters, für den Arbeit einen zentralen Stellenwert im Leben hatte, wird die Nähe zu ihm spürbar, wenn Henry auf den Fußball zu sprechen kommt. Der Fußball verbindet den Vater und die drei Söhne, Frank, Arnd und Henry. Mit 6 Jahren, zeitgleich zu seinem Schuleintritt wird Henry, der Jüngste, vom Vater in die Fußballwelt eingeführt. Der Vater meldet ihn beim Heimatverein, dem FBVL-Lüttringhausen an. Dort trifft Henry die anderen Jungen seiner Schulklasse wieder. Henry erinnert sich an seine besten Freunde, Scooter und Ele. Er selbst trug den Spitznamen Fax. Für alle drei gab es nach der Schule nur eines: „Fußball, Fußball, Fußball“. Besonders heiß ging es her, wenn Spiele gegen den Nachbarverein, den 1. FC Klausen angesagt waren, wo die andere Hälfte der Klasse im Verein aktiv war, der Hassan, Wilfried, Markus, Stefan, lauter gute Spieler:

„Wir sind der gleiche Jahrgang und haben immer gegeneinander gespielt, da war der Teufel los... Ich werd das nie vergessen, ich hab einmal nur gewonnen.“

Andere Regeln als im Fußball lernt Henry auf der Schule kennen. Was auf dem Fußballfeld gefordert ist, kann in der Schule zu Konflikten führen. Der Zusammenhalt der Klasse, Voraussetzung für den gemeinsamen Sieg auf dem Fußballfeld, führt im „Spiel“ gegen die Lehrer manchmal ins 'Abseits'. Besonders nach dem Wechsel zur Hauptschule muß Henry diese Erfahrung machen. Anlässe, sich mit den Lehrern anzulegen, gibt es genug, schlechte Noten, ungerechte Behandlung oder wenn man einen Lehrer einfach nicht leiden kann, wie z. B. im Fach Wirtschaftskunde/Technik: Die Klasse muß Bücherregale bauen und der Lehrer verlangt von Henry, die Bretter wieder auseinanderzunehmen, weil sie angeblich falsch geleimt waren:

„Ich sag: 'Ich war das gar nicht'... hat scheinbar einen schlechten Tag erwischt und da schreit er mich an: 'Ich weiß, daß du die angeklebt hast, du warst das, mach das weg und leim die neu an!. Ich sag: 'Ich war das nicht, ich kann das nicht machen'. Da fing er an und packte mich hier. Ich hab gesagt: 'Lassen sie lieber jetzt los, ne'.“

Die Klasse tobt, weil einer der ihren 'angegriffen' wurde. Paulo, ein Italiener „mit Temperament“, kommt Henry zu Hilfe und greift den Lehrer an. Nur mit Mühe können andere ihn daran hindern, zuzuschlagen. Am Ende ziehen die Schüler den Kürzeren. Paulo wird sofort nach Hause geschickt, die anderen müssen am Jahresende gehen. Nur die Hälfte der

Klasse tritt an, als es im nächsten Jahr um den qualifizierten Hauptschulabschluß geht. - Wer sich solidarisiert, „wird geköpft", so die traurige Bilanz von Henry. Nur eine Lehrerin hat verstanden, worum es eigentlich ging, Frau Stallke. Sie konnte das Spiel mitspielen und hatte selber Spaß dabei:

„Weil die uns mehr im Griff hatte, würde ich sagen, die wußte schon, wie sie jeden anpacken soll..."

Frau Stallke konnte jeden 'packen', wie er es brauchte. Das Wortspiel von 'anpacken' läßt Nähe assoziieren: auf einem Klassenfoto sehen wir die Lehrerin, eine Frau mittleren Alters mit freundlichem Gesicht, vor einem Schulgebäude inmitten einer Gruppe von Schülern stehend, „ihrer" Klasse.

Straße: „Man weiß gar nicht, wieviel Gewalt da drin steckt"

Als Henry 15 Jahre alt ist, erkrankt der Vater. In kurzem Wechsel hintereinander erleidet er drei Herzinfarkte und stirbt schließlich als 50jähriger Mann. Sein Tod ist für Henry ein Schock, auch wenn er nicht unvorbereitet kam. Drei Wochen geht er nicht aus dem Haus, trifft keine Freunde, geht nicht zum Fußball. Der Tod des Vaters signalisiert für Henry das Ende seiner Kindheit und zugleich den Einstieg in eine neue Lebensphase. Nachdem die Erstarrung allmählich von ihm gewichen ist, schließt sich Henry den Remscheider Hooligans an, die er aus seiner Fußballzeit bereits kannte. Beides, die Trauer um den Verlust des Vaters wie das Bewußtsein um die neu entstandenen Freiheiten eines Jugendlichen, drücken sich in folgenden Äußerungen aus, mit denen Henry uns seinen Einstieg in die Hooligan-Szene erläutert:

„Ich frag mich heute noch, wenn er leben würde, ob ich das überhaupt geworden wäre, weil mein Vater uns eigentlich gut an der Kandare hatte. Nicht, daß wir unter Druck standen, aber wenn es mal ein hartes Wort zu reden gab, dann hat er es gemacht und danach war es akzeptiert, ne. Ich weiß es nicht... ich glaube doch, ich wär es geworden, aber wahrscheinlich später, wenn ich das machen durfte, was ich machen wollte, mit 18 vielleicht oder so, und nicht so früh. Meine Mutter hat's auch erst viel später erfahren... und akzeptieren tut sie es heute noch nicht."

Was reizt Henry überhaupt an der Hooliganwelt, an stumpfsinniger Randale und

brutaler Gewalt, wollen wir wissen? Mit unserer Frage stoßen wir auf eine uns fremde Lebenswelt, die unser Interview zeitweise zu sprengen droht, weil kritische Nachfrage und Vorurteil ein schier unentwirrbares Knäuel an Verwirrung abgeben, dessen Teil wir auch selbst sind. Nur langsam will sich dieses Knäuel entwirren lassen und einer Sicht von 'innen' und 'außen' weichen, die das Phänomen jugendlicher Gewalt und Aggression in einem neuen Licht erscheinen läßt. Jedes

Spiel hat seine Regeln, so lernen wir von Henry. Auch das Spiel, welches die Hooligans am Rande der Fußballstadien inszenieren. Wie auf dem Fußballfeld gelten auch hier 'sportliche Regeln'. Erlaubt im Kampf ist voller körperlicher Einsatz: Arme, Beine, Füße, Fäuste. Waffen sind verpöhnt, sind eher ein Zeichen von Schwäche und Angst. Ein Verabredungsritual vor jedem Spiel stellt die Modalitäten der Begegnung klar: per Telefon kündigen Unterhändler Ankunft und Aufgebot der eigenen Mannschaft dem Gegner an und erhöhen so die Angstlust auf das kommende Geschehen. Ist der Zug dann erst einmal auf feindlichem Terrain angekommen und der Gegner gesichtet, heißt es „drauf, drauf, drauf... direkt versuchen, dran zu kommen" und dem Gegner ein „faires match" zu liefern.

Aber auch hier, auf den Schlachtfeldern vor den Fußballstadien macht Henry die Erfahrung, die er schon zu Schulzeiten machen mußte. Was von ihnen als „faires Match" inszeniert ist, wird von den anderen, von Öffentlichkeit, Polizei und Ordnungskräften nicht verstanden. Schlimmer noch, die Maßnahmen der Polizei, gedacht als Gewaltprävention, lassen in den Augen Henrys die Gewalt in und vor den Fußballstadien nur noch schlimmer eskalieren:

„Sollen uns doch in Ruhe lassen, dann ist doch alles in Ordnung, aber das verstehen sie nicht. Diese ganzen Plünderungen und Straßenschlachten mit der Polizei kommen nur zustande, wenn man uns nicht in Ruhe läßt. Wenn man dann mit der Polizei aneinander gerät, wird man immer größer, und dann kommt die Gewalt so richtig zum Vorschein, von allen, auch von den Jugendlichen. Man weiß gar nicht, wieviel Gewalt da drin steckt."

Freundin, Freundinnen: „Mädchen hat es immer gegeben in meinem Leben"

Zunehmende Eskalierung von öffentlich inszenierter Gewalt und Gegengewalt prägt das Leben der Hooliganclique, welcher Henry sich anschließt. Unterdessen spielt sich auf der 'Hinterbühne' seines Lebens ein ganz anderer, eher komplementärer Prozeß ab: Henry lernt ein Mädchen kennen, das bereit ist, seine Fußballbegeisterung und seine Hooligan-Abenteuer zu ertragen. Nach zweijähriger Freundschaft zieht Henry zu ihr in eine kleine Wohnung, 1 Zimmer, Küche Bad. Die Fotos aus dieser Zeit zeigen die beiden auf Spaziergängen im Wald, zusammen mit ihrem Schäferhund und einem befreundeten Pärchen, Sammy und Andrea. Wie eine Familie, zumindest auf Probe. Auch die Mutter versteht sich mit dem Mädchen gut, hat den frühen Auszug von Henry offensichtlich akzeptiert. Trotzdem ist es nach 4 Jahren zuende, erst mal jedenfalls. Henry gibt eine Schilderung der besonderen Umstände seiner Trennung von Claudia, in der er sich selbst eher als 'cool' Handelnder und seine Mutter als engagierte Anwältin des Mädchens darstellt:

„Booah, hab ich mit meiner Mutter einen Stunk gekriegt. 'Das ist das tollste Mädchen, das ist das Traummädchen!' Ich aber sag 'Ich will nicht mehr'... und jedes Mädchen, was ich dann hatte in der Zeit, was nicht wenige waren, hat meine Mutter nicht akzeptiert, da kamen die nicht dran, also sie hat immer von ihr geschwärmt..."

Heute zum Zeitpunkt des Interviews weiß Henry eigentlich gar nicht mehr, warum er sich von dem Mädchen getrennt hat, weiß aber umso mehr, daß er mit ihr

wieder eine Beziehung will und daß sie die „richtige" ist, wenn es um eine längere Beziehung und um sein Ideal von Partnerschaft geht:

„Sie kann gut Power geben, sie kann hart zu sich sein. Das sind Sachen, die brauche ich, wenn ich 'ne lange Beziehung haben will. Da darf man nicht nur sagen, 'ich bin hier der Chef und ich sage, was gemacht wird' oder so... ne, man muß auch schon mitmachen. Es muß auch mal richtig schön Streit geben, ne, und das konnte sie gut, das konnte sie sehr gut. Sie war genau die richtige Mischung dazu."

Ausbildung und Beruf oder: Versuch, Kontrolle über das Geschehen zu gewinnen.

Der Übergang in Ausbildung und Beruf stellt in Henry's Leben ein neues Spiel dar, nur viel komplizierter als Schule, Fußball, Straße oder Beziehungen. Ein Spiel, dessen Regeln Henry erst lernen muß und das er alleine spielen muß, was ihm Probleme macht. Das „Berufsspiel" fängt für Henry schon mit einem frühen Aus-Pfiff an. Der gewählte Ausbildungsberuf eines Drehers stellt sich als unbrauchbar bzw. für Henry nicht akzeptabel heraus, nachdem er in einer überbetrieblichen Lehrwerkstatt wochenlang „sinnlose" Werkstücke feilen muß. Nach drei Wochen gibt Henry die Lehre auf, wie die Hooligans ein Spiel, bei dem der Gegner überlegen ist:

„Drei Wochen, dann war Schicht, länger hab ich nicht ausgehalten... hab gesagt 'nee, ich hör auf', hab ich natürlich tierischen Ärger gekriegt, ne... Mutter, Brüder und so. 'Wäää, drei Wochen und hört schon auf!' Wooa, ich hab so'n Kopf gekriegt, ne, ich hab gesagt 'ich such mir was Neues' ja, dann riefen die auch noch an hier und ich könnte wieder kommen und so, ich sag 'ich will nicht' und meine Mutter sagte: 'Ja, Du mußt aber was werden' und ich zu Mutter 'Ich will nicht'."

Dem Druck von Mutter und Brüdern, die alle einen Lehrberuf haben, hält Henry nur kurze Zeit stand, dann willigt er in eine von der Mutter vermittelte Lehre als Handelsfachpacker bei einem Remscheider Großhandelsunternehmen ein. Die Lehrzeit war kurz. Zwei bis drei Monate gibt Henry als Zeitraum an, in welchem er „gelernt" hat, dann durfte er seine „eigene" Arbeit machen: Kisten packen und seegerecht machen, Paletten auf Lager legen, Kommissionen zusammenstellen... Die Arbeit verlangt, daß er das ganze Sortiment an Gegenständen kennt und sie ist manchmal schwer, weil die Kisten gestapelt werden müssen. Nach kurzer Zeit kennt er die meisten Titel aus dem Sortiment bereits mit Nummern „aus dem Kopf", - was Henry nicht ohne Stolz erwähnt.

Nach Abschluß der Ausbildung wird Henry vom Betrieb übernommen. Er landet in der niedrigsten Tarifgruppe, 14,50 DM die Stunde. Henry fängt an, sich auf dem Arbeitsmarkt zu informieren. Anderswo werden höhere Löhne gezahlt für Handelsfachpacker. Aber auch mit 'Jobben' kann man viel Geld verdienen... So gerät der berufliche Einstieg von Henry, kaum daß er begonnen hat, schon wieder ins Stocken. Die Motivation, im gelernten Beruf und in der Ausbildungsfirma zu bleiben, ist, wenn überhaupt, jetzt nach Ausbildungsabschluß gering. Die betriebliche Welt mit ihrer Hierarchie und Konkurrenz will nicht so richtig zu seinem Selbstbild („faires Match") und zu seiner Freizeitwelt passen:

„Jeder hat seine Abteilung gehabt und gesagt 'nee, laß mich in Ruh, mit dem hab ich nicht's zu tun' und so weiter, da war keine Arbeitsstimmung, keine Arbeitsmoral, keine Stimmung drin, ne. Wenn man mal was von denen wollte oder so, da mußte man sich immer überwinden, das war gräßlich. Da habe ich nicht lange ausgehalten..."

Henry hat gelernt, schnell für sich zu handeln. Es gibt kein langes Zögern, Hin- und Herüberlegen oder stummes Erleiden, als er sich die Papiere geben läßt:

„Da hab ich gesagt 'ich will nicht mehr'... 'ja, könn'se nicht machen, Herr...', ich sag 'doch, Schluß, aus, vorbei!', bin ich jegangen..."

Für die Lehrzeit hatte die mit familiärem Druck erzwungene Einbindung in die fremden Strukturen beruflicher Bildung noch funktioniert. Jetzt, nach Abschluß der Lehre, ist der Orientierungskonflikt zwischen subjektiven Bedürfnissen und objektiven Anforderungen nicht mehr zu vermitteln. Henry beginnt zu experimentieren mit den Rollen, welche sich auf dem Arbeitsmarkt Einsteigern anbieten: Er versucht sich als Gelegenheitsarbeiter, wird arbeitslos, versucht sich in riskanten Geschäften am Rande der Legalität, begleitet immer wieder von kurzen Einstiegen in den erlernten Beruf. Eine ausgedehnte Experimentierphase, welche unterstützt wird von den Möglichkeiten eines expandierenden Arbeitsmarktes zu Beginn der 90er Jahre. Immer wieder macht er die Erfahrung, daß die Arbeit nicht dem entspricht, was er sich von ihr und vom Leben erwartet. Wenn Henry über diese Zeit erzählt, haben wir trotzdem nicht den Eindruck, daß er unter den Verhältnissen leidet, sondern daß er sich selber eher in einer aktiven Rolle sieht bei dem Versuch, seine Möglichkeiten und Grenzen zu testen und im schwer durchschaubaren Prozeß seiner beruflichen Integration selbst Regie zu führen. Auch sprachlich drückt sich dies aus. In lebendigen, drastischen Worten schildert Henry, wie es nach einer Phase längerer Arbeitslosigkeit und erneutem Einstiegsversuch doch wieder zu einer Auflösung des Arbeitsverhältnisses kommt:

„Das war ein scheiß Arbeiten, nur 'Abheben' und 'Abschleppen' und so... und zu dieser Sache konnte ich mich nicht treiben, ne, da hab ich aufgehört, zack, bum."

Heute, zum Zeitpunkt des Interviews wird deutlich, daß die Phase des Experimentierens für Henry noch nicht abgeschlossen ist. Auch wenn Henry gegenwärtig einen Arbeitsplatz hat, der ihm gefällt, weil er sich mit den Kollegen besser verständigen kann, beansprucht er für die Zukunft, selber zu bestimmen, wo für ihn die Grenze erreicht ist, sich in den täglichen Arbeitszwang zu fügen:

„Morgens früh aufstehen, jeden Tag dasselbe, von montags bis freitags, Frühstücken, Waschen, Arbeiten, den ganzen Tag im Arsch. Um vier Uhr biste kaputt, wäschst dich, gehst noch weg oder so, und das von Montag bis Freitag. Das ist doch hirnrissig. Ich denk ich steh im Wald, warum machste das, ne... Ich mein, man muß es machen, ich weiß es, aber dann gibt es immer wieder so Phasen wo man 'nein' sagt. Vielleicht kommt ja irgendwann wieder so ne Phase, wo ich absolut keine Lust mehr hab, dann hör ich auf, ja dann hör ich einfach auf, ist Schicht."

Aber es gibt auch Anzeichen dafür, daß die Phase des experimentellen Umgangs mit Arbeit und Beruf für Henry langsam zuende geht. Wie in seiner Beziehung zu Claudia, mit der er sich heute eine „lange Beziehung" vorstellen kann, entwickelt sich auch hier das Bewußtsein von einer längerfristigen Lebensplanung, welche auf Lohnarbeit, nicht auf riskanten Beschäftigungsformen basiert. Daß man geregelt arbeiten geht, ist für Henry ein Zeichen von Älterwerden. An seinen Freunden, die alle Jobs haben und zum Teil noch schlechter dran sind als er, „weil sie in Spätschicht arbeiten müssen", sieht Henry, daß sie alle älter werden. Sie alle unterliegen dem ökonomischen Zwang der Verhältnisse, welchen Henry in folgende - das Interview beschließende - Lebensregel faßt:

„Man muß es machen, man kommt da nicht drum rum, und wenn man einen gewissen Standard haben will, wenn man 'nen Wochenende weggehen will, wenn man wegfahren will, vielleicht als Hooligan, dann braucht man eben Geld dazu und Geld kriegt man eben nur durch Arbeit... oder man wird kriminell, aber das muß ja nicht sein".

Schlußbemerkung:

Nach mehrmaligem Wechsel des Ausbildungs- und Arbeitsplatzes scheint auch das Problem der 'Passung' zwischen subjektivem Lebensentwurf und objektiven Anforderungen beruflicher Arbeit für Henry lösbar. Ein Ende der Übergangsphase und eine Wendung zur 'Normalbiographie' scheint in Sicht. Henrys Biographie steht damit für das Modell eines individualisierten Übergangsverlaufs westlicher Prägung, in welchem ein hohes Maß an 'Eigenverantwortung' und 'Selbststeuerung' als biographische Kompetenz erforderlich ist. Fähigkeiten, die er im Verlauf seines experimentellen Umgangs mit dem Arbeitsmarkt sich aneignen kann - freilich auf dem Hintergrund einer Phase wirtschaftlicher Prosperität im Westen.

Anders gestaltet sich der Übergangsverlauf bei Jens im Osten: unter alten DDR-Bedingungen wäre er mit 23 Jahren längst beruflich integriert und dem Jugendalter entwachsen. Der wirtschaftliche und gesellschaftliche Umbruch und die damit verbundene Arbeitslosigkeit haben seinen Übergang in Arbeit und Beruf blockiert und eine biographische Bruchstelle geschaffen mit all jenen Folgeerscheinungen, wie sie die sozialwissenschaftliche Arbeitslosigkeitsforschung herausgestellt hat. Seine Biographie steht für das Beispiel eines standardisierten Übergangsverlaufs, wie er für die DDR-Gesellschaft noch Geltung hatte und nun dem gesellschaftlichen Modernisierungsprozeß weichen muß. An Jens wird aber auch deutlich, daß er in der Situation des Umbruchs noch nicht über die erforderlichen biographischen Kompetenzen verfügen kann, die ihm eine Orientierung in der neu entstandenen Situation ähnlich ermöglicht wie dies bei Henry zu beobachten ist. Jens erfährt im Verlauf des Umbruchs aber auch eine doppelte Enteignung, indem er seine Arbeit und sein soziales Netzwerk verliert, welches unter dem alten autoritären Regime sich zu einem oppositionellen Jugendmilieu verdichtet hatte. - Aber auch die eher an unökonomischen Versorgungskategorien orientierte berufliche Bildung erweist sich im Fall von Jens möglicherweise als eine 'innere' Hürde für die neue Orientierung an einem modernen, auf aktive Aneignung hin orientierten Modell beruflicher Integration. Beide Übergangsbiographien zeigen damit, wie Jugendliche in Ost und West ihre generationsspezifische Lage heute sehr unterschiedlich erfahren als verlängertes Jugendmoratorium mit den Problemen des Einstiegs, aber auch den Möglichkeiten einer erweiterten kulturellen Aneignung im Westen und als erzwungene Rückkehr in ein psychosoziales Moratorium und der Erfahrung biographischer Blockierung im Osten.

„Man muß ja irgendwie eine Zukunft haben ...“

Renate Blank
Eva Engelhardt, Fotografin (Ost)
Christian Redemann, Fotograf (West)

Ist die Arbeit in der Landwirtschaft zukunftsträchtig, hat sie Perspektive? So unterschiedlich die familiäre, gesellschaftliche und politische Situation für Stefan und Christian war, beide stellen sich in dieser Hinsicht ähnliche Fragen, wenn sie an ihre Arbeit in der Landwirtschaft denken.

Beide entschieden sich dafür, als Landwirt zu arbeiten. Der eine, Stefan, in Mecklenburg-Vorpommern, als Angestellter bei einem der „neuen privaten Bauern"; der andere, Christian, in Niedersachsen, der den Hof seines Vaters übernehmen und weiterführen will.

Beide sind 19 Jahre alt, wurden 1972 geboren. Stefan hat die entsprechende Ausbildung, die ein Landwirt braucht, schon hinter sich: „Facharbeiter für Pflanzenproduktion" hieß dies in der früheren DDR, heute, im angeglichenen bundesrepublikanischen Sprachgebrauch ist er nun „Landwirt". Christian beginnt gerade die entsprechende Lehre im Westen.

Beide lieben das Leben auf dem Land, in einem kleinen Dorf, in überschaubarer, landschaftlich schöner Umgebung, beiden macht die Arbeit in der Landwirtschaft Spaß.

Ihre Überlegungen und Befürchtungen zum Beruf des Landwirtes ähneln sich, obgleich ihr Lebensweg und ihre allgemeinen Voraussetzungen für den Beruf des Landwirtes grundsätzlich verschieden sind: Nur der formale Ausbildungsstatus ist das, was sie beide verbindet.

Chance Landwirtschaft?

Als Stefan plante, Landwirt zu werden, gab es die DDR noch. Er hatte nach 10 Schuljahren eine Tischlerlehre nach kurzer Zeit abgebrochen; dieser Beruf lag ihm nicht. Deshalb entschied er sich, in die Landwirtschaft zu gehen. Als junger Mann, der auf dem Land in kleinen Ortschaften aufgewachsen war, lag ihm diese Entscheidung nahe. Er hatte in den Ferien schon in einer LPG gearbeitet und wußte, was ihn erwartet. Eigentlich kann er sich, wie auch Christian, sein Leben bis heute nur in ländlicher Umgebung vorstellen. Das Leben in einer Großstadt wäre für ihn ein Graus: Die Hektik, der Streß und das unpersönliche Zusammenleben, die Arbeit in einer Fabrik - all das ist für ihn indiskutabel.

Stattdessen wollte er weiter in der beschaulichen und schönen Landschaft von Mecklenburg-Vorpommern leben und arbeiten - weitab von jeder Metropole, der polnischen Grenze nahe.

So machte er die Ausbildung zum Landwirt in einem der großen LPG-Betriebe in seiner Region. Gegen Ende seiner Lehrzeit kam die „Wende" - der sichere Arbeitsplatz, der bei Beginn seiner Lehre selbstverständlich war, rückte in weite Ferne; die LPG kämpfte, wie sehr viele andere Betriebe, um ihr Überleben. Stefan war, wie unzählige DDR-Bürger, zum ersten Mal mit der realen Möglichkeit konfrontiert, arbeitslos zu sein.

Eigentlich hatte er sich vorgestellt, nach seiner Lehre weiter auf der LPG zu arbeiten: „Auf dem Dorf eben hätte ich meine Arbeit gehabt, meinen Verdienst. Dann hätte ich vernünftig leben können. Damals bei uns hätte ja nie einer mit dem Gedanken gespielt, er kann arbeitslos werden. Das war ja das Gute. Der Einzelne konnte sich ja immer sicher fühlen, sozial. In Wirklichkeit war ja der Staat kurz vor dem Zusammenbruch. Wer kann sich denn heutzutage noch sicher fühlen, sozial abgesichert irgendwie? Jeder muß ja damit rechnen, das er morgen schon arbeitslos ist. Diese Frage bestand ja früher nicht."

Er hatte sich ein „ganz normales Leben" gewünscht. „Man hat so ganz normal gelebt. Ich habe mir auch gedacht, daß ich so normal mein Leben leben will. Vielleicht viel Geld zusammensparen, daß man sich vielleicht mal ein Auto kaufen kann. Das war ja damals alles mächtig teuer. Und eine vernünftig eingerichtete Wohnung irgendwann haben."

Nun dominiert die Angst vor dem Verlust des Arbeitsplatzes: „In erster Linie will ich die ganzen nächsten Jahre Arbeit haben, daß man sich eine richtige Existenz aufbauen kann, auch ein gesichertes Leben haben kann. Daß man nicht schon mit einem Bein in der Sozialhilfe steht. Das ist doch im Prinzip die Voraussetzung für alles andere!"

Er hatte Glück: In dem 600-Seelen-Ort, in dem er zusammen mit seiner Freundin und deren Kind in einer eigenen Wohnung wohnt, eröffnete ein Landwirt aus dem Westen einen landwirtschaftlichen Betrieb; Stefan wurde eingestellt. Nun verspricht und erhofft er sich, daß sein gelernter Beruf so „zukunftsträchtig" ist, daß er auf Dauer einen sicheren, interessanten Arbeitsplatz hat, der ihm und seiner Familie ein Auskommen sichert.

Anders die Nuancierung, die Christian den Chancen seines zukünftigen Berufes als Landwirt gibt. Christian weiß um die Situation der Landwirtschaft in Deutschland, und er weiß, daß sich die Bewirtschaftung eines Hofes, der unterhalb einer bestimmten Größe liegt, für einen Fulltime-Landwirt und seine Familie kaum oder gar nicht lohnt. Die Regeln sind hart und auch ein landwirtschaftlicher Betrieb muß knallhart als Wirtschaftsbetrieb geführt werden. Wird sich sein Hof, den augenblicklich noch sein Vater mit angestellten Mitarbeitern bewirtschaftet, auch in Zukunft rentieren? Wird das Land der Familie groß genug sein, um rentabel zu wirtschaften? Wird er neues Land hinzupachten oder kaufen müssen?

Noch weiß Christian nicht genug von der Ertragslage des elterlichen Hofes; sein Vater hält bislang noch den ökonomisch-kaufmännischen Teil des Betriebes in seinen Händen und hat seinen „Nachfolger" noch nicht ganz eingeweiht.

Ist für Christian das Leben auf seinem Hof eine Art „Idylle"? Ja - was die Lage des Hofes im Dorf und was die landschaftliche Umgebung angeht; ja - wegen der unternehmerischen Freiheit, Unabhängigkeit und den Gestaltungsspielräumen, die Christian sich verspricht.

Schwierig wird es, wenn Christian an das denkt, was er einmal anbauen wird, vielleicht aus wirtschaftlichen Gründen anbauen muß: Werden es weiterhin die „traditionellen" Rüben sein, oder muß er auf etwas ganz anderes umstellen? Wäre der biologische Anbau vielleicht seine wirtschaftliche Chance?

Seine Zweifel an dem Beruf, den er erlernen will, sind größer, als die Stefans, der all seine Hoffnungen darauf setzt, vielleicht setzen muß, daß sein neuer Arbeitgeber weiß, was er tut, wenn er im Osten Deutschlands nun großflächig und gezielt biologisch anbaut.

So beginnt Christian nach dem Abitur nun zwar seine landwirtschaftliche Lehre auf einem Hof nicht weit von seinem Wohnort - aber er hält sich offen, ob er danach nicht noch ein Studium anschließt: Sei es Jura, sei es Betriebswirtschaft - möglich, daß eine weitere Ausbildung ihn zusätzlich absichert, oder ihm gar ganz andere berufliche Perspektiven eröffnet, auf die er ausweichen könnte, wenn sich die Landwirtschaft nicht tragen sollte?

Da ihm sein Platz auf dem Hof seines

Stefan mit einem Arbeitskollegen auf der neuen Landmaschine „seines "Bauern

Vaters sicher ist, muß er diese Entscheidung zur Zeit noch nicht treffen, kann sie sich offen halten. Sein Vater wird ohnehin noch eine Zeitlang den Hof bewirtschaften.

Stefan dagegen arbeitet nun in einem Arbeitsverhältnis, das es in dieser Form in der alten DDR nicht gegeben hat. Für ihn ist alles neu: Die Konsumangebote, die Reisemöglichkeiten, die Abhängigkeit von den Angeboten des Arbeitsmarktes, die fehlenden Arbeitsplätze in seinem Dorf und der Umgebung, die Unsicherheit der Landwirtschaft in Deutschland. Wird seine Lebensgefährtin, die früher auch auf einer LPG arbeitete, zukünftig Arbeit finden, wenn ihre ABM-Stelle ausläuft? Wird sich die Wohnungsmiete in Grenzen halten?

Stefan braucht in dieser Lebenssituation viel Vertrauen in sich und seinen neuen Arbeitgeber; er zeigte dieses Vertrauen, indem er sofort in den neuen Betrieb einstieg, als sich ihm dazu die Möglichkeit bot. Nun ist er auch stolz auf sich, auf seine neue Arbeit: Zunächst einmal hat er es geschafft, er lebt seine „Perspektive".

Für Stefan liegt in dieser Perspektive jedoch eine deutlich andere Abhängigkeit als für Christian: Stefan wird als Angestellter arbeiten; die wichtigen und grundsätzlichen Überlegungen wird der Bauer treffen, dem der Hof gehört. Dieser trägt die unternehmerische Verantwortung für das, was er zukünftig anbauen und auf dem Markt absetzen wird. Die Freiheit in der Gestaltung, die Christian in seinem zukünftigen Beruf für sich sieht, wird für Stefan eher eine Freiheit in der Ausführung der Ideen eines anderen sein.

„Zwei-Raum-Wohnung“ und „Rübenburg“

Stefan wuchs in recht beengten Verhältnissen auf dem Dorf auf: „Zwei-Raum-Wohnung in einem Neubau, in jedem Aufgang sechs Wohnungen, also zwölf Familien“; dort lebte er mit seinen Eltern und seinem Bruder. Ärger und Reibereien unter den anderen Bewohnern des Hauses, Enge und Nähe, dominierten. „In der kleinen Wohnung, da kann ich mich noch gut erinnern, war es mächtig eng. Das war auch nicht gut. Zumal wir ja alle in einem Raum geschlafen haben. Wir hatten ja die Wohnstube und dann die Schlafstube. Mein Bruder und ich hatten nachher ein Doppelstockbett in dem einen Raum. Dann standen da die Ehebetten und ein Schrank, und was halt dazu gehört zum Bett. Wir Kleinen mußten früher ins Bett. Dann, wenn meine Mutter kam, sind wir

Stefan und sein Bruder in der Küche der elterlichen „Zwei-Raum-Wohnung“

wieder wach geworden. Das war auch so mit dem Husten. Einer hatte Husten, die hören das alle, die können nicht schlafen.“

Erst nach Jahren, als seine Eltern schon geschieden waren, und seine Mutter mit einem anderen Mann zusammenlebte, war der Umzug in eine Dreizimmerwohnung möglich. Nun bekamen sein Bruder und er ein gemeinsames, eigenes Zimmer; sie konnten aus dem elterlichen Schlafzimmer ausziehen.

Anders als die Mehrzahl der Ex-DDR-Kinder gingen Stefan und sein Bruder nicht in die Kinderkrippe; seine Mutter war bei ihnen zuhause, bis er mit drei Jahren in den Kindergarten kam; sein Bruder war da schon ein Schulkind. Er empfindet dies nachträglich noch als gut für sich. Mit drei Jahren nahm ihn dann seine Mutter, die jahrelang als Kindergärtnerin arbeitete, mit in ihren Kindergarten.

Stefans Kindheit verlief unter schwierigen Vorzeichen. Sein Vater, der in einer LPG gearbeitet hatte, verpflichtete sich auf zehn Jahre zur Volksarmee: „Aus finanziellen Gründen“, wie Stefan meint. In dieser Zeit sieht ihn die Familie sehr selten; das Geld, das er verdient, bleibt bei ihm. Es kommt zur Scheidung, der Vater wird unehrenhaft aus der Armee entlassen und geht in die Landwirtschaft zurück. Der Kontakt zu seiner Familie bricht ab. Wo er ist und was er macht, weiß Stefan heutzutage nicht. Auch der Kontakt zu seiner Mutter ist eher lose. Man hat den Eindruck, daß Stefan diese Seite seiner Vergangenheit möglichst vergessen will, zur Seite schieben möchte, und daß es ihm wichtiger ist, seine Gegenwart und Zukunft konkret ins Auge zu fassen und auf sich selbst gestellt zusammen mit seiner Freundin zu gestalten.

Neben diesen familiären Belastungen war die Kindheit auf dem Dorf für Stefan aber auch glücklich und befriedigend: Es gab viele Möglichkeiten, unbelastet und

Christian zwischen seinen Schwestern bei der Feier der Silberhochzeit der Eltern; sein Bruder spielt Klavier

ungestört zu spielen, sich auszutoben und mit anderen Kindern aus dem Dorf zusammenzusein. „So lang, so breit, so groß wie das Dorf war, wir haben überall gespielt. Wir hatten da genug Möglichkeiten. Wir haben dort immer gespielt, was man eben so als Kinder spielt, so Räuber und Gendarm. Oder wir haben uns Höhlen gebaut. Wir hatten genug Bäume in einem kleinen Waldstückchen!"

Im Kontrast dazu stehen Schilderungen des Familienlebens von Christian. Unter den Bauern der Umgebung werden Häuser wie das, in dem er aufgewachsen ist, „Rübenburg" genannt. Diese Bezeichnung kommt aus Zeiten, in denen der Rübenanbau florierte. Das große Haus bot und bietet genügend Platz und Raum für eine große Familie. Christian meint, daß er auch dadurch eigentlich nicht den Wunsch hat, sich eine eigene Wohnung zu nehmen. Er verbrachte dort seine Kindheit mit Eltern, Bruder und zwei Schwestern. Besonders zu seinem jüngeren Bruder ist der Kontakt immer intensiv gewesen und ist es noch heute. „Wir haben uns immer gut verstanden", meint Christian; die beiden Schwestern sind einige Jahre älter und hatten von daher andere Bedürfnisse.

Christian brachten die Familienfeste mit Freunden und Verwandten viel Spaß; er mochte es als Kind gerne, sich dazu zu setzen: „Ich fand das interessant, sich mal mit Erwachsenen zu unterhalten!"

Christian versteht sich gut mit seinen Eltern, sie sind großzügig und lassen ihm viel Freiheit, er ist auch heute noch gerne zuhause und froh, daß seine neue Lehrstelle so nah ist, daß er wochenends wird heimfahren können. „Meine Eltern haben mir auch nie viel verboten. So mit 15, 16

Jahren, wenn man in das Alter kommt, in dem man zu Partys oder in Discos geht, da mußten sie mir auch nie etwas verbieten. Es war immer die ungeschriebene Regel, daß ich um 12 Uhr spätestens zu Hause bin. Aber sie haben mir nie gesagt: „Du bist aber dann und dann zu Hause". Dann bin ich eben aus freien Stücken nicht erst um 4 Uhr gekommen, sondern schon um 1 Uhr!"

Aber auch für ihn und seine Familie brachten die letzten Jahre Veränderungen. Die früher selbstverständliche Nähe zu seinen Geschwistern lockerte sich: Beide älteren Schwestern leben nicht mehr zu Hause, sondern studieren in Kiel und Trier. Das große Haus ist leerer geworden; die Schwestern kommen nun „zu Besuch" von ihren Studien- und Lebensorten; ein anderes Gefühl für Christian als zu den Zeiten, als sie noch im Haus lebten - auch wenn es mit den älteren Schwestern hin und wieder Auseinandersetzungen gab, wenn diese versuchten, die jüngeren Brüder zu „erziehen".

Heutzutage sind auch er selbst und sein Bruder häufig unterwegs und oftmals nur noch zum Schlafen im elterlichen Haus: Die Schule, Freunde, Cliquen, Aktivitäten in der Jungen Union, in der er Kreisvorsitzender ist, all dies nimmt viel Zeit in Anspruch.

Trotzdem ist bei Christian, anders als bei Stefan, zu spüren, daß eine gesicherte innere Bindung und Nähe zu seiner „Vergangenheit" und zu seinem Leben in und mit der Familie besteht, auf die er zurückgreifen kann und bei seinen zukünftigen Plänen auch zurückgreift. Eine Verbindung, die seinem Leben eine zusätzliche Dimension hinzufügt, auf die sich Stefan nicht beziehen kann. Der „feste Boden", auf dem Christian durch seine Familie steht, ist doppelt gefestigt: Seine Familie bietet ihm emotionale Sicherheit - und dazu hat er wohl eine zusätzliche, auch finanzielle, Sicherheit durch die Möglichkeit, den eigenen landwirtschaftlichen Boden einmal selbst zu bewirtschaften.

Interessen

Christian hat schon viele Hobbys in seinem Leben ausprobiert: „Ich habe früher so viele Sachen angefangen, mit denen ich dann wieder aufgehört habe. Ich wollte immer viel machen, habe mich auch für viele Sachen interessiert." Allerdings fehlte es ihm früher oftmals an dem notwendigen Atem, um diese Sachen auch zuende zu führen:

So machte er mal kurzzeitig Judo, lernte E-Gitarre, war Mitglied der Jugendfeuerwehr am Ort, bastelte ferngesteuerte Segelflugzeuge und gründete eine Schülerzeitung mit.

Heutzutage hat er sein Interesse auf die Mitarbeit in der Jungen Union konzentriert. „Das ist schon etwas anderes, was ich jetzt mache, das macht mir Spaß. Mit vielen Menschen Kontakt zu haben und Engagement für die Allgemeinheit zu zeigen." Christian meint, daß er wahrscheinlich auch deshalb die Junge Union wählte, weil sein Vater schon jahrelang in der CDU Mitglied ist und im Ort den Bürgermeister stellt: „Mit 14 Jahren bin ich in die Junge Union eingetreten. Ich habe mich aber schon vorher dafür interessiert. Ich könnte jetzt auch sagen, daß ich von meinem Vater beeinflußt wurde. Das wird es auch indirekt gewesen sein, aber es war nicht so, daß er mich dazu gebracht hat. Ich muß so 13 oder 14 gewesen sein, da kam der Manfred Wörner mal nach Braunschweig. Den wollte ich mir eigentlich mal angucken. Ich wollte gerne einmal einen

Politiker „live" sehen und vor allem hören. Interessiert habe ich mich für die Politik im allgemeinen; in die Richtung der CDU hat es mich gezogen, weil ihre Argumente überzeugender waren. Ich muß aber fairerweise zugeben, daß ich damals von dieser Seite auch mehr Informationen und Argumente kennengelernt habe als von der linken Seite."

Es ist ihm wichtig zu betonen, daß seine politische Arbeit unabhängig von der Partei geschieht, deren Jugendorganisation die Junge Union ist. Er erlebt und sieht sich unabhängig von der CDU und weiß auch jetzt noch nicht, ob er dort jemals Mitglied werden will.

Die Arbeit in der Jungen Union bringt für ihn neben vielen Terminen und Verpflichtungen die Möglichkeit, mit interessanten und netten Leuten kontinuierlich zusammenzuarbeiten.

Im Gespräch mit Stefan hängen die früheren politischen Verhältnisse in der Ex-DDR wie ein Schatten im Raum. Stefan reagiert zurückhaltend und sensibel, wenn es um die früheren politischen Zustände geht: So erzählt er von den Anforderungen der Schulleitung, die ihn schon früh trafen: Schon in der 6. Klasse sollten er und andere dazu bewegt werden, sich für lange Jahre zur Armee zu verpflichten. Der Gedanke bedrückt ihn noch heute. „Da kam extra so ein Leutnant oder so ein Offizier, jedenfalls einer mit einem höheren Dienstgrad. Der kam dann zur Schule, da wurden die Jungs schon in der 5., 6., 7. Klasse gefragt: „Wie lange möchtet ihr denn Armee machen, wie viele Jahre?" So 1 1/2 Jahre, das wollen die nicht. Ich hatte sowieso schon schlechte Erfahrungen durch meinen Vater. Das ging mir da rein und da raus. Dann kamen die sozialistischen Parolen, die ganzen Vorzüge bei der Armee, daß man sehr viel Geld verdienen kann. Wir sollten doch, wenn es geht, 25 Jahre Armee machen. Da sind öfters welche wieder heulend rausgegangen vom Direktorzimmer. Da kam dann der Direktor oder ein anderer. Die wurden dann direkt aus der Unterrichtsstunde geholt und mußten dann da hoch, einzeln, zum Gespräch. Manche wurden da so fertig gemacht, da sind die Tränen gelaufen. Ich habe mich einfach auf stur gestellt. Habe einfach „nein" gesagt, ihr braucht da nicht weiter zu faseln, ihr braucht nicht weiter zu reden, ich bleibe bei „nein"! Das war alles!"

Aber während seiner ersten Lehre als Tischler kam er nicht umhin, für ein-, zwei Wochen ins Wehrlager zu gehen. Auch in diesem Lager war die Zeit dafür gedacht, für die Armeezeit zu werben und zu interessieren.

Heute äußert sich Stefan kritisch zu denjenigen, die ehemals stadtbekannt „Rot" waren, und nun wieder in Ämtern sitzen und neue Funktionen übernehmen: „Man hat da doch noch so seine Vorurteile, wenn einer von früher hier wieder so einen Betrieb übernimmt. Erst mal schon die Frage, wie kann der überhaupt den Betrieb übernehmen?"

Reisen und Reisen

Wenn Stefan und Christian von ihren Reisen mit der Schulklasse oder mit Jugendgruppen oder von ihren Urlauben erzählen, dann hört sich das sehr unterschiedlich an:

Stefan fuhr mit seiner Klasse regelmäßig auf Klassenfahrten oder in Ferienlager. Aber wenn er die Orte innerhalb der alten DDR erwähnt oder Ziele, die in der früheren Sowjetunion oder in befreundeten sozialistischen Ländern lagen, so klingt dies wenig begeistert. Zu eng scheinen ihm die Auswahlmöglichkeiten, die damals zur Verfügung standen. „Die ganzen Jahre sind wir schon immer rumgefahren in der DDR. Abschlußfahrt, das muß was besonderes sein. Da will man schon mal was anderes erleben, sprich ein anderes Land oder so. Da hat keiner von uns gesagt, daß er bei uns in der DDR bleiben will. Die wollten alle raus, na klar!"

Es hört sich ein bißchen nach „Pflicht" an, und man merkt eigentlich seinen Erzählungen nicht an, daß er sich auf diese Fahrten auch freute. Dabei sparten er und seine Mitschüler teilweise Monate, arbeiteten beispielsweise in den Ferien in der LPG oder in der Schule selbst, um das notwendige Geld für solch eine Fahrt zusammenzubekommen. „Die letzten Jahre haben wir die Schule renoviert, immer ein paar Klassenräume. Da haben wir für einen Klassenraum zwischen 600 bis 1000 Mark gekriegt von der Gemeinde. Das war dann nachher für die Fahrt in die Sowjetunion. Da haben wir uns viel so erarbeitet. Das ging eben, es waren sich alle einig, daß es so gemacht wird, daß nicht jeder das ganze Geld für die Reise privat bezahlen muß!"

Vielleicht scheinen Stefan diese Reiseziele im Vergleich zu dem, was (uns) im Westen möglich war, zu unattraktiv, um sie heute noch als Erlebnis auszumalen? „Das sozialistische Ausland war ja erst mal sowieso das einzige, wohin wir reisen konnten. Da gab es nicht viel andere Sachen, als wie es bei uns in den Geschäften ist. Da gab es sowieso nichts. Besseres höchstens mal in der CSSR. Und dann war es eben bloß soviel, daß man sehen konnte, wie leben die Leute, was haben die für Bräuche, was haben die für eine Tradition, wie sieht das bei denen in den Städten aus. Wo wir nach der Sowjetunion gefahren sind, da war es klar, daß wir da nicht irgendwie groß einkaufen können. Das hat ja nichts gebracht."

Allein bei den regelmäßigen Klassenfahrten zum Weihnachtsmarkt in Berlin merkt man ihm an, daß das für ihn und seine Mitschüler ein herausragendes Erlebnis war, das viele Eindrücke brachte und Spaß machte.

Stefan bekommt einen anderen Tonfall, wenn er von kurzen Trips nach Rügen oder von Urlauben innerhalb der Ex-DDR mit seiner Mutter und seinem Bruder spricht: „Einmal nach Dänemark von den Kreidefelsen rübergucken!" Dann spürt man, daß er mit seinem Herzen dabei war!

Für Christian dagegen sind die Ferienlager, an denen er mehrfach in England, aber auch in Italien teilnahm, ganz wichtige Stationen in seinem Leben und wirkliche Erlebnisse. Egal ob von der evangelischen Jugend oder von der Kreisjugendpflege veranstaltet, egal ob als Teilnehmer oder später als Betreuer, es war für ihn ein Erlebnis, mit einer Gruppe zusammen zu sein und Spaß zu haben, eine schöne Zeit, die ihm immer noch sehr viel bedeutet. „Ab einem bestimmten Alter hat man keine Lust mehr, mit seinen Eltern Urlaub zu machen", meint er, und denkt mit ein bißchen Wehmut an diese schönen Fahrten zurück.

Aber auch die vielen Urlaube mit seiner Familie an der Nordsee, auf Wangerooge oder Juist leben noch in angenehmer Erinnerung in Christian.

Bei beiden scheint es, daß diese Art von Fahrten und Ferienaktivitäten Teil ihrer Vergangenheit als Schüler sind: Nun, da die Schulzeit hinter ihnen liegt, und nun, da sie eher mit ihrer Freundin Reisen planen, dokumentieren die früheren Reisen vergangene schöne Zeiten.

Christian bei einem seiner vielen England-Aufenthalte

Ende der Jugend?

Als Christian 18 wurde, war das für ihn schon etwas Besonderes: Einmal der funkelnagelneue Führerschein und der alte NVA-Jeep, den ihm sein Vater schenkte. Zum anderen: Jetzt ist er „offiziell erwachsen", wie er meint. „Da habe ich mich erst mal ein paar Minuten hingesetzt und überlegt und habe mir gedacht, jetzt mit 18, da ist praktisch die Jugend vorbei. Das hört sich zwar ein bißchen blöd an, es ist ein bißchen übertrieben gesagt. Aber ich habe schon gedacht: So alt bist du schon!". Rückblickend sieht er die Schulzeit doch als recht schöne Zeit an. Eine Zeit mit gemeinsamen Schulfreunden, die sich nun zu den unterschiedlichsten Studienorten verstreuen und auseinandergehen. Es „bricht erst mal alles ein bißchen auseinander", die Wege trennen sich, leichte Trauer kommt bei Christian auf.

Bei Stefan brachte die Jugendweihe einen vergleichbaren Einschnitt. Eine große gemeinsame Feier, offizielle Geschenke: „Vom Sinn unseres Lebens", das Buch der damaligen Jugend. „Da war der schöne Sozialismus geschildert, das sollte so der Sinn unseres Lebens sein. Festreden und alles. Daß man jetzt in den Kreis der Erwachsenen aufgenommen wurde, daß wieder ein neuer Lebensabschnitt beginnt. Da wurden dann auch Bücher überreicht. Dann Glückwünsche und Blumen, wurden im Saal überreicht." Stefan wurde neu „ausstaffiert", von Kopf

Stefan bei einem Ausflug nach Rügen

bis Fuß sozusagen. Die Jugendweihe-Fahrt ging in ein serbisches Dorf ...

Man spürt, daß Stefan diese Feier zwar beschäftigte, daß sie ihm in ihrem politischen Gehalt aber eher äußerlich blieb.

Die Nachdenklichkeit, die bei Christian im Gespräch über seinen 18. Geburtstag

Christian bei der Ankunft in Wangerooge

aufkam, ist bei Stefan dann zu spüren, wenn er seine konkrete Lebenssituation heute beschreibt und von der Verantwortung berichtet, die er in diesen für ihn „neuen Umbruchszeiten" nicht nur für sich, sondern auch für seine Freundin und das Kind übernommen hat.

Tradition und Zukunft?

Stefan, dessen Vater, wenn auch mit Unterbrechungen, in der LPG arbeitete, traf die Entscheidung, selbst Landwirt zu werden, unabhängig von dem Beruf seines Vaters.

Für ihn ist wesentlich, daß ihm die Arbeit in der Landwirtschaft persönlich Spaß macht, und daß er sie in einer Gegend ausübt, die ihm gefühlsmäßig nahe und vertraut ist. Seinem Empfinden nach tritt er mit seinem Beruf als Landwirt nicht in die Fußstapfen seines Vaters, sondern erfüllt sich eigene Wünsche und Vorstellungen. Sein Vater steht ihm nicht nahe, er ist ihm kein Vorbild, sondern eher eine Negativ-Figur, von der er sich abgrenzt und mit der er wenig zu tun haben will.

Anders Christian, für den schon von kleinauf klar war, daß er einmal den elterlichen Hof übernehmen wird. Er tritt eher selbstbewußt in die Fußstapfen seines Vaters. Es ist die selbstverständliche Nähe dazu, daß sein Vater und davor schon sein Großvater als Landwirte arbeiteten und diesen Hof führten. Diese Nähe zu seiner Familie ist für ihn bei seiner Berufswahl

Stefan im „Jugendweihe-Outfit"

wichtig; sie ist von ihm akzeptierte Familiengeschichte und Familientradition.

"Woran ich hier hänge? Das läßt sich schwer umreißen. Haus, Familie, Umgebung, Freundeskreis. Auch einfach das Gefühl, daß man hier aufgewachsen ist. Wenn ich an meine Lehre oder an die berufliche Perspektive denke, ist es so, daß ich die 100jährige Tradition unseres Betriebes im Rücken habe. Die Familie wohnt hier schon ziemlich lange. Da würde ich nie sagen, wenn das mit der Landwirtschaft nicht mehr so klappt, gehe ich hier weg und verkaufe alles oder vermiete das Haus, oder lasse es sogar abreißen, weil die Unterhaltung zu teuer ist. Das könnte ich nicht, weil ich einfach denke, daß man dem Erbe und der Tradition verpflichtet ist."

Sehr wichtig ist Christian dabei, daß er weder vom Vater noch von der Mutter in diese „Nachfolger-Rolle" gedrängt wurde: „Es ist für mich kein Pflichtgefühl, die Tradition fortzuführen, sondern das ist für mich ganz selbstverständlich. Das möchte ich auch gerne!" Christian hängt also ebenso wie Stefan an „seinem" Dorf, an der Umgebung, an der Landschaft. Anders als bei Stefan ist seine Berufswahl im positiven Sinne „traditionell". Die Fortführung dieser Tradition ist ein fester Bestandteil seines Lebens; mit ihr und mit dieser Art des Lebens und des Umganges untereinander kann er sich im guten Sinne identifizieren; diese weiterzuführen, ist ein Lebensziel Christians.

Die Situation in der Landwirtschaft in der ehemaligen DDR war - nach Stefans Worten - wenig dazu angetan, daß er sich in einem Traditionsbezug zur bäuerlichen Lebensform sehen konnte. Die LPG's hatten eine riesige Größe, die Arbeit war sehr stark arbeitsteilig spezialisiert und organisiert. Der Beruf eines Bauern, wie es ihn im Westen - trotz hoher Technisierung - gab und gibt, existierte so nicht. Schon in der Wortwahl, die landwirtschaftliche Berufe kennzeichneten, so z. B. der Beruf des Traktoristen, fühlt man, daß das Konzept der Landwirtschaft eher an das eines Industriebetriebes angeglichen war.

Christian „in"seinem Geburtstagsgeschenk, einem alten NVA-Jeep

Christians „Rübenburg"

Stefan lebt nicht auf einem Bauernhof, sondern in einer Mietwohnung. Er fühlt sich wohl in seiner Wohnung; sie ist geräumig und groß - und nur im Winter schwer zu beheizen. Sein neuer Arbeitsplatz liegt schräg gegenüber; er muß nur die Dorfstraße überqueren. Früher, in vorsozialistischen Zeiten, war dies ein großer Hof. Die „alte" LPG ist nicht weit entfernt.

So arbeitet Stefan als Landwirt nun nicht nur in einer neuen gesellschaftlichen und ökonomischen Struktur. Nein, möglicherweise verändert sich für ihn auch seine Sichtweise auf die Landwirtschaft als ein Arbeitsfeld mit einer besonderen Tradition. Interessant und wichtig ist dabei für ihn, daß „sein" Bauer explizit biologisch anbaut und damit möglicherweise für die gesamte Gegend dort wegweisende „Vorreiterfunktionen" übernimmt. Stefan hätte dann vielleicht wirklich einen zukunftsträchtigen Beruf gewählt?!

Geboren 1969: Die 23jährigen – Zweimal Normalbiografien in Deutschland

Imbke Behnken

Als letztes Paar porträtieren wir zwei „normale“ Jugendliche aus Ost und West. Allerdings handelt es sich um keine Personen, sondern um ein Konstrukt. Beschrieben werden die Lebensverläufe, die für die Alterskohorte der 1969 Geborenen mit hoher Wahrscheinlichkeit zutrafen. Dabei konzentriere ich mich auf die vergleichbare Schilderung der offiziellen Seiten des Lebenslaufes: Wie gestalten sich Bildungs- und Ausbildungslaufbahnen, verpflichtende Mitgliedschaften, kirchliche oder politische Reifefeiern, Einstiege in das Berufs- oder Familienleben?

In der Darstellung wurden juristisch fixierte Altersnormen mit empirisch ermittelten Durchschnittsverläufen kombiniert. Letztere Angaben sind vorwiegend den lebensgeschichtlichen Rückerinnerungen der jungen Erwachsenen an Kindheit und Jugend der Shell Jugenderhebung 1991 entnommen.

Die Angaben von Lebensaltern und Jahreszahlen ermöglichen es, die Zeitpunkte zu bestimmen, zu denen Jugendliche dieser Alterskohorte durchschnittlich bestimmte Statuspassagen erlebten. Die Angaben zu alternativen Bildungsverläufen verweisen auf differenzierende Laufbahnmuster im Bildungswesen.

Diese Normalbiografien sind als Hintergrundfolie für die Paarporträts zu verstehen. In den Paarporträts finden wir Ereignisse aus den Normalbiografien in ihrer jeweils individuellen Ausprägung.

Die 23jährigen: Zweimal Normalbiografien in Deutschland

Jahr	Alter	Lebenslaufereignis BRD		Lebenslaufereignis DDR
1969		Geburt		Geburt
1970 1972	zwischen 1.–3.Jahr	Unterbringung in einer Kinderkrippe möglich sehr unwahrscheinlich: 1 %		etwa 1/4
1972 1975	zwischen 3.-6.Jahr	Unterbringung in einem Kindergarten möglich Minderheit: etwa 1/3		Mehrheit: etwa 2/3
1975	6 Jahre	Einschulung in die Grundschule		Einschulung in die allgemeinbildende Polytechnische Oberschule (POS)
		72 Prozent	mit 6 Jahren	60 Prozent
		22 Prozent	mit 7 Jahren	39 Prozent
		74 Prozent	Erinnern an Geschenke	88 Prozent
		39 Prozent	Beide Eltern dabei	90 Prozent
		Hortbesuch in Städten möglich; eher unwahrscheinlich		Schulhortbesuch bis zur 4. Klasse
				Etwa 90% werden Jungpionier
1979	10 Jahre	Übergang in eine weiterführende Schule Alternative Wege: 1. Hauptschule 2. Realschule 3. Gymnasium 4. Gesamtschule 5. Orientierungsstufe		
		Kath.: Erste Kommunion		Übernahme als Thälmannpionier
1981	12 Jahre	Kath.: Firmung durchschnittlich		
1982	13 Jahre	Schulbesuch der 13jährigen: Hauptschule 42% Realschule 24% Gymnasium 25% Sonstige 9%		

Jahr	Alter	Lebenslaufereignis BRD		Lebenslaufereignis DDR
1983	14 Jahre	Evang.: Konfirmation Religionsmündigkeit		Jugendweihe Aufnahme in die FDJ (8.Klasse) Vorzeitiger Abgang nach der 8. Klasse der POS: etwa 10% Ausbildung: TeilfacharbeiterIn/Berufsschule
1984	15 Jahre	Hauptschulabschluß nach der 9. Klasse Alternative Wege: 1. Lehre/Berufsschule 2. Arbeiten/Berufsschule 3. Berufsgrundbildungsjahr 4. Berufsvorbereitungsjahr 5. Berufsfachschule, Vollzeit 6. 10. Klasse/Mittlerer Bildungsabschluß		
1985	16 Jahre	Mittlerer Bildungsabschluß nach der 10.Kl. Realschule, Gesamtschule, Gymnasium		Abschl. der 10. Klasse der POS etwa 90%
1985		Alternative Wege: 1. Oberstufengymnasium 2. Fachoberschule (FOS) 3. Fachschule 4. Lehre/Berufsschule		Alternative Wege: 1. Berufsausb. m. Abitur, etwa 5% 2. Erweiterte Oberschule (EOS), etwa 10% 3. Fachschule, etwa 10% 4. Lehre/Berufsschule, etwa 65%
		17 Prozent	schon einmal sitzengeblieben	3 Prozent
	bis 16 Jahre	50 Prozent	Wußten, was sie beruflich machen wollen	85 Prozent

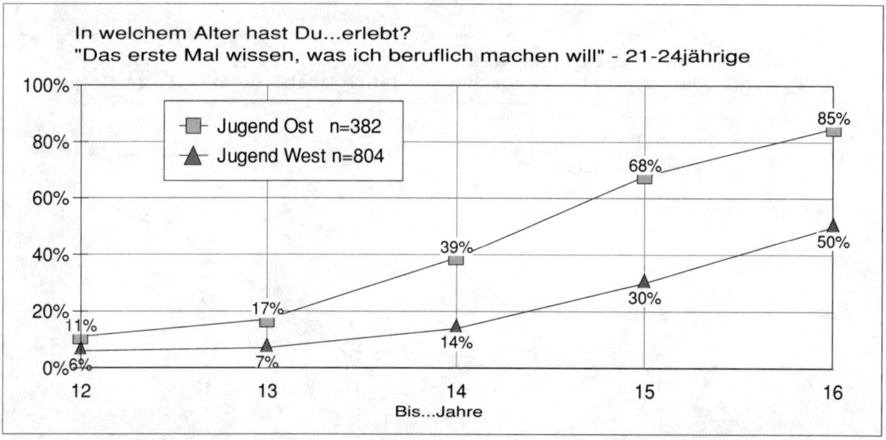

Jahr	Alter	Lebenslaufereignis BRD		Lebenslaufereignis DDR
1986	bis 17 Jahre	55 Prozent	Sind aus der Schule gekommen	84 Prozent

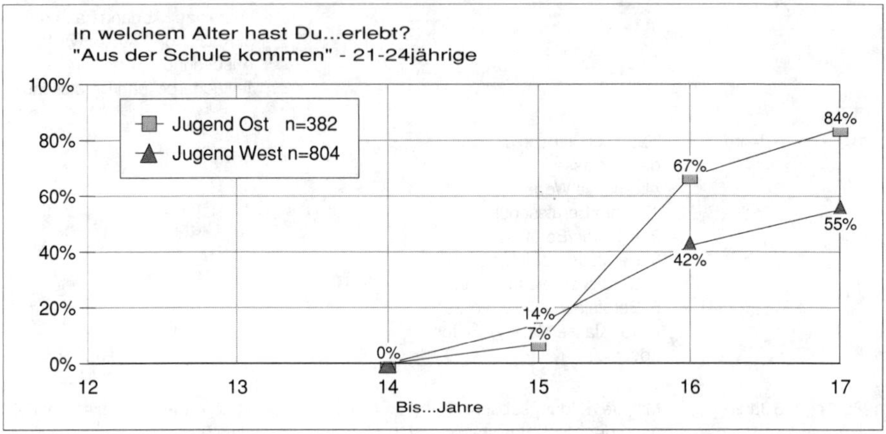

Jahr	Alter	Lebenslaufereignis BRD		Lebenslaufereignis DDR
1987	18 Jahre	Juristische Volljährigkeit		Juristische Volljährigkeit
				Abitur nach der 12. Klasse EOS
1988	19 Jahre	Abitur nach Klasse 13		Berufsausbildung m. Abitur nach der 13. Klasse
				Durchschnittsalter: Nationale Volksarmee
	bis 19 Jahre	41 Prozent	1. Berufsausbildung abgeschlossen	71 Prozent

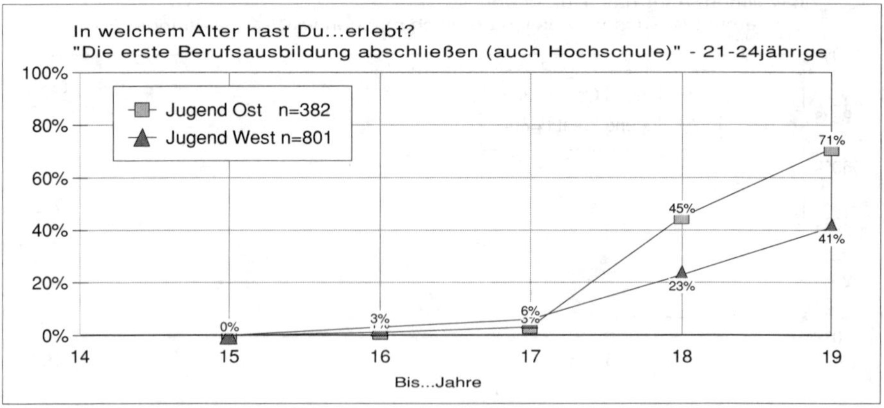

Jahr	Alter	Lebenslaufereignis BRD		Lebenslaufereignis DDR
	bis 19 Jahre	54 Prozent	1. Mal voll berufstätig	71 Prozent

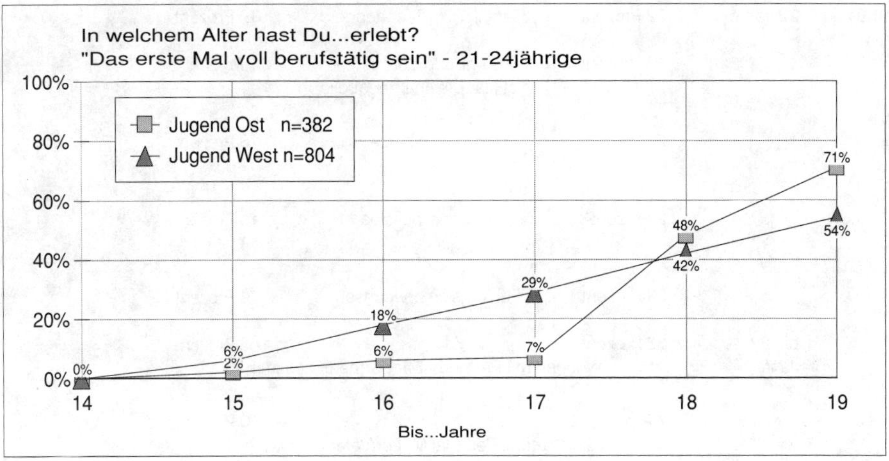

	bis 19 Jahre	39 Prozent	Verdienen genug Geld, um für sich zu sorgen	60 Prozent

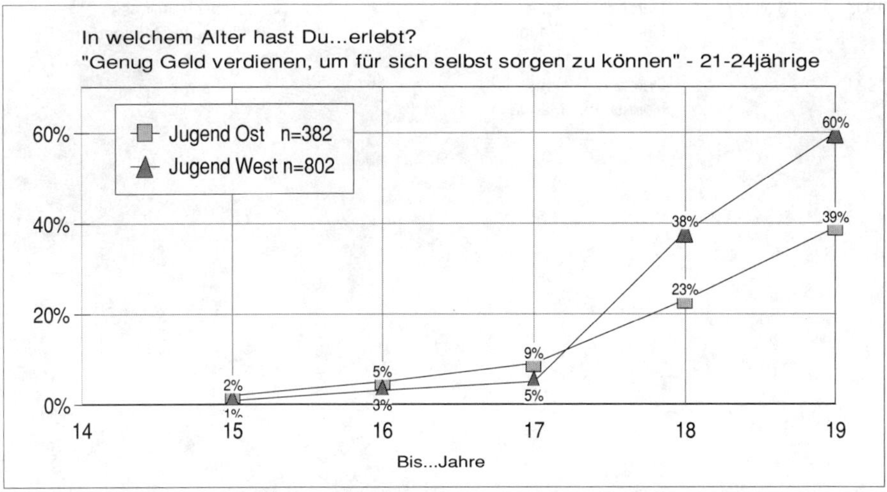

1989	bis 20 Jahre	41 Prozent	aus dem Elternhaus ausgezogen	37 Prozent
	20 Jahre	Durchschnittsalter: Bundeswehr		

Jahr	Alter	Lebenslaufereignis BRD		Lebenslaufereignis DDR
1990	21 Jahre			Durchschnittliches Heiratsalter, Frauen
1991	22 Jahre	22 Prozent	Regelmäßig Taschengeld	12 Prozent
		16 Prozent	Zuwendung durch Eltern ist Haupteinnahmequelle	1 Prozent
		3 Prozent	Sind zur Zeit arbeitslos	16 Prozent
		2 Prozent	Vater arbeitslos	15 Prozent
		66 Prozent	Fühlen sich erwachsen	49 Prozent
	bis 22 Jahre	32 Prozent	Wohnen mit PartnerIn/EhepartnerIn zusammen	48 Prozent
		7 Prozent	Sind zum ersten Mal Mutter/Vater geworden	20 Prozent

Prognosen:

1992	23 Jahre	Durchschnittliches Heiratsalter, Frauen	Durchschnittliches Heiratsalter, Männer
1994	25 Jahre	Durchschnittliches Heiratsalter, Männer	

Jugendstudie ’92 Die wichtigsten Ergebnisse im Überblick

Jürgen Zinnecker
Arthur Fischer

Nachwuchs für welche politische Kultur? [1]

Düstere Zukunftssicht passé (213) – Soziale Bewegung und politische Aktion: Ja - aber ohne mich! (216) – Öffentliche Gruppenstile: Hitlisten und Haßlisten (217) – Die Jüngsten entdecken ihre eigene politische Meinung - und ihren eigenen Geschmack (219) – Haben die Ostdeutschen politisch „Anschluß" gefunden? (220) – Die Anhänger spontaner politischer Gewalt. Ein Gruppenporträt (223)

Die Jugendstudie 1992 nimmt Abschied von der westdeutschen Jugend, einem Sozialgebilde, das die Shell-Jugendstudien über bald 40 Jahre begleitet und kommentiert - vielleicht auch ein wenig mitgeschaffen - haben. Bevor wir uns ausschließlich den Neuen, der ostdeutschen Jugend, und dem Neuen, der deutschen Jugend, zuwenden, seien einige Rückblicke gestattet. In das Kapitel zur politischen Kultur unter den Jüngeren werden deshalb Vergleiche zwischen der westdeutschen Jugend heute und der vor einem Jahrzehnt eingestreut. Die Autoren bitten um Vergebung für die Nostalgie.

Zuversichtlicher Blick auf die Zukunft der Gesellschaft

Frage: Man kann ja die Zukunft, wie das Leben in unserer Gesellschaft weitergehen wird, eher düster oder eher zuversichtlich sehen. Wie ist das bei Dir?

	eher düster	eher zuversichtlich
Gesamt	28%	72%
West	29%	71%
Ost	24%	76%
West Jungen	28%	72%
West Mädchen	31%	69%
Ost Jungen	23%	77%
Ost Mädchen	25%	75%

Düstere Zukunftssicht passé

Kein Zweifel: Die jüngere Generation in Deutschland ging optimistisch in die Vereinigung und hat diesen Optimismus auch danach beibehalten. Die jungen Ostdeutschen noch etwas mehr als die jungen Westdeutschen; männliche Jugendliche ein wenig ausgeprägter als weibliche (Textkasten).

Die optimistische Grundstimmung ist im Verlauf der achtziger Jahre, jedenfalls in Westdeutschland, herangewachsen.

Blitzlichter aus der Ereignisgeschichte zweier westdeutscher Jugendgenerationen

Jugend 1981

1979

- Nato-Doppelbeschluß
- Einmarsch der Sowjetunion in Afghanistan
- 79/80 Anti-Strauß-Kampagnen (Bundestagswahlkampf)
- Unfall im US-amerikanischen Atomkraftwerk Harrisburg
- Erster Smogalarm in Geschichte der BRD
- Aufhebung der Regelanfrage beim Verfassungsschutz (öffentlicher Dienst/Beamte)
- Diskussion um Hakenkreuze in Schulen - Neofaschismus unter Schülern?
- „Die Tageszeitung" (taz), die erste linke (parteiunabhängige) Tageszeitung seit Kriegsende

1980

- „Bremer Krawalle" - Auseinandersetzung um öffentliche Rekrutengelöbnisse
- „no future" - Punks. Ein neuer öffentlicher Gruppenstil aus England
- Hausbesetzerbewegung, vor allem in Westberlin
- „Züri brennt". Schweizer Jugendliche kämpfen für den Erhalt eines autonomen Jugendzentrums
- Jugendunruhen in Freiburg, Zürich, Hannover, Hamburg
- Anti-Atom-Demonstrationen (Bonn, Brokdorf)
- Musik: Neue Deutsche Welle

1981

- Zukunftspessimismus und apokalyptische Untergangsstimmung unter den Jüngeren (und in der Bevölkerung)
- Erste große Friedensdemonstration in Bonn
- Wald- und Baumsterben breitet sich aus
- Widerstand von Bürgerinitiativen gegen „Startbahn West" auf dem Frankfurter Flughafen
- „We don't need no education, we don't need no thought control." Doppelalbum „The Wall" 1,4 Mill.mal in BRD verkauft. Pink Floyd inszenieren Bühnenshow in Dortmunder Westfalenhalle
- Massenverhaftungen von Jugendlichen in Nürnberger Kommunikationszentrum „Komm".
- „Kühle Gefühle - Bei Neonlicht und bunten Cocktails bestimmt schöner Schein das Bewußtsein. Der Narzißmus der achtziger Jahre gibt sich cool" (Stern)

Jugend 1991

1986

- Reaktorunfall in Tschernobyl
- Ängste unter jungen Müttern: Messungen von Radioaktivität auf Spielplätzen und in Kindergärten
- Demonstrationen von Kernkraftgegnern gegen den Bau und Betrieb von Atomkraftwerken (Wackersdorf)
- Erster „Mädchenbericht" der Bunderegierung (6. Jugendbericht)
- Ansturm von Asylbewerbern über Ost- und Westberlin
- „Turnschuh-Generation": Turnschuhe haben Jeans als Zeichen für Jugendlichkeit und Nonkonformismus abgelöst (Allensbach)

1 9 8 7

- Gorbatschow verkündet „Perestroika-Politik"
- Im Oktober meldeten sich bei den Arbeitsämtern der Bundesrepublik 125.700 Jugendliche unter 20 Jahren als arbeitslos
- AIDS und Kondom als Wörter des Jahres

1 9 8 8

- Franz Josef Strauß stirbt
- Zahl der Studierenden im Wintersemester 1988/89 1,471 Mill. (Zum Vergleich: 1970 527.600, 1980 1,036 Mill.)
- Demonstrationen und Vorlesungsboykotte an Hochschulen. Notprogramm zur Verbesserung der Studienbedingungen
- TV-Kabelhaushalte:

1986	1987	1988
7%	13%	20%

1 9 8 9

- Die Wende in der DDR
- Öffnung der ungarischen Grenze: DDR-Flüchtlinge passieren den österreichisch-bayerischen Zoll
- Massendemonstrationen auf dem Karl-Marx-Platz in Leipzig
- DDR-Führung öffnet in der Nacht zum 10.11. die Grenze zur Bundesrepublik und nach Westberlin

1 9 9 0

- Die Vereinigung in Deutschland
- Volkskammer beschließt am 23. 8. den Beitritt der DDR zur Bundesrepublik
- Neues Kinder- und Jugendhilfegesetz (KJHG)
- Okkultismus unter Schülern als Medienereignis
- Erneut steigende Studentenzahlen an FHS und Universitäten
- Schulstreß und gesundheitliche Belastungen der Jugendlichen als Thema der Jugendforschung

1 9 9 1

- Golfkrieg - Schülerdemonstrationen in alten und neuen Bundesländern gegen den Krieg
- Asylantendebatte
- Rechtsradikalismus, Skinheads und Jugendgewalt als dominierende Medienthemen bei der Berichterstattung über Jugend (besonders in den neuen Bundesländern)
- Vergleichsstudien zu west- und ostdeutscher Jugend boomen

Grafik1) Zunahme des gesellschaftlichen Optimismus
Einschätzung der Gesellschaft als "zuversichtlich"

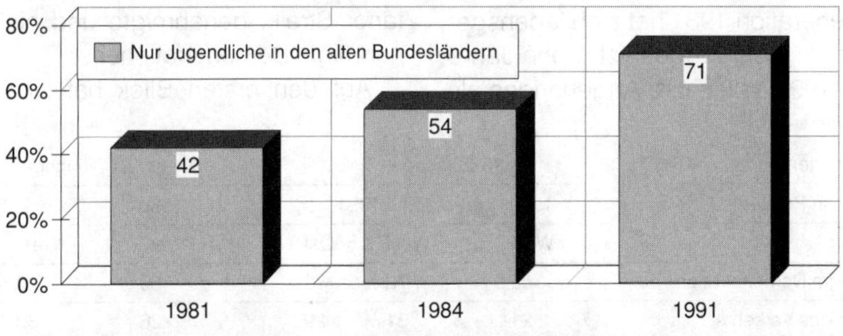

1981 gaben sich die Jüngeren ausgesprochen pessimistischen Zukunftsideen hin. Die sogenannten geburtenstarken Jahrgänge sahen angesichts von Kriegsbedrohung und Umweltkatastrophen für die Gesellschaft, angesichts knapper Wohn-, Schul-, Ausbildungs- und Arbeitsplätze - auch für sich selbst - düster in die Zukunft (siehe Porträtskizze in diesem Band). Ein Vergleich der Jugendstudien 1981, 1984 und 1991 belegt, wie diese Grundstimmung im Verlauf des letzten Jahrzehnts allmählich umschlug (Grafik 1). Eine Reihe von weiteren Befragungen, die in den achtziger Jahren mit der gleichen oder einer ähnlichen Frage arbeiteten, untermauern die Grundtendenz.

Angesichts dieses Zeitvergleiches stellt sich die Frage, ob die Jugendgeneration, die damals Träger pessimistischer Grundstimmung war, diesen Pessimismus als prägende Jugenderfahrung und damit als leitmotivisches Generationserleben auch beim Übergang ins Erwachsenenalter aufrechterhalten hat - oder ob solche Differenzen sich angesichts des 1991 vorwaltenden Optimismus nivelliert haben. Die folgende Übersicht gibt eine Antwort auf diese Frage. Wie man sieht, haben sich die 1966 - 1970 Geborenen, die 1981 15-19jährig, 1991 25-29jährig sind, dem allgemeinen Optimismus der neunziger Jahre angeglichen. Die düstere Zukunftssicht der westdeutschen Jugendgeneration 1981 hat sich lebensgeschichtlich nicht fortgesetzt. Zehn Jahre später, 1991, teilen ihre Angehörigen als

„Eher düster" sehen die gesellschaftliche Zukunft (Angaben in Prozent):

	Jugend '81 West	Jugend '91 West
15-19jährige	57	31
20-24jährige	59	29
25-29jährige	(nicht befragt)	29

(Antwortvorgaben: „eher düster" - „eher zuversichtlich")

junge Erwachsene den dominant optimistischen Zeitgeist der Jüngeren. Sahen damals 57% düster in die Zukunft, sind es heute nur noch 29%.

Soziale Bewegung und politische Aktion: Ja - aber ohne mich! [2]

Die Jugendgeneration Anfang der achtziger Jahre war politisch bewegt. Soziale Bewegungen für Frieden, Umwelt, Bürgerbeteiligung standen in hohem Ansehen und viele der Jüngeren waren bereit, sich zu engagieren. Die Grünen, damals parlamentarischer Arm solcher Bewegungen und stark mit der jüngeren Generation identifiziert, erlebten eine politische Hausse. Unkonventionelle Formen politischen Handelns, die sich in den siebziger Jahren etabliert hatten, standen in reicher Auswahl all denen zur Verfügung, die jenseits des offiziellen politischen Systems aktiv sein wollten: Politischer Boykott, Unterschriftenaktionen, Hausbesetzung, Verkehrsblockade, spontaner Streik, genehmigte und nicht genehmigte Demonstrationen.

Auf den ersten Blick hat sich 1991

Es befürworten	15-20jährige			21-24jährige		
(Angaben in Prozent)	1980	1991		1980	1991	
	West	West	Ost	West	West	Ost
Genehmigte Demonstration	65	72	78	59	76	84
Aufhalten des Verkehrs	21	31	29	26	30	32

wenig daran geändert.Die Befürwortung von Bürgerinitiativen oder Unterschriftenaktionen beträgt damals wie heute um 90 Prozent. Politische Aktionen, die die Öffentlichkeit der Straße nutzen, haben sogar noch etwas zugelegt. Das zeigt ein Vergleich mit 1980 (vgl. Watts, Bd.2).

Gleichwohl haben soziale Bewegungen an mobilisierender Kraft verloren. Das geht aus der Frage zu Öffentlichen Gruppen hervor, die in der Öffentlichkeit und im Jugendleben durch besondere Stilisierungen und durch exponierte Einstellungen auffallen. Das Befragungsinstrument wurde für die Jugendstudie 1981 entwickelt, in der Folgezeit von der Jugendforschung mehrfach übernommen oder variiert, und in den Jugendstudien 1984 und 1991 wörtlich wiederholt.

Öffentliche Gruppenstile: Hitlisten und Haßlisten

1981 wie auch 1991 wird die Hitliste (S. 218) von Gruppen angeführt, die sich als soziale Bewegungen verstehen: Umweltschützer, Friedensbewegung, Kernkraftgegner. Sie genießen auf breitester Ebene Sympathien, damals wie heute. Unter dieser Oberfläche verbirgt sich allerdings ein erheblicher Wandel in der Einstellung zu solchen Bewegungen. 1991 sind soziale Bewegungen Teil der Allgemeinkultur der Jüngeren ohne Differenzierungs- und Polarisierungseffekt. Der Anteil der Aktivisten ist geblieben, aber auch die Gleichgültigen haben zugenommen.

Anders als zu Beginn der achtziger Jahre polarisieren diese sozialen Bewegungen die Jüngeren nicht mehr entscheidend. Auch die Jugendgeneration 1981 (die 1966 - 1970 Geborenen, damals 15-19jährig) hat sich dem allgemeinen Trend angepaßt. Als 25-29 jährige sympathisieren sie heute eher passiv mit den sozialen Bewegungen, statt sich als Beteiligte zu definieren. Mit dem Rückgang des aktiven Engagements für soziale Bewegungen korrespondiert der zwischen 1981 und 1991 kleiner gewordene Anteil der Jugendlichen, die sich für die Grünen als Partei erwärmen ebenso wie der gewachsene Anteil derer, die für keine Partei Sympathie empfinden.

Die Hitliste weist dauerhafte jugendkulturelle Moden (Fußball-Fans, Musikgruppen), dauerhafte Subkulturen (Punks) und auch leicht abnehmende Moden (Motorrad-Fans) aus. Zu den Neuzugängen mit hohem Zulauf seit 1984 zählen erwartungsgemäß die Computer-Fans. Zwischen 1984 und 1991 (nur hierfür liegen Vergleichsdaten vor) haben sich körperbezogene Stile wie Body Building, Fitness-Training, Nacktkörperkultur oder Jogging in der Hitliste behaupten können. Bemerkenswert ist, daß diese Körperstile besonders im Osten, mehr noch als in den alten Bundesländern, favorisiert werden.

Die Haßliste enthält die bevorzugten Feindbilder der beiden Jugendgenerationen. Zu den alten Gegnerschaften sind neue hinzugekommen. Die neuen Feindbilder werden gebildet durch Skinheads und Fußball-Hooligans (gleich häufig in Ost und West), durch Grufties und okkulte Gruppen (mehr im Osten). Die aktuellen Grenzziehungen verlaufen für die Jüngeren entlang von körperlicher Gewalt und Mystizismus. Sieht man die neuen Gruppenstile, die auf der Haßliste 1991 stehen, unter diesem verallgemeinernden Gesichtspunkt durch, wird die Nähe zu 1981 deutlich, wo unter anderen Namen (RAF/ Terror-Gewalt, Nationale Gruppen, Neue Jugendreligionen) die gleichen beiden

Hitliste der Gruppenstile

1981	1991
1. Umweltschützer (81%)	1. Umweltschützer (77%)
2. Fans von Musikgruppen (66%)	2. Friedensbewegung (71%)
3. Alternative Lebensweise (62%)	3. Fans von Musikgruppen (63%)
4. Motorrad Fans (56%)	4. Jogging (61%)
5. Kernkraftgegner (53%)	5. Kernkraftgegner (58%)
6. Hausbesetzer (47%)	6. Motorrad-Fans (49%)
	7. Disco-Fans (48%)
	8. Computer-Fans (47%)
	9. Body-Building/Fitness (44%)

(„Ich rechne mich selbst dazu" und "Gehöre nicht dazu, finde solche Leute aber ganz gut")

Haßliste der Gruppenstile

1981	1991
1. RAF/Terror-Gewalt (86%)	1. Fußball-Hooligans (89%)
2. Nationale Gruppen (74%)	2. Skinheads (82%)
3. Rocker (69%)	3. Okkulte Gruppen (59%)
4. Neue Jugendreligionen (59%)	4.-5 Punks (46%)
5.-6. Popper (49%)	4.-5. Rocker (46%)
5.-6. Bundeswehr-Fans (49%)	6. Grufties (44%)
7. Punker (38%)	7. Hausbesetzer (43%)

(„Die Gruppe kann ich nicht so gut leiden" und „Das sind Gegner von mir, ich bekämpfe sie").

Grundprobleme im Vordergrund der distanzierenden Auseinandersetzung standen.

Wir finden im Vergleich 1981 und 1991 deutliche „Gewinner" und „Verlierer" unter den Gruppenstilen. Zu den „Gewinnern" zählen etwa Disco-Fans und Rokker; zu den „Verlierern" insbesondere die Hausbesetzer.

Diskotheken waren 1981 geeignet, polare Lebensstile unter den Jüngeren zu markieren. Gegnerschaft setzte ein Sig-

Disco-Fans unter 15-19jährigen (in Prozent)

	1981 West	1991 West	1991 Ost
Rechne mich dazu	21	32	44
Finde Leute gut	20	26	30
Ziemlich egal	31	32	17
Kann ich nicht leiden	22	8	7
Gegner von mir	6	1	1
Kenne ich nicht	–	1	1
	100	100	100

nal für Antikonsum und Ablehnung kommerzieller Massenkultur. 1991 hat sich eine solche Polarisierung aufgelöst, die Jüngeren geben sich als Fans oder allenfalls als Gleichgültige zu erkennen. Diskotheken sind Teil der allgemeinen Jugendkultur geworden, die keine Bestrebungen mehr auslöst, sich davon abzugrenzen. Herausragend ist hier die ostdeutsche Jugend, von der sich 44% als Fans bezeichnen.

Rocker standen 1981 im Mittelpunkt negativer Schlagzeilen und des Verdachts auf Gewalt. 1991 befinden sie sich im Windschatten insbesondere der Skinheads. Das führte zur Aufbesserung ihres Bildes in der Jugendöffentlichkeit, aber auch zu mehr Gleichgültigkeit. Die Polarisierung über Straßengewalt und Machismo-Stilisierung läuft heute ohne die „immergleiche" Subkultur der Rocker. Ausgesprochen positiv äußern sich 1991 ostdeutsche Jugendliche zu diesem Stil.

1981 war die von den großstädtischen Ballungszentren ausgehende Hausbesetzer/ Instandbesetzer-Szene noch ein politischer Hoffnungsträger, der eine breite Solidarisierungswelle und Folgebewegungen in Nebenmetropolen unter den Jüngeren auslöste. Die Hausbesetzer 1991 genießen diesen politischen Kredit nicht. Sie sind zu einer bekämpften Minderheit geworden - im Osten wie im Westen.

Einstellung zu Hausbesetzern unter 15-19jährigen (in Prozent)

	1981 West	1991 West	1991 Ost
Rechne mich dazu	3	3	2
Finde Leute gut	42	15	18
Ziemlich egal	29	36	40
Kann ich nicht leiden	21	38	29
Gegner von mir	4	6	9
Kenne ich nicht	1	2	2
	100	100	100

Die Jüngsten entdecken ihre eigene politische Meinung - und ihren eigenen Geschmack

Die lebensgeschichtliche Verortung sozialer Bewegungen innerhalb der Jugendphase hat sich in interessanter Weise von den jungen Erwachsenen auf die jungen Jugendlichen hin verschoben. Anfang bis Mitte der achtziger Jahre sind die Aktivisten der Friedensbewegung und anderer sozialer Bewegungen ältere Adoleszente. So finden wir 1984 22% der 21-24jährigen, im Vergleich zu 10% der 15-17jährigen, darunter. Die Prozentzahlen 1991: 13%, jeweils bei Jüngeren und Älteren im Westen, 18% Jüngere und 16% Ältere im Osten. Die Verjüngung der Bewegung geht mit dem Bild zusammen, das die Golfkriegs-Demonstrationen 1991 zeigten. Es waren vielfach jüngere Schüler, die aus den Schulen auf die Straßen zogen.

Die Umschichtung des politischen Engagements von den Älteren auf die Jüngeren ist wahrscheinlich Anzeichen und Teil einer biografischen Beschleunigung der politischen Sozialisation zwischen 1981 und 1991. Darauf deuten die Rückerinnerungen 21-24jähriger hin.

Das Instrument zur Lebenslaufanalyse demonstriert, daß die Individualisierung der Urteils- und Geschmacksbildung in den achtziger Jahren in Westdeutschland unter den Jüngeren vorangeschritten ist. Erdrutschartig sind die politische Gesprächsfähigkeit und die Selbstbestimmung des Aussehens in die ältere Kindheit vorgedrungen (Grafik 2). 1981 sind

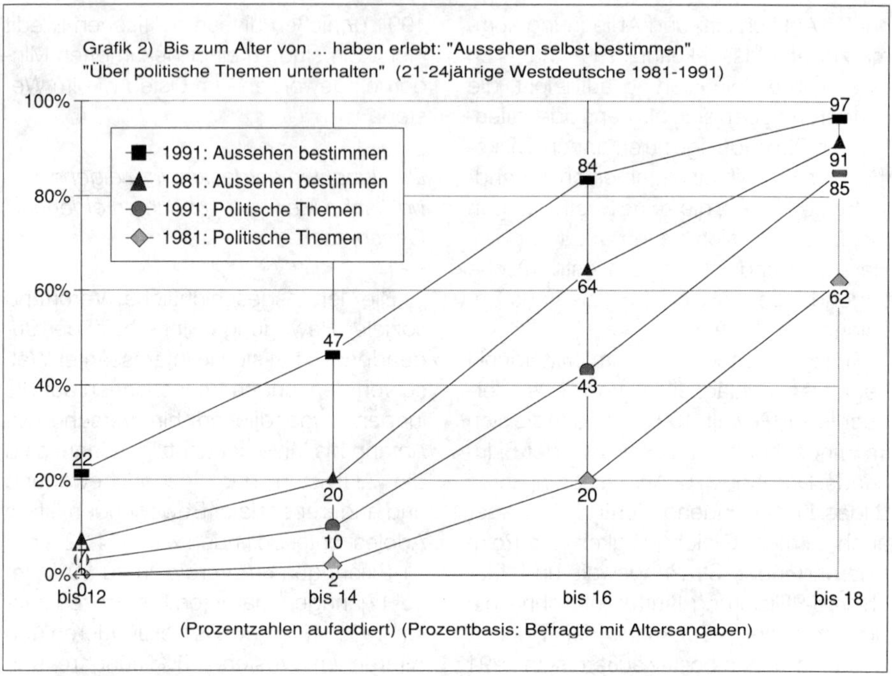

es 20%, 1991 47%, die nach eigener Einschätzung bis zum 14. Lebensjahr zum erstenmal eine Verselbständigung ihres Aussehens erreicht haben. Bis zum 16. Lebensjahr können sich 1981 20%, 1991 43% subjektiv gut über politische Themen unterhalten. Das heißt übrigens nicht, um diesem naheliegenden Mißverständnis sogleich vorzubauen, daß sich alle Übergänge zwischen Kindheit und Jugend in frühere Altersphasen verschoben haben. Der Wandel in den achtziger Jahren beschränkt sich auf die Vorverlagerung selbständiger Urteils- und Geschmacksbildung.

Haben die Ostdeutschen politisch „Anschluß" gefunden? [3]

Zumindest für Beobachter aus dem Westen ist die Jugend aus den neuen Bundesländern ein unbeschriebenes politisches Blatt. Eine gängige Vorstellung lautet, daß die jüngere Generation zu DDR-Zeiten entpolitisiert war und durch die Wende einen Schub in Richtung Politisierung erhalten hat. Das Stereotyp trifft weniger als die halbe Wahrheit.

Vorab ist als empirischer Befund der Jugendstudie festzuhalten, daß die Ostdeutschen Mitte 1991 in fast allen Belangen genauso politisch oder unpolitisch sind wie die jungen Westdeutschen. Dort, wo Unterschiede auftreten, weisen sie alle in die gleiche Richtung: Die Jugend in den neuen Bundesländern ist einen Tick „politischer", was Interesse und Engagement an diesem Lebensbereich anlangt.

Als Beispiel mag das allgemeine Interesse an Politik dienen. Junge Ostdeutsche äußern sich ein wenig interessierter, was dem stärkeren Interesse der jungen

POLITISCHE ENTFREMDUNG	Gesamt	West	Ost
In der Politik geschieht selten etwas, was dem kleinen Mann nützt			
trifft zu	69%	68%	70%
Die Abgeordneten interessieren sich kaum für die Probleme der Leute, von denen sie gewählt werden			
trifft zu	63%	64%	62%
Die Bevölkerung wird sehr von Politikern betrogen			
trifft zu	82%	81%	84%

	Interesse an Politik		Kein Interesse an Politik	
	West	Ost	West	Ost
Fühlt sich keiner Partei nahestehend	22%	19%	56%	59%

Frauen in den neuen Bundesländern zuzuschreiben ist (Grafik 3).

Auf der Gegenseite finden wir in West und Ost das gleich hohe Ausmaß der Entfremdung vom politischen System (Vgl. Textkasten oben).

Gut ein Drittel der Jugendlichen in Ost und West können sich mit keiner der vorhandenen politischen Parteien identifizieren; eine seit 1981 leicht angestiegene Prozentzahl (von 32 auf 37 im Westen). Unter den Desinteressierten an Politik ist der Anteil der Parteifernen etwa dreimal so hoch wie bei den Politikinteressenten.

Es sind vor allem Jugendliche aus Arbeiterfamilien, die sich durch keine Partei

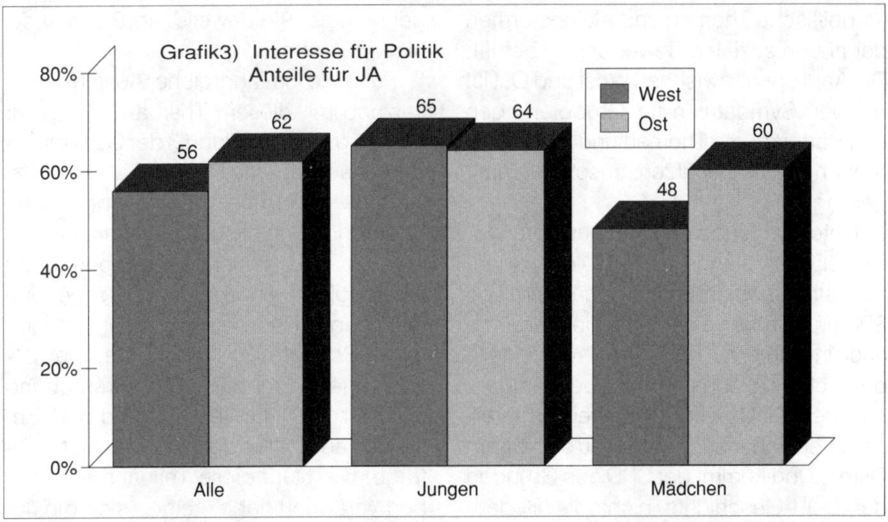

	Zähle mich selbst dazu		Gehöre nicht dazu, finde solche Leute aber ganz gut	
	West	Ost	West	Ost
Friedensbewegung	14%	16%	56%	62%
Umweltschützer, Ökobewegung	22%	19%	54%	59%
Kernkraftgegner, Anti-Atomkraft-Bewegung	11%	7%	48%	47%

repräsentiert fühlen (rund 40-50 Prozent in West und Ost). Am geringsten ist der Anteil der Parteientfremdeten bei den Jüngeren aus Akademikerfamilien mit rund 25% (West und Ost gleich). Ihnen stehen, falls sie opponieren wollen, im Westen die Grünen (20%) und im Osten PDS (12%), Bündnis 90 (17%) und Grüne (18%) zur Verfügung. Es ist bemerkenswert, in welch hohem Maß (knapp 50%) die Kinder der ehemaligen Leitungskader in der DDR sich den fundamentalen Oppositionsparteien verbunden fühlen. Ihre Familien gehören mit Gewißheit zu den Hauptverlierern aus der Auflösung der alten DDR.

Ostdeutsche Jugendliche stehen ihren westdeutschen AltersgenossInnen in keiner Weise nach, was ihre Sympathien für politische Themen und Aktionsformen der neuen sozialen Bewegungen betrifft. Die Ähnlichkeit zwischen West und Ost ist bei den Sympathien für Gruppierungen und Parteien, die Themen und Felder der „neuen Politik" besetzen, besonders ausgeprägt.

Unter den Jugendlichen aus dem Westen Deutschlands scheint die Spannungslinie zwischen den Anhängern von SPD und Grünen einerseits, die wiederum auch in stärkerem Maße unkonventionelle politische Aktionsformen bevorzugen, und den CDU-Sympathisanten andererseits deutlicher ausgeprägt zu sein als im Osten. Dort kommt der SPD aus Gründen der DDR-Geschichte nicht die Bedeutung zu, die sie im Westen hat. Überdies sympathisieren Teile der Anhängerschaft sozialer Bewegungen u.a. auch mit der CDU. Dies deutet darauf hin, daß die im Osten vorfindlichen Allianzverhältnisse vorerst noch weniger stark ausdifferenziert sind als im Westen.

Es stellt sich die Frage, aus welchen Quellen sich die besondere Politisierung der ostdeutschen Jugend speist. Haben wir es eher mit den Folgen der politischen Mobilisierung zu tun, die vor und nach der Wende 1989/90 auch die jüngere Generation in Ostdeutschland beeindruckte und aktivierte? Oder haben wir es mit längerfristigen Konsequenzen aus der spezifischen politischen Kultur und Sozialisation der ehemaligen DDR zu tun? Für beides finden sich Belege in der Jugendstudie '92. Jeweils ein Beispiel sei hier angeführt.

Für eine umfangreiche Auseinandersetzung mit diesem Thema müssen wir allerdings auf den Band 3 der Gesamtstudie verweisen.

Als Beispiel für eine wendespezifische Erfahrung kann die Frage gelten, ob und wann man in seinem Leben bereits an einer politischen Bewegung teilgenommen habe. Das bejahen mehr ostdeutsche Befragte, insbesondere die 21-29jährigen (Ergebnis der Vorerhebung Frühjahr 1991 mit jeweils rund 400 Befragten aus Ost und West). Auf die Nachfrage, wie stark diese Teilnahme ihr Leben verändert habe, zeigen sich die Ju-

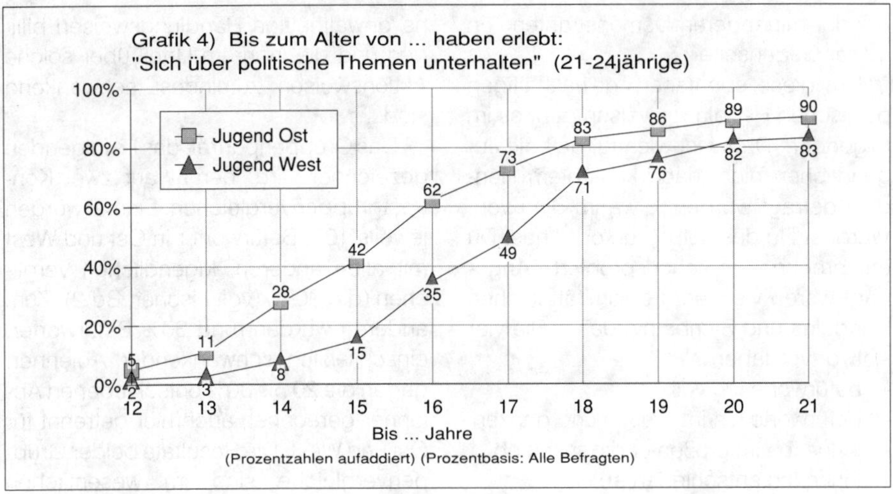

gendlichen in den neuen Bundesländern erheblich mehr beeindruckt. Der Anteil derer, die sich vorstellen können, künftig ein solches Engagement einmal einzugehen, ist in Ostdeutschland rund doppelt so hoch wie im Westen.

Auf die Geschichte der politischen Sozialisation in der DDR in den achtziger Jahren verweisen die Rückerinnerungen junger Erwachsener, ab welchem Lebensalter sie das Gefühl hatten, sich „über politische Themen gut unterhalten" zu können. Die beigefügte Grafik 4 weist aus, daß diese Statuspassage in der ehemaligen DDR zwischen dem 13. und dem 18. Lebensjahr durchschnittlich früher als in der alten BRD genommen wurde. So verfügten beispielsweise mit 15 Jahren laut eigener Einschätzung gut 40 Prozent der DDR-Jugendlichen über eine solche Fähigkeit - im Vergleich zu nur rund 15 Prozent der westlichen AltersgenossInnen. Damit korrespondiert das Datum, wonach das Interesse an Politik in der DDR der achtziger Jahre mehr als ein Lebensjahr früher erwachte. Dies deutet darauf hin, daß die politische Kultur der DDR eine Reihe von Impulsen aussandte, offiziell geförderte wie inoffizielle, alltagsbezogene, die eine frühe politische Bewußtheit bei den Jüngeren beförderten.

Die Anhänger spontaner politischer Gewalt. Ein Gruppenporträt [4]

Die Befragten in West- und Ostdeutschland unterscheiden zwei Gruppen von unkonventionellen politischen Handlungsformen. Geplante und eher friedlich verlaufende Aktionen wie Unterschriftenaktionen, Bürgerinitiativen oder genehmigte Demonstrationen, und - davon unabhängig - eher spontanes und gewaltförmig angelegtes politisches Handeln[5]. Zu letzterem zählen die Jugendlichen:

- Beteiligung an einem wilden Streik
- Teilnahme an einer nicht genehmigten Demonstration
- Beschädigung fremden Eigentums, z.B. Fenster einschlagen, Straßenschilder abmontieren oder ähnliches
- Anwendung von Gewalt gegen Personen, z.B. Schlägereien mit Polizisten

oder mit anderen Demonstranten von der Gegenseite

Um diese spontanen, gewalthaltigen politischen Handlungsweisen geht es im folgenden. Dabei ist wichtig, daß die Jugendlichen nicht nach konkretem Handeln gefragt wurden, etwa im Sinn von: Würdest Du das selbst tun oder hast Du entsprechendes schon probiert? Angefragt waren vielmehr Legitimität solchen Handelns und Sympathie dafür. Die vier Antwortvorgaben

- befürworte ich voll
- befürworte ich im großen und ganzen
- lehne ich im großen und ganzen ab
- lehne ich entschieden ab

liegen vom eigentlichen gewaltförmigen Handeln noch weit entfernt oder sind möglicherweise sogar unabhängig davon.

Gleichwohl ist bemerkenswert, wie einhellig die meisten Jugendlichen spontane politische Gewalt ablehnen - im Westen allerdings deutlich mehr als im Osten. „Entschieden" gegen alle vier Aktionsformen sind 31 Prozent junge Westdeutsche und 20 Prozent junge Ostdeutsche. Auf der Gegenseite befürworten nur jeweils 2 Prozent alle vier Handlungsweisen zumindest „im großen und ganzen" [6]. Rechnet man diese Stichproben-Prozente auf die Gesamtzahl der 13-29jährigen hoch – 14,2 Millionen im Westen und 3,9 Millionen im Osten –, so würde das rund 280.000 Befürworter im Westen und 80.000 im Osten ergeben. Aber solche Hochrechnungen sind fehlerbehaftet und eher von spekulativem Interesse. In unserer Stichprobe sind das nur 53 bzw. 26 Befragte - zu wenige, um verläßliche Aussagen über die Eigenarten dieser Gruppe zu treffen. Wir beziehen in das Gruppenporträt daher auch die Jugendlichen ein, die nur eine oder zwei spontane gewalthaltige Handlungsweisen billigen und die in ihrem Urteil über solche Aktionsweisen zumindest schwankend sind.

Das Gruppenporträt, das im folgenden gezeichnet wird, beruht auf zwei Kontrastgruppenvergleichen: Einmal wurden jeweils 10% Befürworter in Ost und West mit allen anderen Jugendlichen verglichen (d.h.90%) (vgl. Fischer, Bd.2). Zum anderen wurden rund 30% Befürworter, einschließlich „schwankender" Ablehner, gegen die 20 bis 30% entschiedenen Ablehner gerechnet, auch hier getrennt für Ost und West. Die Resultate beider Gruppenvergleiche sind im wesentlichen gleich. Unterschiede zwischen west- und ostdeutschen Kontrastgruppen fallen fast nicht ins Gewicht. Im folgenden Gruppenprofil sind die Ergebnisse des Vergleichs zwischen Jugendlichen, die spontan politische Gewalt befürworten oder sie doch wenigstens nicht grundsätzlich ablehnen, und den anderen Jugendlichen zusammengefaßt (siehe Kasten S.225f). Da sich westdeutsche und ostdeutsche Befürworter in fast allen Punkten gleichen, werden sie als Gesamtgruppe porträtiert.

Wie ist das Gruppenporträt zu gewichten? Mit den jugendlichen Anhängern spontaner politischer Gewalt haben wir ganz ohne Zweifel eine Kerngruppe jener Jüngeren beschrieben, für die Jugend eine risikoreiche Lebensphase bedeutet, verbunden mit einer krisenhaften Entwicklung der eigenen Identität im Sinne eines E. Erikson.

Es handelt sich dabei keinesfalls um eine sozial unterprivilegierte Randgruppe. Eher dürfen wir von unangepaßten Rebellen gegen die bewährten Pfade des Erwachsenwerdens sprechen. Aus der Sicht der Pädagogen sind das natürlich vielbesprochene „Sorgenkinder der Na-

Das Profil der Befürworter spontaner politischer Gewalt

Bevölkerungsmerkmale

Etwas jüngere männliche Jugendliche, die sich noch in Ausbildung befinden. Sie streben durchschnittlich höhere Bildungsabschlüsse an. Sozioökonomischer Status des Elternhauses fast durchschnittlich, mit einem kleinen Plus an Akademikerfamilien und einem Minus an Arbeiterhaushalten. Im Westen eher großstädtisches Wohnmilieu.

Politische Orientierungen

Überdurchschnittliches politisches Interesse mit Nähe zu Grünen (im Westen) und Bündnis 90 (im Osten). Weniger Sympathie für die großen Parteien CDU oder SPD. Der offiziellen Politik stehen sie ablehnender als andere gegenüber: Die gesellschaftliche Zukunft schätzen sie mehrheitlich als düster ein, die Vereinigung lehnen sie etwas häufiger ab und die Jugendpolitik der Regierenden findet fast durchweg ihre Kritik.
In ihren Wertorientierungen spielen materialistische Werte wie Ordnung und Sicherheit oder Macht und Reichtum eine geringere Rolle.

Lebenseinstellungen und Zukunftsorientierungen

Entschieden weniger als andere sind sie darauf eingestellt, sich anzupassen oder ihr Glück in privaten Nischen zu suchen. Stattdessen möchten sie sich als Personen und in ihrer Individualität gegen das Getriebe und die Zwänge der Gesellschaft behaupten.
Sie sind ausgesprochen gegenwartsorientiert, und dies hedonistisch, d.h., sie bevorzugen den unmittelbaren Spaß und Nutzen an den Dingen, die sie tun, sind intolerant gegenüber einem Aufschub der Belohnung. Über ihre eigene Zukunft urteilen sie häufiger als andere zwiespältig: Sie sind sich oftmals unsicher, was sie mit sich und ihrem Leben anfangen sollen; und entweder lassen sie die zukünftigen Dinge auf sich zukommen, oder sie arbeiten daran, aus ihrer Ungewißheit und krisenhaften Identität einen Ausweg zu finden. Statt nach Plan zukunftsgerichtet zu leben, experimentieren sie vor einem offenen Horizont von Lebensmöglichkeiten.

Jugendzeit

Die Orientierung an der Lebensphase Jugend ist stark ausgeprägt. Sie denken und fühlen auf Jugend hin zentriert. Die Jüngeren werden von erwachsenen Autoritäten diskriminiert, man hat wenig von den Erfahrungen der Älteren und man hält sich besser an den Rat der Gleichaltrigen. Die Erwachsenen, selbst die Eltern, sind schwer zu verstehen.
Exponierte jugendliche Subkulturen wie Punks, Skinheads oder Hausbesetzer genießen eine gewisse Sympathie.
Sie selbst rechnen sich vermehrt dem Jugendalter zu und möchten möglichst langsam erwachsen werden.

Soziale Bezugsgruppen

Entsprechend stark bauen sie auf die Gleichaltrigen als ihre Hauptansprechpartner. Der gute Freund, die gute Freundin und die Gruppe von Altersgleichen sind für sie besonders wichtig. Unwichtiger dagegen alle Älteren: ob dies nun Vater und Mutter, ältere Verwandte oder Vorgesetzte sind. Im Kreis junger Leute pflegen sie die regelmäßigen Treffen, dafür erzählen sie - oder falls älter: erzählten sie - Vater und Mutter seltener, was sie in der Freizeit machen oder welche Sorgen sie bewegen.

Alltagspraxis

Unverkennbar leben sie riskanter und spannungsreicher. Dazu gehört vermehrtes Rauchen und Trinken. Häufiger als andere Jugendliche unternehmen sie „kleine Fluchten“ aus dem zivilisierten Alltag, was sie mit gesetzlichen Grenzen und der Gefahr konfrontiert, kriminalisiert zu werden. Zu den Praxen, denen sie öfter als andere nachgehen, gehört Schwarzfahren. Fahren ohne Führerschein, sich ernsthaft prügeln, aus Geschäften etwas mitgehen lassen ebenso wie die durchzechte Nacht, das laute Musikhören oder die Lust an verrückten, ausgefallenen Kleidermoden. Konventionelles Verhalten ist bei ihnen deutlich weniger beliebt, ob das nun ein entsprechender Stil des sich dezent Kleidens ist oder der formelle Gesellschaftstanz. Ihr Sinn steht auch weniger nach dem kommerzialisierten Mainstream von Jugendkultur, sei dies nun die Glitzerwelt der Diskotheken, das Fitneßstudio oder die Fankurve im Fußballstadion.

Seelische Gesundheit

Um ihr psychisches Wohlbefinden ist es nicht zum Besten bestellt. Sie berichten vermehrt von Schlafstörungen, Stimmungsschwankungen, Nervosität - besonders die westliche Teilgruppe tut dies - sowie von depressiver Grundbefindlichkeit. Ihr Leben erscheint ihnen etwas häufiger als anderen hoffnungslos, sie werden von Gefühlen der Wertlosigkeit heimgesucht.

Belastende Lebensereignisse

Bezogen auf ihre Vergangenheit finden sich vermehrt belastende, streßauslösende lebensgeschichtliche Ereignisse. Das betrifft zum einen Familienereignisse wie häufige Umzüge in Kindheit und Jugend, Eingriffe wie Trennungen, Arbeitslosigkeit oder Krankheiten und Tod der Eltern. Die eigene Laufbahn war durch vermehrten Schulwechsel - im Osten - bzw. Sitzenbleiben im Westen gekennzeichnet, verbunden mit eigener Krankheit und Verlust von engen Freunden.

tion“ - aus der Sicht all jener, die mit der jüngeren Generation die Erwartung einer bestimmten Veränderung der Gesellschaft verbinden, zählen sie wohl eher zu den Hoffnungsträgern. Aus ihren Reihen ist der Nachwuchs für soziale Bewegungen zu erwarten, aber auch die verschiedenen kulturellen „Szenen“ der Jüngeren dürften hier ihre Mitte haben. Eine kleine Minderheit sollte den Weg zu den „Autonomen“ - dem progressiv-linken Gegenstück zu den rechten subkulturellen Szenen - finden.

Ein ideologisches Herzstück dieser Gruppe ist die streitbare Position im Kampf der Generationen. Ethnozentrische Fixierung auf die eigene Altersgruppe, der sogenannte Jugendzentrismus (vgl. Zinnecker , Jugendstudie ‘81), geht Hand in Hand mit einem zögerlichen, ja blockierenden Umgang mit der eigenen Biografie. Wenn wir nach Gruppen unter den Jüngeren suchen, für die Erwachsensein wenig attraktiv, ja abzulehnen ist, und die auf eine Verlängerung der Jugendphase setzen, so finden wir hier ein zentrales Beispiel.

Diese Gruppe von Jugendlichen ist nicht erst in den letzten Jahren entstanden. Sie entspricht weitgehend jenen stark Jugendzentrierten aus der Jugendstudie 1981, die zugleich den Anarchie- und Widerstands-Sprüchen jener Jahre („Wer sich nicht wehrt, lebt verkehrt“ -

„Macht kaputt, was euch kaputtmacht") zustimmten.[7]

Was hier neu ist, das bezieht sich auf die jungen Ostdeutschen. Das Gruppenporträt zeigt, daß sich in den neuen Bundesländern und in der ehemaligen DDR - seit wann eigentlich? - eine in Mentalität und Lebenslage identische Gruppierung herauskristallisiert hat.

Die unangepaßten Rebellen unter den Jüngeren bedeuten nicht nur für den status quo der Gesellschaft und deren politische oder pädagogische Institutionen ein Risiko, in erster Linie tragen sie selbst ein gerütteltes Maß an Risiko. So wie ihre Gegenwart spannungs- und konfliktreich ist, so ungewiß und ungesichert ist ihre Zukunft. Der hohe Anteil kritischer Lebensereignisse in ihrer Lebensgeschichte deutet möglicherweise auf besondere Bedingungen in ihrer Sozialisation hin, was eine eigene Untersuchung wert wäre: Die jungen Rebellen sind - aber waren vor allen Dingen lebensgeschichtlich - die weniger geschätzten Kinder dieser Gesellschaft.

Die jüngste deutsche Geschichte im Urteil der Jüngeren[8]

Das Geschichtsbild ist noch nicht geeint (228) – Die Beobachtenden und die persönlich Betroffenen (229) – Einstellung zur Vereinigung „von heute aus" (229) – Blick zurück - in Zorn und Trauer? Das Erbe der DDR (230)

So ähnlich die Grundpositionen sind, die Jugendliche in Ost und West zum politischen System der neuen Bundesrepublik einnehmen, so sehr unterscheiden sich ihre Erfahrungen und Auffassungen, wenn die Sprache auf die jüngste deutsche Geschichte kommt. Die Unterschiede der westlichen und östlichen Perspektive auf die Ereignisse seit Wende und Vereinigung sind so gravierend, daß man von zwei getrennten Lagern innerhalb der deutschen „Vereinigungsgeneration" sprechen muß. Es ist eine offene politische Frage und ein interessanter Gegenstand künftiger Forschung, ob und in welcher Weise, die prägenden Jugenderfahrungen der beiden Teil-Generationen in Ost und West lebenslaufbestimmend bleiben, oder ob sie sich im Verlauf der nächsten Jahrzehnte verlieren werden.

Das Geschichtsbild ist noch nicht geeint

Wie bilanzieren die Jüngeren aus Ost- und Westdeutschland ihre Erfahrungen mit dem Prozeß der Vereinigung - zwei Jahre nach Wende und Maueröffnung und ein Jahr nach der Vereinigung? Man sollte annehmen, daß die politische Berichterstattung der Medien zu einer standardisierten Wahrnehmung der Zeitgeschichte geführt hat. Dem ist nicht so. Die thematischen Schwerpunkte und die Semantik für gleiche Ereignisse weichen voneinander ab. (Zugrunde liegt die offene Frage, mit der die Jugendstudie '92 eröffnet wurde, und zu der die Befragten sich ohne Vorgaben äußern konnten.) Ostdeutsche und Westdeutsche beantworten die Fragen nach den „wichtigsten Veränderungen" und

Grafik 5) Wichtigste Veränderungen seit 1989

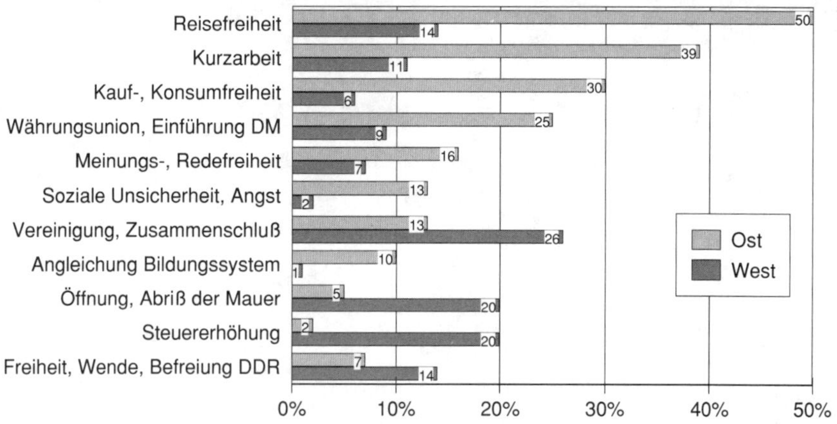

Basis: Alle Befragten mit freien Erinnerungen (Mehrfachnennungen)

Ereignissen seit 1989 durchweg unterschiedlich (Grafik 5). Eine Abstimmung des Blickes auf die jüngste deutsche Geschichte hat in der heutigen Jugendgeneration (noch) nicht stattgefunden. Als „wichtigste Veränderungen“ nennen die jungen Ostdeutschen - in dieser Reihenfolge -: Reisefreiheit, Kurzarbeit, Kauf- und Konsumfreiheit, Währungsunion/Einführung der DM, Meinungs- und Redefreiheit, soziale Unsicherheit und Angst, Vereinigung und die Einführung des neuen Bildungssystems aus der alten BRD. Den jungen Westdeutschen fallen andere - und weniger - Stichworte ein. Wichtig sind in ihren Augen: Die Vereinigung / Zusammenschluß, die Öffnung / der Abriß der Mauer, die Steuererhöhung aufgrund der Vereinigung, Freiheit und „Befreiung“ der DDR. Wie man sieht, stammen Vereinigung und Abriß der Mauer mehr aus der westdeutschen politischen Rhetorik, als daß sie gesamtdeutscher Focus wären.

Die Beobachtenden und die persönlich Betroffenen

Durch die Brille der Westdeutschen gesehen betreffen die Veränderungen vor allem ganz Deutschland (80%); einige wenige sehen auch eine sich ändernde alte Bundesrepublik (17%). Die Ostdeutschen sehen eigentlich nur Änderungen bei sich (97%); ein Drittel nur nimmt eine gesamtdeutsche Erinnerungsperspektive ein. Pointiert ausgedrückt, ist das Bild der Zeitgeschichte durch zwei entgegengesetzte Handlungsperspektiven geprägt. Der regional begrenzte Handlungs- und Gefühlshorizont der jüngeren Ostdeutschen - ganz auf die Bewältigung der eigenen Probleme fixiert -, was eine Art Grabenkampf-Mentalität provoziert; und der Überblicks-Horizont der jungen Westdeutschen, in dem die Geschehnisse eher aus der übergeordneten westlichen Vogelperspektive angesehen werden. Dem entspricht eine Mentalität der Gesamtverantwortung.

Die Westdeutschen sind Zuschauer der Ereignisse in Deutschland. Sie sitzen oben auf der Tribüne, sehen aufs ganze Spielfeld - Ost- und Westdeutschland - und registrieren als politische Zeitzeugen.

Einstellung zur Vereinigung „von heute aus“

Die Vereinigung Deutschlands wird auch „von heute aus“, Mitte 1991, noch gutgeheißen. Die Befürworter verfügen über eine absolute Mehrheit; unter den Ostdeutschen fast über eine Zwei-Drittel-Mehrheit (54% zu 63%).

Die soziodemografischen Gruppen in den neuen Bundesländern, die zur „Gewinnerseite“ gerechnet werden können, stehen der Vereinigung positiv gegenüber. Die Gruppen auf der Seite der „Verlierer“ lehnen die Vereinigung eher ab oder sind ambivalent. Das wird durch einen Vergleich der Kontrastgruppen der „Befürworter“ (sehr dafür) und der „Gegner“ (sehr dagegen/ eher dagegen) deutlich[9]. Die Gruppen der Befürworter und Gegner bilden in Ostdeutschland markante Sozial- und Orientierungsprofile heraus, in Westdeutschland etwas weniger ausgeprägt. Gemeinsam ist den jeweiligen Kontrastgruppen in Ost und West, daß die Einstellung zur Vereinigung mit der Selbstverortung im politischen Parteienspektrum zusammenhängt. Jugendliche in Ost und West, deren Sympathien bei den regierenden konservativen Parteien liegen, votieren auch für die Vereinigung. Wer sich eher auf der Gegen-

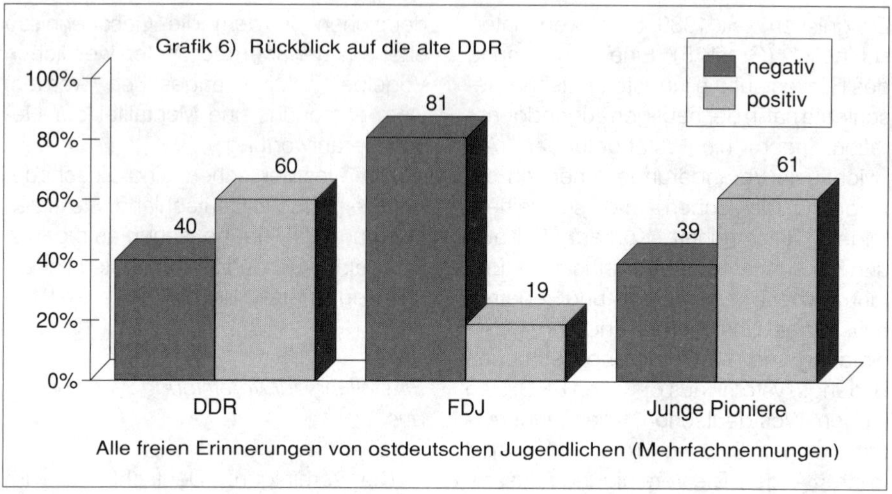

seite verortet, bei den links-progressiven Oppositionsparteien, stellt sich häufiger gegen die Vereinigung oder ist zumindest nicht deren Verfechter.

Ansonsten verhalten sich die Gruppen der Befürworter und Gegner nahezu spiegelverkehrt, je nachdem, ob es sich um Jugendliche in den neuen oder alten Bundesländern handelt. Im Osten sind die Befürworter im sozialen Milieu der Bildungsunterschichten beheimatet, während die Gegner aus den Bildungseliten stammen. Im Westen verhält es sich der Tendenz nach genau entgegengesetzt. Während die oberen Bildungsschichten sich häufiger positiv zur Vereinigung stellen, überwiegen in den unteren Bildungsgruppen die Bedenken.

Blick zurück - in Zorn und Trauer? Das Erbe der DDR [10]

Mit welchen Gefühlen erinnern sich im Frühjahr 1991 die ostdeutschen Jugendlichen und jungen Erwachsenen an die ehemalige DDR und die alten Institutionen für Kinder und Jugendliche, die Jungen Pioniere und die FDJ. Die Befragten wurden gebeten, spontan die folgenden drei Sätze zu ergänzen:

- „Die alte DDR war für mich ..."
- „Die alte FDJ war für mich ..."
- „Die jungen Pioniere waren für mich ..."

Unter allen Antworten überwiegen die positiven Erinnerungen an die alte DDR die negativen mit 60% zu 40%. Positiv schlagen für die alte DDR zu Buche:

- 1. Das Gefühl des zu Hause-Seins (Heimat) (41%)
- 2. Das Gefühl der allgemeinen und sozialen Sicherheit (Arbeit, Ausbildung, Soziales, fehlende Zukunftsangst, Friedlichkeit) (25%)
- 3. Unbestimmte positive Empfindungen (12%)

Die negativen Seiten der alten DDR:

- 1. Zwang und Repression (31%)
- 2. Unmoral (Korruption, Lüge, Ungerechtigkeit) (7%)
- 3. Gescheiterter Sozialismus; gescheiterte Politik (6%)
- 4. Hinweise auf wirtschaftliche Probleme (4%)

Dazu kommen noch 9% Befragte mit

allgemein negativen Empfindungen gegenüber der alten DDR. Weit im Vordergrund der negativen Wertungen stehen also der Zwang und die Repression im alten System. Daneben finden wir einige Hinweise auf eine Ent-Legitimierung der alten DDR, ausgedrückt im Vorwurf der Unmoral. Ganz im Hintergrund bleibt dagegen der Verweis auf die vergleichsweise schwache Wirtschaftslage.

Auch die Jungen Pioniere wecken eher positive als negative Erinnerungen (61% positive, 39% negative Antworten). Mehrheitlich Ablehnung erfährt dagegen die alte FDJ (19% positiven stehen 81% negative Nennungen gegenüber).

Werte und Lebensorientierungen oder: Auf der Suche nach empirischen Unterschieden [11]

Geteilte Grundwerte (232) – Orientierungen in der Zeit (234) – Orientierungen in der Gesellschaft (235) – Gleichberechtigte Partnerschaft und Sexismus (235)

Im einleitenden Porträt der deutschen Jugend wurde der Beobachtung nachgegangen, daß und warum dramatische Unterschiede in den Grundorientierungen zwischen den Jugendlichen in den neuen und alten Bundesländern ausbleiben. Erst wenn wir die Einstellungsssskalen einer sehr genauen Prüfung unterziehen, stoßen wir auf „feine Unterschiede". Die gröberen, die wir aufgrund von Augenschein oder veröffentlichter Medienmeinung zu finden hoffen, bleiben regelmäßig aus. In diesem Kapitel vergewissern wir uns des Sachverhaltes anhand ausgewählter Einstellungsdimensionen.

Geteilte Grundwerte

„Die Werteprioritäten der hier befragten Jugendlichen in den alten Bundesländern unterscheiden sich nicht von denen der befragten Jugendlichen in den neuen Bundesländern. Was für die Jugendlichen in den neuen Bundesländern wichtig ist, wird auch von den Jugendlichen in den alten Bundesländern als wichtig angesehen. Dies ist ein wichtiges und gleichzeitig interessantes Ergebnis: wichtig deswegen, weil keine grundsätzlichen Verschiedenheiten in den Werteprioritäten der Jugendlichen aus Ost und West vorliegen; interessant deswegen, weil sich die unterschiedlichen sozialen Erfahrungen der Jugendlichen in Ost und West offenbar nicht in den Prioritäten manifestieren. Wenn Werte ... als handlungsleitende Motivationen angesehen werden, dann liegen ... bei den hier befragten Jugendlichen in beiden Teilen Deutschlands im großen und ganzen gleiche Motivationsstrukturen vor." So charakterisiert die Autorin des Werte-Kapitels in Band 2 der Studie, Dagmar Krebs, die gröberen Gemeinsamkeiten zwischen West und Ost. Zugrundeliegen achtzehn „Werte für das eigene Leben", „was man anstrebt und was man leben möchte". Die Jugendlichen konnten jedem einzelnen Wert eine Ziffer zwischen 1 (= nicht wichtig) und 7 (= äußerst wichtig) zuweisen. Am Ende durften sie aus allen Werten den ihnen jeweils am wichtigsten bzw. unwichtigsten heraussuchen. Die Jugendlichen in beiden Teilen Deutschlands waren sich über die wichtigsten und die unwichtigsten Werte einig. Beide Arten des Abfragens ergaben das gleiche Resultat (vgl. Kasten). Hohe Zustimmung erhalten Werte eines universalen Gleichgewichts (Frieden und innere Harmonie), auf private Beziehungen zielende wie wahre Freundschaft oder familiäre Sicherheit, aber auch Stimulierendes (ein Leben erfüllt mit Neuem). Abgewertet wird dagegen die Machtdimension im zwischenmenschlichen Bereich.

Feinere „Unterschiede bestehen allerdings hinsichtlich der Verbreitung und der Intensität der Wertorientierungen", wie die Autorin Krebs hinzufügt. So wird beispielsweise deutlich, daß mehr Jugendlichen in Ostdeutschland die familiäre Sicherheit und ein abwechslungsreiches Leben wichtig sind. Hinzu kommen häufigere Zustimmungen der jungen Ostdeutschen zu Werten wie „Soziale Ordnung (Stabilität der Gesellschaft)", „Höflichkeit (gute Umgangsformen)" und

„Achtung vor der Tradition (Erhaltung ehrwürdiger Sitten)". Das deutet - über die generelle Gleichheit hinaus - auf eine etwas größere Tendenz zum „Konservativen", Bewahrenden in den neuen Bundesländern hin.

Die Einzelwerte lassen sich für junge West- und Ostdeutsche zu den gleichen vier Wertetypen zusammenfassen[12] - ein weiterer Hinweis auf den gemeinsam geteilten Wertehimmel:

1. Ordnung und Sicherheit
2. Macht und Reichtum
3. Anregung und Abwechslung
4. Einheit, Schönheit, Loslösung

Die ersten beiden Dimensionen weisen auf „materielle Werte", die dritte und vierte auf „postmaterielle Werte" hin.

Die beiden Wertepole „Anregung und Abwechslung" auf der einen und „Ordnung und Sicherheit" auf der anderen Seite finden die höchste Zustimmung bei den Jugendlichen.

An dritter Stelle folgt die Dimension „Einheit, Schönheit, Loslösung", mit sehr geringer Zustimmung „Macht und Reichtum" am Ende. Größere Unterschiede zwischen West und Ost zeigen sich nur auf der Ebene von „Ordnung und Sicherheit". Es sind vor allem ostdeutsche Mädchen und jüngere Jugendliche aus dem Osten, die sich noch in der Ausbildung befinden, die diese Werte - nationale und familiäre Sicherheit, soziale Ordnung und Höflichkeit - für sich besonders wichtig finden. Die postmateriellen Werteebenen werden in Ost und West dagegen gleich häufig genannt.

Hierarchien der Werte

„Äußerst wichtig für das eigene Leben"

	Westdeutsche		Ostdeutsche	
	Rang	Prozent	Rang	Prozent
Eine Welt in Frieden (frei von Krieg und Konflikt)	1.	77%	1.	84%
Wahre Freundschaft (enge unterstützende Freunde)	2.	68%	3.	73%
Freiheit (Freiheit des Handelns und des Denkens)	3.	66%	4.	62%
Familiäre Sicherheit (Sicherheit für die geliebten Personen)	4.	57%	2.	79%
Innere Harmonie (in Frieden mit mir selbst)	5.	55%	6.	49%
Ein abwechslungsreiches Leben (erfüllt mit Herausforderungen, Neuem, Veränderungen)	6.	39%	5.	50%

„Nicht wichtig für das eigene Leben"

	Westdeutsche Rang	Westdeutsche Prozent	Ostdeutsche Rang	Ostdeutsche Prozent
Soziale Macht (Kontrolle über andere, Dominanz)	1.	37%	1.	52%
Loslösung (von weltlichen Belangen)	2.	29%	2.	45%
Autorität (ein Recht, zu führen und zu bestimmen)	3.	24%	3.	25%

Orientierungen in der Zeit [13]

Wie ist es um die zeitbezogenen Orientierungen bestellt, das heißt um die Vorstellungen, die sich Jüngere vom Umgang mit der eigenen Lebenszeit machen? Dieser Orientierungsbereich wurde anhand von sieben Skalen abgefragt. Zum einen geht es darum, ob sich die Jugendlichen vergangenheits-, gegenwarts- oder zukunftsorientiert zeigen. Zum anderen wird der spezifischen Qualität des Zukunftsbezuges nachgegangen. Sehen Jugendliche sich eher als selbst- oder fremdbestimmt Handelnde? Sehen sie ferner das künftige Leben als vorstrukturierten Lebensplan vor sich oder eher als unbekanntes Territorium, das es erst noch zu erkunden gilt?

Jugendliche in Ost und West sind mehrheitlich zukunfts- und gegenwartsorientiert, während die Bindung an die Vergangenheit eine geringere Rolle spielt. Das erscheint angesichts der frühen Lebensphase der Befragten trivial. Bemerkenswert ist aber, daß sich 13-16jährige positiv wie negativ-abgrenzend mehr auf das Vergangene beziehen, als dies junge Erwachsene (25-29jährige) tun. Den stärksten positiven Bezug zur Pflege und Reflexion des Vergangenen haben junge Mädchen und Frauen.

Nur sehr wenige Jugendliche in Ost und West sehen ihre Zukunft als fremdbestimmt an. Allerdings gibt es einen größeren Prozentsatz, der vorwiegend auf die Gegenwart hin ausgerichtet ist; sei es spontan und lustbetont oder eher passiv. Welcher Typ von Zeitorientierung bei den einzelnen Jugendlichen dominiert, ist in Grafik 7 dargestellt. „Vorwiegend" heißt in diesem Fall, daß ein Jugendlicher dem entsprechenden Zeitbezug am stärksten zustimmt, was Nebenorientierungen natürlich nicht ausschließt. Das Schaubild macht deutlich, daß die planmäßige Orientierung an fest vorgestellten Zukunftszielen bei rund einem Viertel der Jugend-

Grafik 7) Vorwiegende Zeitorientierungen

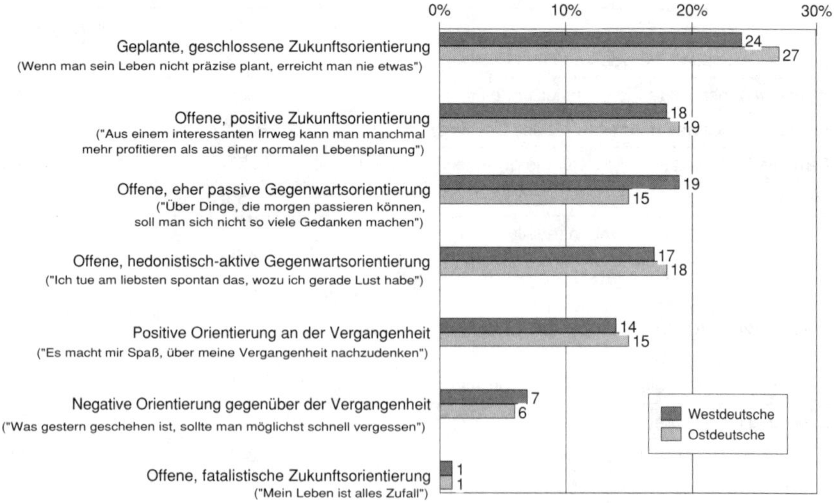

lichen im Vordergrund steht. Allerdings sind ein gutes Drittel der Befragten in erster Linie an einer lustvollen Gegenwart ausgerichtet bzw. lassen sich eher passiv treiben.

Resümee des Autors Kohr in Band 2 der Studie: „Die Datenanalyse zeigte, daß sich die Zeitorientierungen von Jugendlichen in den alten und neuen Bundesländern gleichen."

Orientierungen in der Gesellschaft [14]

Im Rahmen der Jugendstudie 1984 waren Einstellungsskalen für junge Westdeutsche entwickelt worden, in denen abgefragt wurde, wie die Jüngeren sich als Handelnde in der gesellschaftlichen Umwelt verstanden:

- Orientierten sie sich nach dem Muster der Privatisierung? („Man sollte sein Leben leben und froh sein, wenn man nicht von außen belästigt wird")
- Sahen sie sich vor allem zur Selbstbehauptung ihrer Individualität in einer Welt von Zwängen und Anforderungen genötigt? („Ich will leben und nicht nur im Strom der anderen schwimmen")
- Ließen sie Anpassungsbereitschaft angesichts der Realitäten des Lebens erkennen? („Unterordnung und Anpassung gehören manchmal zu den Dingen, die man im Leben können muß")

Alle drei Orientierungsmuster, Privatisierung, Selbstbehauptung und Anpassungsbereitschaft, fügten sich in der Befragung 1991 auch bei jungen Ostdeutschen zu stimmigen Einstellungsskalen zusammen. Mehr noch: Die Antworttendenzen fielen in den neuen Bundesländern weitgehend gleich zu denen in den alten aus. Anpassungsbereitschaft und Selbstbehauptung erhielten in West und Ost eine über der theoretischen Mitte der Skala liegende Zustimmung, Privatisierung lag recht genau auf der Mitte zwischen Zustimmung und Ablehnung. Dabei stellte sich heraus, daß die jungen Westdeutschen - anders als ein verbreitetes Stereotyp dies will - etwas stärker privatistisch orientiert sind als die jungen Ostdeutschen. Der Unterschied zeigt sich besonders bei den Jüngsten (13-16) und den jungen Erwachsenen (25-29), die in Westdeutschland Sätzen wie „Ich kümmere mich nur wenig um Dinge außerhalb meiner privaten Welt" besonders häufig zustimmen.

Gleichberechtigte Partnerschaft und Sexismus [15]

Im Rahmen der Vorerhebung wurden zwei Skalen entwickelt, die sich auf Vorstellungen Jugendlicher zum Umgang der Geschlechter miteinander beziehen. Wie verbreitet sind zum einen Vorstellungen von gleichberechtigter Partnerschaft bei männlichen und weiblichen Jugendlichen in Ost und West? Das wurde anhand von sieben Einstellungssätzen ermittelt, die vierstufig - von "trifft sehr zu" bis "trifft überhaupt nicht zu" - beantwortet werden konnten. Es zeigte sich, daß partnerschaftliche Verhaltensweisen in Beziehungen offizieller Konsens bei jungen Leuten ist. Innerhalb der allgemein hohen Zustimmung zu den Einzelaussagen - Mittelwerte liegen zwischen „trifft zu" und „trifft sehr zu" - stimmen junge Ostdeutsche und vor allem junge Mädchen noch emphatischer zu.

„Mädchen und junge Frauen wünschen sich entschiedener als das andere Geschlecht eine Partnerschaft, in der beide Partner gleich viel zu sagen haben. Sie legen auch mehr Wert darauf, daß beide Partner gleich viel in ihrer beruflichen Planung auf Kinder Rücksicht nehmen, sich gleich viel Gedanken über ihre Kinder machen, die Hausarbeit teilen und gleiche Zeit haben, ihren Freizeitinteressen nachzugehen." (Metz-Göckel u.a., Bd.2)

Für Jungen in Ost und West und für ostdeutsche Mädchen liegen alle Einstellungssätze auf einer gemeinsamen Ebene. (Das zeigt sich in getrennt für die einzelnen Gruppen gerechneten Faktorenanalysen.) Nur die westdeutschen Mädchen machen eine feinsinnige Unterscheidung, die von einer gewissen „Politisierung" der Vorstellungen privater Partnerschaft bei ihnen zeugt. Sie trennen zwischen einer Gleichheit, die auf egalitärer Machtverteilung („in der beide Partner gleich viel zu sagen haben") und gleichberechtigter Individualisierung/ Selbstaktualisierung („gleich viel Zeit haben, Freizeitinteressen nachzugehen") beruht; und einer Gleichheit, die das Gemeinsame und die wechselseitige Fürsorge füreinander betont („in der sich beide Partner in die Situation des anderen hineinversetzen").

Die Sonderstellung der westdeutschen Mädchen wird durch ihre Einstellung zur Sexismus-Skala unterstrichen. Die 12 Einstellungssätze zu dieser Skala zerfallen, legt man die Antwortmuster der jungen Frauen in West und Ost zugrunde, in fünf Dimensionen.

„Im Hinblick auf die Dimensionen Bewältigung sexueller Belästigung, Akzeptanz von Anmache und eigene Unsicherheit gibt es einheitliche 'weibliche' Reaktionen in West und Ost, d.h. keine Differenzen in der Zustimmung zu diesen Einstellungssätzen. Die weiblichen Jugendlichen in West und Ost unterscheiden sich dagegen in der Ablehnung des männlichen Machtgehabes (Faktor 1) und der persönlichen Verletztheit durch die sexistische Kultur (Faktor 2).

Die jungen Frauen aus dem Westen stimmen beiden Dimensionen, in denen antisexistische Einstellungen geäußert werden, stärker zu. Weibliche Jugendliche im Westen reagieren hier also kritischer gegenüber Männern als ihre Geschlechtsgenossinnen im Osten." (Metz-Göckel u.a., Bd. 2)

Die männlichen Antwortmuster und Antworthäufigkeiten unterscheiden sich bei der Sexismus-Skala nicht nach Ost und West. Sie rechtfertigen gleich häufig gewalttätigen Sexismus („Als Mann steht es mir zu, einen Schritt weiter zu gehen, als die Frau es will") oder die sexistische Kultur („Angemacht zu werden ist für Frauen eigentlich ein Kompliment").

Ist die Verweltlichung von Jugend im Sozialismus gelungen? [16]

Säkularisierung in vergleichender Perspektivik (S. 237) – Okkultismusboom im Osten - eine Falschmeldung (S. 238) – Jugendweihe - eine sakrale Reifefeier (S. 239) – Von Kernmitgliedern, Kirchgängern und Randmitgliedern. Stufen der Kirchlichkeit (S. 240) – Kirchlichkeit, Wohngemeinde und Familienzyklus (S. 240) – Wer glaubt an ein Leben nach dem Tod? (S. 242) – Junge Christen (Ost) und junge Christen (West) - zwei gegensätzliche Profile (S. 242)

Klare Wertunterschiede zwischen jungen West- und Ostdeutschen finden wir vor allem in einem Bereich, dem der religiösen Werte und darauf bezogener kirchlicher und religiöser Praxen. Vielleicht zählt die Säkularisierung der DDR-Gesellschaft zu den nachhaltigsten Wirkungen, die ein Sozialismus preußisch-deutscher Prägung in vier Jahrzehnten gezeitigt hat. Ein gewisser kämpferischer Atheismus zählte ja zu den Programmpunkten der deutschen Arbeiterbewegung seit der Jahrhundertwende, als deren Vollstrecker sich kommunistische Partei und SED-Staat sahen. Militanter Atheismus und Kirchenfeindlichkeit waren, legitimiert über die sowjetische Pädagogik, Bestandteil der offiziellen Linie sozialistischer Erziehung und Schulpolitik in der DDR. Eine Liberalisierung zeichnete sich erst gegen Ende der achtziger Jahre ab.

Säkularisierung in vergleichender Perspektivik

Im beigefügten Textkasten sind einige Belege für den vorangeschrittenen Stand der Säkularisierung im Osten Deutschlands zusammengestellt. Die Daten der Jugendstudie 1991 werden dabei mit denen aus den Studien '84 und '53/'54 in Beziehung gesetzt, in denen inhaltsgleiche Fragen zu Kirche und Religion gestellt werden, allerdings auf westdeutsche Jugendliche beschränkt. Die fünfziger Jahre eignen sich als Vergleichsbasis, um den gemeinsamen historischen Ausgangspunkt der beiden deutschen Gesellschaftsformen nach 1945 in Erinnerung zu rufen. Wie bekannt, haben Schübe der Säkularisierung auch in der westdeutschen Gesellschaft stattgefunden, dort aber eher als - ungewollte und

Kirchlich-religiöse Praxen bei Jugendlichen (15 - 24 Jahre) im Zeitvergleich (Angaben in Prozenten)

	Westdeutsche			Ostdeutsche
	1953/54	1984	1991	1991
Keine Konfessionszugehörigkeit	?	6	10	79
Es sind in den letzten vier Wochen zum Gottesdienst gegangen	59	27	21	10
Es sind Mitglied in kirchlichen Jugendgruppen	10	6	7	3
Es beten manchmal oder regelmäßig	50	36	39	17
Es glauben an ein Weiterleben nach dem Tod	43	49	56	22

ungeplante - Folgen von voranschreitender Modernisierung.

Die fünf Zahlenreihen sprechen unterschiedliche Aspekte von Verweltlichung an. Bei den oberen Reihen geht es um den Vorgang der Entkirchlichung, also um eine enge Auslegung von Säkularisierung; unten um Fragen religiöser Praxis und Transzendenz im Alltagsleben, also um das erweiterte Verständnis von Säkularisierung. Vier Jahrzehnte Entkirchlichung im Osten bewirkten, daß nur noch eine Minderheit von Jugendlichen einer der großen Konfessionen angehörten. Die formale Kirchenzugehörigkeit ist zwar auch unter westdeutschen Jugendlichen leicht zurückgegangen, mit 10 Prozent sind die Konfessionslosen aber eine Minderheit geblieben.

Weniger kraß fallen die Unterschiede beim Gottesdienstbesuch aus. Die Zahl der Kirchgänger ist im Westen um ein Dreifaches, im Osten um das Sechsfache gefallen. 21 Prozent Kirchgängern im Westen stehen aber immerhin 10 Prozent im Osten gegenüber. Das deutet auf eine intensivere Kirchlichkeit bei den Kirchenangehörigen in den neuen Bundesländern hin.

Mitgliedschaft in kirchlichen Jugendgruppen war bereits in den fünfziger Jahren einer Minderheit von 10 Prozent vorbehalten. Diese kleine Prozentzahl ist 1991 in den alten Bundesländern um ein Drittel und in den neuen um zwei Drittel weiter gesunken.

Die religiöse Praxis des Betens ist weniger konfessions- und kirchenabhängig als die drei bisherigen Indikatoren für Säkularisierung. Auch akirchliche Jugendliche in West und Ost beten, wenngleich seltener. Der Rückgang dieser kulturellen Praxis seit den fünfziger Jahren ist weit weniger dramatisch als der kirchenabhängige Gottesdienstbesuch. 39 Prozent der Jugendlichen im Westen und etwa halb so viel, 17 Prozent, beten im Osten Deutschlands. Daraus läßt sich zweierlei ablesen. Zum einen ist individuelle Religiosität weit weniger von dem epochalen Prozeß der Verweltlichung betroffen als Kirchlichkeit. Zum anderen hat im Sozialismus offenbar nicht lediglich ein Prozeß der Entkirchlichung im engeren Sinne stattgefunden. Betroffen waren und sind auch persönliche religiöse Praxisformen und Glaubensvorstellungen.

Letzteres zeigt sich am Beispiel der Vorstellung, daß es nach dem Tod ein Weiterleben für Menschen gibt. Junge Ostdeutsche erweisen sich entschieden diesseitgebundener als junge Westdeutsche. Nur 22 Prozent - im Vergleich zu 56 Prozent im Westen - glauben an ein solches Jenseits. Ähnliche Prozentunterschiede ergeben sich bei der Frage nach dem Glauben an ein göttliches Wesen.[17]

Mit Blick auf die westdeutschen Jugendstudien 1984 und 1991 läßt sich eine gewisse Umkehrung des langfristigen Trends zur Säkularisierung bei Jugendlichen erkennen. Persönliche Religiosität und transzendente Glaubensvorstellungen haben in den letzten Jahren in Westdeutschland an Boden zurückgewonnen - ohne daß dies der Kirchlichkeit der jüngeren Generation zu Gute kommt.

Okkultismusboom im Osten - eine Falschmeldung

Die Diesseitigkeit der ostdeutschen Jugend geht offensichtlich tiefer als von (westdeutschen) Beobachtern vermutet. So war man beispielsweise von der Annahme ausgegangen, daß der Zerfall der sozialistischen Weltanschauung, die als eine Art innerweltliche Erlösungsidee religiöse Bedürfnisse gebunden hatte, neue Formen von alternativer oder okkulter Religiosität freisetzen würde. Auch die besondere Ungewißheit, die Wende und Vereinigung für die Zukunftsplanung der Menschen in den neuen Bundesländern bedeuteten, ließen eine Hochblüte von magischen Vorstellungen und Praktiken erwarten. Der Nachholbedarf in Sachen Horoskop beispielsweise - traditionell ein Mittel der unteren Bildungsschichten, sich Lebenspläne und Zukunftsaussichten wahr-sagen zu lassen - , das in der DDR staatlicherseits bekämpft wurde, ist unübersehbar.

In der Hauptstudie '91 wurde nach der Sympathie für Gruppen mit okkulter Praxis - Geisterbefragung, Gläserrücken, Kartenlegen - gefragt. Es zeigte sich, daß etwa doppelt so viele junge Westdeutsche (10 Prozent) okkulte Praktiken pflegen oder sie zumindest gut finden als junge Ostdeutsche (5 Prozent). Eine gewisse Nähe zeigen nur die 13-16jährigen Mädchen im Osten, während die Sympathie - anders als im Westen - in den folgenden Lebensjahren rasch verfliegt. In beiden Landesteilen sind okkulte Praxen auch keine wirkliche Alternative zu legitimen Formen von Religiosität, sondern besser als eine Erweiterung der Glaubensmöglichkeiten für kirchengebundene Jugendliche zu verstehen.

Auch die Sympathien für die subkulturellen „Grufties", die in ihrem Stil Tod und Endlichkeit der menschlichen Existenz durch Kleidungsstil und Symbolik (schwarze Gewandung, fahle Gesichtsfarbe u.ä.) dramatisch inszenieren, sind im Westen fast doppelt so häufig vertreten wie im Osten (10% zu 6%). Beide Gruppen, Okkulte und Grufties, werden von jungen Ostdeutschen häufiger aktiv bekämpft oder als Gegner empfunden.

Jugendweihe - eine sakrale Reifefeier

Das Überleben religiöser Motive und Inszenierungen in der alten DDR haben wir in anderen Bereichen des Jugendlebens zu suchen. Ein naheliegendes Beispiel sind die ausgesprochen sakral inszenierten Statuspassagen und Weihefeiern in Schule und Jugendverband. Sie bezogen ihre Formensprache aus kirchlich-religiösen Zeremonien, aus der sakralen Tradition des preußischen Militärs, ebenso wie aus der Überlieferung des bündischen Jugendkultes der dreißiger Jahre. Die Bedeutung solcher Weihe-Zeremonien für die Lebensgeschichte der Jüngeren läßt sich anhand der Jugendweihe belegen, die von mehr als 95 Prozent der Jugendlichen zumeist im Alter von 14 Jahren (8. Schulklasse) abgelegt wurde. Aus den Rückerinnerungen der Befragten (Vorstudie und Haupterhebung) geht eindeutig hervor, daß die Jugendweihe von vielen als rituelles Ende der Kindheit erlebt wurde - eine Bedeutung, die keiner der entsprechenden kirchlichen Feiern, sei es Erstkommunion, Firmung oder Konfirmation,von den Jugendlichen zugeschrieben wird. Deren Bedeutung bleibt auf den kirchlich-religiösen Lebensbereich eingegrenzt. Als Initiationsfeier eines gesamten Altersjahrgangs strahlte die Jugendweihe in der DDR dagegen auf einen weiten Umkreis des Jugendlebens aus.

Beispielsweise begann ab diesem Zeitpunkt der Besuch von Jugendklubs und Diskotheken. Die Jugendlichen traten in diese Institutionen vielerorts nicht individuell ein, sondern geschlossen im Klassen- und FDJ-Verband. Das Bestreben, die Reifefeier der Jugendweihe in die neue Bundesrepublik hinüberzuretten, wird vor diesem Hintergrund ver-

	Konfession	Gottesdienst	Jugendgruppe	West	Ost
Stufen der Kirchlichkeit					
konfessionslos	–	–	–	10 %	80 %
Randmitglied	+	–	–	66 %	12 %
KirchgängerInnen	+	+	–	22 %	7 %
Kernmitglied	+	+	+	2 %	1 %
Gesamt				100 %	100 %

ständlich und in ihrer sakralen Bedeutung erklärlich.

Von Kernmitgliedern, Kirchgängern und Randmitgliedern. Stufen der Kirchlichkeit

Die Kirchlichkeit der Jugendlichen ist in West und Ost auf unterschiedliche Weise abgestuft. J. Eiben unterscheidet, der Typologie in der Jugendstudie '84 folgend, vier Gruppen: Konfessionslose, Randmitglieder, KirchgängerInnen und Kernmitglieder. Wie die Typologie gebildet wurde und wie die Jugendlichen in den neuen und alten Bundesländern sich auf die Gruppen von Kirchlichkeit verteilen, ist im folgenden Textkasten aufgeschlüsselt.

Die Gruppe der kirchlich Indifferenten macht der Autor Eiben (Bd.2) im Osten bei den Konfessionslosen und im Westen bei den Randmitgliedern ausfindig, wobei die Prozentzahlen sich nicht mehr gar so stark unterscheiden, was auf das gemeinsame Wirken des Faktors: Entkirchlichung im Zuge von Modernisierung in beiden Gesellschaften - alte BRD und DDR - rückschließen läßt. „Die Kirche hat in der ehemaligen DDR zwar eine geringere gesellschaftliche Reichweite, sie erreicht aber ihre Mitglieder in etwas größerem Umfang." Die Prägekraft der Kirchenzugehörigkeit ist mit anderen Worten in den neuen Bundesländern höher als in den alten. Erhalten hat sich auch der tradierte Vorsprung der katholischen Kirche gegenüber der evangelischen, was die Kirchlichkeit ihrer Mitglieder angeht. Junge Katholiken beteiligen sich stärker an kirchlich-religiösen Praxen als junge evangelische Christen - ein Differenz, die für die alten und neuen Bundesländer gleichermaßen gilt. Ein hoher Grad von Kirchlichkeit - ausgedrückt im Kirchgang und in der Gruppenzugehörigkeit - ist lebenszyklisch in Kindheit und früher Jugend (13-16jährige), und dort insbesondere bei jungen Mädchen verankert. Mit dem Voranschreiten in der Jugendphase lösen sich - fast parallel zur Ablösung aus Elternhaus oder aus nachbarschaftlichen und Vereinsbindungen - die Jüngeren von der aktiven Teilnahme am Gemeindeleben ab. Die lebenszyklische Bedeutung von Kirchlichkeit läßt sich am Beispiel des Kirchgangs anschaulich belegen.

Kirchlichkeit, Wohngemeinde und Familienzyklus

Der Besuch des Gottesdienstes verläuft zwischen dem 13. und 29. Lebensjahr nach Art einer „Wanne", also „kurvilinear". Nach vergleichsweise hohem Gottesdienstbesuch in der späten Kindheit (13. bis 16. Lebensjahr) erreicht die Präsenz in der Jugendphase (17. bis 20. und

21. bis 24. Lebensjahr) einen deutlichen Tiefpunkt, um dann bei jungen Erwachsenen (25. bis 29. Lebensjahr) wieder anzusteigen.

Aus der Sicht einer Theorie des Lebenslaufes können wir unterstellen, daß sich hierin Prozesse der Verselbständigung während der Jugendphase spiegeln. Während der Kindheit und frühen Jugend nehmen die Jüngeren teil an der territorialen Verankerung der Herkunftsfamilie am Ort, die auch eine kirchengemeindliche Einbindung bedeuten kann. Während der Adoleszenz durchlaufen sie eine Phase gesellschaftlicher Entpflichtung, was neben familialer Entpflichtung auch verringerte Einbindungen in die Ortsgesellschaften bedeutet. Als junge Erwachsene treten die Jüngeren in eine Phase der Wiedereinbindung ein, ausgedrückt im Sich-Neu-Verpflichten in Berufs-, Wohn- und Familienlaufbahnen. Besonders die Neugründung einer Familie bringt eine lebensgeschichtliche Wiederannäherung an die Kirchengemeinde mit sich. Darin spiegeln sich die territoriale Niederlassung der privaten Familiengruppe in einer Wohnortgemeinde, als deren Mit-Repräsentant die Kirchengemeinde gelten kann, und die neue Rolle der Elternschaft wider, die mit pädagogisch gezielter kirchlicher Wiedereingliederung der Eltern (Mütter) ins Kirchenleben über die Kinder einhergeht.

Dieses Lebenslaufmodell kirchlicher Integration differenziert sich allerdings je nach Typus des Wohnortes aus. Das Gesetz der lebensgeschichtlichen „Wanne" gilt insbesondere für Klein- und Kleinstgemeinden, teilweise auch für Klein- und Mittelstädte (jenseits der Ballungsgebiete). In den großen Städten und Ballungszentren bleibt der Besuch von Gottesdiensten bei jungen Erwachsenen auf

Gottesdienstbesuch nach Wohnortgröße, Typ des Wohnorts und Geschlecht (Größte Schwankungsbreiten)

	Westen	Osten
2.000 bis 5.000 Einwohner	35 %	9 %
100.000 bis 500.000 Einwohner	18 %	6 %
Ländliches Dorf	40 %	13 %
Vorort einer Großstadt	13 %	3 %

	Nur Westen	
	männlich	weiblich
2.000 bis 5.000 Einwohner	24 %	44 %
500.000 und mehr Einwohner	15 %	18 %
Ländliches Dorf	32 %	47 %
Vorort einer Großstadt	15 %	18 %

dem niedrigen Niveau der Adoleszenzphase. Das bedeutet, aus der Sicht der Gemeinden formuliert, während später Kindheit und bei jungen Erwachsenen unterscheiden sich Klein- und Großgemeinden - im Extremfall ländliches Dorf und Großstadt im Ballungsraum - am stärksten. Während der Jugendphase ergeben sich deutliche Ähnlichkeiten, da in dieser lebensgeschichtlichen Phase auch in Kleingemeinden ein ausgesprochen niedriger Besuch zu verzeichnen ist.

Der Kirchgang Jugendlicher ist generell stark von Größe und Typus der Wohngemeinde abhängig (siehe Kasten).

Das gilt insbesondere für die alten Bundesländer. Während dort in ländlichen Dörfern fast die Hälfte der 13-29jährigen zur Kirche geht, sind es in Vororten von Großstädten nur gut 10 Prozent. Junge Frauen sind in Kleingemeinden besonders stark in Kirchlichkeit eingebunden, während die Geschlechter in Großgemeinden kaum Unterschiede im Kirchgang zeigen.

Wer glaubt an ein Leben nach dem Tod?

Mädchen oder junge Frauen glauben häufiger an ein Weiterleben als Jungen oder junge Männer. Dieser Unterschied zeigt sich - auf niedrigerem Niveau - im Osten ebenso wie im Westen. Im Westen glauben 62% der 13-29jährigen weiblichen gegenüber 48% der männlichen Befragten. Im Osten heißt das Verhältnis 23% (Mädchen) zu 14% (Jungen).

Der Glaube an ein Weiterleben ist im Osten Teil eines „Kinderglaubens". Je älter die Befragten in diesem Landesteil werden, um so seltener glauben sie. Glauben noch 32% der 13-16jährigen, so sind es bei den jungen Erwachsenen nur noch 11%. (Westdeutschland: 57% zu 54%.) Der Rückgang ist bei jungen Frauen im Osten noch stärker als bei jungen Männern. Als Kinder und in der frühen Adoleszenz glauben Mädchen etwas mehr. Im Westen bleibt der Jenseitsglaube stabil.

Es glauben an ein Leben nach dem Tod (Angaben in Prozent)

	West	Ost
13 - 16 Jahre	57	32
17 - 20 Jahre	57	24
21 - 24 Jahre	54	15
25 - 29 Jahre	54	11
Alle (13 - 29 Jahre)	55	19

Der unterschiedliche lebenszyklische Verlauf des Jenseitsglaubens verweist auf die schmaleren sozialen Ressourcen für die religiöse Sozialisation im Osten Deutschlands. Den jungen Ostdeutschen fehlt offenkundig häufiger die Rückbindung an eine der Religionsgemeinschaften oder an aktive Kirchenpraxis. In der Vorstudie wurde nach Bezugspersonen in Glaubens- und Religionsdingen gefragt. 31 Prozent der 13-29jährigen im Osten gaben an, hierfür niemanden zu haben (Westen: 16 Prozent). Dabei sind Geistliche der großen Religionsgemeinschaften nur eine Gesprächsquelle neben anderen. Es sind vor allem Väter und Mütter, die im Osten Deutschlands für religiöse Fragen seltener bereitstehen.

Starke Kontrastgruppen erhalten wir, wenn wir die Merkmale ostdeutsch/ westdeutsch, Geschlecht, Konfession und Wohnortgröße kombinieren. Katholische Mädchen, die in kleinen Gemeinden bis zu 2000 Einwohnern in Westdeutschland leben, glauben zu 75% an ein Weiterleben nach dem Tod. Den Gegenpart bilden evangelische junge Männer, die in Großstädten über 500.000 Einwohner im Westen leben. Sie glauben zu 31% an ein Weiterleben. Auf 10 Prozent und weniger sinken die Werte, wenn wir junge Männer aus Ostdeutschland dagegen halten, die keiner Kirche angehören.

Junge Christen (Ost) und junge Christen (West) - zwei gegensätzliche Profile

In Anlehnung an das Porträt kirchlicher Jugendlicher, das in der Jugendstudie '84 gezeichnet wurde, entwirft J. Eiben in Bd. 2 ein Profil der jungen Christen in Westdeutschland heute:

„Werner Fuchs konnte 1984 zeigen, daß sich die kirchlichen Jugendlichen eher durch konventionelle Lebensentwürfe und Lebensgewohnheiten, dem Status Quo entsprechend auszeichnen. Diese Feststellung läßt sich 1991 für die kirchlichen Jugendlichen 'West' klar wiederholen. So nimmt mit der Kirchlichkeit die Subkulturorientierung ab. Dagegen steigen konsumorientierte Lebensstile mit der Kirchlichkeit an. ... Die Kirchenorientierten 'West' weisen zudem höhere Werte auf der Privatisierungsskala auf, sind anpassungsbereiter, legen einen geringeren Wert auf Freiheit, haben geringere Selbstbehauptungsneigung und sind weniger ehrgeizig. Andererseits haben sie eine optimistischere Sicht der Zukunft und legen großen Wert auf die Familie. ... Die Kirchenorientierten West' betonen die Bedeutung der Tradition, der sozialen Ordnung, der nationalen Sicherheit sowie des Friedens im allgemeinen. Aber auch eine soziale Tugend wie Höflichkeit betonen 53,5% der KirchgängerInnen, aber nur 37,5% der Konfessionslosen. Auch im Alltagsleben sind die Kirchlichen konventioneller als die Kirchenfernen."

Der Autor vermag nun anhand der ostdeutschen Vergleichsgruppe zu demonstrieren, daß Kirchlichkeit bei der jüngeren Generation dort mit einem anderen, teilweise direkt entgegengesetzten Profil verbunden ist. Sie geht eher mit progressiven politisch-gesellschaftlichen Tendenzen und unkonventionellem Lebensstil einher.

„Die Jugendlichen 'West' zeigen mit steigender Kirchlichkeit geringere Protestbereitschaft. ... Bei den Jugendlichen 'Ost' ist die protestablehnende Gruppe die der Konfessionslosen, wohingegen die KirchgängerInnen, aber besonders die Randmitglieder, eine höhere Protestbereitschaft äußern." Auch die klare Verankerung westdeutscher Kirchlichkeit im Milieu von CDU/CSU und einer gewissen unpolitischen Grundhaltung findet sich bei Kirchenanhängern im Osten Deutschlands nicht. Das bestätigt die besondere Rolle, die die Kirchen in der Geschichte der DDR als Kristallisationspunkte für Protest und gesellschaftliche Veränderungswünsche bei jungen Christen spielten.

Belastungen der jungen Ostdeutschen und wie sie damit umgehen

Kritische Lebensereignisse nach der Wende (S. 244) – Brüder und Schwestern Erster und Zweiter Klasse (S. 248) – Alltag mit begrenzten Ressourcen (S. 252) – Zeitpflichten im Osten (S. 258) – Strategien der Bewältigung (S. 263)

Ohne Zweifel trägt die junge Generation in den neuen Bundesländern die Hauptlast der Veränderungen, die sich aus der jüngsten deutschen Geschichte ergeben. Drei Gruppen von Belastungen lassen sich grob unterscheiden und wurden in der Jugendstudie '91 auch angesprochen:

1. Ereignisse, die in den Lebensverlauf der jungen Ostdeutschen eingriffen und erhöhten Anpassungsstreß an die neue Lage hervorriefen.

2. Sozialpsychologische Probleme, die aus der innerdeutschen Gruppenfiguration von „Etablierten" und „Außenseitern" herrühren, wobei den Neuankömmlingen aus dem Osten letztere Position zugedacht ist.

3. Begrenzte Ressourcen für das Jungsein in den neuen Bundesländern, die aus den ungleichen Lebenslagen in Ost und West herrühren.

Kritische Lebensereignisse nach der Wende [18]

Wende, Vereinigung und Umwandlung der Gesellschaft in den neuen Bundesländern nehmen für Jugendliche der ehemaligen DDR vielfach die Qualität von unmittelbar in ihr Leben eingreifenden „kritischen Lebensereignissen" an. Mit

Grafik 8) Persönliche Betroffenheit von Ereignissen in Deutschland seit 1989

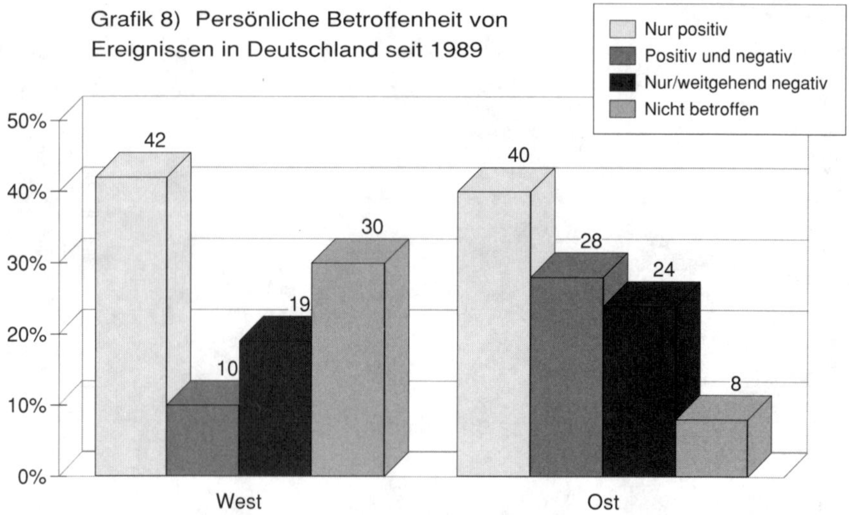

Basis: Alle freien Erinnerungen (Mehrfachnennungen)

diesem Fachbegriff belegt die psychologische „Bewältigungsforschung" Ereignisse, die - von außen diktiert - persönliche Lebens- und Zukunftspläne durcheinanderwerfen und eine Neubestimmung der Lebenssituation verlangen. In jedem Fall bedeuten solche Ereignisse, insbesondere wenn sie gehäuft auftreten, psychologischen „Streß", der - je nach Lage und Geschick der Jugendlichen - zu seelischer oder gesundheitlicher Krise führen oder aber auch produktiv, etwa im Sinne eines Lernanreizes, gewendet werden kann.

Im Rahmen der Vorerhebung im Frühjahr 1991 wurden rund 400 Ost- und 400 Westdeutsche nach der persönlichen Betroffenheit und der lebensverändernden Qualität in offener und geschlossener Form befragt.

Auf die ganz offen gestellte Frage aus der Vorerhebung, von welchen der wichtigen Veränderungen und Ereignissen der letzten zwei Jahre sie persönlich betroffen seien, fühlen sich 30% der Westdeutschen durch nichts betroffen: 42% nennen nur Positives; 10% Positives wie Negatives und 19% ausschließlich bzw. weitgehend Negatives. Die Bilanzierung der Ostdeutschen fällt anders aus: Nur 8% sehen sich nicht betroffen. Den 40%, denen nur positive Ereignisse einfallen, stehen 28% Ostdeutschen gegenüber, denen neben positiven auch negative Ereignisse und 24%, denen nur Negatives einfällt.

Das, was die Westdeutschen persönlich betroffen hat, ist wenig bedrohlich:
- Familienzusammenführung, Verwandtenbesuche (10%);
- freies Reisen innerhalb Deutschlands (9%);
- Erhöhung der Steuern (6%).

Ostdeutsche dagegen fühlen sich in ihrem Leben von existentiellen Ereignissen betroffen wie:
- Arbeitslosigkeit (15%);
- Reisefreiheit (14%);
- sozialer Unsicherheit; Zukunftsangst (11%);
- Währungsunion (11%);
- politischen Machtkämpfen in Deutschland (7%).

Jeder Fünfte in Ostdeutschland nennt kritische Lebensereignisse, die in den letzten zwei Jahren negativ in seine Lebensgeschichte eingegriffen haben. Westdeutsche stellen keinen Bezug zwischen eigener Lebensgeschichte und zentralen Ereignissen seit der Wende her. Für zwei Drittel der ostdeutschen Befragten brachten die Wende Oktober 1989 und die Vereinigung seit Mitte 1990 positive *und* negative Veränderungen für ihr Leben. Jeweils 15% sehen nur das Gute oder das Schlechte daran. Die politischen und wirtschaftlichen Veränderungen in der ehemaligen DDR werden mehrheitlich positiv gesehen. Mehrheitlich negative Erinnerungen rufen der Arbeitsbereich und das Soziale (Wohnungswesen, Sozialleistungen) hervor. Wende und Vereinigung werden dabei von den Ostdeutschen auf die gleiche Weise gewertet.

Die ostdeutschen Jugendlichen erhielten zusätzlich eine Liste mit insgesamt 29 Ereignissen, die sie danach einschätzen sollten, welche Geschehnisse sie „gefühlsmäßig berührt (haben) und welche nicht". Die angebotene fünfstufige Skala reichte von „sehr stark" (= 5) bis „überhaupt nicht" (= 1). Von 16 der Ereignissen waren die jungen Ostdeutschen mittel bis sehr stark berührt. In der Rangfolge ihrer Wichtigkeit sind sie im beigefügten Textkasten aufgeführt. Die Ergebnisse der spontanen Nennungen werden durch die

Listenvorgaben im Wesentlichen bekräftigt. Unter den gefühlshaltigen Ereignissen befinden sich viele, die direkt auf Alltag und Lebensplanung der Jugendlichen einwirken. Die positive und negative Stoßrichtung dieser Einwirkung ist in gewisser Weise ausbalanciert. Aus der größeren Streuung der Antworten bei Ereignissen wie 'Arbeitslosigkeit in der eigenen Familie', 'Neuorientierung in der Berufsausbildung' oder 'Wiedersehen mit westdeutschen Verwandten' läßt sich ablesen, daß solche kritischen Lebensereignisse selektiv auf die jüngere Generation einwirken, während zum Beispiel „Öffnung der Mauer" oder „Zunahme der Arbeitslosigkeit" fast einheitlich alle Jugendlichen betroffen machte.

Die Betroffenheit der jungen Ostdeutschen gliedert sich in zwei übergeordnete Dimensionen. (Das ergibt eine Faktorenanalyse der 29 Ereignisse auf der Liste.):

1. *Negative Folgen von Wende und Vereinigung*

Darunter fallen:

- ökonomischer Niedergang, Arbeitslosigkeit
- politische Konflikte im Nahbereich (z.B.: ‚Wendehälse' im Bekanntenkreis, Parteiaustritte (SED) in der Familie, Mißtrauen der Menschen untereinander)
- Auflösung von FDJ und NVA

Ereignisse, die ostdeutsche Jugendliche gefühlsmäßig berührt haben (Listenvorgabe, n = 382)

(5 = sehr stark berührt ... 1 = überhaupt nicht berührt)

	Rangreihe	Mittelwert	Standardabweichung
9. November 1989 (Öffnung der Mauer)	1.	4,5	0,8
Zunahme der Arbeitslosigkeit	2.	4,4	0,9
Die Schließung von Betrieben	3.	4,1	1,1
Ausreisewelle 1989 (Ungarn, Tschechoslowakei)	4.-5.	4,0	1,2
Währungsunion (Juni 1990)	4.-5.	4,0	1,1
Vereinigung (Oktober 1990)	6.-8.	3,7	1,3
Lebensmittel werden teurer	6.-8.	3,7	1,2
Das neue Warenangebot aus dem Westen	6.-8.	3,7	1,1
Die Auflösung der „STASI"	9.-10.	3,5	1,4
Begrüßungsgeld	9.-10.	3,5	1,4
Neuorientierung in der Berufsausbildung	11.	3,4	1,5
Arbeitslosigkeit in der eigenen Familie	12.	3,3	1,7
Kontakte mit Westdeutschen	13.-14.	3,2	1,2
„Abwicklung" von Einrichtungen in der alten DDR	13.-14.	3,2	1,4
Wiedersehen mit westlichen Verwandten	15.-16.	3,0	1,6
Straßendemonstrationen am Wohnort	15.-16.	3,0	1,5

2. Positive Folgen von Wende und Vereinigung

Darunter fallen:

- persönliche Kontakte zu Westdeutschen
- Geld und Waren aus Westdeutschland
- politische 'Highlights' (Ausreisewelle bis Auflösung STASI)

Welche Sozialgruppen von Jugendlichen zeigen sich mehr von den positiven Aspekten, welche mehr von den negativen Seiten des zeitgeschichtlichen Geschehens beeindruckt? [19]

Von den positiven Seiten und von dem Gesamt der Öffnung zu Westdeutschland sind stärker beeindruckt:

- männliche Jugendliche
- Jugendliche mit geringerem Bildungsniveau
- Jugendliche mit übergesiedelten Freunden im Westen
- Jugendliche, die schon längere Zeit in Westdeutschland waren.

Männliche Jugendliche sind in ihrer positiven Einstellung stärker als Mädchen von wirklichen Handlungserfahrungen mit dem Westen abhängig. Wenn sie länger in den Westen gereist sind und wenn sie Freunde im Westen haben, dann schnellen ihre positiven Einstellungswerte in die Höhe.

Wenn Jugendliche Geschmack an deutscher Popularkultur äußern, wenn sie Sicherheit und Ordnung für wichtige Werte halten, wenn schließlich der Bildungsgrad von Vater und Mutter relativ gering ist, führt dies gleichfalls zu einer erhöhten Aufmerksamkeit für die positiven Seiten von Wende und Vereinigung.

Von den negativen Folgen, vom ökonomischen Niedergang im Osten, von politischen Konflikten im Nahbereich und von der Auflösung der alten DDR-Einrichtungen, fühlen sich folgende Gruppen von Jugendlichen mehr beeindruckt:

- weibliche Jugendliche
- ältere Jugendliche
- jüngere Berufstätige und Familienmütter/ -väter
- Jugendliche, deren Eltern schon arbeitslos geworden sind.

Am meisten von den negativen Aspekten sind junge Frauen in Beruf und Familie berührt, während junge Männer mit Schüler- oder Studentenstatus sich davon am wenigsten berührt zeigen. Stark angesprochen von der düsteren Seite fühlen sich ferner junge Frauen mit depressiver Neigung.

Arbeitslosigkeit in der Elternfamilie spielt in gewisser Hinsicht eine Schlüsselrolle unter den kritischen Lebensereignissen. 22 Prozent der ostdeutschen Befragten in der Haupterhebung haben innerhalb der letzten zwei Jahre Arbeitslosigkeit der Eltern erlebt. Im Vergleich dazu berichten nur 7 Prozent der jungen Westdeutschen davon, gleichmäßig verteilt auf die letzten zehn Lebensjahre.

Nicht zu unterschätzen sind jedoch auch Ereignisse, die die informellen und formellen sozialen Netzwerke der jungen Ostdeutschen betreffen. Während beide Arten von Netzwerken zu DDR-Zeiten für Jugendliche dicht geknüpft waren, dichter jedenfalls als in der alten BRD, sind

Mitgliedschaft in Vereinen und Organisationen (Angaben in Prozent)

	West	Ost
Alle (13 - 29jährige)	45	26
13 - 16jährige	59	30
17 - 20jährige	47	25
21 - 24jährige	38	23
25 - 29jährige	41	26

diese sozialen Bezüge seit der Wende in Gefahr. Die Auflösung von Jungen Pionieren und FDJ führte dazu, daß Mitte 1991 die jungen Ostdeutschen auf allen Altersstufen weniger Vereins- oder Organisationsbindungen als die jungen Westdeutschen haben (siehe Textkasten).

Mehr als 50 Prozent der Befragten geben im Frühjahr 1991 (Vorerhebung) an, daß Freunde von ihnen in den beiden letzten Jahren in den Westen übergesiedelt seien. Jeder fünfte hat diese seither nicht mehr gesehen.

Brüder und Schwestern Erster und Zweiter Klasse

Die Grundbefindlichkeit der jungen Ostdeutschen ist maßgeblich dadurch mitbestimmt, daß sie sich gegenüber den (jungen) Westdeutschen in der Position von „armen Vettern" befinden, die sich vom reichen Verwandten unterstützen und belehren lassen müssen. Sie befinden sich in einer ungemütlichen Gruppenkonfiguration von 'Etablierten' und 'Außenseitern', wie dies in der Sozialpsychologie benannt und untersucht wurde. In einer solchen - nicht aufzukündigenden - Zwangsgemeinschaft zweier Sozialgruppen werden dem einen Teil, den Etablierten oder Alteingesessenen, positive Eigenschaften und Verhaltensweisen zugeschrieben, den Außenseitern oder Neuankömmlingen dagegen negative und abzulehnende. Da hierin das soziale Machtgefälle zwischen den beiden Hälften einer Gemeinde oder Gesellschaft zum Ausdruck kommt, tut sich die Außenseitergruppe schwer, gegen solche Zuschreibungen anzugehen. Es besteht die Gefahr, daß den Westdeutschen die Eigenschaften des „guten", den Ostdeutschen die Merkmale des „häßlichen Deut-

Grafik 9) Nach Grenzöffnung in die BRD/DDR gereist

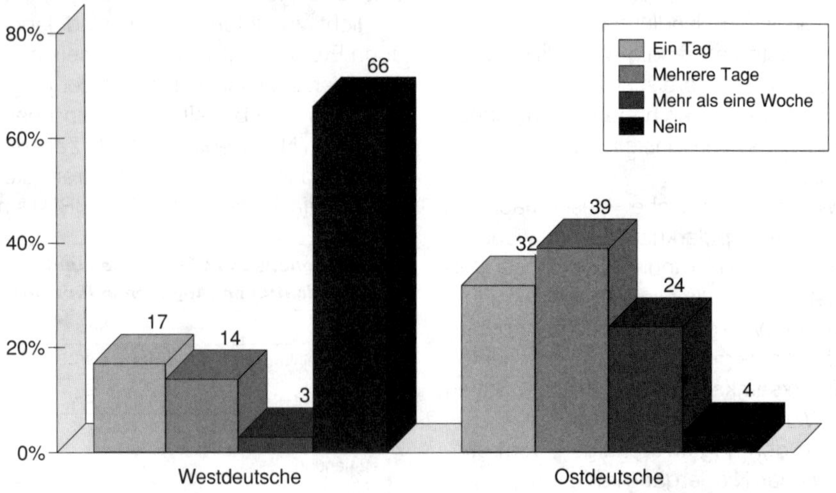

schen" zufallen. Wenn jüngere wie ältere Ostdeutsche auf Distanz zur Gesamtgruppe der Ausländer in Deutschland gehen, so steht dahinter unverkennbar der Wunsch, aus der unbefriedigenden Rolle von Deutschen Zweiter Klasse zu entkommen, indem noch eine Dritte Klasse herbeigerufen wird. Nur: Fremdenfeindlich zu sein, gehört zum Bild eben jenes „häßlichen Deutschen", das Ostdeutsche abstreifen möchten.

In der Jugendstudie 1991, insbesondere der Vorstudie wurde die Gruppenbeziehung junger West- und Ostdeutscher in ihrem sozialpsychologischen Aspekt in mehreren Fragen angesprochen.[20]

Reiseerfahrungen in den jeweils anderen Landesteil sind ein guter Hinweis auf die Etablierten-Außenseiter-Beziehung zweier Gruppen. Wer sucht den Kontakt zum anderen Teil; und welche Eindrücke verfestigen sich aufgrund der Inaugenscheinnahme des Lebensraumes der anderen Seite?

Die Reiseerfahrungen von west- und ostdeutschen Jugendlichen mit dem anderen Teil Deutschlands sind sehr unterschiedlich. Die überwiegende Mehrheit der jungen Westdeutschen kennt die neuen Bundesländer noch nicht persönlich. Die Ostdeutschen waren dagegen praktisch alle schon einmal im Westen. 66% der jungen Westdeutschen waren noch nicht in den neuen Bundesländern. Nur 3% hielten sich dort mehr als eine Woche auf. Dagegen waren 96% der jungen Ostdeutschen seit der Grenzöffnung in Westdeutschland. 24% davon hielten sich länger als eine Woche dort auf. Dieses ungleiche Bild hat sich zwischen 1990 und 1991 in keiner Weise geändert (Grafik 9). Wie man sieht: Die jungen Außenseiter aus dem Osten suchen den Kontakt zur Landeshälfte, wo die Etablierten wohnen. Die junge Generation der Etablierten hält

Grafik 10) Reiseeindrücke vom anderen Teil Deutschlands

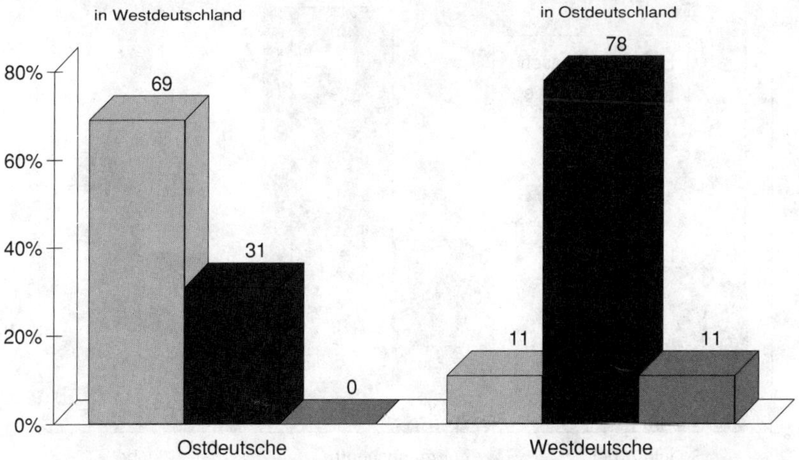

Basis: Alle spontanen Nennungen von Jugendlichen mit Reiseerfahrungen (Mehrfachnennungen)

Die Westdeutschen im Spiegel der Ostdeutschen (Reiseeindrücke von Westdeutschland)

Positiv-Bilanz (69% aller Antworten)		
Landschaft/Gegend	Sauberkeit(Umwelt, Straßen, Luft)	50 %
	Moderne, schöne Häuser	12 %
	Schöne Landschaften	7 %
Menschen	Freundlichkeit, Aufgeschlossenheit	15 %
	Höflichkeit, zuvorkommendes Verhalten	5 %
Waren	Reiches Warenangebot, volle Geschäfte	24 %
	Schöne Läden, Kaufhäuser, Ladenstraßen	11 %
Negativ-Bilanz (31% aller Antworten)		
	Penner, Bettler	7 %
	Wohlstandsmüll (auch im Kopf)	5 %
	Hektik, Streß	6 %
	Überheblichkeit gegen DDR-Bürger	8 %
	Gleichgültigkeit, Unpersönlichkeit	7 %
Basis = Befragte Ostdeutsche mit Reiseerfahrung		Vorstudie '91

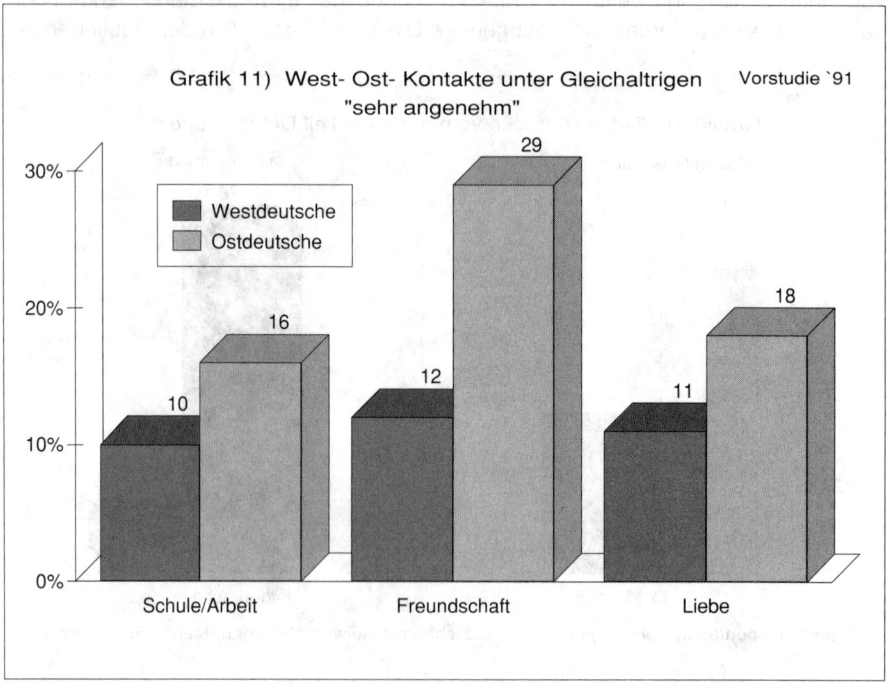

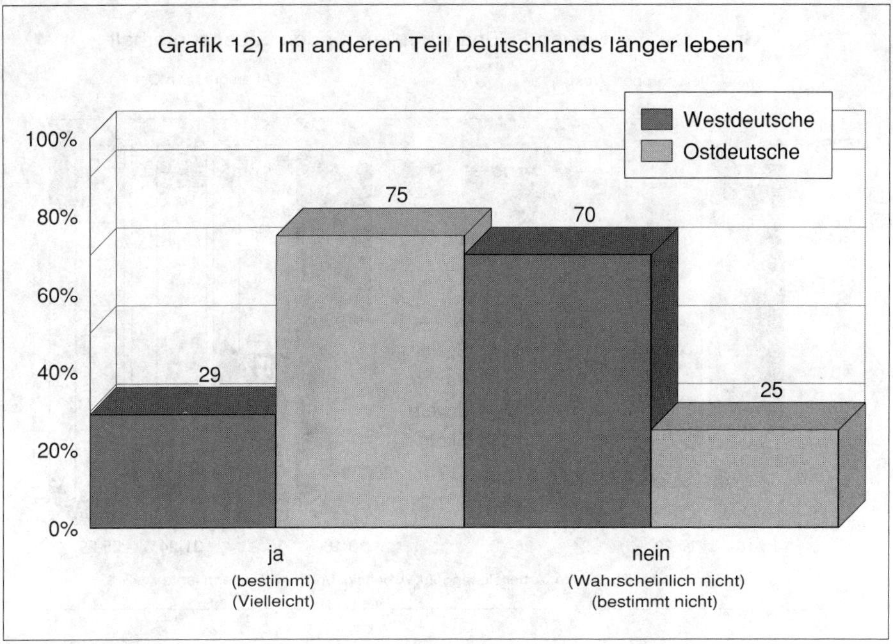

Reisedistanz zur Provinz der neu Dazugekommenen.

Die Reiseeindrücke, die die jungen Deutschen auf ihren Reisen vom jeweils anderen Teil gewinnen, sind höchst unterschiedlich in West und Ost. Die Jugendlichen und jungen Erwachsenen der neuen Bundesländer nehmen positive Eindrücke vom Westen mit nach Hause (69% aller Antworten). Die Westdeutschen sehen dagegen den östlichen Teil rabenschwarz (78% negative Äußerungen; siehe Grafik 10). Das positive Stereotyp, das die neuen Bundesbürger von den Westdeutschen aufgebaut haben (siehe Textkasten), bezieht nicht nur die überlegene Konsumwirtschaft mit ein, sondern überträgt sich auch auf die Gemeinden, Landschaften und Menschen. Vergleicht man die wechselseitigen Fremdstereotype, so wird deutlich: Die Westdeutschen haben die Eigenschaften des „guten", die Ostdeutschen die Eigenschaften des „häßlichen Deutschen" geerbt.
Vergleichsweise gering bleibt der Versuch der jungen Ostdeutschen, die Schattenseiten des Westens hervorzuheben und sich selbst - über die Abwertung der dominanten Gegengruppe - in ein etwas besseres Licht zu rücken.

Eine weitere Meßlatte für das unterschiedliche Ansehen von Etablierten- und Außenseitergruppe bildet die Frage nach dem gewünschten sozialen Umgang mit Vertretern der jeweils anderen Gruppenseite. Etablierte sollten sich zurückhaltend, Außenseiter offener zeigen. Die Ergebnisse einer entsprechenden Frage in der Vorstudie bestätigen diese Annahme (Grafik 11). Jungen Ostdeutschen ist die Vorstellung, persönlich enge Kontakte zu gleichaltrigen Westdeutschen zu haben, im allgemeinen angenehmer als die umgekehrte Vorstellung den jungen West-

Grafik 13) Vorwiegende Finanzquellen für den Lebensunterhalt

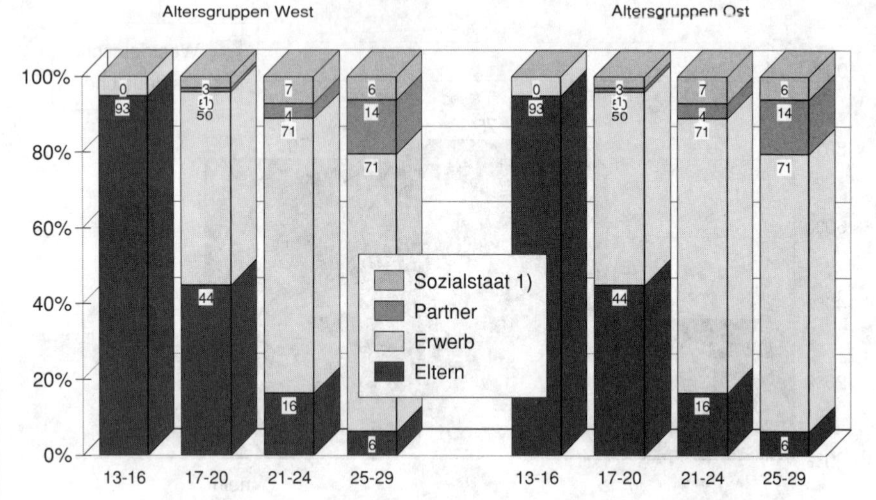

1) Stipendien, Sozialhilfe, Arbeitslosengeld, Arbeitslosenhilfe, (Waisen)Rente

deutschen. So wäre 29% der Ostdeutschen, aber nur 12% der Westdeutschen eine West-Ost-Mischung im Freundeskreis „sehr angenehm“.

Ein harter Beleg für das Gefälle an Macht und Ansehen, das die Beziehung von Etablierten-Außenseiter-Gruppen beherrscht, ist der Überhang von Angehörigen aus der Außenseiter-Gruppierung, der ins andere Lager überzuwechseln sucht. Die starke Westorientierung der jungen Ostdeutschen ist durch die anhaltende Quote derer gut belegt, die Monat für Monat ihre Lebensperspektive im westlichen Teil Deutschlands suchen. In der Hauptstudie '91 wurde in eher projektiver Absicht beiden Seiten die Abwanderungsfrage vorgelegt. 75% der Ostdeutchen können sich „vielleicht“ oder „bestimmt“ vorstellen, für längere Zeit im anderen Teil Deutschlands zu leben. Besonders verbreitet ist diese Tendenz bei männlichen, jüngeren Jugendlichen. Für 70% der jungen Westdeutschen ist eine solche Wanderungsperspektive nur schwer oder nicht vorstellbar. Wobei zu ergänzen ist: Rund zwei Drittel der 17-29jährigen haben mittlerweile ostdeutsche Gleichaltrige im Westen. Viele davon haben die Befragten am neuen Wohnort mittlerweile besucht, oder die Übergesiedelten kamen zu Besuch nach Hause.

Alltag mit begrenzten Ressourcen[21]

Die Lebenslage der jungen Ostdeutschen ist durch ihre Ungleichheit verglichen mit den Westdeutschen gekennzeichnet. Es stehen ihnen für manche Routinen des Alltags nur begrenzte Ressourcen zur Verfügung. Nicht wenige Besonderheiten der ostdeutschen Jugend hängen mit der Begrenztheit und Eigenart ihrer Ressourcen zusammen. Die Ungleichheit ist strukturbedingt, da aus der

Geschichte und Ökonomie der alten DDR herrührend, und zugleich Übergangserscheinung. Wie lange diese Übergangssituation anhält, ist allerdings nicht vorhersehbar. Wahrscheinlich bildet die ressourcenbedingte Lebenslage der jungen Ostdeutschen eine Quelle für Besonderheiten und Benachteiligungen, mit der längerfristig zu rechnen ist.

In der Hauptstudie '91 beziehen sich einige Fragen auf die finanziellen Ressourcen, aus denen die Jugendphase schöpft. Die Befragten erhielten z.B. eine Liste mit 15 Vorgaben: „Woraus beziehst Du überwiegend die Mittel für Deinen Lebensunterhalt?" Hier war eine Nennung möglich. Danach: „Über welche zusätzlichen Geldquellen verfügst Du sonst noch?" Hierzu waren bis zu fünf Angaben erlaubt.

In Westdeutschland wird die Adoleszenz maßgeblich auf privater Basis finanziert, zunächst durch die Elternfamilie, im dritten Lebensjahrzehnt dann seitens der (Ehe-) Partner (Grafik 13). Für junge Ostdeutsche ist die Herkunftsfamilie viel seltener die wichtigste Unterhaltsquelle. Auch die späteren (Ehe-) Partner spielen eine untergeordnete Rolle im Vergleich zu Westdeutschland. Dafür tritt ein öffentliches Stützsystem für junge Ostdeutsche in Kraft, das 1991 bei 21-24jährigen für 35 Prozent die Haupteinnahmequelle bildet. Darunter fallen insbesondere Stipendien und Arbeitslosengelder.

Im Einzelnen leben in Ostdeutschland vorwiegend von...

	17-20 jährige	21-24 jährige	25-29 jährige
Stipendien	15%	27%	9%
Arbeitslosengeld/ Arbeitslosenhilfe	6%	8%	10%

Nehmen wir nur die vorwiegende Quelle für den Lebensunterhalt, können wir - überpointiert - behaupten: Bei der jungen ostdeutschen Vereinigungsgeneration handelt es sich ab dem 17. Lebensjahr um eine vom Sozialstaat nicht unerheblich subventionierte und gestützte Jugend.

Ein Blick auf die zusätzlichen Einnahmequellen gestattet uns, das Bild der Finanzierung der Jugendphase in Ost- und Westdeutschland etwas zu korrigieren. Bei westlichen Befragten erhalten wir Hinweise auf die vielfältigen Formen der Eigenarbeit, mit deren Hilfe sie die verlängerten Zeiten überbrücken, die sie dem beruflich organisierten Erwerbssystem fernbleiben. Bei jungen Ostdeutschen wird der Finanzierungsbeitrag sichtbar, den die sozialen Netzwerke von Herkunftsfamilie und von selbstgegründeter Familie leisten. Als zusätzliche Hilfsquelle machen sich Eltern und Verwandte etwa gleich häufig in West- und Ostdeutschland nützlich. Zuwendungen durch die (Ehe-) Partner zählen im Westen häufiger zu den Hauptfinanzquellen, im Osten häufiger zu den zusätzlichen Ressourcen. Eine Besonderheit der neuen Bundesländer zeigt sich bei der Verwendung eigener Ersparnisse. Junge Ostdeutsche greifen in allen Phasen zwischen 13 und 29 etwa doppelt so häufig auf die eigenen persönlichen Rücklagen zu. Alles in allem können wir festhalten, daß die Jugendphase in den neuen Bundesländern aus einer Vielzahl von privaten Finanzierungsquellen gespeist wird. Im Unterschied zu den jungen Westdeutschen reichen die privaten, familienbezogenen Zuschüsse allerdings kaum einmal hin, um als Hauptquelle zu dienen.

Die zusätzlichen Finanzquellen geben uns jedoch auch Gelegenheit, eine Besonderheit der Jugendphase in Westdeutschland herauszustellen: Junge Westdeutsche sind in größerem Umfang an den Rändern des regulären Erwerbssystems tätig. In allen Altersstufen zwischen 13 und 29 ergänzen sie ihre Einnahmen durch Teilzeitarbeit, zeitlich befristete Arbeitsstellen und durch Gelegenheitsjobs. Ein gewisser Höhepunkt wird in der Altersgruppe der 17-20jährigen erreicht. 71 Prozent geben Zusatzfinanzierungen an, wovon 40 Prozent Gelegenheitsjobs, 21 Prozent Zeitarbeitsstellen und 10 Prozent Teilzeitarbeit (auch in Kombination) nennen. In dieser Hinsicht bestätigt sich die Aussage von Berufsforschern, wonach das gesellschaftliche System beruflicher Erwerbsarbeit in der „Risikogesellschaft" an seinen Rändern „ausfranst". An dieser Informalisierung etablierter Arbeitsverhältnisse ist die erweiterte Adoleszenz in Westdeutschland beteiligt. Die Entregelung von Normalarbeitsverhältnissen trägt zur Verlängerung von Jugendzeiten bei, sie schafft ihrerseits aber auch Raum für eine „Zwischenfinanzierung" des Lebensabschnitts Jugend. Bei rund 5 Prozent der 17-29jährigen Westdeutschen dienen informalisierte Arbeitsbezüge sogar als Haupteinnahmequellen.

Welche Unterschiede in der vorwiegenden Finanzierung der Jugendphase ergeben sich, wenn wir zusätzlich zur Unterscheidung von neuen und alten Bundesländern auch nach männlicher und weiblicher Jugendphase fragen?

Für Westdeutschland gilt: Während der Adoleszenz (15.-24. Lebensjahr) unterscheiden sich die Haupteinkommensquellen nicht wesentlich. Erst bei den jungen Erwachsenen (25.-29. Lebensjahr) greift die familienbezogene Arbeitsteilung der Geschlechter. 28 Prozent der jungen Frauen erklären das Einkommen des männlichen Partners zur finanziellen Hauptquelle - 0 Prozent der männlichen Stichprobe tut dies. Das Gegenstück dazu sind 78 Prozent männliche und 57 Prozent weibliche junge Erwachsene, die die eigene Erwerbstätigkeit anführen. Eine Minderheit der jungen Männer zwischen 25 und 29 läßt sich hauptsächlich von elterlichen oder staatlichen Geldern subventionieren. Jeweils 8 Prozent tun dies, im Vergleich zu jeweils 4 Prozent unter den jungen Frauen.

In Ostdeutschland finden wir bei jungen Erwachsenen (25-29 Jahre) keine einschneidenden Unterschiede nach Geschlecht. Junge Frauen leben genauso häufig wie junge Männer von eigener Erwerbsarbeit (jeweils 73 Prozent). Anders als bei westdeutschen Frauen kristallisiert sich der Unterhalt nicht am Einkommen der Partner (nur für 2 Prozent trifft dies zu). Dafür verläuft die Finanzierung männlicher und weiblicher Jugend in Ostdeutschland zwischen dem 18. und 24 Lebensjahr in recht unterschiedlichen Bahnen. Während dieser Altersphase haben ostdeutsche junge Männer erheblich (d.h. um 20 Prozentpunkte) häufiger Zugriff auf selbsterarbeitete Ressourcen. Junge Frauen werden entsprechend häufiger staatlich subventioniert.

Hauptsächlich vom Sozialstaat leben in Ostdeutschland:

	Jungen	Mädchen
15-17 Jahre	2%	7%
18-20 Jahre	12%	37%
21-24 Jahre	30%	41%
25-29 Jahre	25%	15%

Mit welchen Geldmitteln müssen junge West- und Ostdeutsche Mitte 1991 auskommen? Die entsprechende Frage lau-

Grafik 14) Durchschnittliche Höhe des verfügbaren monatlichen Nettobetrages

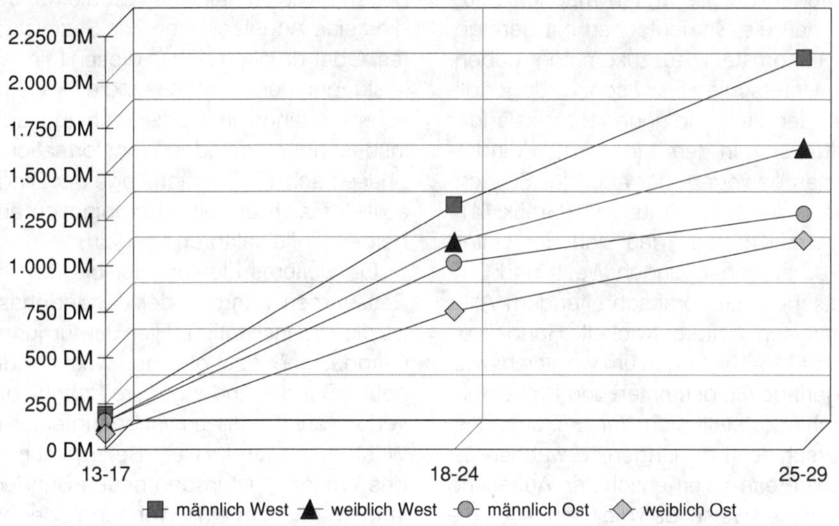

Grafik 15) Durchschnittliche Höhe der regelmäßigen elterlichen finanziellen Unterstützung

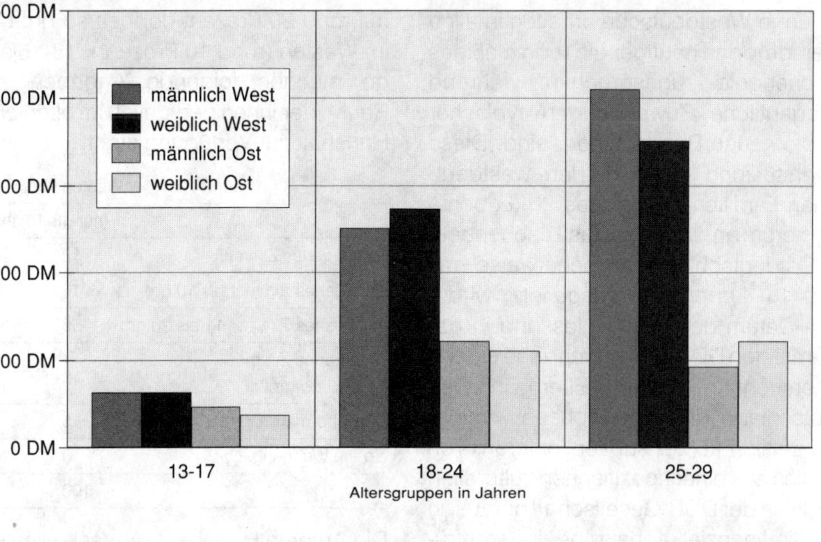

tete: „Wieviel Geld bekommst Du im Monat zusammen? (Gesamtbetrag)." Die Antworten der Befragten machen deutlich, daß die Ostdeutschen mit geringeren Geldmitteln auszukommen haben. Die Unterschiede zwischen Jugendlichen der alten und neuen Bundesländer dürften sich in dem Mehr- bzw. Minderrahmen bewegen, der auch für Erwachsene in diesem Zeitraum gilt (Grafik 14) Die Grafik belegt, daß sich der Unterschied zwischen jungen West- und Ostdeutschen mit voranschreitendem Alter dynamisch weiterentwickelt. Handelt es sich bei 15-19jährigen um vergleichsweise geringe Geldsummen und Prozentunterschiede, stellt sich der Einkommensunterschied bei jungen Erwachsenen doch bereits als erheblich dar. Auffallend ist beispielsweise, daß die Geldmittel, die 25-29jährigen im Westen zur Verfügung stehen, im Vergleich zu 20-24jährigen um einiges größer sind. In den neuen Bundesländern ist im dritten Lebensjahrzehnt keine entsprechende Dynamik zu erkennen.

Junge Westdeutsche erhalten in allen Altersgruppen häufiger ein regelmäßiges Taschengeld zugesprochen, während gelegentliche Zuwendungen typischer für die neuen Bundesländer sind. Diese Unterstützung hält in vielen westdeutschen Familien bis um das 20. Lebensjahr herum an, während das Taschengeld in Ostdeutschland typischerweise mit dem 16. Lebensjahr ausgesetzt wird - dem Datum der Schulentlassung in der ehemaligen DDR. Es verdient eine eigene Untersuchung, warum Eltern in Ostdeutschland die Jugendphase weniger und zeitlich kürzer subventionieren. Tun sie dies aus einer spezifischen kulturellen Tradition der DDR-Gesellschaft heraus, in der die finanziell abhängige Jugend früher endete als im Westen Deutschlands; und falls sie ausnahmsweise länger andauerte, wie im Fall eines Studiums, war dies eine Angelegenheit des Sozialstaates. Oder drücken sich in diesen Minderleistungen der Elternhäuser die ökonomischen Zwänge in Ostdeutschland aus, insbesondere die der Transformationsphase nach 1989? Nach Lage der Dinge sollte es sich um eine Kombination aus beiden Einflußfaktoren handeln.

Ein weiteres Element der begrenzten Ressourcen während der Jugendphase ist die Wohnsituation. Hier gilt für junge Ostdeutsche das gleiche, was für die neuen Bundesländer generell zutrifft: der verfügbare Wohnraum ist beengter als in Westdeutschland. Der Bezugsrahmen des Wohnens ist in den neuen Bundesländern häufiger eine Wohnung oder ein einzelnes Zimmer, bei den Westdeutschen ein ganzes Haus. Die alten Bundesländer kennen mehr Eigentums-, die neuen mehr Mietverhältnisse. Der Anteil der Jugendlichen, die über kein eigenes Zimmer verfügen, ist in Ostdeutschland mit rund 20 Prozent doppelt so groß wie im Westen (rund 10 Prozent). 13-16jährige machen folgende Angaben zum Raum, der ihnen persönlich im elterlichen Haushalt zur Verfügung steht:

	Westen	Osten
	(nur 13-16jährige)	
Kein eigenes Zimmer	12	22
ein eigenes Zimmer bis 10 qm	16	23
ein eigenes Zimmer 11 bis 20 qm	55	47
ein eigenes Zimmer 21 qm und größer	12	7
zwei und mehr Zimmer	5	2
eigene Wohnung	0	1
	100	101

Die Autoren H. Buba, L.A. Vaskovics und

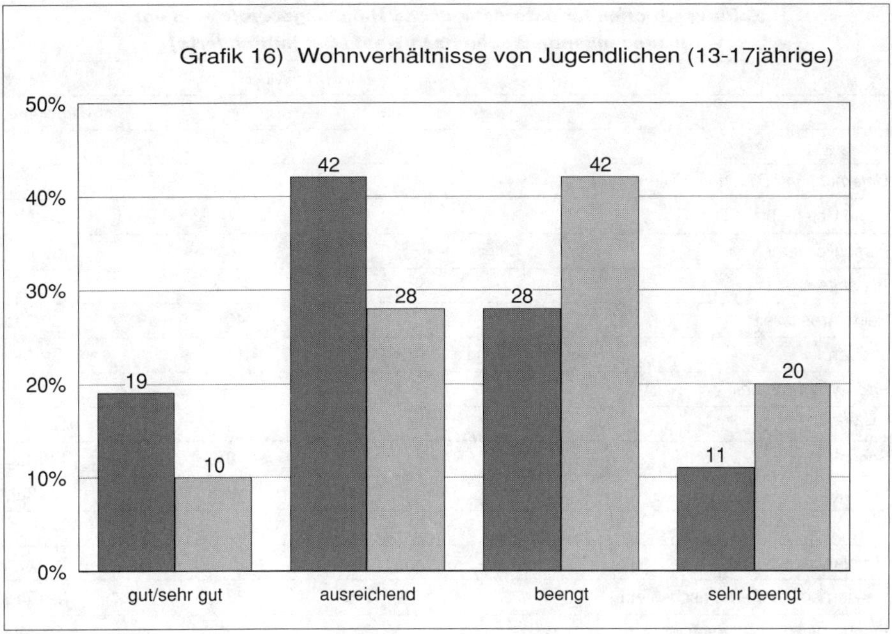

F. Früchtel haben die Wohnsituation der Jugendlichen zwischen 13 und 17 Jahren in Band 2 zu einem Index zusammengefaßt, der auch Wohnbesitz und Wohnen im eigenen Haus mit berücksichtigt.

„39% der Jugendlichen (der 13-17jährigen) in den alten Bundesländern sind von ungünstigen und beengten Wohnverhältnissen betroffen. Sie wohnen in einer Mietwohnung und haben kein oder nur ein kleines eigenes Zimmer zur Verfügung. Für weitere 42% bieten die elterlichen Wohnungen zwar nur wenig persönlich verfügbaren Raum (eigenes Zimmer unter 10 qm), im eigenen Haus aber insgesamt wohl ausreichenden Platz. Die übrigen 19% leben in guten bzw. in sehr guten Wohnverhältnissen (ein größeres eigenes Zimmer in Mietwohnung oder eigenem Haus). Dieses Gesamtbild vermittelt eine Vorstellung davon, mit welchen Schwierigkeiten des Wohnungsmarktes Familien heute kämpfen und belegt, daß Kinder und Familien relativ häufig zu den Verlierern des freien Wohnungsmarktes gehören, auch wenn im westlichen Teil der Bundesrepublik durch wohnungspolitische Maßnahmen in erheblichem Umfang Wohneigentum geschaffen werden konnte.

Das wohnungspolitische Erbe der ehemaligen DDR stellt sich noch ungünstiger dar: In den neuen Bundesländern sind (gemessen am verfügbaren Wohnraum) 62% von ungünstigen und beengten Wohnbedingungen betroffen, 28% verfügen über ausreichenden Wohnraum, 10% über gute bis sehr gute Wohnverhältnisse. Die Wohnungen, in denen Jugendliche in der Bundesrepublik aufwachsen, lassen also im wortwörtlichen wie im übertragenen Sinn oft nur wenig Raum für die eingangs erwähnte Individualität. Die Enge der elterlichen Woh-

Zeitinvestitionen für unterschiedliche Handlungsbereiche in der vorausgegangenen Woche nach West / Ost (Mittelwerte)

	Westen	Osten	Meßeinheit
	HAUPTSTUDIE		
Unterricht und Bildung			
Reine Unterrichtszeit	25	27	Std/Wo
Persönlich lernen	8	8	Std/Wo
Bezahlte Arbeit			
Reine Arbeitszeit	37	40	Std/Wo
Jobben	9	11	Std/Wo
Frei verfügbare Zeit			
Werktag	5	4	Std/Tag
Sonnabend	9	8	Std/Tag
Sonntag	9	8	Std/Tag
	VORSTUDIE		
Privater Haushalt			
Hausarbeit (kochen, waschen etc.)	50	73	Min/Tag
Eigenarbeit (Reparaturen etc.)	6	8	Std/Wo
Zeit für Kinder	-	-	Min/Tag
Persönliche Körperpflege	46	53	Min/Tag
Frühstück	19	18	Min/Tag
Termine, Verabredungen Veranstaltungen	13	12	Std/Wo
Geh- und Fahrzeiten	33	35	Min/Tag
Schlafenszeit	8	8	Std/Tag

nung erhöht bei vielen Jugendlichen den alltäglichen Zwang, sich in der Familie miteinander zu arrangieren, schränkt für alle Familienmitglieder Freiräume ein und erhöht die gegenseitige Kontrolle." (H.Buba u.a., Bd. 2)

Zeitpflichten im Osten

Die Jugendphase ist in gegenwärtigen Industriegesellschaften nicht zuletzt dadurch ausgezeichnet, daß ihr ein vergleichsweise großer Anteil von Zeit zur Verfügung steht, über den die Jüngeren frei bestimmen können. Zwischen Kindheit und Erwachsensein wird dieses Zeitbudget in wachsendem Maße verknappt. Ein Teil der Zeitressourcen wird in den Dienst von Arbeits- und Familienpflichten gestellt. Um diesen Verlauf nachzeichnen zu können, wurden die Befragten gebeten abzuschätzen, wieviele Minuten oder Stunden sie in der dem Interview vorausgegangenen Woche für verschiedene Tätigkeiten aufgewendet hatten.

Wie der beigefügte Textkasten ausweist, sind die durch Arbeiten aller Art gebundenen Zeiten bei jungen Ostdeut-

Grafik 17) Frei verfügbare Zeit in der vorausgegangenen Woche

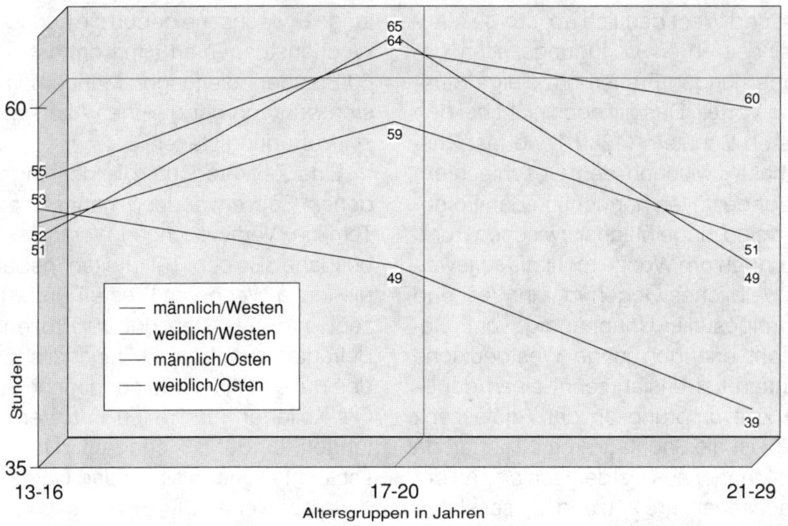

schen zwischen 13 und 29 länger. Die Wochenstunden für Erwerbsarbeit liegen um durchschnittlich 3 Stunden, die für Gelegenheitsjobs um 2 Stunden, Unterrichtsstunden ebenfalls 2 Stunden über denen im Westen. Dazu kommen 2 Arbeitsstunden für unbezahlte Eigenarbeit im eigenen Haushalt pro Woche. Häusliche Arbeiten wie Kochen, Waschen, Putzen verrichten die jungen Ostdeutschen knapp eine halbe Stunde pro Tag länger; für die persönliche Körperpflege verwenden sie täglich im Schnitt knapp 10 Minuten mehr.

Dafür haben die Westdeutschen mehr frei verfügbare Zeit: Werktags, sonnabends und sonntags jeweils eine glatte Stunde zusätzlich. Ihnen bleibt pro Woche auch eine Stunde mehr Zeit, zu Verabredungen oder Veranstaltungen zu gehen. „Als Gesamteffekt schlägt sich dies in der Differenz der mittleren freien Zeit pro Woche von 6 1/2 Stunden zugunsten der Westler nieder. Als noch deutlicheres Indiz der zeitlichen Unterprivilegierung des Ostens kann gelten, daß die freie Zeit die Arbeitszeit im Westen durchschnittlich um fast 20 Stunden, im Osten aber nur um etwa 10 Stunden übertrifft. Diese Unterschiede werden wohl noch einige Jahre anhalten, wenn man sich die deutlich erschwerten, relativ zeitverzehrenden Alltagsbedingungen im Osten vor Augen hält: größere verkehrs- und kommunikationstechnische Hindernisse; längere Warte-, Fahr- und Beschaffungszeiten; Rückständigkeit der Struktur von Behörden, Betrieben, Schulen und anderer Einrichtungen, größere zeitliche Bindungen durch Do-it-yourself u. dgl." (Lüdtke, Band 2)

Die gesamte während einer Woche frei verfügbare Zeit ist nach Alters- und Geschlechtsgruppen recht ungleich verteilt (Grafik 17). Privilegiert ist die Kernphase der Adoleszenz mit 17-20 Jahren. Davor

(13-16) und danach (21-29) fällt der zur eigenen Disposition stehende Zeitanteil in Ost und West deutlich ab. Junge Männer sind in ihren Verfügungszeiten gegenüber jungen Frauen um einige Stunden im Vorteil. Das gilt noch nicht bei den jüngeren Schülern (13-16), wo fast Zeitgleichheit zwischen den Geschlechtern und Landesteilen herrscht. In den Folgejahren sind junge Männer zwischen 5 und 16 Stunden pro Woche mehr als ihr jeweiliges weibliches Gegenüber in West und Ost freigestellt. Unabhängig vom Geschlecht erlangen junge Westdeutsche im dritten Lebensjahrzehnt einen deutlichen Zeitvorsprung. In der Adoleszenz (17-20) ist die Sachlage komplizierter, da junge Männer aus Ostdeutschland an der gewachsenen Freisetzung dieser Jahre partizipieren; ganz im Gegensatz zu den jungen Frauen in den neuen Bundesländern. Deren Zeitbudget verringert sich mit dem Älterwerden durchgehend. Als junge Erwachsene geben sie nur noch 39 Wochenstunden an - im Kontrast zu den 60 Stunden, die jungen Männern im Westen während der gleichen Altersspanne zur Verfügung stehen.

Eine Zeitkategorie, die der ungebundenen Zeitverwendung nahesteht, sind Termine, Verabredungen, Veranstaltungsbesuche. Solche Tätigkeiten geben für die letzte Woche im Westen gut 90 Prozent und im Osten gut 80 Prozent der Befragten an. Westliche Jugendliche wenden gut eineinhalb Stunden mehr als ihre Ost-Kollegen für Treffen und Veranstaltungen in der Woche auf. Nach Geschlecht ergeben sich keine Unterschiede in der Nennung.

Während sich im Westen ein klarer Alterszusammenhang einstellt, finden wir

Grafik 18) Termine und Veranstaltungen nach Altersgruppen

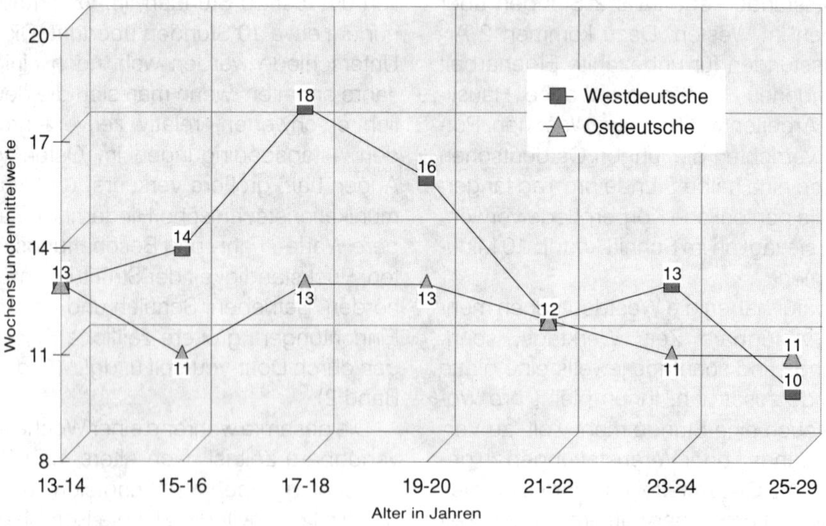

im Osten keine entsprechende Altersabhängigkeit. Bei westdeutschen Jugendlichen ist die Beziehung kurvilinear. Der Höhepunkt der Wahrnehmung von Terminen und Verabredungen ist in der Mitte der Adoleszenz um das 17. bis 18. Lebensjahr, abgeschwächt auch noch im Alter von 19 bis 20 erreicht. Danach sinkt das für soziale und kulturelle Ereignisse verwendete Wochenbudget wieder. Wir können als These formulieren: Die mittlere Adoleszenz ist - im Westen - als Statthalter sozialer Vermittlung und öffentlicher Partizipation anzusehen. Die Teilnahme an informeller wie halbformeller (Vereine) Öffentlichkeit entwickelt sich in dieser Phase dynamisch und macht den besonderen Charakter von Adoleszenz aus. In Ostdeutschland sind Jugendliche weniger ausgeprägt in dieser Rolle.

Nimmt man den Prozentanteil der privat Lernenden als Vergleichsgrundlage, so ergibt sich ein charakteristischer West-Ost-Unterschied. Mitte 1991 ist der Anteil der Lernenden im zweiten Lebensjahrzehnt (d.h. von 13 bis 20 Jahren) in Westdeutschland höher. Dafür überwiegen die Prozentanteile der jungen Ostdeutschen im dritten Jahrzehnt des Lebens. Die Prozentzahlen bis zum 20. Lebensjahr sollten als Begleiterscheinung der längeren Verschulung des Lernens in der alten BRD zu deuten sein. Was die hohen Anteile von Lernenden bei jungen Erwachsenen angeht, so dürfte sich die schwierige Lage auf dem ostdeutschen Arbeitsmarkt mit der hohen Frequenz von Umschulungen und Weiterbildungen in den Zahlen widerspiegeln. Junge Erwachsene stehen in besonderem Maße vor der Notwendigkeit, dem marktbezogenen Verfall ihres Ausbildungs- und Berufswissens entgegenzuwirken. Mit einer solchen Deutung stimmt überein, daß die befragten Ostdeutschen zwischen 20 und 29 Jahren um gut 10 Prozent weniger oft einer Erwerbsarbeit nachgingen als die gleichaltrigen Westdeutschen. Darin spiegeln sich die aktuellen Arbeitslosen- und Umschulungsziffern in den neuen Bundesländern.

Die Lernkurve verläuft in Ost und West geschlechtsabhängig. Nach dem 24. Lebensjahr sinkt der Anteil der jungen Frauen, die sich persönlich weiterbilden. Zwischen 24 und 29 sind es durchschnittlich 15 - 25% mehr junge Männer, die persönlich weiterlernen. In der Adoleszenz, bis zum 22. Lebensjahr, ist der Gesamtanteil der Lernenden bei Mädchen mindestens so hoch wie bei Jungen. Wir dürfen daraus wohl schließen: Das informelle Lernmoratorium trennt ab Mitte des dritten Lebensjahrzehnts männliche und weibliche Lebenswege. Am Weiterlernen in der Nachjugendphase sind junge Frauen in ganz Deutschland weniger oft beteiligt.

Der gesamte Zeitraum zwischen 13 und 29 ist mit bezahlter Gelegenheitsarbeit am Rande des regulären Systems der Erwerbsarbeit durchsetzt. Bezahlte Gelegenheitsarbeit ist im untersuchten Altersraum mehr eine Angelegenheit der jungen Westdeutschen. Einen Höhepunkt erreicht der Anteil der Jobbenden zwischen 16 und 18 Jahren, wo jeder dritte einer solchen Tätigkeit nachgeht. In Ostdeutschland schwanken die Anteile um 10 bis 15 Prozent. Gelegenheitsarbeit gehört(e) eher zur westlichen Ökonomie und Kultur des Jungseins.

In Ostdeutschland ist dagegen mehr die unbezahlte Eigenarbeit zu Hause. Solcher Tätigkeit, die reparieren, basteln, bauen einschließt, also einen gewissen männlichen Anstrich besitzt, sind in der Vorwoche 60 Prozent der Ostdeutschen und - etwas weniger - 51 Prozent der

Westdeutschen nachgegangen. Nach Geschlecht aufgeschlüsselt:

	Westdeutsche	Ostdeutsche
männlich	62%	72%
weiblich	41%	49%

Das Stundenniveau, das für Eigenarbeit wöchentlich aufgewandt wird, ist in den neuen Bundesländern im Frühjahr 1991 deutlich höher. Ostdeutsche Befragte nennen durchschnittlich 8, westdeutsche 6 Stunden. Die für unbezahlte Privatarbeit aufgewendeten Stunden schwanken unter den Altersgleichen erheblich. Solche Schwankungen treffen wir vor allem unter den ostdeutschen Befragten an. Ungeachtet dessen können wir einen Anstieg der durchschnittlich aufgewendeten Wochenstunden zwischen dem Ende der Kindheit und dem Beginn des Erwachsenseins beobachten. Im Westen steigt der Anteil von 4 Stunden - bei den 13-14jährigen - auf 8 Stunden bei den 25-29jährigen. Im Osten finden wir rund 6 Stunden bei 13-16jährigen und 10 Stunden bei jungen Erwachsenen.

Sommer 1990 verbrachte ein größerer Teil der jungen Ostdeutschen die Ferien bzw. den Haupturlaub mit privater Arbeit wie Bauen oder Reparieren für sich (Vorerhebung 1991). Ein Vergleich zeigt auch hier die Dominanz des männlichen Geschlechts und der jungen Erwachsenen:

	Westen	Osten
Alle	10%	21%
Männlich	12%	31%
Weiblich	7%	13%
13-16jährig	2%	14%
17-20jährig	7%	17%
21-29jährig	17%	29%

Eine weitere Domäne der jungen Ostdeutschen ist die alltägliche Arbeit im Haushalt. Angefragt waren im Interview

Grafik 19) Tägliche Hausarbeit nach Altersgruppen

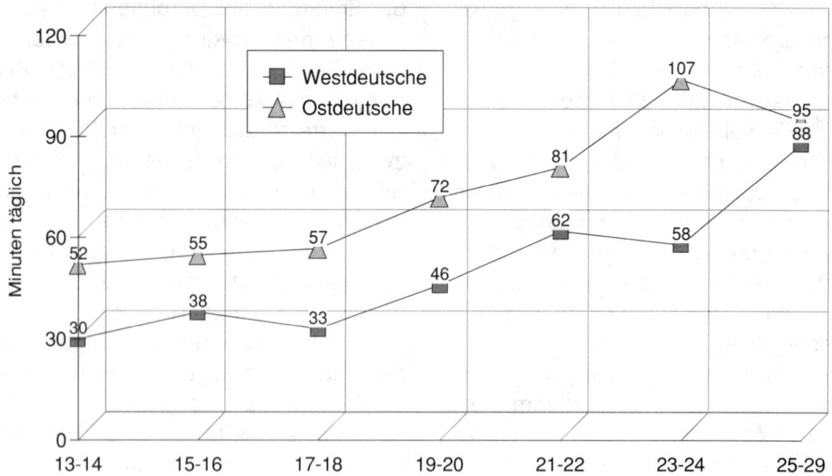

Vorstudie `91

„alltägliche, sich wiederholende Hausarbeiten“, wobei als Beispiele „kochen, waschen, putzen, Besorgungen machen“ gegeben wurden. In gewisser Weise handelt es sich bei dieser Frage um das „weiblich“ besetzte Korrelat zu den unbezahlten privaten Arbeiten wie reparieren, bauen usw. Entsprechend größer ist der Prozentsatz der weiblichen Befragten, die überhaupt zu diesem Punkt Angaben machen.

Daneben finden wir nicht unerhebliche West-Ost-Differenzen. Um 90 Prozent der Befragten aus den neuen Bundesländern bekennen sich zur Hausarbeit in der Woche davor, während es im Westen deutlich unter 80 Prozent sind. Das Gefälle in der Teilhabe an häuslichen Arbeiten läßt sich in den verschiedenen Altersgruppen nachweisen, am deutlichsten ist es unter den Jüngsten mit über 20 Prozent. Ein Drittel dieser Altersgruppe war in Westdeutschland in der Woche vor dem Interview von Hausarbeit freigestellt. Mit dem Übergang ins Erwachsenenalter verallgemeinert sich auch für junge Westdeutsche die Partizipation an Haushaltstätigkeiten.

	Westen	Osten
Alle Befragten (13-29 Jahre)	77%	91%
Männlich	72%	88%
Weiblich	82%	94%
13 bis 16 Jahre	67%	89%
17 bis 20 Jahre	77%	88%
21 bis 29 Jahre	85%	94%

Berechnen wir die Minuten, die täglich mit Hausarbeiten zugebracht wurden, wiederholt sich das Gefälle zwischen west- und ostdeutschen Befragten. Legen wir als zentrale Tendenz den Mittelwert zugrunde, waren Westdeutsche 50 Minuten und Ostdeutsche 73 Minuten täglich mit Hausarbeit befaßt.

In den neuen und alten Bundesländern wächst die zeitliche Dauer der Hausarbeiten im Verlauf der Adoleszenz an. Drei Stufen lassen sich unterscheiden: Frühe Adoleszenz (13-18jährige) mit vermindertem Zeitaufwand, spätere Adoleszenz mit vermehrter Hausarbeit und starkem Anstieg dieser Aktivitäten beim Übergang in den Erwachsenenstatus. Dabei erfolgt die Einbindung in Hausarbeit in Ostdeutschland früher. Dort sind besonders die 23-24jährigen in hohem Maße belastet, während ein vergleichbarer Prozeß in Westdeutschland erst bei den 25-29jährigen einsetzt. Es liegt nahe, hierbei an die rund zwei Jahre früher stattfindenden Statuspassagen ins Familienleben bei ostdeutschen Jugendlichen zu denken. Verheiratete sind durchschnittlich erheblich länger mit Hausarbeit beschäftigt als ledige Befragte.

Ostdeutsche Jugendliche widmen der Körperpflege - im Fragebogen erläutert als „waschen, baden, ankleiden, schminken“ - täglich einige Minuten mehr als westdeutsche (53 zu 46 Minuten). Dabei erweisen sich die ostdeutschen Mädchen als die Gruppe, die die meiste Zeit für die tägliche Körperpflege aufwendet:

	Westen	Osten
Junge Frauen	49 Minuten	60 Minuten
Junge Männer	43 Minuten	44 Minuten

Strategien der Bewältigung

Wie gehen junge Ostdeutsche mit den Unwägbarkeiten und den „Stressoren“ ihrer Lebenslage um? Wir können im Rahmen der Jugendstudie keine psychologische Analyse von persönlichen Bewältigungsstrategien geben, wohl aber lassen sich - durch Vergleich mit den Westdeutschen - einige Hinweise auf gruppenbezogene Tendenzen bei ostdeutschen Jugendlichen gewinnen. So reagieren die Jüngeren in den neuen Bundesländern keineswegs mit betontem Pessimismus, was die Sicht ihrer persönlichen Zukunft angeht. Allerdings sehen sie diese häufiger als die Westdeutschen „gemischt, mal so - mal so". Diese ambivalente Sicht charakterisiert 44 Prozent der Ostdeutschen und 35 Prozent der Westdeutschen. Bei den jüngeren Jugendlichen ist sie in ganz Deutschland verbreiteter als bei den jungen Erwachsenen, deren Zuversicht eindeutiger ausfällt, der Abstand zwischen West und Ost bleibt aber erhalten. Die Unsicherheit über die eigene Zukunft ist bei ostdeutschen Mädchen und jungen Frauen besonders weit verbreitet. Sie nimmt an Häufigkeit noch zu, wenn Heirat und Elternschaft als Status oder familienzentrierte Orientierung vorliegen

Persönliche Zukunft „gemischt, mal so - mal so"

	West	Ost
männlich	33%	38%
weiblich	38%	50%

Ledige und unabhängige Jugendliche und junge Erwachsene nehmen die Problemlagen in den neuen Bundesländern ganz allgemein weniger ernst als jene, die sich in Familienverpflichtungen eingebunden sehen. Das wird auch in den Aufsätzen von ostdeutschen Jugendlichen (Band 3) deutlich, wo sich vor allem junge Mädchen und Frauen besorgt über die Entwicklungen im Elternhaus - Arbeitslosigkeit, Arbeitsstreß und Familienklima - äußern bzw. sich Gedanken über Proble-

Grafik 20) "Über meine weitere Zukunft sehe ich ziemlich klar"
- Trifft eigene Meinung sehr gut -

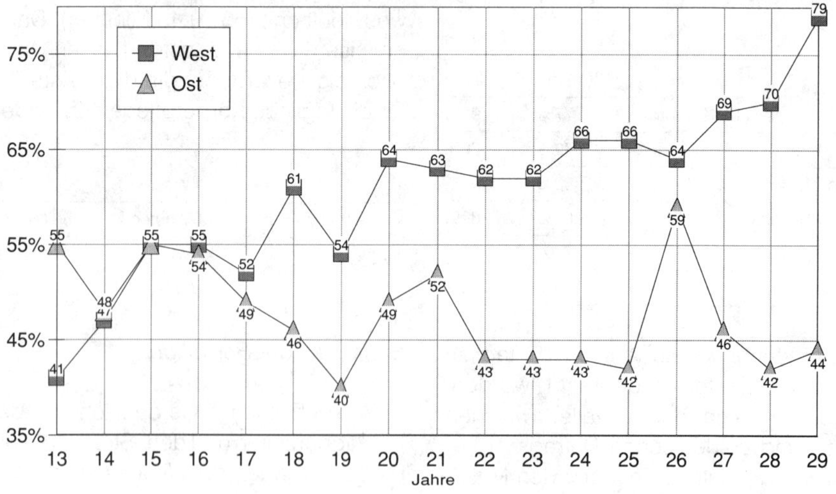

me bei der Familiengründung unter den neuen Lebensbedingungen machen.

Eine sichere Zukunftsperspektive zu besitzen, das gehörte zu den Qualitätskriterien des Lebens in der ehemaligen DDR. Die offenere und individualisierte Lebensplanung war dagegen Charakteristikum des Westens. Mitte 1991 hat sich das Verhältnis umgekehrt. Mehr junge Westdeutsche geben an: „Über meine weitere Zukunft sehe ich ziemlich klar.“ Dabei nimmt im Westen, dem Voranschreiten im Lebenslauf entsprechend, die Sicherheit über die eigene Zukunft in der Gesamtgruppe mit dem Alter zu (siehe Grafik 20), von 41 Prozent bei 13jährigen auf 61 Prozent bei 18jährigen, von 66 Prozent bei 25jährigen auf 79 Prozent bei 29jährigen. Bei den jungen Ostdeutschen stagniert die sichere Zukunftsperspektive zwischen dem 13. und 29. Lebensjahr oder ist sogar leicht rückläufig. Sehen noch 55 Prozent der 13jährigen Ostdeutschen „ziemlich klar“, sind es bei den 29jährigen jungen Erwachsenen nur 44 Prozent. Aus diesen und anderen empirischen Hinweisen der Studie wird ersichtlich, daß es vor allem die älteren Jugendlichen und junge Erwachsene sind, die mit den neuen Lebenslagen und der Umbruchssituation in Ostdeutschland zu kämpfen haben.

Die Verunsicherung der jungen Ostdeutschen führt allerdings nicht zu einem erhöhten Anteil derer, die sich aufgeben oder die „die Dinge auf sich zukommen lassen“. Sie sehen sich in ihren Lebenszielen genau so oft wie die Westdeutschen als „sehr anspruchsvoll und ehrgeizig“ an - eine Norm, die knapp 60 Prozent in West und Ost teilen -; denken etwas häufiger als diese an ihr zukünftiges Leben statt nur an die Gegenwart (22% zu 29%); und sie halten häufiger als Westdeutsche an einer „protestantischen Pflichtethik“ für die eigene Lebensgestaltung fest, besonders die Mädchen und jungen Frauen. Diese genießt bei der jün-

Arbeitsethik oder Genußethik im Leben (Angaben in Prozenten)

	Westen		Osten	
	männlich	weiblich	männlich	weiblich
„Ich betrachte mein Leben als eine Aufgabe, für die ich da bin und für die ich alle Kräfte einsetze. Ich möchte in meinem Leben etwas leisten, auch wenn das oft schwer und mühsam ist.“	45	48	56	64
„Ich möchte mein Leben genießen und mich nicht mehr abmühen als nötig. Man lebt schließlich nur einmal, die Hauptsache ist doch, daß man etwas von seinem Leben hat.“	55	52	44	37
Gesamt	100	100	100	101

geren Generation in den neuen Bundesländern auch absolut gesehen noch den Vorrang gegenüber einer genußorientierten, hedonistischen Lebensethik. Die letzte Frage ist von besonderem Interesse für den Wandel der Lebensauffassungen beim Übergang von einer „arbeitsorientierten" zu einer „konsumorientierten" Industriegesellschaft. Es handelt sich um die wörtliche Wiederholung einer Frage, anhand derer das Institut für Demoskopie in Allensbach einen entsprechenden „Wertesprung" in der westdeutschen Bevölkerung zwischen Mitte der sechziger und Mitte der siebziger Jahre diagnostizierte. Wie man sieht, hielten mehr Ostdeutsche der älteren Arbeitsethik bis heute die Treue.

Auf die Belastungen und krisenhaften Erscheinungen in ihrem Leben reagieren junge Ostdeutsche vermehrt mit Arbeit an der eigenen Identität und Biografie. Das zeigt sich an den Zustimmungen zu folgendem Satz: „Ich weiß zwar gegenwärtig noch nicht, was ich mit mir und meinem Leben anfangen will, aber ich verwende gegenwärtig viel Zeit und Mühe darauf, mir darüber klar zu werden." Das bejahen 37 Prozent der Ostdeutschen und 29 Prozent der Westdeutschen für sich. Diese an sich geringe Prozentdifferenz nimmt zu, wenn wir die Schlüsselgruppen in den neuen Bundesländern ins Auge fassen, die von den ungesicherten Lebensperspektiven und den dadurch ausgelösten Verunsicherungen besonders betroffen sind: Jugendliche in Ausbildung, verheiratete junge Erwachsene, natürlich auch Arbeitslose. Andere Gruppen, wie junge ledige Schüler, unterscheiden sich dagegen kaum in West und Ost (siehe Textkasten).

Es arbeiten gegenwärtig an ihrer noch ungewissen Identität und Lebensperspektive:

Angaben in Prozenten

	Westen	Osten
Alle 13 - 29jährigen	29	37
13 - 16jährige	34	41
17 - 20jährige	36	50
21 - 24jährige	27	32
25 - 29jährige	23	29
Junge Männer	29	33
Junge Frauen	28	40
Ledige Schüler und Studenten	37	42
Ledige in Berufsausbildung	30	43
Ledige Berufstätige	29	34
Verheiratete Berufstätige	13	28

Wie finden die Jüngeren den Weg ins Leben?

Woran man merkt, daß man kein Kind mehr ist (S. 267) – Ich bin Jugendlicher: Biografische Selbstdeutungen und ihre Hintergründe (S. 269) – Schnell, normiert und sozial gebunden – Drei Merkmale, an denen man ostdeutsche Lebensläufe erkennen kann (S. 272) – Westdeutsche Jugendbiografien im Wandel (S. 276) – Vom eigenen Bett zum eigenen Haus: Laufbahnen des Wohnens (S. 278)

Woran man merkt, daß man kein Kind mehr ist

Die Grenzen und Übergänge zwischen den Altersgruppen sind seit längerem öffentlich ins Gerede gekommen. Man spricht davon, daß der Ausgang einer Epoche pädagogisch betreuter Kindheit und Jugend erreicht sei. Auf der Gegenseite werden Thesen von der Verkindlichung und Verjugendlichung des Erwachsenseins gehandelt. Danach bleiben bestimmte Seiten von Kindheit und Jugend ein Leben lang wirksam, da sie zu übergreifenden gesellschaftlichen Werten gekürt wurden, an denen jung und alt sich ausrichten. In Frage stehen nicht zuletzt die zeremoniellen Übergangsriten, die Beginn und Ende von Lebensabschnitten markieren. Das kulturelle Repertoire an solchen Feiern und deren soziale wie persönliche Bedeutung sind rückläufig, was den einzelnen Heranwachsenden vermehrte Anstrengungen auferlegt. Sie sind gehalten, die Etappen ihres Erwachsenwerdens selbst zu gestalten. Man spricht von Tendenzen zur „Selbstinitiation" und bezeichnet damit eine Form der „Individualisierung" der Jugendphase.

Für unsere Studie ergibt sich daraus die Frage, woran Jugendliche sich orientieren, wenn sie den Vorgang des Älterwerdens an sich beobachten. Gab es erinnerbare Ereignisse in der eigenen Lebensgeschichte, an denen man spürte, „kein Kind mehr" beziehungsweise „erwachsen geworden" zu sein? Dieses bejahten in der Vorstudie:

	BRD	DDR
für das Ende von Kindheit	35 %	49 %
für das Erwachsenwerden	45 %	55 %

Wir sehen: In Ostdeutschland waren die beiden Altersübergänge etwas sichtbarer als in Westdeutschland. Dabei ist in ganz Deutschland der Übergang ins Erwachsenenalter häufiger durch bestimmte Ereignisse markiert als das Kindheitsende. Nicht zu vergessen: Gut die Hälfte der Befragten vermag kein bestimmtes Ereignis als Übergangsmarkierung zu nennen. Möglicherweise finden wir hierunter die Jugendlichen, für die die Lebensjahre zwischen Kindheit und Erwachsensein kontinuierlich, nur schwach akzentuiert verlaufen.

In der offenen Nachfrage wurden die Interviewten gebeten, das Ereignis zu nennen, das ihnen als symbolisches Markierungszeichen für die beiden Übergänge vor Augen stand. Auf welche Arten von Ereignissen beziehen sich die Befragten?

1. Ereignisse, die einen sozialen Statuswechsel im Familien-, Berufs- und Konsumbereich anzeigen.

Sie dominieren mit über 60 Prozent Nennungen eindeutig. Im Fall des Erwachsenwerdens werden diese sogar zu gut 80 Prozent angeführt. Im Vordergrund stehen dabei die Übergänge im Bereich der Familienlaufbahn: Auszug aus dem Elternhaus, erste Partnerschafts- und Sexualitätserfahrungen, Stadien der Familiengründung. Ereignisse aus diesem privaten Lebensbereich werden doppelt so häufig genannt wie Ereignisse, die das Voranschreiten in Berufslaufbahnen oder die Selbständigkeit der jungen Konsumenten und Bürger dokumentieren. Bei Mädchen ist dieser Unterschied noch weit ausgeprägter als bei Jungen. Beachtung verdient, daß junge Westdeutsche ihre biografischen Selbstdeutungen zwei- bis dreimal sooft auf Ereignisse stützen, die den Status eines selbständigen Konsumenten und partizipierenden Bürgers anzeigen. Für gut ein Viertel von ihnen sind das erste selbstverdiente Geld, das eigene Auto, die erste politische Wahl und ähnliche Ereignisse Markierungszeichen für das Ende der Kindheit und den Eintritt des Erwachsenseins. Das verweist uns auf das Phänomen, daß in der entwickelten Dienstleistungs- und Konsumgesellschaft der Status des Konsumenten und Bürgers eine Aufwertung als gesellschaftlicher Code für das Erwachsensein erfährt. Das ermöglicht den Jüngeren, sich im dritten Lebensjahrzehnt als erwachsen zu deklarieren, obgleich sie die Statuspassagen, die traditionell im Vordergrund standen, nämlich Erwerbsarbeit und Familiengründung, nicht vorzuweisen haben.

2. Zeremonielle Reifefeiern.

Sie spielen in Gestalt der Jugendweihe (14. Lebensjahr) nur in der ehemaligen DDR eine Rolle. Ganz anders als im Fall der Angebote seitens der beiden großen Konfessionen (Erste Kommunion, Konfirmation), die von den Befragten ignoriert werden, besaß die Jugendweihe eine statusverleihende zeremonielle Qualität, die an Reifefeiern in einfachen Stammesgesellschaften erinnert. Dabei ist von Bedeutung, daß sie mit weiteren Statusübergängen wie FDJ-Mitgliedschaft, erster Diskothekenbesuch zeitlich synchron erfolgt und auf diese Weise zum Kristallisationspunkt für ein Kindheitsende - weniger fürs Erwachsensein - werden konnte.

3. Eine vergleichsweise geringe Aufmerksamkeit erfahren Anzeichen körperlicher Entwicklungen wie Menstruation, Wachstumsschub, Bartwuchs, „Pubertät" allgemein. Darauf beziehen sich mehr Westdeutsche als Ostdeutsche - und auch etwas häufiger Mädchen als Jungen.

4. An letzter Stelle - nach der Zahl der Nennungen - folgen Ereignisse, die kritische Einschnitte in die eigene Lebensgeschichte signalisieren. Dazu zählen Krankheiten oder Todesfälle im Familienkreis, Trennung der Eltern, Unfälle, Flucht in den Westen u. ä.

Wie ist das Ergebnis einzuschätzen? Festzuhalten bleibt, daß überlieferte soziale Markierungspunkte, die mit Statuslaufbahnen im Beruflichen, Privaten und Öffentlichen verknüpft sind, im Mittelpunkt der Aufmerksamkeit stehen - jedenfalls bei der Hälfte der Befragten, denen überhaupt Ereignisse einfallen. Das relativiert allzu gewagte Annahmen über die soziale Entstrukturierung der Lebensläufe und über die damit verbundene schwindende Sichtbarkeit der Übergänge.

Die beiden letztgenannten Ereignisarten, persönliche körperliche Entwicklungen und kritische Lebenslaufereignisse, lassen sich dem Typus individualisierter und sozial „unsichtbarer" Statuspassagen zurechnen. Kritische Lebensereignisse haben wenig bis nichts mit altersnormierten Übergängen gemein, die eine Jugendkohorte nahezu vollzählig durchläuft (Typ: Schulanfang). Ebenso sind körperliche Entwicklungen schwächer gesellschaftlich codiert, als soziale Lebenslaufereignisse dies sind. Sie bleiben damit stärker individuierende Erfahrung der einzelnen Heranwachsenden. Wenn westdeutsche Jugendliche sich doppelt so häufig auf solche „a-sozialen" Ereignisse besinnen als junge Ostdeutsche, so nehmen wir das als ein Anzeichen für die ausgeprägtere Modernisierung - im Sinne von Individualisierung und Privatisierung - ihrer jugendlichen Lebensverläufe.

Ich bin Jugendlicher: Biografische Selbstdeutungen und ihre Hintergründe [22]

Im weiteren interessieren wir uns dafür, wer von den Befragten sich noch als Jugendlicher, wer sich bereits als Erwachsener ansieht. Die Frage ist nicht voraussetzungslos. „Jugend" und „Erwachsen" sind wertbeladene Begriffe mit einer besonderen Vorgeschichte. Ein solches Etikett wird von manchen Jüngeren eher als gesellschaftliche Fremdzuschreibung denn als Teil des Selbstbildes verstanden. Wenn sie sich schon einen Status zuweisen, dann eher den eines Schülers, Studenten oder Angestellten. Für wieder andere sind solche sozialen Statuszuweisungen gänzlich tabu. Sie möchten sich ausschließlich über die persönliche Identität („Ich bin ich") verstehen. Eine weitere Problematik ergibt sich im Zusammenhang des Lebensziels „erwachsen werden". Im Zuge einer Modernisierung der Lebensläufe ist diese Sinngebung des Jungseins - Vorbereitung auf den Status eines Erwachsenen - von verschiedenen Seiten und aufgrund sozialstruktureller Entwicklungen einem öffentlichen Zweifel ausgesetzt worden. Wollen Jugendliche überhaupt noch erwachsen werden - so fragten sich besorgte Ältere angesichts aufgeschobener Heiraten und verlängerter Schul- und Studienzeiten. Auf der anderen Seite mußten sich gesellschaftliche Institutionen angesichts schwieriger beruflicher Einfädelungsprozesse die Frage gefallen lassen, ob sie den Jüngeren überhaupt noch eine Chance einräumen, ihre Jugend zum endgültigen Abschluß zu bringen.

Die Schlüsselfrage, die es für die Befragten in der Jugendstudie '92 zu beantworten galt, lautete: „Würdest Du Dich eher als Jugendliche(r) oder eher als Erwachsene(r) sehen, oder als was würdest Du Dich sehen?" Daran schlossen sich als Folgefragen an:

„Wie schnell willst Du ein Erwachsener werden?" (Als Antwortvorgabe wurde ein Meßband vorgelegt, das von 1 (ganz langsam) bis 10 (ganz schnell) reichte.)

„Wenn Du von Jugend sprichst - bis zu welchem Alter rechnest Du einen Menschen zur Jugend?" (Das Lebensalter sollte eingetragen werden.)

In allen drei Fragen erhalten wir Unterschiede zwischen jungen West- und Ostdeutschen, deren Generalnenner lautet: Die Westdeutschen datieren den Übergang zwischen Jugend- und Erwachsensein auf frühere Lebensjahre als die Ostdeutschen. Sie beginnen in einem früheren Alter, sich erwachsen zu fühlen; sofern sie noch nicht erwachsen sind, möchten sie das Tempo des Erwachsenwerdens häufiger beschleunigen; und schließlich lassen sie - fragt man sie als Experten - das Alter früher enden, zu dem man jemanden noch zur Jugend rechnen kann.

Das Bestreben des jungen Westdeutschen, sich vergleichsweise früh als erwachsen zu verstehen, ist möglicherweise in einen längerfristigen historischen Entwicklungstrend eingebettet. Empirische Anzeichen erhalten wir, wenn der Zeitvergleich westdeutsche Jugend '81 -

'91 dazugeschaltet [23] und der Kulturvergleich zwischen West- und Ostdeutschland auf weitere osteuropäische Jugenden ausgedehnt wird [24]. (Das ist möglich, da wörtliche Fragewiederholungen repräsentativer Jugendstichproben bei 15-24jährigen vorliegen.) Beide Vergleiche ergeben, daß die jungen Westdeutschen 1991 die Jugendphase früher enden lassen wollen. Westdeutsche Befragte 1981 ebenso wie ostdeutsche, ungarische und polnische Befragte fühlen sich erst zu einem späteren Zeitpunkt als Erwachsene.

Der Befund ist von großem Interesse, da er eine Scherenbewegung des Erwachsenwerdens offenbart. Dort, wo die Übergänge in den Berufs- und Familienstatus sich lebensgeschichtlich verzögern, verstehen die Betroffenen sich lebensgeschichtlich früher als erwachsen. Dort, wo man vergleichsweise früh in das Erwerbs- und Familienleben eintritt, tut man dies im Bewußtsein, gleichwohl noch länger ein Jugendlicher zu sein.

Bis zu welchem Lebensalter sehen die Befragten sich als Jugendliche? Wie Grafik 21 zeigt, ist bei den 13-16jährigen noch Konsens darüber, daß man sich im Jugendalter befindet. Unter den 25-29jährigen besteht auf der anderen Seite fast Einigkeit darüber, daß die Jugend für einen selbst jetzt beendet ist.- sieht man von einer Minderheit um 10 Prozent ab, die an einer jugendlichen Selbstbeschreibung festhält. Aus der Frage nach dem Selbstkonzept „läßt sich eine Abgrenzung der Übergangsphase 'Jugend' durch die Betroffenen selbst herauslesen, die in beiden Landesteilen gleich ist. ...Die Jugend spannt sich vom 16. bis zum 26. Lebensjahr; davor ist das Erwachsensein, danach das Jugendlichsein 'kein Thema'. (Meulemann, Band 2)

Die Selbsteinschätzung der Befragten stimmt mit ihrer Fremdzuschreibung

Grafik 21) Selbsteinschätzung als Jugendlicher in verschiedenen Altersgruppen

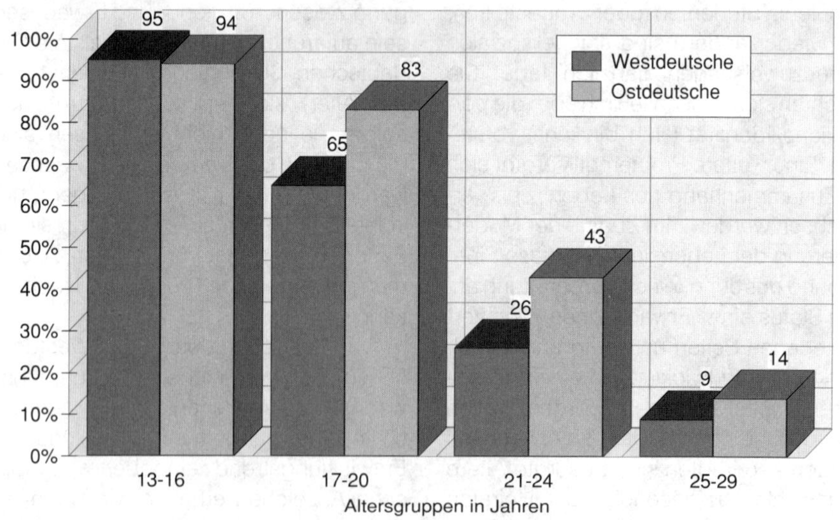

überein, bis zu welchem Alter sie „einen Menschen zur Jugend“ rechnen. Im Westen liegt danach die durchschnittliche Obergrenze der Jugend bei 21,8 Jahren, im Osten bei 24,0. Schlüsseljahre, die am häufigsten angeführt werden, sind im Westen das 18. Lebensjahr (24%), im Osten das 25. Jahr (23%).

Die Ergebnisse der Altersdatierungen weisen darauf hin, daß der Übergang ins Erwachsensein für die Befragten in einen fixen zeitlichen Rahmen eingespannt ist, der ein Lebensjahrzehnt umfaßt. Das Alltagsverständnis der heutigen Jugendgeneration stimmt hier gut mit der wissenschaftlichen Konvention von Jugendforschern überein, die seit den 50er Jahren die Jugendphase durch die Altersgrenzen 15 bis 24 bestimmen. Das kommt insbesondere in der westdeutschen Tradition von Jugendumfragen (EMNID u.a.) zum Ausdruck. Jenseits der Begrenzung durch das 16. bis 26. Lebensjahr entscheidet sich in erster Linie aufgrund des biologischen Alters, ob man erwachsen ist oder nicht. Dabei tritt die Frage sozialer Statuspassagen in den Hintergrund. Eine Dreißigjährige versteht sich als Erwachsene - und wird als solche angesehen - unabhängig davon, ob sie bereits erwerbstätig, von zu Hause ausgezogen oder verheiratet ist.

Anders stellt sich der Sachverhalt innerhalb des kritischen Lebensjahrzehnts dar. Zwischen 16 und 26 fällt den sozialen Statuspassagen im Familien- und Berufsbereich eine erhebliche Bedeutung für die biografische Selbstdeutung zu. Innerhalb gleicher Altersgruppen rechnen sich diejenigen, die bestimmte Statusübergänge vollzogen haben, häufiger dem Erwachsensein zu. Das gilt für West- und

Grafik 22) Selbsteinschätzung als Erwachsener nach Familienstatus (20-24jährige)

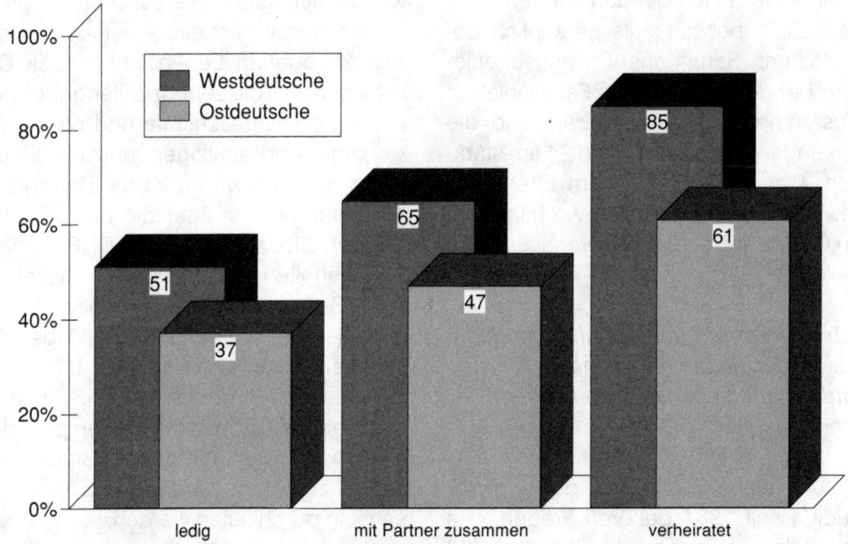

Ostdeutschland gleichermaßen (siehe Grafik 22 als Beispiel für die Wirkung privater Übergänge auf das Selbstverständnis 20-24jähriger).

„Fast ebenso stark wie mit dem Alter steigt die Selbstdefinition als Erwachsener mit der biographischen Entwicklung an: Mit dem Übergang in den Beruf, dem Auszug aus dem Elternhaus und der Gründung einer eigenen Familie nimmt sie um 40-60 Prozentpunkte zu. Wenn aber Alter und Übergänge gleichzeitig als Determinanten der Selbstdefinition als Erwachsener betrachtet werden, erweist sich das Alter als durchgängig stärkere Variable. Die privaten Übergänge haben in den mittleren Altersgruppen einen besonders starken Einfluß auf die Selbstdefinition; in der privaten, aber nicht in der beruflichen Entwicklung gibt es also kritische Phasen, in denen Übergänge für die Selbstdefinition als Erwachsener besonders wichtig sind." (Meulemann, Bd. 2)

Im Einzelnen: Der Eintritt ins Erwerbsleben erweist sich bei den Jüngeren bis zum 20. Lebensjahr als persönlich bedeutsamer Schritt ins Erwachsenenleben; bei der Passage ins Familienleben (Zusammenleben und Heirat) sind die Wirkungen zwischen 17 und 24 am stärksten. Der Auszug aus dem Elternhaus bewirkt nur im Westen (bei 17-24jährigen) ein Gefühl, jetzt zu den Erwachsenen zu zählen.

Schnell, normiert und sozial gebunden - drei Merkmale, an denen man ostdeutsche Lebensläufe erkennen kann[25]

Zum festen Bestandteil der Jugendstudien seit 1981 gehören Fragen zum Lebenslauf, in denen die Jüngeren auf Ereignisse in ihrer Kindheit und Jugend zurückblicken: In welchem Lebensalter hat man bestimmte Dinge zum erstenmal getan oder erlebt? Falls bestimmte „Statuspassagen" noch nicht vollzogen wurden, geht es in einer Nachfrage um eine Prognose für die Zukunft: In welchem Alter will man - wenn überhaupt - diesen Schritt tun? Auf diese Weise gewinnen die Momentaufnahmen des jugendlichen Lebens eine gewisse biografische Tiefendimension - wobei natürlich die methodischen Untiefen bedacht sein wollen, die in solchen Rückerinnerungen verborgen sind. Es ist beispielsweise sinnvoll, bei dieser Frage nicht die gesamte Altersspanne von 13-29jährigen zu berücksichtigen, sondern sich auf eine der Altersgruppen einzuschränken, um Erinnerungsfehler und altersgruppenbezogene Verschiebungen (sogenannte Kohorteneffekte) so gering wie möglich zu halten. Da wir an dem Gesamtbogen jugendlicher Lebensläufe, vom Ende der Kindheit bis zum Übergang in den Erwachsenenstatus, interessiert sind, greifen wir auf die Rückblicke der Älteren, ab dem 20. oder 25. Lebensjahr, zurück. Da in diesem Fall die Lebenslaufangaben tief in die Lebensgeschichte und bis in die siebziger und achtziger Jahre hineinreichen, erfahren wir durch die Befragung 1991 auch etwas über die biografische Wirklichkeit der ehemaligen DDR.

I. Behnken und J.Zinnecker stellen in ihrem Beitrag in Band 2 drei zentrale Merkmale heraus, anhand derer sich jugendliche Lebensläufe in der alten DDR von Westdeutschen unterscheiden: „Erstens das lebensgeschichtliche Tempo, die Geschwindigkeit, mit der die Statuspassagen zwischen Kindheit und Erwachsensein durchlaufen werden.

Zweitens der Umfang, in dem diese Statuspassagen in Ost und West alters-

Grafik 23) Durchschnittliches Erreichen von Lebenslaufereignissen (Mediane in Lebensjahren)

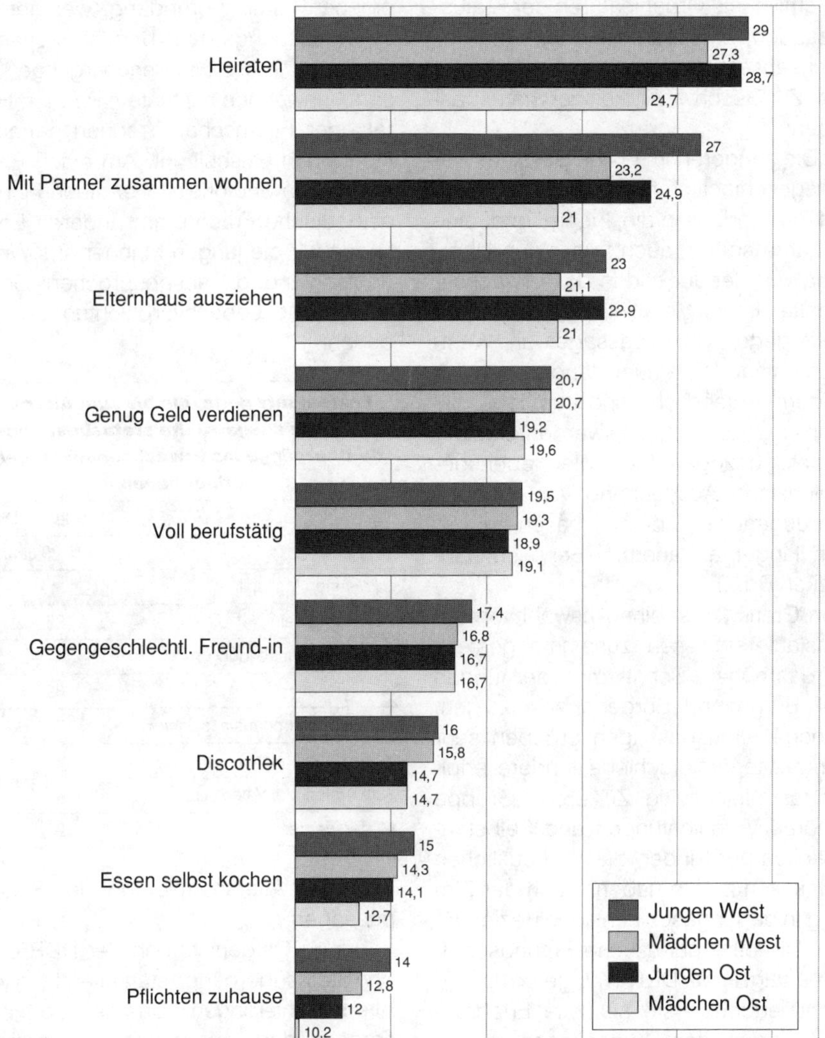

normiert und an das chronologische Alter gebunden erfolgen.

Drittens die Rolle, die stabile lebenslaufbegleitende informelle Gruppen und soziale Institutionen, also z.B. Schule oder Familie, als Organisatoren der Statuspassagen zwischen Kindheit und Erwachsensein spielen".

1. Zur Geschwindigkeit der Statuspassagen:

„Die Jüngeren im Osten passieren lebensgeschichtlich früher den Übergang von der Kindheit in die Jugend und, einige Jahre später, auch früher den Übergang von der Jugend in das Erwachsenenalter. Im Vergleich hierzu ... finden wir „verzögerte" Statuspassagen in Westdeutschland. Es dauert länger, bis aus Kindern Jugendliche und aus Jugendlichen junge Erwachsene werden. Das bedeutet, bezogen auf die lebensgeschichtliche Ausdehnung von Kindheit und Jugend, daß beide Phasen im Westen länger andauern." (Behnken, Zinnecker, Bd.2).

In Grafik 23 ist eine Auswahl von Lebenslaufereignissen zusammengestellt, die das höhere Schrittempo der jungen DDR-Bürger und -Bürgerinnen anzeigen. Manche Statuspassagen ergeben sehr starke Altersunterschiede, andere erfolgen fast gleichzeitig. Zur ersten Gruppe gehören Verpflichtungen und Selbständigkeiten der Kinder, die mit häuslichen Tätigkeiten zu tun haben. Auch der Einstieg in gegengeschlechtliche Beziehungen - Diskothekenbesuche, Freundschaften - erfolgt in der DDR in jüngeren Jahren (nicht jedoch: erste sexuelle Erfahrungen). Zur zweiten Gruppe gehören Statusübergänge wie der Auszug aus dem Elternhaus, der bei jungen Frauen in Ost und West früher erfolgt.

Die Unterschiede zwischen alter DDR und BRD, die den Übergang vom Kindsein in die Jugendphase betreffen, sind mehrheitlich geringer als die, die wir beim Übergang ins Erwachsenenalter finden. Das gilt in erster Linie für die Phasen der eigenen Familiengründung, weniger für die ausbildungs- und berufsbezogenen Passagen. Diese Familienübergänge, Zusammenwohnen mit festem Partner, Heirat oder Elternschaft, trennen genauso stark nach Geschlecht. Am einen Ende der Geschwindigkeitsleiter stehen junge ostdeutsche Frauen, am anderen Ende finden wir die jungen Männer aus Westdeutschland, die ausgesprochen zögerlich private Lebensverpflichtungen eingehen.

Prozentsatz derer, die bis zum Alter von 25 Jahren ausgewählte statusbestimmende Übergänge ins Erwachsensein bereits erlebt haben

	Westen	Osten
	(25-29 Jahre)	
zum ersten Mal voll berufstätig sein	85	94
erste Berufsausbildung abschließen	82	90
aus dem Elternhaus ausziehen	78	82
zum ersten Mal heiraten	31	50
zum ersten Mal Vater/ Mutter werden	21	51

2. Zur Altersnormierung der Statuspassagen:

Junge Ostdeutsche in der DDR erleben Statusübergänge stärker entlang von Altersnormierungen. „Das heißt, die entsprechenden Lebenslaufereignisse sind enger an bestimmte Lebensalter gebunden, die mehr oder weniger für alle Jugendlichen zutreffen. Umgekehrt gilt für junge Westdeutsche, daß sich die Status-

Streuungen im Lebensalter, zu dem biografische Ereignisse zum ersten Mal erlebt werden - 21 - 24jährige -(nur Jugendliche, die ein Ereignis bereits erreicht haben)

	Standardabweichungen in Lebensjahren	
	Westen	Osten
Zum ersten Mal auf eigene Faust eine Urlaubsreise machen	2,3	1,9
Weggehen und heimkommen, wann man will	1,6	1,5
Aus dem Elternhaus ausziehen (unabhängig von den Eltern wohnen)	2,2	1,9
Selbst sexuelle Erfahrung machen	2,2	1,8
Genug Geld verdienen, um für sich selbst sorgen zu können	1,8	1,4
Die (erste) Berufsausbildung abschließen (auch Hochschule)	1,8	1,0
Heiraten	2,2	1,8
Sich über politische Themen gut unterhalten können	2,0	2,1
Selbst bestimmen, wie man aussehen will	2,7	2,4
Zum ersten Mal Vater/Mutter werden	2,3	1,6
Zum ersten Mal arbeitslos sein	2,3	2,9
Zum ersten Mal sehr verliebt sein	2,7	2,1
Aus der Schule kommen	2,1	1,2
Zum ersten Mal voll berufstätig sein	2,0	1,5
Zum ersten Mal in der Lage sein, sich sein Essen selbst zu machen	2,9	2,7
Zum ersten Mal Pflichten im Haushalt übernehmen	3,6	3,1
Zum ersten Mal in die Disco gehen	1,7	1,5
Zum ersten Mal wissen, was ich beruflich machen will	2,8	2,2
Nur für Jungen: Zum ersten Mal eine feste Freundin haben	2,3	1,8
Nur für Mädchen: Zum ersten Mal einen festen Freund haben	2,0	2,0
Zum ersten Mal regelmäßig Zigaretten rauchen, mindestens 3 pro Tag	2,0	2,2
Zum ersten Mal richtig Alkohol trinken	2,0	1,7
Mit einem festen Partner zusammenwohnen	1,9	1,8

Alle Unterschiede ≥ 0,2 Lebensjahre sind mindestens auf 0,5 Prozentniveau signifikant

passagen tendenziell von der Bindung an Altersdatierungen ablösen und stärker gewissen biografischen Besonderheiten und individuellen Lebenswegen folgen. Das müßte sich in einer größeren Variation des chronologischen Alters pro Lebenslaufereignis niederschlagen". (Behnken, Zinnecker, Bd.2)

Im beigefügten Textkasten sind die Streuungen (ausgedrückt in Standardabweichungen) aller dreiundzwanzig Lebenslaufereignisse bei 21-24jährigen ausgeführt. Wie man sehen kann, ist die Streuung bei siebzehn davon in der alten BRD größer (0,2 und mehr Standardabweichungen), bei vier besteht kein gesicherter Unterschied und nur zweimal ist die Streuung in Ostdeutschland größer. Darunter befindet sich die aktuelle Arbeitslosigkeit, die in den beiden vorangangenen Jahren relativ altersunabhängig ostdeutsche Jugendliche treffen konnte.

Sehr regelmäßig (Differenzen um 0,7 Standardabweichungen) streuen die Stationen der Ausbildung und des Übergangs ins Berufsleben in der (alten) BRD mehr als in der DDR. Aber auch wann man sich verliebt oder seine ersten sexuellen Erfahrungen macht, hängt im Westen weniger vom Alter ab. Viel stärker als in der BRD ist ferner der Übergang zur Elternschaft in Ostdeutschland altersnormiert.

3. Zur Rolle lebenslaufbegleitender Gruppen und Institutionen:

„Eine Konsequenz ... ist, daß die Statuspassagen in Ostdeutschland stärker an längerfristig stabile Gruppen von Altersgleichen gebunden bleiben als die in Westdeutschland. Man schreitet mit vergleichsweise festen sozialen Bezugsgruppen, die sich aus Nachbarschaft, gleichen Lebensaltern und gleichen Bildungswegen ergeben, durch die Jugendbiografie." (Behnken, Zinnecker, Bd. 2)

Westdeutsche Jugendbiografien im Wandel

1981 und 1991 wurden die Stationen des jugendlichen Lebenslaufes mit dem gleichen Instrumentarium abgefragt. Das gibt uns die Möglichkeit, den Wandlungsprozessen jugendlicher Biografien in den achtziger Jahren nachzugehen, allerdings begrenzt auf die jungen Westdeutschen. Als Vergleichsgruppe dienen die zu beiden Zeitpunkten jeweils 21-24jährigen.

Die Altersdatierung der privaten Übergänge ins Erwachsenenalter, die den Familien- und Wohnstatus betreffen, bleibt relativ stabil. Das heißt, die Statuspassagen Ausziehen aus dem Elternhaus, Heirat, Elternschaft finden damals wie heute durchschnittlich zur gleichen Zeit statt. Nach Geschlecht differenziert finden wir die bekannte Tendenz, daß junge Frauen diese drei Statuspassagen ins Erwachsenenleben früher als junge Männer durch-

Statuspassagen Kindheit - Jugend (21 - 24jährige) 1981 -1991 (West)

Kriterium: Wann zum ersten Mal erreicht		Mittelwert	Standardabweichung	bis 12 Jahre	bis 14 Jahre	bis 16 Jahre	bis 18 Jahre
				(Addierte Prozentangaben)			
Urlaubsreise auf eigene Faust	1981	17,3	2,1	2	6	34	80
	1991	16,9	2,3	5	11	39	81
Heimkommen, wann man will	1981	17,2	1,5	1	4	30	90
	1991	17,0	1,6	2	6	37	90
Erste sexuelle Erfahrungen	1981	16,4	1,8	1	13	53	89
	1991	16,2	2,2	5	18	57	88
Über Politik unterhalten	1981	18,3	2,0	0	2	20	62
	1991	16,9	2,1	3	10	43	85
Aussehen selbst bestimmen	1981	16,0	2,4	7	20	64	91
	1991	14,3	2,7	22	47	84	97
Sehr verliebt sein	1981	15,5	2,4	8	28	72	90
	1991	14,9	2,7	15	40	77	93

Basis: Jugendliche, die Altersangaben machten (Ereignis bereits erlebt)

leben. Allerdings ergibt sich in allen drei Fällen eine Abschwächung dieses Unterschieds zwischen 1981 und 1991. Auf der anderen Seite rückt der Abschluß der ersten Berufsausbildung für beide Geschlechter lebensgeschichtlich weiter nach hinten. Davon unabhängig schätzen die Jugendlichen 1991 den lebensgeschichtlichen Zeitpunkt, zu dem sie zum erstenmal „genug Geld verdienen, um für sich selbst zu sorgen", früher als 1981 ein. Wir können eine relative Entkoppelung von fester Integration ins Erwerbsleben und finanzieller Selbständigkeit während der Jugendphase als Entwicklungstendenz der achtziger Jahre konstatieren. Stimmig mit diesem Befund ist, daß sich zwischen 1981 und 1991 als Tendenz abzeichnet, daß junge Adoleszente im Alter von 20 bis 24 Jahren sich vermehrt bereits als erwachsen verstehen (38% gegenüber 57%) (vgl. Meulemann, Band 2). Auch hier schreitet ein subjektives Selbstverständnis voran, dessen traditionell „harten" strukturellen Voraussetzungen, insbesondere die Integration ins Erwerbssystem, in dieser Altersgruppe zurückgehen. Es handelt sich demzufolge um ein gewachsenes Selbstbewußtsein der späten Adoleszenz, das sich unabhängig vom erreichten Sozialstatus dieses Lebensabschnitts ausbreitet.

Eine Gruppe von Statuspassagen betrifft den Übergang von der Kindheit in die Jugend. Dieser Übergang wurde in den achtziger Jahren unter zwei Gesichtspunkten diskutiert: Beschleunigt sich der Übergang, läßt sich also von einer Tendenz zu einem früheren Ende von Kindheit sprechen? Die andere Frage bezog

Grafik 24) Anteil der jungen Frauen/Männer, die im Elternhaus wohnen

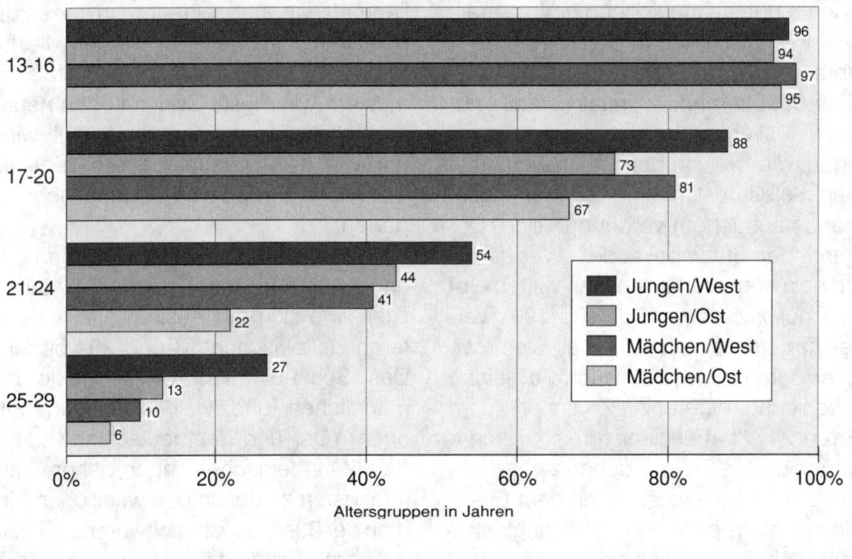

sich darauf, ob sich Zeichen der Individualisierung des Lebenslaufes auch bereits im frühen Jugendalter festmachen lassen. Im beigefügten Textkasten sind die Vergleichsergebnisse im Überblick zusammengestellt.

In einem Bereich läßt sich in der Tat eine Vorverlegung von Übergängen konstatieren: Dort, wo es um die Aufgabe geht, individualisierte Urteile zu fällen oder einen eigenen Geschmack zu demonstrieren. So läßt sich jedenfalls die gravierende Beschleunigung von selbstbestimmtem Aussehen und von politischer Gesprächsfähigkeit verstehen. Gleiches gilt übrigens von der Freigabe der Gefühle: Die Jüngeren berichten vermehrt von Gefühlen des Verliebtseins gegen Ende der Kindheit. (Entwicklungspsychologisch müßte dies einer früheren Ablösung von den idealisierten Elternfiguren als Liebespartnern entsprechen.)

Es wäre allerdings unrichtig, diesen Befund auf alle Statuspassagen zwischen Kindheit und Jugend hin zu verallgemeinern. So blieb in den letzten zehn Jahren insbesondere die soziale Kontrollkultur der Elternhäuser relativ stabil - nur ein wenig verjüngten sich die Statuspassagen, die mit vorübergehender räumlicher Selbstbestimmung (Urlaubsreise, abends ausgehen) verbunden sind. Der Eintritt der Statuspassage, „Weggehen und heimkommen, wann man will", bleibt nicht nur zwischen 1981 und 1991 vergleichsweise stabil, es erhält sich zwischen damals und heute auch die gleiche Geschlechterdifferenz. Zwischen dem 16. und 17. Lebensjahr erreichen mehr Jungen dieses Ziel. Mädchen ziehen erst mit dem 18 Lebensjahr - mit dem Erlangen einer rechtlichen Volljährigkeit - gleich. Ähnliches gilt für die erste eigenständige Urlaubsreise. Mädchen treten eine solche Reise 1981 wie 1991 im Schnitt später als Jungen an. 1991 beträgt das Durchschnittsalter bei Jungen 16,6, das der Mädchen 17,1 Jahre.

Vorangeschritten ist durchweg ein Abbau der Altersnormierung der Statuspassagen vom Kind zum Jugendlichen. Das zeigt sich an der tendenziell erhöhten Streuung der Altersangaben (Standardabweichungen) gegenüber der Zeit vor zehn Jahren.

Vom eigenen Bett zum eigenen Haus: Laufbahnen des Wohnens [26]

Die sozialen Statusübergänge während des „Jugendjahrzehnts" werden von einem charakteristischen Wohnzyklus begleitet. Dem Auszug aus dem Haushalt der Herkunftsfamilie folgt - der Norm nach - eine Zeit des selbständigen Wohnens außerhalb einer Familiengruppe. Der Übergang in den Erwachsenenstatus wird durch die Rückkehr in einen Familienhaushalt angezeigt - jetzt in den selbst gestifteten. Im weiteren werden die Ergebnisse der Jugendstudie daraufhin gemustert, wie dieser Zyklus in den neuen und alten Bundesländern gelebt wird, und welche Unterschiede sich dabei für männliche und weibliche Jugendliche ergeben.

In Grafik 24 ist - in groben Zügen und nach Altersgruppen geordnet - dargestellt, wie sich der Auszug aus dem Elternhaus zwischen 13 und 29 vollzieht. Das Schaubild läßt Unterschiede bei männlichen und weiblichen Jugendlichen in Ost- und Westdeutschland erkennen. Westdeutsche Jungen gehören am häufigsten zu den in den westlichen Medien der 80er Jahre beschworenen „Nesthockern". Ostdeutsche Mädchen bilden die gerade Gegengruppe hierzu, sie lassen sich mit gewissem Recht als frühe „Nestflüchtler" charakterisieren. Die Unterschiede zwischen beiden Kontrastgruppen äußern sich besonders im dritten Lebensjahrzehnt. Mit 21-24 Jahren sind nur noch 22 Prozent der ostdeutschen Mädchen zu Hause, aber 54 Prozent der West-Jungen. Bei 25-29jährigen ist der Auszug aus dem Elternhaus unter den jungen Frauen praktisch abgeschlossen, nicht so bei den westdeutschen jungen Männern, von denen ein gutes Viertel sich noch im Elternhaus aufhält. Weibliche Jugendliche im Westen und männliche im Osten bilden eine Mittelgruppe, deren Kurvenverlauf sich weitgehend ähnelt.

Die Gründung eines eigenen Familienhaushaltes im dritten Lebensjahrzehnt vollzieht sich spiegelbildlich. Dem verzögerten Auszug aus dem Elternhaus bei jungen Westdeutschen, und da insbesondere bei männlichen Jugendlichen, entspricht eine verzögerte Begründung eines eigenen Familienhaushaltes im Westen. Die jungen Frauen in den neuen Bundesländern gehen entsprechend zeitlich voran. Im Alter zwischen 25 und 29 Jahren leben 84 Prozent von ihnen in einem Familienhaushalt, den sie selbst gestiftet haben. Bei altersgleichen jungen Männern im Westen sind dies nur 40 Prozent, knapp die Hälfte.

Die Sonderstellung der ostdeutschen jungen Frauen auf der einen und der westdeutschen jungen Männer auf der anderen Seite läßt sich anhand einer weiteren Ausdifferenzierung des familialen Wohnens unterstreichen. Wieviele der Jüngeren wohnen bereits in einem Haushalt mit eigenem Kind? Sowohl mit 21-24 als auch mit 25-29 Jahren liegen die jungen Frauen in den neuen Bundesländern weit vor den anderen Teilgruppen:

Es wohnen mit eigenem Kind (und Partner/Gatten)

	Westen		Osten	
	männl.	weibl.	männl.	weibl.
21-24jährige	3%	10%	11%	28%
25-29jährige	15%	41%	37%	76%

Für eine Einschätzung der Jugendphase ist besonders das Wohnen jenseits von Familiengruppen interessant. Anhand dieser Zwischenphase entscheidet sich mit, welche Handlungsspielräume den Jüngeren zur Gestaltung jugendspezifischer Kultur zufallen. Je länger das Wohnmoratorium jenseits der Familie lebensgeschichtlich anhält, umso größer ist die Wahrscheinlichkeit, daß dieser Lebensabschnitt den Charakter eines Übergangsstadiums verliert und einen eigenständigen Lebensstil hervorbringt. Das gilt besonders für sozial weniger kontrollierte Formen des Wohnens wie Wohngemeinschaften oder eigene (Single) Wohnungen, weniger für Untermietsverhältnisse oder Formen von ausbildungsbezogenen Internaten. Das unabhängige Wohnen erreicht bei allen vier Teilgruppen in der späten Adoleszenz (21-24 Jahre) seinen Höhepunkt. 30 Prozent der Jüngeren leben in diesem Altersabschnitt außerhalb von Familienhaushalten.

Unterschiede nach neuen und alten Bundesländern stellen sich bei jüngeren Jugendlichen (17-20 Jahre) ein. Zwischen 17 und 20 wohnen rund 20 Prozent der Ostdeutschen im Vergleich zu 10 Prozent der Westdeutschen außerhalb von Familienhaushalten, das heißt hier in erster Linie außerhalb des Elternhauses. Wodurch wird der frühe Auszug aus dem Elternhaus veranlaßt?

Ausbildungszeit heißt für viele junge Ostdeutsche Internatszeit. In Wohnheimen für Lehrlinge, Schüler oder Studenten sind untergebracht:

	West	Ost
17-20jährige	1%	12%
21-24jährige	3%	15%

Dazu kommt die zahlreichere Unterbringung von jungen Männern in den Kasernen, bedingt durch die hohe Beteiligung am Wehrdienst.

	Junge Männer	
	West	Ost
17-20jährige	1%	8%

Zwischen dem 16. und 18. Lebensjahr, der Zeit nach dem Schulabschluß für mehr als 80 Prozent in der ehemaligen DDR, verließ ein nicht geringer Anteil junger Ostdeutscher das Elternhaus aus Gründen der Schul- und Ausbildungslaufbahn. Das ergeben die Rückerinnerungen der 21-24jährigen. Bei jungen Westdeutschen kamen entsprechende Gründe erst um das 19., 20. Lebensjahr zum Tragen. Das verweist uns auf eine Besonderheit der Jugendsozialisation in der ehemaligen DDR. Die räumliche Trennung vom Elternhaus geschah über die Organisationsform von Wohnheimen und Internaten. Damit wurde staatlicherseits in frühen Jahren eine Art jugendliches Eigenleben in Szene gesetzt und zugleich über die geschlossene Form des Wohnens sozial kontrolliert. Entsprechende Institutionen finden sich vielfach in der europäischen Geschichte von Jugend, insbesondere im Bereich der höheren Bildung und des Lehrlingswesens. In Westdeutschland wurden entsprechende kollektive Wohn- und Internatsformen spätestens mit der Bildungsexpansion unmodern, die ein dichtes ortsbezogenes Netz von Bildungs- und Ausbildungsstätten hervorbrachte und damit den Verbleib der Jugendlichen im Familienhaushalt begünstigte (selbst im Fall der Hoch-

Grafik 25) Wohnen im eigenen Haus oder Mietwohnung

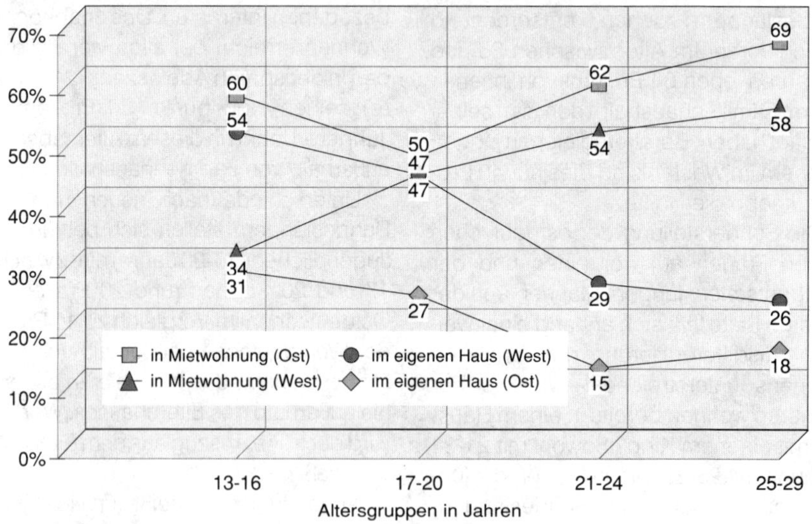

schullaufbahn). In den biografischen Erinnerungen, die im Rahmen qualitativer Begleitstudien zur Jugendstudie 1991 gesammelt wurden, kommt die Bedeutung zum Ausdruck, die das Leben mit Gleichaltrigen in den Schüler- und Lehrlingswohnheimen für manche junge Ostdeutsche hatte. Zwar folgte die Kasernierung strengen Regeln, die örtliche Entfernung vom Wohnort der Familie, gemeinsame Zeittafeln und enges räumliches Arrangement ermöglichten gleichwohl ein biografisch einflußreiches jugendliches Erprobungsfeld.

Die beschriebenen Umstände von Ausbildungs- und Wohnlaufbahn zwischen 17 und 24 haben zum Ergebnis, daß mehr junge Ostdeutsche in diesen Jahren zwei Wohnsitze und Wohngelegenheiten parallel zueinander haben. Der Unterschied ist im Alter zwischen 17 und 20 besonders ausgeprägt (36% zu 18%). Einige Befragte mit zwei Wohnsitzen geben das Elternhaus als Erstwohnung, andere als zweite Wohnung an. Mit voranschreitendem Alter wird das Elternhaus vermehrt Zweitwohnsitz.

Der doppelte Wohnraum, über den manche Jugendliche verfügen, dürfte die lebensgeschichtliche Bedeutung des Auszugs aus dem Elternhaus verringern. Viele Jugendliche bleiben als Wochenend- und Ferienpendler - oder schlicht als stille Besitzer eines Jugendzimmers - weiter im Elternhaus anwesend. Die Entflechtung der Jüngeren aus dem Familienhaushalt läßt beiden Seiten gewisse Definitionsspielräume.

Grafik 25 macht auf eine weitere Besonderheit des Wohnzyklus während der Jugendjahre aufmerksam, die leicht vergessen wird. Zwischen dem 13. und 29. Lebensjahr ziehen die Jugendlichen in West und Ost um - vom Wohnen im (häufig) eigenen Haus der Herkunftfamilie hin zum Mietwohnen. Der Eintritt in Berufs- und Familienlaufbahnen bewirkt lebenszyklisch eine vorübergehende Besitzlosigkeit im Wohnbereich - bis die neugegründeten Familien wieder in Familienhäuser umziehen. Ausziehen aus dem Elternhaus heißt für viele buchstäblich ausziehen aus einem Eltern-Haus, ohne daß das eigene neue schon in Sicht wäre. Der Anteil von Mietverhältnissen ist bei jungen Erwachsenen auf 58 Prozent im Westen und 69 Prozent im Osten angestiegen.

Ein kulturelles Symbol für etabliertes Wohnen ist das gekaufte „ordentliche" Bett. Jugendkultureller Bettenstil zeichnet sich durch Improvisation und Informalität aus. Jeweils 18 Prozent West- und Ostdeutsche bekennen sich zur informellen Bettkultur. Ihren relativen Höhepunkt findet diese in den Kernjahren der Jugendphase zwischen 17 und 24. Die Matratze auf dem Boden erreicht ihre weiteste Verbreitung unter 17-20jährigen (rund 10 Prozent). Junge Ostdeutsche schlafen etwas mehr in Hochbetten (2% West - 10% Ost bei 17-20jährigen); junge Westdeutsche etwas mehr in improvisierten Bettgestellen (9% West - 6% Ost bei 21-24jährigen).

Es schlafen in einem gekauften Bett

	West	Ost
Ledige in Schul- oder Berufsausbildung	67%	44%
Ledige Berufstätige	69%	35%
Verheiratete in Schul- oder Berufsausbildung	92%	50%
Verheiratete Berufstätige	92%	66%

Ein weiteres Unterscheidungsmerkmal jugendlichen Wohnens und Schlafens bezieht sich auf die Bettcouch, die sich in den neuen Bundesländern einiger Beliebtheit erfreut. Rechnet man diese hinzu, so schlafen junge Westdeutsche mit ihrem hohen Anteil regulärer Betten auf allen Altersstufen „etablierter" als junge Ostdeutsche.

Das gekaufte Bett gehört zu den kulturellen Insignien des Familienstandes. In der Tat liegt die Quote derer, die in einem regulären Bett schlafen, bei Verheirateten höher als bei Ledigen. Der Übergang vom Lernenden zum Berufstätigen ändert dagegen nichts. Die doppelte Statuspassage in Familie und Beruf vermag allerdings den Anteil der Bett-Schläfer noch zu erhöhen.

Der Stil des Schlafmöbels hängt auch mit der subjektiven Entwicklung der Identität zusammen. Jugendliche, deren Identität nach eigener Einschätzung ungeklärt ist, die sich in einer Identitätskrise befinden, schlafen häufiger in informellen, improvisierten Betten. Jugendliche mit gefestigter Identität wählen häufiger das gekaufte Bett. Diese Gleichsinnigkeit von kulturellem Geschmack und Persönlichkeits-Lage ist im Osten stärker als im Westen ausgeprägt.

Das persönliche Risiko der Entwicklung

(R.K. Silbereisen, B. Kracke, M. Nowak, B. Schwarz)

Frühstart in die Pubertät und die riskanten Folgen (S. 283) – Wem es schlecht geht, der kommt eher in die Pubertät (S. 285)

Die Jugendforschung der letzten Jahre hat die Bedeutung biologischer Prozesse während der Pubertät für die Entwicklung des Sozialverhaltens wiederentdeckt, nachdem in der Vergangenheit fast ausschließlich auf die Rolle von Sozialisationserfahrungen gesetzt wurde. Die gegenwärtige Diskussion beschäftigt sich vor allem mit Unterschieden im Tempo der körperlichen Entwicklung. Oft wird vergessen, daß in einer Schulklasse mit 13jährigen Jugendlichen manche in körperlicher Hinsicht fast noch Kinder sind, während andere praktisch schon wie erwachsene Männer oder Frauen aussehen. Nicht selten wird sich deshalb ein Mißverhältnis zwischen dem eigenen Fühlen und den Erwartungen aus der Umgebung einstellen.

Die Jugendstudie '92 gab die Gelegenheit, bei rund 4000 Jugendlichen die Bedeutung von Unterschieden im Tempo der körperlichen Entwicklung zu untersuchen, wobei außerdem alte und neue Bundesländer verglichen werden konnten.

Frühstart in die Pubertät und die riskanten Folgen [27]

In der internationalen Forschung zu diesem Thema dominieren bislang Fragen nach den Folgen von Unterschieden im Entwicklungstempo für die Entwicklung jugendtypischer Verhaltensweisen. Deshalb wurde dieses Problem als erstes verfolgt.

Bei weiblichen Jugendlichen wurde das Alter der ersten Menstruation (Menarche), bei männlichen Jugendlichen das Alter des Stimmbruchs, bei beiden Geschlechtern das Alter beim Wachstumsschub bestimmt. Solche Daten lassen sich, auch aus dem Gedächtnis, recht gut und mit den tatsächlichen Verhältnissen übereinstimmend erfragen. Außerdem haben alle Teilnehmerinnen und Teinehmer angegeben, ob sie sich jeweils im (ungefähr gleichen) Alter von 12, 14 und 16 Jahren körperlich schneller, gleich schnell oder langsamer verändert haben als Gleichaltrige, etwa aus der eigenen Schulklasse.

In allen diesen Angaben zeigen sich praktisch keine Unterschiede zwischen alten und neuen Bundesländern. Die Menarche trat im Durchschnitt mit 13 Jahren ein, der Stimmbruch mit 13,9 Jahren und der Wachstumsschub mit 12,5 bei Mädchen und 13,4 bei Jungen. Während Angaben zu Stimmbruch und Menarche gut mit in der Literatur berichteten Altersangaben korrespondieren, liegen die Angaben zum Wachstumsschub für Jungen und Mädchen später als in anderen Untersuchungen. Es scheint so zu sein, daß sich die Jugendlichen aus der Erinnerung eher auf den Zeitpunkt des größten Wachstums beziehen und nicht auf den Beginn des Wachstumsschubs.

Alle wurden gefragt, wann sie die erste feste Freundin bzw. den ersten festen Freund hatten, und wann sie die ersten sexuellen Erfahrungen machten. Während der Durchschnitt bei Jungen für die erste Freundin um 16 Jahre lag, hatten die schnell Entwickelten (beispielsweise Stimmbruch vor 14) diese Erfahrung rund 5 Monate früher als die langsam Entwickelten (Stimmbruch nach 14).

Die Unterschiede zwischen schnell und langsam Entwickelten waren beim Alter erster sexueller Erfahrungen mit etwa 12 Monaten sogar noch größer. Während der Durchschnitt, ohne Unterschiede zwischen Ost und West, bei etwa 16 Jahren lag, waren die schnell Entwickelten schon mit 15,5 soweit, die langsam Entwickelten aber erst mit 16,5 Jahren.

Den ersten festen Freund hatten Mädchen, unabhängig von der Region, etwa mit 16,2 Jahren, wobei der Abstand zwischen schnell und langsam Entwickelten rund 1 Jahr betrug.

Unterschiede zwischen alten und neuen Bundesländern bestehen bei Mädchen im Alter, in dem sie erste sexuelle Erfahrungen machten. Im Osten erfolgte dies etwa mit 16,6 Jahren, im Westen mit 16,2 Jahren. Vergleicht man wieder schnell und langsam Entwickelte (beispielsweise Menarche vor 13 gegenüber nach 13), so liegen die ersten sexuellen Erfahrungen um 6 Monate und mehr auseinander.

In Ost und West gleichermaßen besteht eine Beziehung zwischen dem Entwicklungstempo und dem Alter, zu dem erstmals „richtig" Alkohol getrunken wurde. Bei männlichen Jugendlichen ist es so, daß - egal, ob man das subjektive Tempo, den Stimmbruch oder den Wachstumsschub nimmt - schneller Entwickelte mit knapp 15 Jahren, fast 6 Monate früher als die anderen, schon mal tiefer ins Glas sehen. Bei weiblichen Jugendlichen sieht es ähnlich aus, nur daß die Altersangaben insgesamt um etwa ein halbes Jahr nach oben verschoben sind.

Am Beispiel von Freundschaft und Alkoholgebrauch zeigt sich, daß Unterschiede im Tempo der pubertären Entwicklung den Übergang zu solchen Verhaltensweisen beschleunigen, die im Verständnis unserer Gesellschaft erst in einem späteren Alter an Legitimität gewinnen. Das bringt die früh Entwickelten leicht in problematische und den ruhigen Gang des Heranwachsens gefährdende

Grafik 26) Schon einmal eine Discothek besucht (13-14jährige)

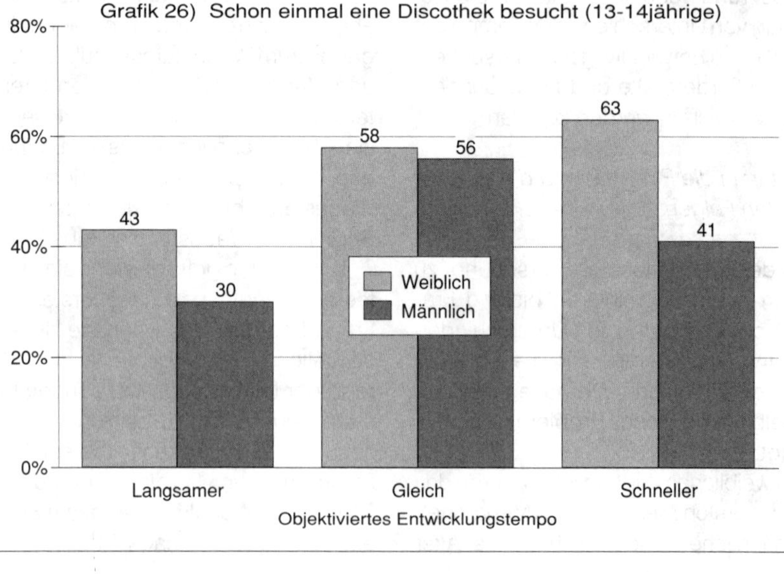

Situationen. Beispielsweise können Konflikte mit Eltern und Lehrern deswegen entstehen; oder die frühen Freundschaften und Alkoholerfahrungen bringen sie unter den Einfluß älterer Jugendlicher und Gruppen, die das alters„unangemessene" Sozialverhalten weiter verstärken.

Wem es schlecht geht, der kommt eher in die Pubertät[28]

Erst in den letzten Jahren haben Forschungsbemühungen begonnen, die Hintergründe der Unterschiede im körperlichen Entwicklungstempo zu untersuchen, wobei es bislang viele Spekulationen, aber kaum gesicherte Ergebnisse gibt. Gegenwärtig wird besonders über die Rolle von Belastungen vor der Pubertät debattiert, seien es finanzielle Schwierigkeiten im Haushalt, gespannte Beziehungen der Eltern oder mangelnde Zuwendung zum Kind. Erste Untersuchungen konnten zeigen, daß bei Töchtern aus Scheidungsfamilien die Menarche um rund 6 Monate früher eintritt.

Auch bei dieser Problemstellung bot die Shell-Jugendstudie die Chance, an einer repräsentativen deutschen Stichprobe Genaueres zu erfahren. Hierzu wurde zunächst ein Index für das Ausmaß widriger Lebensumstände gebildet, wobei zusammengezählt wurde, welche der folgenden Beschwernisse die Jugendlichen vor dem Alter von 9 Jahren, also vor der Pubertät schon erlebt hatten: Verlust der Eltern durch Scheidung oder Tod, schwere Krankheiten in der Familie, Umzüge an einen anderen Ort, Arbeitslosigkeit der Eltern, schlechte Berufsbildung der Eltern, Sitzenbleiben in der Schule. Dann wurden jene, die nicht sehr nachdrücklich betroffen sind, die natürlich die Mehrheit bildeten, mit der Gruppe hoch-

Grafik 27) Belastungen in der Kindheit und Alter bei Entwicklungsübergängen (weibliche Jugendliche)

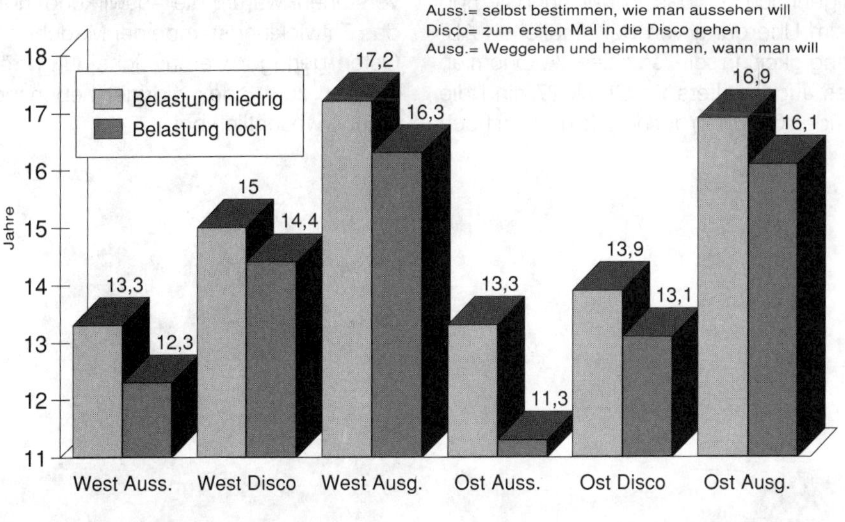

belasteter Jugendlicher verglichen, deren Biografie zwei und mehr der genannten Belastungen enthielt.

Bei den Analysen zum Entwicklungstempo fand sich in der Tat bei Mädchen für das Alter der ersten Menstruation ein durchschnittlicher Unterschied zwischen hoch und wenig Belasteten von etwa 3 Monaten, wobei in den alten Bundesländern hochbelastet aufwachsende Mädchen rund 5 Monate früher die erste Regel hatten, in den neuen Bundesländern aber nur etwa 1 Monat früher. Für Jungen ergaben sich hinsichtlich der körperlichen Entwicklung keine Unterschiede zwischen hoch und wenig Belasteten. Die subjektive Einschätzung, ob man sich als Mädchen schneller, gleich schnell oder langsamer als die Altersgleichen entwikkelt, stand ebenfalls in Beziehung zu Widrigkeiten der Lebensumstände. Wer schwer belastet war, erlebte sich zu Beginn der Pubertät als schneller in den körperlichen Veränderungen verglichen mit den anderen.

Belastungen in der Kindheit sind auch folgenreich für das Entwicklungstempo beim Übergang von der kindlichen Abhängigkeit in die sozialen Autonomien des Jugendalters. In Grafik 27 sind die beiden Gruppen der niedrig und der hoch belasteten Mädchen in bezug auf ausgewählte Entwicklungsübergänge miteinander verglichen. In welchem Lebensalter können sie bestimmen, wie sie aussehen wollen; wann gehen sie zum ersten Mal in die Disco, ab welchem Alter kommen sie heim, wann sie wollen? Wie man sieht, erleben hoch belastete Mädchen in Ost und West alle drei Übergänge lebensgeschichtlich früher als niedrig belastete.

Die für alte und neue Bundesländer etwas unterschiedlichen Befunde zur Rolle widriger Lebensumstände weisen vielleicht auf einen wichtigen Unterschied in der psychosozialen Bedeutung der Belastungen hin. Scheidung der Eltern ist hierfür ein Beispiel. Scheidungen waren in der ehemaligen DDR mit geringeren Folgelasten für die alleinerziehende Mutter verbunden. Die finanzielle Absicherung war besser gewährleistet und die Kinder wurden tagsüber betreut. Die Analysen der Shell-Daten zeigen, daß nur im Westen die Scheidung mit weiteren Belastungen wie Arbeitslosigkeit oder Schulschwierigkeiten einherging. So läßt sich verstehen, warum die Auswirkungen auf das Entwicklungstempo der Mädchen im Osten geringer waren: Scheidung trägt nämlich zum Index widriger Lebensumstände wesentlich bei.

Was verdanken die Jüngeren dem Elternhaus - und was den Gleichaltrigen?

Eltern helfen Kindern, Kinder helfen Eltern. Gesetze des Austausches zwischen den Generationen (S. 287) – Die soziale Vererbung von Kultur und Bildung in der Familie (S.289) – Wofür Eltern und Gleichaltrige als Bezugspersonen wichtig sind (S. 291) – Gleichaltrige: Hilfe oder Risiko in ungewisser Lebenszeit? (Hans Oswald) (S. 294)

Die Jugendstudie '92 enthält einige Fragebereiche, in denen die Bedeutung von Eltern und Gleichaltrigen als soziale Bezugspersonen thematisiert wird. Ausführlich - und in dieser Form erstmalig - werden die Hilfeleistungen erkundet, die Familien für ihre jugendlichen Mitglieder erbringen. Schließlich wird im Stil der Sozialisationsforschung die soziale Vererbung von Kultur und Bildung während der Familienkindheit untersucht.

Eltern helfen Kindern, Kinder helfen Eltern. Gesetze des Austausches zwischen den Generationen [29]

Der Austausch von Hilfeleistungen zwischen den Generationen - ohne den Transfer von Geld - wurde durch ein Dutzend Tätigkeiten abgefragt, die Eltern für ihre Kinder und Kinder für ihre Eltern erbringen können. Gefragt wurde nach Dienstleistungsarbeiten im Haushalt (waschen, saubermachen, kochen), nach Besorgungen und Fahrten mit dem PKW, nach Reparaturen und schließlich nach psychosozialen Diensten wie persönlichem Rat bei Problemen, Hilfe bei Kaufentscheidungen oder Vermittlung von Anregungen.

Sehr hohe Arbeitsleistungen der Eltern für ihre Söhne und Töchter

Angaben in Prozenten

	Westen	Osten
	Töchter	Söhne
13 - 17jährige	61	72
18 - 24jährige	17	32
25 - 29jährige	6	12

Am intensivsten sind die Hilfeleistungen von beiden Seiten, wenn die Kinder jung sind, also mit 13-16 Jahren, und noch fest in den elterlichen Haushalt integriert. Dabei überwiegen natürlich die Hilfeleistungen der Eltern die der Jüngeren. Mit voranschreitendem Alter der Söhne

Bilanz der Arbeits- und psychosozialen Unterstützungsleistungen zwischen Eltern und jugendlichen Kindern - nur 18 - 24jährige -

Angaben in Prozenten

	Westen		Osten	
	Töchter	Söhne	Töchter	Söhne
Leistungen der Kinder höher	15	6	17	6
Leistungsbilanz ausgeglichen	46	34	59	38
Leistungen der Eltern höher	33	55	23	54
keine Leistungen zwischen Eltern - Kindern	7	5	1	2
	101	100	100	100

Arbeitsmäßige und psycho-soziale Leistungen der Eltern für ihre Kinder (in Prozenten)

	alte Bundesländer						neue Bundesländer					
	weiblich			männlich			weiblich			männlich		
	13-17	18-24	25-29	13-17	18-24	25-29	13-17	18-24	25-29	13-17	18-24	25-29
Wäsche waschen, bügeln etc.	94	61	22	96	77	45	91	55	13	93	80	32
Zimmer oder Wohnung aufräumen	44	20	7	57	34	18	37	14	0	54	32	10
Zimmer oder Wohnung reinigen	62	26	8	78	46	26	51	18	4	62	44	15
Kinderbetreuung	44	21	25	40	22	17	40	32	47	45	34	25
kochen und Essen zubereiten	95	63	31	94	73	42	90	62	21	93	80	29
spülen und andere Küchenarbeiten	90	55	17	95	68	31	72	44	11	89	71	21
Fahrdienste für die Kinder	79	30	17	76	31	12	61	43	16	55	41	22
Einkäufe, Besorgungen erledigen	86	47	19	85	57	26	82	48	14	90	63	17
Reparaturen in Haus oder Wohnung	76	44	17	73	43	19	81	43	15	72	46	19
Anregungen geben	41	20	8	43	22	11	38	20	12	36	22	12
bei Problemen helfen	76	61	43	76	53	35	78	72	55	71	65	55
Beratung bei Kaufentscheidungen	74	50	27	72	47	22	71	51	37	70	49	32

Arbeitsmäßige und psycho-soziale Leistungen der Kinder für ihre Eltern (in Prozenten)

	alte Bundesländer						neue Bundesländer					
	weiblich			männlich			weiblich			männlich		
	13-17	18-24	25-29	13-17	18-24	25-29	13-17	18-24	25-29	13-17	18-24	25-29
Wäsche waschen, bügeln etc.	32	23	10	4	4	2	33	36	15	7	3	0
Zimmer oder Wohnung aufräumen	69	37	13	53	26	13	79	48	14	57	17	11
Zimmer oder Wohnung reinigen	60	35	11	32	19	10	71	48	14	41	29	10
Kinderbetreuung	31	14	8	20	9	6	36	21	2	30	17	4
kochen und Essen zubereiten	37	32	16	20	16	7	35	37	11	22	16	4
spülen und andere Küchenarbeiten	66	48	21	35	24	14	85	58	24	62	39	22
Fahrdienste für die Eltern	2	30	24	1	36	40	3	19	21	3	41	39
Einkäufe, Besorgungen erledigen	45	51	33	56	47	31	71	53	32	68	50	35
Reparaturen in Haus oder Wohnung	5	5	4	19	31	30	4	7	10	24	51	37
Anregungen geben	17	15	13	14	13	9	13	15	9	13	12	16
bei Problemen helfen	32	36	32	23	26	29	34	45	51	18	34	34
Beratung bei Kaufentscheidungen	35	28	20	28	27	27	53	46	32	35	39	34

und Töchter geht die elterliche Hilfe in allen Belangen zurück, während die Leistungen der jüngeren Generation alles in allem auf gleichem Niveau bleiben (einige Hilfeleistungen nehmen ab, andere eher zu).

Die Gesamtzahl der Hilfeleistungen zwischen den Generationen läßt sich zu einer „Leistungsbilanz" verdichten, was im Textkasten (S.287) geschehen ist. Dabei zeigt sich, daß in der Hälfte der Familien, in denen Jugendliche zwischen 18 und 24 Jahre alt sind, eine ausgeglichene Bilanz erreicht ist, was in erster Linie für die Töchter gilt. Im Fall von Söhnen überwiegen mehrheitlich die elterlichen Leistungen, im Westen wie im Osten. Der umgekehrte Fall, daß die Kinder mehr für die Eltern leisten, kommt weithin nur bei den jugendlichen Töchtern vor.

Wie stark die elterlichen Hilfeleistungen vom Geschlecht der jugendlichen Kinder abhängen, zeigt die Aufstellung (S. 286), in der sehr hohe elterliche Arbeitsleistungen nach Alter und Geschlecht ausdifferenziert sind. Söhne erhalten in allen Altersgruppen häufiger Unterstützung, am stärksten fällt diese Mehrleistung im Alter von 18-24 Jahren ins Gewicht. Dabei profitieren die Söhne im Westen noch mehr als die Söhne im Osten. Generell gilt, daß sehr hohe elterliche Arbeitsleistungen häufiger im Westen vorkommen. Dieses Mehr an Arbeit wird durch die erhöhten Beratungsanteile der ostdeutschen Eltern in gewisser Weise kompensiert.

Zwei Ungleichgewichte in den Austauschbezeichnungen verdienen, thesenartig verdichtet, festgehalten zu werden:

- Ostdeutsche Jugendliche, besonders Mädchen, helfen ihren Eltern nahezu in allen Belangen mehr als westdeutsche Jugendliche. Aber: Ostdeutsche Eltern helfen ihren Jugendlichen nicht mehr als westdeutsche Eltern (außer bei persönlichen Problemen).
- Jugendliche Mädchen und junge Frauen helfen ihren Eltern mehr, als Jungen und junge Männer dies tun. (Am meisten helfen dabei ostdeutsche Mädchen und junge Frauen.) Aber: Die Eltern helfen nicht den Töchtern, sondern den Söhnen mehr.

In beiden Fällen können wir von einer privilegierten und weniger privilegierten Jugendphase in der Familie sprechen. Nehmen wir zu diesen ungleichen Bilanzen bei Dienstleistungsarbeiten noch die Ungleichgewichte der finanziellen Transferleistungen hinzu, lassen sich gewichtige Resumées formulieren: Westdeutsche Eltern investieren in die Jugend- und Nachjugendphase ihres Nachwuchses mehr und länger, als dies ostdeutsche Eltern tun (können). Und zum zweiten: Eltern in Deutschland, im Westen wie im Osten, investieren in die Jugend- und Nachjugendzeit ihrer Söhne mehr und über einen längeren Zeitraum, als sie dies für die Töchter tun. Männliche Jugendliche im Westen Deutschlands sind danach die bevorzugte Gruppe für familiäre Investitionen. Man erwartet wohl, so läßt sich schlußfolgern, bei ihnen den meisten Nutzen oder „Gewinn" für die soziale Positionierung der Familiengruppe in der nächsten Generation.

Die soziale Vererbung von Kultur und Bildung in der Familie [30]

Die westlichen Eltern mögen zwar mehr finanzielle und Arbeitsressourcen in die Ausbildung ihrer Kinder im Verlauf des zweiten und dritten Lebensjahrzehntes stecken, die ostdeutschen Eltern sind

Kultur und Bildung im Elternhaus - Rückblick auf die Kindheit		
		trifft sehr zu
	Westen	Osten
	%	%
Schulzentriertes Elternhaus in der Kindheit (Skala)		
Meine Familie nahm die Schulzeugnisse sehr wichtig	24	38
Meine Eltern fragten mich regelmäßig, wie es in der Schule gewesen war	30	35
Meine Eltern haben mir bei den Hausaufgaben regelmäßig geholfen	10	11
In meiner Familie wurde auf die Schulnoten geachtet, die ich nach Hause brachte	25	33
Gemeinsame Freizeit und Hobbies von Eltern und Kindern in der Kindheit (Skala)		
In meiner Familie haben wir Musik gemacht	4	4
In meiner Familie haben wir gemeinsam Sport getrieben	7	7
In meiner Familie haben wir gemeinsam gelesen	5	6
Mein Vater/ meine Mutter hatten Hobbies, die ich als Kind von ihnen übernommen habe	6	8

dafür während der Kindheitsphase ihrer Söhne und Töchter bildungs- und kulturbeflissener. Das belegen die Rückerinnerungen der Befragten an ihr damaliges Elternhaus - zeitgeschichtlich positioniert in der alten DDR bzw. BRD.

Um die kulturellen und Bildungsstile der Elternhäuser einschätzen zu können, wurden die Jugendlichen gebeten, anhand von vier Dimensionen (Skalen) das Familienleben zur Zeit ihrer Kindheit (bis zum 12. Lebensjahr) zu charakterisieren. Die entsprechenden Skalen waren in der Vorstudie entwickelt worden und bestanden aus jeweils vier (drei) Sätzen.[31]

1. „Pläne und Hoffnungen ehrgeiziger Eltern für ein begabtes Kind“ (z.B.: Meine Eltern hatten große Pläne mit mir)

2. „Gemeinsame Freizeit und Hobbies von Eltern und Kindern in der Kindheit“ (z.B.: In meiner Familie haben wir gemeinsam Sport getrieben)

3. „Schulzentriertes Elternhaus in der Kindheit“ (z.B.: In meiner Familie wurde auf die Schulnoten geachtet, die ich nach Hause brachte)

4. „Nutzung des häuslichen Literatur- und Medienangebots in der Kindheit“ (z.B.: Ich habe in den Zeitschriften gelesen, die es zu Hause gab)

Ostdeutsche wie westdeutsche Elternhäuser erwiesen sich als gleich ehrgeizig mit ihren Kindern, teilten gleich oft Freizeit und Hobbies mit ihnen und wurden von den Jüngeren ebensoviel als anregende Literatur- und Medienumwelt wahrgenommen. Deutlicher Unterschied: Die Elternhäuser in der alten DDR werden als schulzentrierter von den befragten Jugendlichen wahrgenommen. Die entsprechenden Erinnerungssätze sind im beigefügten Textkasten aufgeführt:

Die ausgeprägtere Kultur- und Bildungsorientierung in den ostdeutschen Elternhäusern findet sich auch in den Kinderspielen wieder, von denen die Jugendlichen berichten. Junge Ostdeutsche erinnern sich häufiger an kindliche Freizeitbeschäftigungen, die um Themen von (klassischer) Bildung kreisten: ein Museum besuchen, in Theater/ Oper gehen, Sehenswürdigkeiten besichtigen, ein lehrreiches Buch lesen.32 Häufiger geht es in den Spielen der DDR-Kinder auch um technische Aktivitäten mit Bezug zu Schulfächern - bei etwas ausgeprägterem Gefälle zwischen den Geschlechtern im Osten: Experimentierkasten, Technik-Baukasten, Chemie-, Physik- und Elektrokasten. Bei den westlichen Kindern überwiegen dagegen Tätigkeiten, die mit Medienkonsum und mit kultureller Eigenaktivität (malen, sich verkleiden, Theater spielen) zusammenhängen.

Die soziale Weitergabe des Bildungsstatus von Vater und Mutter an die jüngere Generation erweist sich in West- und Ostdeutschland im Endeffekt als gleich ausgeprägt. Das ergeben umfangreichere Berechnungen, über die H. Apel in Band 2 berichtet. Die gleich ausgeprägte relativ geringe Bildungsmobilität vermag angesichts der unterschiedlich aufgebauten Schul- und Bildungssysteme und angesichts der differierenden Offenheit des Abitur- und Hochschulbereiches zu erstaunen.

Die beiden Stile elterlichen Bildungsverhaltens, die im Textkasten dokumentiert sind, spiegeln unterschiedliche „Familienstrategien" wieder, auf die abschließend verwiesen sei. (Das Gesagte gilt für West und Ost gleichermaßen.) Beim schulzentrierten Elternhaus handelt es sich um eine Strategie des Aufstieges qua Bildung, in der das Kind als Leistungsträger elterlicher Hoffnungen und Wünsche fungiert. Der Ungewißheit und Unsicherheit des Bildungsaufstieges, den die Eltern selbst nicht in der Hand haben, korrespondiert eine ausgesprochen ängstliche und außenbezogene soziale Kontrolle der Kinder als familialem Leistungsträger. Diese Erziehungsstrategie ist relativ weit verbreitet und gleichmäßig über alle Bildungsschichten verteilt. Eine empirische Überprüfung ergibt, daß es sich um ein wenig erfolgversprechendes Elternverhalten handelt. Weder wird auf diesem Weg der Schulerfolg während der Jugendphase nachweisbar gefördert, noch bewirkt das Elternhaus kurz- oder längerfristig einen Anstieg kultureller und bildungshaltiger Interessen bei ihren Kindern.

Anders liegt der Fall bei den Elternhäusern, in denen Eltern und Kinder während der Kindheitsphase Hobbies und Freizeitinteressen teilen. In dieser Elternstrategie, die seltener in Familien anzutreffen ist, sind die Eltern selbst Träger des kulturell zu Lernenden, nicht eine Außeninstanz wie die Schule. Über die gemeinsam geteilte Zeit und Aktivität vermitteln sich kulturelle Inhalte und habitualisierte Umgangsweisen damit. Die kindzentrierten Strategien sind stärker in bildungsbürgerlichen Elternhäusern verankert. Die Wirkung auf die kulturellen Vorlieben der nachfolgenden Generation ist erheblich. So lassen sich sowohl im kindlichen Spiel wie bei den jugendlichen Freizeitinteressen eine verstärkte Hinwendung der so Erzogenen zu hochkulturellen und bildungshaltigen Themen und Interessen nachweisen. Die eigenständigen Wirkungen, die von gemeinsam geteilten kulturellen Eltern-Kind-Aktivitäten während der Kindheit auf (hoch-)kulturelle Interessen ausgehen, sind gleich stark oder sogar stärker als diejenigen, die von der Herkunft aus bildungsprivilegierten Elternhäusern herrühren.

Wofür Eltern und Gleichaltrige als Bezugspersonen wichtig sind

Jugendliche im Osten Deutschlands sind elternzentrierter als Jugendliche im Westen. Väter und Mütter sind für sie „wichtigere“ Personen „für ihr Leben“. Dabei kommen Mütter eindeutig vor den Vätern. Das gilt in beiden Teilen Deutschlands, bei Jungen wie bei Mädchen und auf allen Altersstufen (vgl. Grafik 28)

Mütter und Väter sind in ganz Deutsch-

Vater und Mutter als Ratgeber und Partner in ausgewählten Lebensbereichen (Angaben in Prozenten)

	Vater		Mutter	
	Westen	Osten	Westen	Osten
Wenn es um Schul- oder Berufsfragen geht	43	46	49	52
In politischen Fragen	46	55	28	40
Bei einer Urlaubsreise	33	32	44	40
Wenn Du Dich gut fühlst, glücklich bist	25	35	49	57
In Fragen des Glaubens, der Religion	21	29	42	38
In Fragen von Liebe und Freundschaft	8	12	33	40
In Modefragen (Kleidung, Frisur)	4	6	39	43
Wenn es um ein persönliches Geheimnis geht	8	8	23	25
Bei Deinem persönlichen Hobby	13	19	18	18
Bei der Gestaltung Deiner Freizeit	10	12	17	14

Basis: Jugendliche, die zu den einzelnen Lebensbereichen Angaben machen (Vorstudie '91)

Grafik 28) "Wie wichtig sind Vater und Mutter zur Zeit für Dein Leben?" (Mittelwerte) 1=unwichtig, 4=sehr wichtig

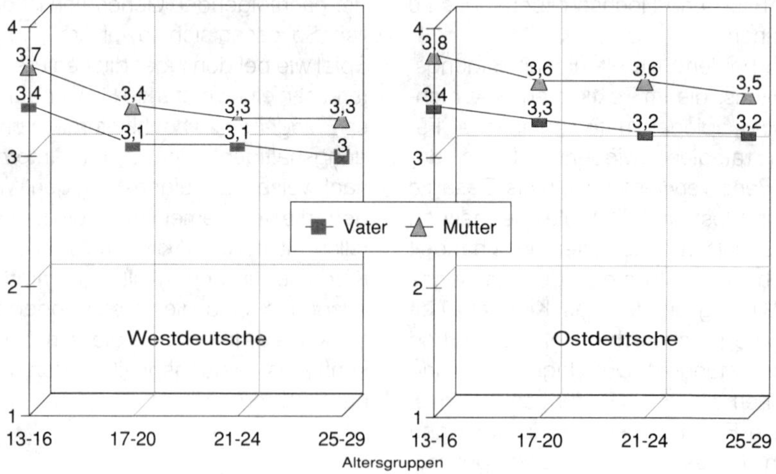

Vater und Mutter als Eingeweihte des jugendlichen Lebens

Es haben in ihrer Jugendzeit (13. - 19. Lebensjahr) Vater oder Mutter "immer" erzählt, ...

... was sie besonders beschäftigt

	Westen		Osten	
	Jungen	Mädchen	Jungen	Mädchen
Mutter	15	30	16	33
Vater	9	10	11	10

.... wo sie ihre Freizeit verbringen

	Westen		Osten	
	Jungen	Mädchen	Jungen	Mädchen
Mutter	29	49	21	41
Vater	13	12	16	13

Antwortvorgaben Immer (= 1) bis nie (= 4) bzw. interessiert ihn/sie nicht (= 5)

land für unterschiedliche Bereiche des Lebens von Bedeutung. Väter zählen als Ratgeber etwas, wenn es um Schul- und Berufsfragen, um politische - und bedingt - um religiöse Fragen geht. Sie sind ferner als Urlaubspartner und in Augenblicken des Glücks gefragt. Nichts zu tun haben Väter mit persönlichen Geheimnissen der Jugendlichen, mit ihrer Freizeitgestaltung, ihren Freundschafts- und Liebesbeziehungen oder gar mit Fragen der Mode. Mütter sind in fast allen Lebensbereichen häufiger Bezugsperson für die Jüngeren, ihre Attraktivität als Ratgeberin oder Partnerin ist breiter angelegt. Mütter konkurrieren mit den gleichaltrigenBezugspersonen ihrer jugendlichen und jungerwachsenen Kinder selbst noch in Bereichen wie Liebe und Freundschaft, Modefragen, Glücksmomente, Urlaub und persönliches Geheimnis - Lebensbereichen also, in denen ansonsten gute Freunde, Freundinnen, feste Partner und Freundesgruppen im Vordergrund stehen. Nur zwei Lebensbereiche bleiben auch den Müttern versperrt: Die Gestaltung der Freizeit und die persönlichen Hobbies. Hier ist die Gesellschaft der Altersgleichen konkurrenzlos.

Für die Mütter in Ostdeutschland ist übrigens charakteristisch, daß sie als Bezugspersonen für politische Fragen ernster genommen werden als westdeutsche Frauen. Damit korrespondiert der höhere Grad politisch interessierter Mädchen in Ostdeutschland.

Die herausgehobene Stellung der Mütter als elterliche Bezugspersonen bestätigt sich bei der Frage danach, ob die Befragten Vater und Mutter während der Jugendjahre über ihre Freizeitorte und ihre persönlichen Fragen und Probleme informierten. Mütter waren häufiger als Väter gut über beide Bereiche informiert. Väter wurden nicht selten ganz vom Informationsfluß abgeschnitten, besonders westliche Väter. Ansonsten unterscheiden sich beide Landesteil in dieser Frage nicht. Mütter wußten auch bei Jungen besser Bescheid als die Väter, gleichwohl weihten Töchter sie besonders häufig ein. Das bedeutet im Endeffekt, daß Mädchen – über die Mütter – häufiger als Jungen während ihrer Jugendjahre kontrolliert und beschützt waren – um hier beide Aspekte des Informationsflusses anzusprechen (siehe Textkasten).

Gleichaltrige: Hilfe oder Risiko in ungewisser Lebenszeit?

(Hans Oswald)[33]

Soziale Zusammenschlüsse von Jugendlichen erfahren wissenschaftlich wie außerwissenschaftlich zwiespältige Beurteilungen. Auf der einen Seite besteht zunehmend wissenschaftliche Gewißheit darüber, daß in Beziehung zu Gleichaltrigen in Kindheit und Jugend ein unverzichtbarer Beitrag zur Entwicklung sozialer Fähigkeiten geleistet wird und daß Jugendliche ohne Freunde erhöhten Entwicklungsrisiken ausgesetzt sind. Auf der anderen Seite sind Cliquen und Gruppen Orte abweichenden Verhaltens und der Rebellion gegen die Erwachsenenwelt. Das Urteil der Öffentlichkeit über „die" Jugend bedient sich oft der zweiten Argumentation und orientiert sich dabei an auffallenden und spektakulären Ereignissen wie Vandalismus, Randale, Drogenkonsum, Kriminalität - von Minderheiten begangen, aber in den Medien deutlich sichtbar.

Repräsentativbefragungen haben den Vorteil, die normalen, die „durchschnittlichen" Jugendlichen in den Blick zu rükken. Dabei zeigt sich, daß die meisten Jugendlichen zu wenig Besorgnis Anlaß geben. Dies gilt besonders auch in bezug auf die Gleichaltrigenbeziehungen, die für eine Mehrheit keineswegs in Konkurrenz zu den Eltern stehen. Während der gesamten Jugendphase hat die Mehrheit der Jugendlichen, rund die Hälfte, ein gutes Verhältnis zu beiden, zu ihren Freunden und zu ihren Eltern. Daneben gibt es zwei kleinere Gruppen, von denen die erste die Eltern, die zweite aber die Freunde bevorzugt. Die zweite Gruppe wächst mit zunehmendem Alter bis zu einem Drittel aller Jugendlichen an (siehe Grafik 29).

Grafik 29) Eltern und Gleichaltrige als "sehr wichtige" Bezugspersonen nach Altersgruppen - West- und Ostdeutsche -

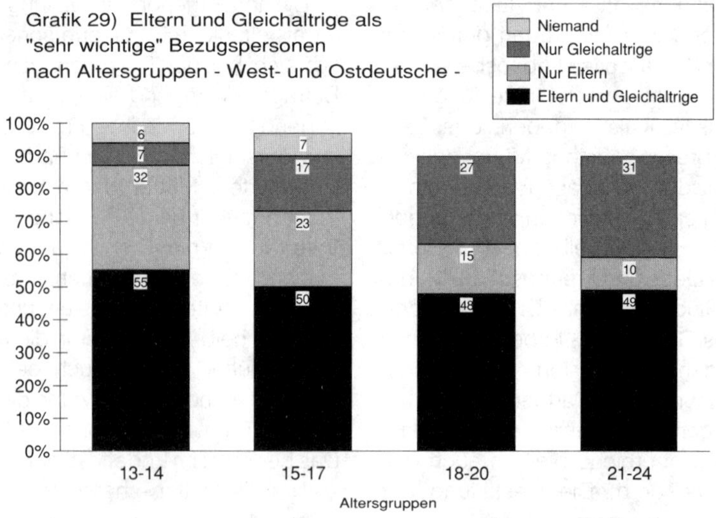

Insgesamt sind die Jugendlichen in den neuen Bundesländern noch stärker eltern- und familienorientiert als in den alten Bundesländern, umgekehrt sind für Jugendliche in den alten Bundesländern die Gleichaltrigen etwas wichtiger als für Jugendliche in den neuen Bundesländern.

Dies gilt für ganz unterschiedliche Indikatoren. Für mehr Jugendliche im Osten als im Westen ist die Mutter (72% gegen 62%) oder der Vater (55% gegen 48%) „sehr wichtig", was sich auch darin ausdrückt, daß im Osten noch mehr ledige Jugendliche als im Westen ihre Freizeit „oft" oder „sehr oft" mit der Familie verbringen (70% gegen 59%). Umgekehrt haben mehr Jugendliche im Westen als im Osten einen wirklichen Freund bzw. eine wirkliche Freundin (87% gegen 82%) oder gehören einer Clique an (42% gegen 34% treffen sich „regelmäßig" mit einem festen Kreis junger Leute). Dagegen gibt es in der Liebe kaum Ost-West-Unterschiede: Gleichviele Jugendliche, nämlich rund die Hälfte in den alten wie in den neuen Bundesländern, sagen, sie hätten eine feste Freundin bzw. einen festen Freund.

Die genannten Unterschiede sollten nicht darüber hinwegtäuschen, daß die Gemeinsamkeiten zwischen Ost und West, was die Gleichaltrigenbeziehungen angeht, überwiegen. Die große Mehrheit in allen Bundesländern, nämlich durchschnittlich 86%, sagt, sie habe einen wirklichen Freund bzw. eine wirkliche Freundin des gleichen Geschlechts. Obgleich dies mit dem Alter und dem Verheiratetsein leicht abnimmt, ist der Busenfreund, die Busenfreundin für die meisten Jugendlichen von großer Bedeutung.

Mit zunehmendem Alter kommt der andersgeschlechtliche Partner hinzu. Das beginnt für ein knappes Fünftel bereits mit 13 oder 14 Jahren und ist für

Grafik 30) Regelmäßiges Treffen in einem "Kreis junger Leute" nach Altersgruppen -Zeitreihe westdeutsche Jugend 1964 - 1984 - 1991

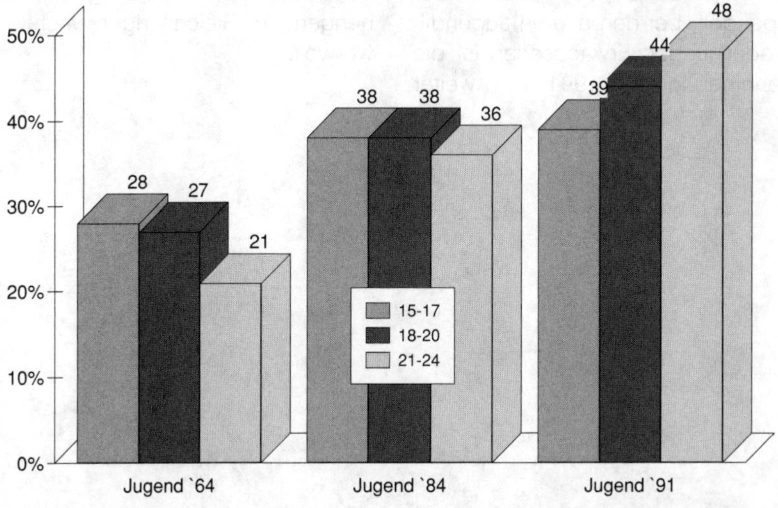

über zwei Drittel der über 21jährigen Alltagsrealität. Für die alten Bundesländer verfügen wir über Zeitreihen. Danach wurden seit Mitte der 60er Jahre die festen gemischten Partnerschaften häufiger, bei den Jungen pendelte sich dies seit 1975 zwischen 40 und 45 Prozent ein, ohne noch weiter anzusteigen, wohingegen sich bei den Mädchen der Anstieg bis 1991 auf 54%, einschließlich der Ehepartner sind es 57 %, fortsetzte. Während sich Mitte der 70er Jahre Jungen und Mädchen in dieser Hinsicht fast aneinander anglichen, ist 1991 im Westen der ursprüngliche Geschlechtsunterschied auf höherem Niveau wieder vorhanden. Dieser Geschlechtsunterschied findet sich 1991 auch in den neuen Bundesländern.

Umgekehrt sind Jungen in Ost und West häufiger in Cliquen als die Mädchen. Auch in bezug auf Cliquen verfügen wir für die alten Bundesländer über Zeitreihen (siehe Grafik 30). Danach nahm die Cliquentätigkeit seit den 60er Jahren stetig zu. Bei den 15- bis 17jährigen hat sich dies seit 1984 bei etwa 40% eingependelt, bei den älteren Jugendlichen oder jungen Erwachsenen ist die Cliquenbindung aber 1991 noch weiter angestiegen. Damit hat sich der ehemalige Alterstrend - mit zunehmendem Alter, mit Berufstätigkeit und Heirat nahm die Cliquentätigkeit ab - in seiner Bedeutung aufgehoben bzw. sogar umgekehrt. Berufstätigkeit und Heirat sind heute kein Hinderungsgrund mehr, sich einer Clique zugehörig zu fühlen. Die jungen Erwachsenen, die im Arbeitsleben stehen, gehören ebenso Cliquen an wie Schüler und Studenten, oft zusammen mit ihren Ehepartnern.

Was hat es nun mit dem „schlechten Einfluß" der Gleichaltrigen auf sich? Komplexere Berechnungen im Beitrag von H. Oswald, Bd. 2, lassen sich dahingehend zusammenfassen, daß Freunde und Cliquen nur auf diejenigen Jugendlichen einen negativen Einfluß ausüben, die ein sehr schlechtes Verhältnis zu den Eltern haben - und dies ist eine kleine Minderheit. Für die neuen wie die alten Bundesländer gilt in gleicher Weise, daß Jugendliche dann in „schlechte Gesellschaft" kommen, wenn das Elternhaus für sie ein schlechtes Zuhause ist. Für die überwiegende Mehrheit sind dagegen die Beziehungen zu Gleichaltrigen wichtig und wertvoll.

Kultur und Freizeit der Jugend

Geschmacksvorlieben über Musik, Tanz, Mode, Technik und Ernährung (S. 297) – Action und Bild. Von zwei Filmkulturen (S. 300) – Freizeitmuster in Ost und West (S. 301) – Kulturelle Stile: Gleiche Bedeutung und ungleiche soziale Nutzung (S. 303)

Seit den sechziger Jahren legen die westdeutschen Shell-Emnid-Jugendstudien besonderes Gewicht auf die Analyse der freizeit- und konsumbezogenen Jugendkultur unter 15-24jährigen.

Mit der Jugendstudie von 1981 wurde eine Akzentverschiebung hin zu den Formen von Alltagskultur vorgenommen, die die Jüngeren selbst (mit) produzieren: Graffitis, Sprachspiele, Tagebuch schreiben, exzentrische Gruppenmoden (Punks, Skinheads) u.ä.

Die Gewichtsverlagerung war keine eigenmächtige Neuerung der Jugendforscher, diese waren vielmehr bemüht, neueren Entwicklungen im jugendkulturellen Bereich gerecht zu werden: Westdeutsche Jugendliche gingen vermehrt dazu über, ihre Kultur „selbst zu machen", statt sich als Rezipienten von altersgruppenbezogenem Jugendkonsum zu verstehen. Damit verbunden war eine (weitere) Stufe der Pluralisierung und Individualisierung von Jugendkultur.

Zehn Jahre danach folgt die Jugendstudie '91 dieser neuerlichen Entwicklung, die Alltag und Wissenschaft gleichermaßen beschäftigt: Die Verdichtung der verschiedenen Jugendszenen und -kulturen zu komplexen „Lebensstilen". Mit der aktuellen Studie wird versucht, dieses Untersuchungs- und Praxisfeld für den Bereich der Jugendforschung zu erschließen, nachdem die Lebensstilforschung in den letzten Jahren im Feld der erwachsenbezogenen Kultur- und Ungleichheitsforschung für Furore sorgte.

Geschmacksvorlieben über Musik, Tanz, Mode, Technik und Ernährung [34]

Der unterschiedliche Geschmack an Kultur macht sich an kulturellen Einzelbereichen fest. Eine Auswahl davon, bedeutsam für die Ausdifferenzierung jugendlicher Stilrichtungen, wurde in die Befragung einbezogen. Welche Art von Musik hören die Jüngeren gern; welche Art von Tänzen lieben sie; welche Form der Ernährung; Eigenschaften des eigenen Kleidungsstils; Technikgebiete, die interessieren; Beliebtheit von Filmgenres. Bei begrenzter Befragungszeit konnte einiges nur angetippt werden.

Bei der Ernährungsweise beschränkten wir uns beispielsweise auf den Gesichtspunkt der fleischarmen Kost. Für eine gründlichere Recherche, in Vor- und Haupterhebung, griffen wir Filmgenres und die soziale Situation des Kinogangs - eine sehr jugendspezifische Betätigungsform - heraus.

Kulturelle Geschmacksformen sind Zeichen und Wegbegleiter des Heranwachsens. So ist das Erwachsenwerden damit verbunden, zunehmenden Geschmack an bestimmten Richtungen der dominanten Musikkultur zu finden. So wächst im Bereich der E-Musik zwischen 13 und 29 Jahren die Vorliebe für populäre und schwierige Klassik, für Kirchenmusik oder traditionellen Jazz an. In der U-Musik trifft dies für Chanson und Liedermacher zu. Nur für den Osten gilt: Die jungen Erwachsenen neigen vermehrt dem Deutschen Schlager und der Deutschen

Volksmusik zu. Natürlich handelt es sich dabei um besondere Gruppen unter den Älteren, die solche Altersmarkierungen setzen.

Kulturelle Markenzeichen der frühen Adoleszenz sind Pop- und Discomusik, die von den 13-16jährigen fast einhellig geliebt werden und die auch zwischen 17 und 29 Jahren noch hohe Präferenzen erhalten. Nicht unumstritten in der Teenykultur ist Heavy Metal, die dritte Musikrichtung der Jüngeren. Ihr neigen in erster Linie die Jungen dieses Alters zu. Diese drei Stile sind zugleich Träger der allgemeinen Musikbegeisterung der frühen Adoleszenz. In allen Altersgruppen erweisen sich Mädchen und junge Frauen - vor jeder Geschmacksdifferenzierung - als die größeren Musikliebhaberinnen.

Westliche und östliche Jugendliche unterscheiden sich in acht der insgesamt sechzehn abgefragten Musikstile:

Westliche Musikvorliebe	Östliche Musikvorliebe
Blues, Soul, Gospels	Deutscher Schlager
Traditioneller Jazz	Discomusik
Jazzrock	Kirchenmusik
Independent/ New Wave/ No Wave	James Last

Wie man sieht, weisen die Geschmacks- präferenzen der jungen Westdeutschen stärker in den angloamerikanischen Musikbereich. Dem steht eine etwas stärkere Gewichtung des „Deutschen" im ostdeutschen Musikraum gegenüber.

Bei den musikbezogenen Bewegungsformen bildet ein Stil den Königsweg in die Welt der Erwachsenen: der Gesellschaftstanz.

Die Vorliebe für den Gesellschaftstanz bei den Älteren geht zu Lasten von Discotanz und Rock'n Roll. Der freie Stil ist als Tanzform altersübergreifend zwischen 13 und 29 Jahren.

Vorliebe für den Gesellschaftstanz äußern .....

	Westen	Osten
13-16jährige	23%	10%
25-29jährigen	55%	39%

Wie bei der Musik sind Mädchen die wahren Tanzliebhaberinnen, im Westen wie im Osten. Drei westlichen Spezialitäten stehen eine östliche und eine gemeinsame Vorliebe zur Seite (siehe Textkasten).

Vorlieben für Tanzstile (Angaben in Prozenten)

	Westen	Osten
Westliche Vorlieben		
Freier Stil/Solotanz	51	33
Gesellschaftstanz	42	29
Lateinamerikanischer Tanz	24	8
Östliche Vorliebe		
Discotanz	58	81
Gemeinsame Vorliebe		
Rock'n Roll	23	23

Im „Disco-Fieber" ist die ostdeutsche Tanzkultur stärker vereinheitlicht; wie überhaupt die Discotheken Kristallisationspunkte einer einheitlichen ostdeutschen Jugendkultur sind - oder wenigstens waren. Das gilt für den Ort, die Musik, den Tanz. Discobesuche standen in Ostdeutschland ab dem 14. Lebensjahr hoch im Kurs; Discomusik ist die beliebteste Musikrichtung im Osten; Discotanz der beliebteste Tanzstil. Discotheken sind der kulturelle Ort, der jungen Ostdeutschen zwischen 13 und 20 Jahren am häufigsten „sehr vertraut" ist. Im dritten

Lebensjahrzehnt lösen Buchläden die Discotheken in dieser Rolle ab („Leseland DDR"). Jungen Westdeutschen zwischen 13 und 16 Jahren ist eine breitere Palette von (jugend)kulturellen Orten wohlvertraut: Musikläden, Kaufhäuser, Boutiquen, Restaurants, Veranstaltungsorte für Popkonzerte u.ä.: Zeichen für eine stärkere Ausdifferenzierung der kulturellen Infrastruktur. Allerdings gleichen sich die Unterschiede bei 17-20jährigen etwas aus und spielen bei jungen Erwachsenen keine Rolle mehr.

Obwohl die Mode der Jüngeren mittlerweile eine gewisse Leitfunktion auch für die Stile der jungen Erwachsenen einnimmt, setzen die Jüngeren im zweiten Lebensjahrzehnt andere Akzente als die im dritten. Die ersteren haben häufiger Geschmack an „frecher", „verrückter", „ausgefallener" Kleidung; letztere orientieren sich bereits etwas mehr an „zeitloser", „zurückhaltender", „korrekter" Kleidermode - dem Stil des etablierten Erwachsen- und Älterseins. Das gehört zu unserem Alltagsverständnis. Etwas weniger bekannt dürfte sein, daß die stilistische Polarisierung in zurückhaltende Qualität hier und mutiges Auffallen dort in weiteren sozialen Gruppenkonfigurationen wiederkehrt: Es kennzeichnet auch den Modegeschmack, den Jungen/junge Männer im Vergleich zu Mädchen/jungen Frauen äußern. Mädchen lieben freche, verrückte, ausgefallene Moden mehr, Jungen zeitlose, zurückhaltende, markenorientierte.

Welcher gemeinsame kulturelle Schlüssel ist hier wirksam? Es ist reizvoll, eine allgemeinere kulturelle Zeichensprache zugrundezulegen: Stile der Etablierten, die zurückhaltende Qualität als Mittel der sozialen Distanzierung verwenden; und Stile der „Neuen" und wenig Etablierten, die kulturell „angreifen" und schocken, auf sich aufmerksam machen wollen. Das eine Schema wäre dann für Ältere, männliches Geschlecht und soziale Oberschichten gültig; das andere für Jüngere, weibliches Geschlecht und soziale Unterschichten.

Der Konsum tierischer Fleischprodukte symbolisiert Umgangsweisen mit der außermenschlichen Natur. Vegetarische oder fleischarme Kost signalisiert sanftere Formen des Umgehens, Vermeiden von Tieropfern für die Menschen, Dämpfen der tierischen Impulse in sich selbst. Fleischarme und fleischlose Kost signalisiert weibliche im Gegensatz zu männlicher Kultur in West und Ost, Kultur der Büroarbeit im Gegensatz zur Kultur der Handarbeit. Junge Westdeutsche rechnen sich häufiger der sanfteren, „zivilisierteren" Umgangsweise zu.

Vorliebe für fleischarme und rein vegetarische Kosten

	Westen	Osten
männlich	25%	13%
weiblich	50%	33%

Vorlieben für Technisches verraten etwas über die Kultur des Umgangs mit der unbelebten Natur, zunächst auf Arbeit und Arbeitsteilung bezogen, zunehmend auch auf den Freizeitbereich. Ob man sich für diesen kulturellen Bereich überhaupt interessiert, trennt zunächst einmal männliche und weibliche Kultur und Lebensart auch unter den Jüngeren, im Westen wie im Osten Deutschlands. Starkes Interesse für Technisches ist Ausweis der Teilnahme an männlicher Kultur; schwaches Interesse eine gewisse Norm für junge Frauen; keinerlei Interesse zu zeigen kulturelles Markenzeichen einer Minderheit von Mädchen, und für Jungen tabu.

Vorlieben für Technisches (Angaben in Prozenten)

	Westen		Osten	
	männl.	weibl.	männl.	weibl.
Auto, Motorrad	63	28	73	35
Elektrotechnik	29	4	29	4
Funk, TV, Fernmeldetechnik	26	16	34	15
Motoren, Maschinen	40	6	41	5
Weltraum, Raketen	26	12	18	5
Video-Technik	33	14	41	24
Technisches Spielzeug, Basteln	26	22	26	12
Bauen, Technisches Zeichnen	17	16	12	7
Fahrrad	34	34	34	32
Neue Formen der Energie	30	29	19	16
Computer	47	33	42	40
Umweltschutz	42	59	31	48
Photo, Optik	28	36	19	24
Technik im Haushalt	21	38	27	49

Basis für Prozentuierung: nur technisch Interessierte ("sehr" bis "kaum")

Es interessieren sich für Technik (in Prozenten)

	Westen		Osten	
	männlich	weiblich	männlich	weiblich
sehr/ ziemlich stark	55	10	62	9
etwas/ kaum	42	65	37	74
gar nicht	3	25	2	17
	100	100	101	100

Innerhalb der technischen Kultur lassen sich männliches und weibliches Profil unterscheiden. Zum weiblichen zählen Umwelt, Haushalt und Optik/ Photographie; zum männlichen ein breites Spektrum von Auto, Motorrad bis Video-Technik und technisches Spielzeug. Technisches Zeichnen, Fahrrad, Neue Formen der Energie, Computer gehören mittlerweile zur gemeinsam von jungen Männern und jungen Frauen geteilten Technikkultur. Die Teilung der Technikkultur folgt den Grenzlinien der geschlechtsbezogenen Arbeitsteilung. Zur männlichen Hälfte gehört die industrielle Produktionskultur, zur weiblichen die Büro- und Dienstleistungskultur und die „sanftere" und ökologisch bewußtere Technikkultur.

Die gleiche Trennungslinie läßt sich für junge West- und Ostdeutsche ausmachen. Dem westlichen Teil steht der Sinn häufiger nach progressiver, sanfter, sauberer Technik. Der östliche Teil ist damit beschäftigt, Technik nachzuholen, die Mangelware war: Auto und Motorrad, Videotechnik, Technik im Haushalt, Computer.

Action und Bildung. Von zwei Filmkulturen [35]

Vor der Wende gingen junge DDR-Bürgerinnen fast doppelt so häufig ins Kino wie junge Westdeutsche. Seither hat sich der Kinobesuch in den neuen Bundesländern - verteuert und in Konkurrenz zum Video-Verleih - dem westlichen Niveau angenähert. Frühjahr 1991 (Vorstudie) sind um 50 Prozent der jungen West- und Ostdeutschen zwischen 13 und 29 Jahren als häufige Kinogänger (mehrmals pro Woche bis 1 mal im Monat) einzustufen. „Je jünger die Befragten sind, desto häufiger gehen sie ins Kino ... Unter den besser Gebildeten sind mehr „häufige Kinogänger" anzutreffen ... Kinobesuch ist nichts, was man alleine macht. 95% aller Jugendlichen geben an, sich zusammen mit anderen Filme anzuschauen ... Das Mädchen „Ost" geht am liebsten mit ihrem Lebenspartner, das Mädchen „West" mit der Freundin und die Jungen hüben wie drüben zusammen mit ihrer Clique ins Kino ... Oftmals ist der Besuch in weitere Freizeitaktivitäten eingebettet. Demzufolge ist der Kinobesuch vielfach vorhergeplant (bei 48% aller Jugendlichen)." (C. Fischer, Band 2).

Die Vorliebe für Filmgenres zerfällt in zwei Gruppen (Faktoren).[36] Der eine kulturelle Geschmack bezieht sich auf Actionfilme. Hierunter fallen Thriller der Gattung Kriminal- oder Detektivfilme, Spionagefilme, Abenteuer- und Katastrophenfilme. Die Nähe zur Popularkultur macht sie überdurchschnittlich beliebt. Der zweite kulturelle Geschmack orientiert sich an Problemfilmen. Diesem Muster ordnen die Jugendlichen zu: zeitgeschichtliche Filme, Dokumentarfilme, aktuelle Problemfilme, geschichtliche Filme. Der jeweilige Filmgenre-Geschmack ist mit der Kultur der Altersgruppen und der Geschlechter verknüpft. Die Jüngeren (13-16jährigen) und die männlichen Jugendlichen setzen auf die Actionfilme. Mit dem Älterwerden, besonders im dritten Lebensjahrzehnt, gelten die Problemfilme mehr, wobei hier die weiblichen Jugendlichen überwiegen.

Der Geschmack an Actionfilmen ist fest in die hedonistische Gegenwartskultur der (männlichen) jüngeren Jugendlichen aus den unteren Bildungsschichten verwoben. Dazu gehören Pop- und Discomusik ebenso wie das Ausgehen in der Clique und das Bestreben, auf jeden Fall Abwechslung und Aufregung in den gleichförmigen Alltag zu bringen. Dem Interesse am Thriller steht - als Gegenpart - ein konventioneller Lebensentwurf zur Seite, der ebenso Sicherheit durch äußere Anpassung und Privatheit zu gewinnen sucht.

Der Geschmack an Problemfilmen ist Teil des kulturellen Programms älterer, gebildeter Jugendlicher mit Herkunft aus dem großstädtischen Bildungsbürgertum. Mit dem Filmgeschmack korrespondieren vielseitige kulturelle Interessen mit deutlichem Bezug zur Hochkultur, soziales und politisches Engagement, anspruchsvolle Lebensziele. Die kulturelle Förderung seitens des Elternhauses setzte bereits in der Kindheit ein, man übernahm kulturelle Hobbies der Eltern, nützte das häusliche Kultur und Medienangebot.

Der kulturelle Geschmack an Actionfilmen und an Problemfilmen trennt Jugendliche in West- und Ostdeutschland praktisch auf gleiche Weise.

Freizeitmuster in Ost und West[37]

Die Freizeitaktivitäten der Jugendlichen wurden mittels einer offenen Frage nach persönlichen Vorlieben in der Freizeit und anhand einer Liste von 35 Aktivitäten erfragt, die die Befragten danach einschätzen sollten, wie häufig sie solchen Freizeitbeschäftigungen im allgemeinen nachgehen. Das Gemeinsame überwiegt. "Hüben wie drüben folgt das

Freizeitverhalten der Jugend im großen und ganzen den soziokulturellen Grundformen und Orientierungen, wie sie in modernen Industriegesellschaften für diese Übergangs- und Entwicklungsphase typisch sind." (Lüdtke, Bd. 2). Das heißt, die Jüngeren pflegen in beiden Deutschlands ausgiebig gesellige Kontakte, folgen dem breiten Spektrum von öffentlichen Unterhaltungsangeboten für ihre Altersgruppe und widmen sich dem Aufbau erotisch-sexueller Paarbeziehungen. Daneben nutzen sie die zusätzlich freie Zeit, die ein Leben jenseits von Erwerbsarbeit und Familienpflichten bereitstellt, zur Entfaltung persönlicher Interessen und Hobbies.

Unterschiede zwischen jungen West- und Ostdeutschen stellen sich nur dort ein, wo ungleich verfügbare Ressourcen und abweichende Kurven des Lebensverlaufes ins Spiel kommen. Jugendliche in den neuen Bundesländern haben durchschnittlich weniger Zeit und Geld. Das führt beispielsweise dazu, daß sie zwischen 17 und 24 Jahren seltener Vergnügen daran finden können, auf kostspielige Art und Weise mit Freunden und Bekannten auszugehen. Stattdessen konzentriert und beschränkt sich ihr Interesse auf den Kult der Motorisierung - Mofa, Motorrad, Auto -, der ihnen seit der Vereinigung verstärkt zugänglich ist. Das größere Interesse an der neugewonnenen Mobilität äußert sich bei jungen Ostdeutschen altersspezifisch: Aus der Vorliebe fürs Fahrrad wird eine für die Motorisierung und später eine für das Reisen. Als junge Erwachsene, mit 25 bis 29 Jahren, haben Ostdeutsche häufig den Schritt zur Familiengründung bereits getan.

Das zieht ihre Freizeitvorlieben in Richtung Familienleben und Kind ab. Altersgleiche Westdeutsche bevorzugen in diesen Jahren häufig noch Freizeitaktivitäten, die aus der ungebundenen "Mußekultur" entspringen: Sport treiben, "faulenzen". Dabei kommt ihnen die stärker ausgebaute Infrastruktur des (kommerziellen) Freizeitsports im Westen zugute.

Vorlieben für Freizeitaktivitäten nach Phasen der Jugend - die wichtigsten Unterschiede

	Westen	Osten
13 - 16 jährige		
Disco	2%	15%
Fahrrad fahren	11%	21%
Tischtennis	11%	18%
Ausgehen, sich vergnügen	4%	7%
Spiele spielen	7%	0%
Schwimmen	13%	6%
Tennis	9%	2%
Reiten	8%	3%
Skating	5%	1%
17 - 20 jährige		
Disco	8%	16%
Ausgehen, sich vergnügen	17%	7%
Mit Freunden, Bekannten	26%	13%
21 - 24 jährige		
Familie, Kind	5%	16%
Reisen	5%	12%
Ausgehen, sich vergnügen	15%	5%
Mit Freunden, Bekannten	22%	11%
25 - 29 jährige		
Familie, Kind	12%	31%
Mit Pflanzen, Natur beschäftigen	6%	14%
Sport (allgemein)	21%	9%
Schlafen, faulenzen	11%	4%

Die Freizeitaktivitäten der Jugendlichen lassen sich zu Mustern zusammenfassen, die etwa zur Hälfte gleich und zur

Hälfte spezifisch für Ost und West ausfallen. Nach Personen geordnet lassen sich bei der Kerngruppe der Adoleszenz, bei 17-20jährigen, etwa 10 Bündelungen von Freizeitaktivitäten ausmachen. So finden wir aktiv gesellige neben familienbezogenen, Sport- und Computeraktive neben hochkulturell - bildungsbezogenen Freizeitstilen unter den Jugendlichen. Auf die komplexe thematische Ausdifferenzierung dieser Stile wollen wir hier nicht weiter eingehen, sie ist in Band 2 bei Lüdtke eingehend beschrieben und erläutert. Was uns hier wichtig erscheint, ist die unterschiedliche Einbettung der Freizeitkulturen in soziale Strukturen und symbolische Milieus. Ein bemerkenswerter Unterschied zwischen West und Ost zeigt sich, wenn wir die geschlechtstypische Ausrichtung der Freizeitstile ins Auge fassen. Sieben der zehn ostdeutschen Stile sind zahlenmäßig zum Teil ausgesprochen stark männlich oder weiblich dominiert, während in Westdeutschland nur vier Freizeitstile eine solche Prägung - und dann auch nur schwach - aufweisen. Das deutet darauf hin, daß sich während der Adoleszenz männliche und weibliche "Freizeitlagen" in den neuen Bundesländern stärker unterscheiden. Verweisen können wir insbesondere auf die Diskrepanzen, die bei zeitlichen, finanziellen und familialen Ressourcen für die beiden Geschlechtsgruppen auftreten.

Im westlichen Teil Deutschlands hängen die verschiedenen Freizeitstile häufiger mit der sozialen Vernetzung der Jugendlichen zusammen. In vier von zehn Stilen spielt im Westen die Mitgliedschaft in Organisationen eine Rolle, in vier - anderen - Stilen treffen sich die Befragten häufiger bzw. seltener in Gruppen von Gleichaltrigen. In Ostdeutschland spielen solche Netze bzw. Mitgliedschaften seltener eine Rolle. Die besondere Bedeutung der soziokulturell ausdifferenzierten 'Altersgesellschaft' im Westen wird auch daran deutlich, daß mit den Freizeitstilen häufiger Stellungnahmen zu öffentlichen Gruppenrichtungen - Fan-Gruppen, sozialen Bewegungen, sportiven körperbezogenen Stilen - verbunden sind.

Kulturelle Stile: Gleiche Bedeutung und ungleiche soziale Nutzung[37]

Das Beispiel der Freizeitstile macht deutlich, daß gleiche oder ähnliche kulturelle Muster in Ost und West eine unterschiedliche sozialstrukturelle Einbettung erfahren können. Ein solches Einzelergebnis läßt sich verallgemeinern. Offenkundig ist es so, daß Jugendliche in den neuen und alten Bundesländern sich an der gleichen kulturellen Landkarte orientieren. Die einzelnen Teilbereiche und Lebensfelder jugendlicher Kultur haben für sie nahezu identische Bedeutungen; sie nehmen das Mit- und Gegeneinander der verschiedenen kulturellen Stilrichtungen ähnlich wahr. Allerdings verorten sich die unterschiedlichen sozialstrukturellen Gruppen von Jugendlichen - Mädchen und Jungen, Ältere und Jüngere, Schüler und Berufstätige, Ledige und Verheiratete usw. - nicht in gleicher Weise auf der kulturellen Landkarte. Stehen im Westen beispielsweise jüngere Mädchen an einer bestimmten Stelle des kulturellen Raumes, so befinden sich im Osten an der gleichen Stelle - sagen wir ältere und gut ausgebildete Jugendliche. Was hier am fiktiven Beispiel erläutert wurde, läßt sich empirisch anhand der Topographie der kulturellen Stile untermauern.

In dem Aufsatz von W. Georg in Band 2 ist im Detail aufgezeigt, wie die Landkarte der kulturellen Stile bei west- und ostdeutschen Jugendlichen aussieht. Bausteine hierfür lieferten die einzelnen kulturellen Stilbereiche, die in den Interviews der Haupterhebung abgefragt wurden: Inventar der Freizeitaktivitäten; Film-Genres; Musikarten; Kleidungsstile; öffentliche Gruppenstile. In einem zweistufigen Verfahren (Faktorenanalysen 1. und 2. Ordnung) wurde die Vielzahl der abgefragten Geschmacksvorlieben in diesen Bereichen auf die sechs wichtigsten Dimensionen verdichtet - jeweils für West und Ost getrennt. Anschließend wurde berechnet, wie verschiedene Merkmale der sozialen Lagerung von Jugendlichen auf die "kulturellen Stile" einwirken. Hierzu wurden ausgewählt: Bildung des Befragten; Bildung der Eltern; verfügbares Geld; Wohnortgröße; Alter; Geschlecht; Erwerbs- und Familienstatus.

Im Ergebnis erwiesen sich die sechs zentralen kulturellen Lebensstile in West- und Ostdeutschland als sehr ähnlich bis identisch. Die ihnen zu- oder besser vorgeordneten sozialen Lagen dagegen unterschieden sich für beide Landesteile: wobei die gleichen Stilrichtungen in West und Ost sozial unterschiedlich stark determiniert sein können. Das gilt etwa für den Stil selbstproduzierter und improvisierter Kultur (Bildermalen, Musikimprovisation, subjektiver Kleiderstil, 'selbstgemachte' politische Aktion), der im Westen sozial hoch determiniert ist, im Osten dagegen fast nicht. Konkret handelt es sich bei diesem Stil in Westdeutschland um eine charakteristische Ausprägung emanzipierter Mädchen- und Frauenkultur, während "Kultur selbstgemacht" in Ostdeutschland keinem sozialen Profil zugeordnet werden kann. Ein anderes Beispiel liefert die Vorliebe für Hochkultur. In den neuen Bundesländern ist diese Stilrichtung eng mit dem Status von Schülern, Studenten und Auszubildenden verknüpft. Bei Erwerbstätigkeit endet der Geschmack an offizieller "hoher" Kultur. Nicht so im Westen. Weitere Beispiele ließen sich anführen. Alle verweisen auf den gleichen Sachverhalt. Daß dieselben Orte in der Topographie kultureller Stile ganz unterschiedliche sozialstrukturelle Gruppen der jugendlichen Bevölkerung anziehen können - ein bedeutsamer Befund für die weitere Lebensstil- und Jugendforschung.

Anmerkungen

1) Siehe hierzu Beiträge von A. Fischer, W. Kühnel, M.Watts in Band 2. So lange nicht anders vermerkt, beziehen sich die Aussagen im Text auf die Altersgruppe der 13-29jährigen, die in der Hauptstudie Juli 1991 befragt wurde.

2) Siehe hierzu M.Watts in Band 2.

3)Siehe Aufsätze von D. Kirchhöfer und W. Kühnel in Band 2, J. Zinnecker (Deutsche Jugend heute) in diesem Band sowie verschiedene Aufsätze in Band 3.

4) Siehe hierzu die Aufsätze von A.Fischer, M.Watts und W.Kühnel in Band 2. Dort finden sich Literaturverweise und empirische Belege zum Instrument (Befürwortung bzw. Ablehnung unkonventioneller politischer Aktionen) und - bei A.Fischer - einige der Grunddaten zum Gruppenvergleich. die diesem Kapitel zugrundeliegen.

5) Voneinander relativ unabhängige Faktoren im Rahmen von Faktorenanalysen (Frage 35, Band 4).

6) „Gewalt gegen Personen" ist bei jüngeren Jugendlichen in Westdeutschland ein noch strengeres Tabu als bei jüngeren Ostdeutschen. Es befürworten solche Gewalt: 13-14jährige 2% (West), 6% (Ost); 15-17jährige 4%(West), 4% (Ost), 18-20jährige 0% (West), 4% (Ost).

7) Die Sprüche-Skalen der Jugendstudie und der Index zur spontanen politischen Gewalt aus der „Political Action"-Skala messen offenbar weitgehend das Gleiche.

8) Siehe hierzu D.Kirchhöfer in Band 2.

9) Der Gruppenvergleich ist im Beitrag Kirchhöfer, Band 2, dokumentiert und analysiert.

10) Siehe hierzu die einschlägigen Aufsätze in Band 3 der Studie. Zur FDJ die Beiträge von B. Giessmann und D. Zilch; zur DDR allgemein, insbesondere die Briefe und Aufsätze der ostdeutschen Jugendlichen.

11) Siehe allgemein Zinnecker (Deutsche Jugend) in diesem Band; zu Wertorientierungen D. Krebs, Bd. 2; Zu Zeitorientierungen U.Kohr, Bd. 2. Vgl. ferner die Dokumentation der Skalen A. Fischer in Bd.4.

12) Es wurden sowohl konfirmatorische Faktorenanalysen (Krebs, Bd.2) wie explorative (Fischer, Bd.4) gerechnet. Beide erbrachten im Kern die gleichen vier Faktoren.

13) Siehe hierzu U.Kohr in Band 2. Dort auch Hinweise auf die einschlägige psychologische Fachliteratur zur Zeit- und Zukunftsorientierung.

14) Siehe Dokumentation der Skalen (A. Fischer) in Band 4.

15) Siehe hierzu S. Metz-Göckel, U. Müller, H.M. Nickel in Band 2.

16) Siehe hierzu die Beiträge von J. Eiben, Band 2, I. Schneider, Band 3, und W. Fuchs in Band 1 der Jugendstudie 84/85.

17) In der gemeinsamen Schülerstudie des DJI, München und des ZIJ, Leipzig (9. Klassen, städtische Schüler), die 1990 stattfand, glaubten fest an einen Gott: 56% im Westen und nur 16% im Osten. In den Schüler- und Jugendstudien des Jugendwerks der Deutschen Shell wurde eine entsprechende Frage nicht gestellt.

18) Siehe hierzu die Aufsätze von D. Kirchhöfer, Band 2, sowie S. Geyer in Band 2 und 4, ferner die Selbstzeugnisse von Jugendlichen aus der ehemaligen DDR zur lebensverändernden Qualität von Wende und Vereinigung und deren Interpretation in Band 3.

19) Ergebnisse von Varianzanalysen auf die Summenwerte der beiden Faktoren.

20) Siehe hierzu auch den Ergebnisbericht zur anderen Vorbefragung der Schülerstudie '90 bei Behnken u.a. 1991.

21) Siehe hierzu die Aufsätze von L.A. Vaskovics, H.Buba und F. Früchtel in Band 2.

22) Siehe hierzu Meulemann in Band 2 der Studie.

23) Vgl. Meulemann in Bd.2.

24) Vergleich westdeutscher Jugend '81 und '84 mit ungarischen Jugendlichen '85 und Dreiecksvergleich westdeutsche, ostdeutsche und polnische Jugend '90/'91.

25) Siehe hierzu I. Behnken und J. Zinnecker in Band 2; I. Behnken und, allgemein, die biografischen Paarporträts in diesem Band.

26) Vgl. hierzu den Beitrag von H. Buba, L.A. Vaskovics, F. Früchtel in Band 2.

27) Siehe hierzu den Beitrag von R. K. Silbereisen, B. Kracke, M. Nowak in Band 2.

28) Siehe hierzu den Beitrag von R. K. Silbereisen, B. Schwarz in Band 2.

29) Siehe hierzu den Beitrag von L. A. Vaskovics, H. Buba, F. Früchtel in Band 2.

30) Siehe hierzu E. Todt und H. Apel in Band 2.

31) Siehe hierzu Dokumentation und Analyse (A. Fischer) in Band 4.

32) Vgl. zur Skalierung der Kinderspiele auf der Grundlage der Vorstudie Band 4 (A. Fischer).

33) Siehe hierzu den Beitrag des Autors (H. Oswald) in Band 2.

34) Siehe hierzu die Skalen- und Tabellendokumentation in Band 4 und E. Todt und W. Georg in Band 2.

35) Siehe hierzu C. Fischer, Band 2.

36) Siehe hierzu Skalendokumentation (A. Fischer) in Band 4. Für die nachfolgende Typologie C. Fischer, Band 2.

37) Siehe hierzu H. Lüdtke in Band 2.

38) Siehe W. Georg in Band 2 und Zinnecker (Deutsche Jugend heute) in Band 1.